〈빌딩부자들〉 성선화 기자의 월세부자100일프로젝트

월세의여왕

월세의 여왕

초판 1쇄 발행 2012년 6월 21일
초판 30쇄 발행 2020년 6월 12일

지은이 성선화
발행인 이재진
단행본사업본부장 신동해
편집장 이남경
마케팅 이현은 권오권 **홍보** 박현아 최새롬
국제업무 김은정 **제작** 정석훈

브랜드 리더스북
주소 경기도 파주시 회동길 20
주문전화 02-3670-1595 **팩스** 031-949-0817
문의전화 02-3670-1134(편집) 02-3670-1017(마케팅)
홈페이지 www.wjbooks.co.kr
페이스북 www.facebook.com/wjbook
포스트 post.naver.com/wj_booking

발행처 (주)웅진씽크빅
출판신고 1980년 3월 29일 제406-2007-000046호

ⓒ2012 성선화, 저작권자와 맺은 특약에 따라 검인을 생략합니다.
ISBN 978-89-01-14694-2 13320

리더스북은 (주)웅진씽크빅 단행본사업본부의 브랜드입니다. 이 책은 저작권법에 따라 보호받는 저작물이므로 무단 전재와 복제를 금지하며, 이 책 내용의 전부 또는 일부를 이용하려면 반드시 저작권자와 (주)웅진씽크빅의 서면동의를 받아야 합니다.

*잘못된 책은 바꾸어 드립니다.
*책값은 뒤표지에 있습니다.

〈빌딩부자들〉 성선화 기자의 월세부자 100일 프로젝트

월세의여왕

: 성선화 지음 :

: 프롤로그 :

100일만 미치면
당신도 빌딩부자가 될 수 있다!

하늘이 날 버렸다고 생각했다. 첫 책인 《빌딩부자들》 출간 이후 베스트셀러 반열에 올라 주목 받았지만, 정작 회사에선 기획심의실로 발령이 났다. 새로 생긴 부서였다. 기자에게 출입처가 없다니. 눈앞이 캄캄했다. 심의실로 온 첫날, 심의실장님께서 말씀하셨다.

"네가 기자 생활을 오래 하려면 여기서의 경험이 피가 되고 살이 될 거야. 출입처에 있을 때와는 달리 더 멀리, 나무가 아닌 숲을 볼 수 있는 안목을 키울 수 있는 기회야."

말없이 고개를 끄덕였지만, 가슴에 와닿지 않았다. 귀는 뚫려 있었지만 마음은 닫혀 있었다.

바닥이었다. 철저한 밑바닥이었다. 지난 33년간 살면서 이런 바닥은 없었다. 외부에서 스포트라이트를 받았지만, 그 조명만큼 더 끝없는 미궁으로 빠져드는 것 같았다.

그냥, 무작정 떠났다. 어디론가 훌쩍 떠나고 싶었다. 이튿날 제주도 서귀포 앞바다에 섰다. 철썩 철썩. 파도가 바위 절벽을 때렸다. 발밑을 내려다봤다. 눈앞이 핑 돌았다. 무서웠다. 공포가 엄습해왔다.

살아야 한다. 나는 살아야 한다. 끝까지 살아남아서 버텨야 한다. 죽을 힘을 다해 이 시간을 살아내야만 한다. 이를 악물었다. 뒤도 돌아보지 않고 발길을 돌렸다. 이튿날 아주 느린 걸음으로 올레길을 걸었다. 핏빛으로 물든 제주도 앞바다는 참으로 아름다웠다.

극단적 한계의 체험만이 사람을 변화시킨다. 사람에겐 무서운 관성의 법칙이 있기 때문이다. 엄청난 외부 충격이 없는 한, 현 상태를 유지하려 한다. 빌딩부자들을 취재하는 과정에서 이들의 공통점을 발견했다. 하나같이 극단적인 한계 상황 속에서 악착같이 살아남은 이들이었다. 3년 동안 월급의 100%를 저축해 1억 원을 모았고, 부도난 빌딩을 인수해 1년 만에 되살렸고, 와이셔츠 한 장을 빨아 입으며 단칸방에서 신혼생활을 시작했다.

강연회를 다닐 때마다 독자들은 물었다.

"평범한 사람도 '정말로' 빌딩부자가 될 수 있습니까?"

나는 답했다.

"가능합니다. 그들만큼 독하다면요. 그들만큼 집요하다면요. 결국 선택의 문제죠. 치열하게, 그리고 독하고 집요하게 사느냐, 아니면 하루하루 현실에 안주하며 편하게 사느냐."

이 책은 수많은 독자들의 질문을 바탕으로 탄생했다. "평범한 그들이 도대체 어떻게 빌딩부자가 되었나"라는 질문에 대한 궁극적인 답변이다. 이를 위해 나는, 직접 도전해보기로 했다. 그들만큼 독하고 치열하게 극단의 체험을 직접 해보기로 결심했다. 프로젝트명은 '도전! 월세부자 100일 프로젝트'다. 이 프로젝트는 나 자신에 대한 도전이자, 독자들을 위한 '대리체험'이다.

수익형 부동산에 투자 가능한 최소 금액을 생각해봤다. 1000만 원 정도였다. 월급을 계산해봤다. 월급에 기타 수입을 합치니 정확히 366만 원(2011년). 미친 듯이 치열하게 사는 기간은 딱 100일. 한 달에 33만 원만 써야 100일간 1000만 원을 모을 수 있다. 100일간 매달 33만 원으로 살면서 1000만 원을 모으기로 했다. 이 극한의 경험을 통해 내 경제 체질을 바꿀 수 있다고 확신했다.

그랬다. 하늘은 나를 버리지 않았다. 그야말로 '하늘이 준 기회'였다. 바쁜 출입처에서 하루하루 전쟁을 치러야 했다면 어쩌면 이 책은 탄생할 수 없었을지도 모른다. 아이디어 자체를 내지 못했을 거다. 부서가 바뀐 이후, 나는 일반 직장인들처럼 출퇴근이 일정한 생활을 하게 됐다. 주어진 자유시간은 점심시간과 퇴근 이후가 유일했다. 이에 보통 직장인들의 눈높이에서 이 책을 집필할 수 있었다고 생각한다.

100일이라는 짧다면 짧고 길다면 긴 기간 동안, 개인적으로 수차례 천당과 지옥을 오가는 경험을 하기도 했다. 하지만 나는, 우직하게 긴 터널을 지나 프로젝트를 끝낼 수 있었다. 솔직히 프로젝트를 마친 지금, 실전 투자 경험 없이 쓴 《빌딩부자들》의 독자들에게 미안한 마음마저 든다.

그래도 이로써 '당장 내일부터 시작할 수 있는' 실천방법들을 후속책에 담겠다는 독자들과의 약속을 지켰다. 《빌딩부자들》 독자들께 보답하는 마음으로, 강연회에서 만난 그들의 반짝이는 눈빛을 떠올리며, 한 자 한 자에 정성을 담았다. 모쪼록 이 책이 "어떻게 빌딩부자가 될 수 있나"라는 수많은 독자들의 질문에 도움되는 답변이 되었으면 하는 바람이다.

이 책은 2부로 구성된다. 1, 2부 모두 그 누구보다도 치열하게 살았던 100일의 하루하루에 대한 다이어리이자, 100일간 전국을 돌며 발품을 판 수익형 부동산 투자 리포트다. 1부는 서울·경기 지역에 대한 내용이고 2부는 전국의 알짜 지역 투자 정보들을 담았다. 더불어 프로젝트를 진행하면서 깨달은 지혜를 담아 특별부록으로 구성했다.

끝으로 이 책은 전국의 수많은 공인중개사들의 '의도치(?) 않은 도움으로' 완성됐다. 100일간 쌓인 공인중개사의 명함만 수백 개다. 집을 보여주고, 가격을 알려주며, 솔직한 지역정보를 줬다. 물론 그들의 일이지만, 이 자리를 빌어 감사의 마음을 전하고 싶다. 더불어 솔직히 직업을 밝히지 못한 점은 사과하고 싶다.

또 《빌딩부자들》의 성 기자가 있게 해준 '한국경제신문사'에 감사한다. '한경 기자'였기에 이 모든 프로젝트가 가능했다. 나아가 방황하는 후배를, 때론 엄격하게 때론 애정으로 잘 이끌어주신 부서 선배들께도 고마움을 전하고 싶다. 특히 회사에 얽매인 나를 대신해 경매법원에 가고, 현장을 함께 뛰어준 부모님, 그리고 동생 성나영. 이들이 있기에 내가 있다.

2012년 6월
성선화

: 차례 :

프롤로그	100일만 미치면 당신도 빌딩부자가 될 수 있다!	4
프로젝트 시작에 앞서	월세통장의 진짜 마법을 알려주마	12
나의 각오	도전, 월세부자! 100일 프로젝트가 시작된다	24

1부

맨땅에 헤딩! 초보 투자자 성 기자의 좌충우돌 100일 프로젝트

: 서울 경기 투어에 나서다 :

- 첫 탐방지, 프로젝트의 목표이자 내꿈 '강남' — 28
  - 월세여왕의 투자 다이어리 강남 오피스텔 150채, 단기 임대의 달인을 만나다 — 32
- 포기할 수 없는 꿈 '강남' — 36
  - 잠깐! 투자포인트 수익률 '자동계산기', 머릿속에 넣어라 — 40
- 광화문에서 강북 스타트! '광화문' — 43
- 수익률 3%대, 가격은 강남 수준? '신촌' — 51
  - 잠깐! 투자포인트 홍대는 빌라 투자 — 65

- 부동산 시장의 바로미터 '강남 역세권' ... 66
  - 월세여왕의투자다이어리 : 때로는 과감한 베팅! 드디어 첫 투자 ... 74
  - 잠깐!투자포인트 : 월세, 수익률 마지노선은 지켜라 ... 80

- 강남보다 수익률 높은 황금라인 '마포' ... 83
  - 잠깐!투자포인트 : 금액대별 투자 전략, 내게 맞는 수익형은? ... 89

- 개발 호재 많지만 저평가된 '여의도' ... 92
  - 월세여왕의투자다이어리 : 대출에 발목잡히다 ... 101

- 롯데수퍼타워로 천지개벽할 '송파' ... 104
  - 월세여왕의투자다이어리 : 두 번째 분양권 투자, 초보자의 함정에 빠지다 ... 110

- 상습 침수지의 화려한 부상 '삼전동' ... 114
  - 잠깐!투자포인트 : 임대사업? 별거 아냐! ... 128

- 강남에 저평가된 데 없나? '논현동' ... 134
  - 월세여왕의투자다이어리 : 눈 뜬 장님, 강남을 놓치다 ... 139

- 신분당선 개통으로 주목받는 '양재' ... 142
  - 월세여왕의투자다이어리 : 공매에 눈뜨다 ... 150

- 강남 다음으로 뜨는 서울의 중심 '용산' ... 152
  - 잠깐!투자포인트 : 단독주택 투자! 월세의 여왕 '2단계' 프로젝트 ... 159

- 신분 급상승, 이젠 고평가 '영등포' ... 163
  - 월세여왕의투자다이어리 : 세 번째 투자, 첫 번째 경매 낙찰 성공 ... 175

- 9호선 수혜, 인천공항 배후 '가양' ... 179
  - 잠깐!투자포인트 : 경락잔금대출의 비밀 ... 185

- 빌딩부자들이 요즘 가장 촉을 세우는 곳 '성동구' ... 189
  - 월세여왕의투자다이어리 : 왕십리, 상가라도 해볼까 ... 196
  - 월세여왕의투자다이어리 : 어머니의 활약, 경매의 고수가 되다 ... 204

- 살기는 좋지만 투자는 글쎄… '노원, 마들' ... 207
  - 월세여왕의투자다이어리 : 네 번째 투자만에 드디어 강남 입성, 평당 400만 원에 상가를 잡다 ... 213

- 제2의 여의도 될까? '상암DMC'   **222**
  - 잠깐!투자포인트   5년째 망한 강남 상가, '어린 왕자'로 날개 달다   **238**
- 향후 물류중심지 기대되는 '수서'   **243**
  - 잠깐!투자포인트   초보자, 분양업자의 세치 혀를 경계하라   **251**
- 여기가 뜬다! '경기 서남권'   **256**
- 기업 투자 호재 기대되는 '평택'   **272**
- 투자할 곳이 마땅치 않은 '안산'   **280**
  - 잠깐!투자포인트   상가 투자? 웬만하면 하지 마라   **285**

2부   고지가 저기에! 빌딩부자의 길, 멀지 않다
: 서울은 식상하다. 지방으로 고!고! :

- [충청권] 세종시가 독일까? 약일까? '대전'   **290**
  - 잠깐!투자포인트   2012년 부동산 시장의 뜨거운 감자, 세종시   **304**
- [충청권] 부도 아파트에 투자할 뻔! '공주'   **308**
- [충청권] 펜션사업 한번 해볼까? '태안'   **314**
  - 잠깐!투자포인트   진짜 vs 가짜, 부동산 호재 감별법   **318**
  - 잠깐!투자포인트   하자 있는 경매물건, 할까? 말까?   **325**
- [충청권] 아산 신도시와 시너지 '천안'   **327**
- [충청권] 세종시와 오송 의료복합단지로 분위기 반전 '청주'   **338**
- [경상권] 화려한 부활을 꿈꾸는 '대구'   **348**

- [경상권] 다시 뜨는 해, 집값은 더 뛰었다 '부산'   363
- [경상권] 경상권 숙원사업 '김해-부산 경전철' 개통 '김해'   373
  - 월세여왕의 투자다이어리 : 허망한 입찰 실패, 욕심이 화를 부른다   382
- [경상권] 두 조선소의 도시 '거제'   386
- [전라권] 새만금 수혜지? 아니다! '군산'   394
- [전라권] 재건축 아파트를 주목하라 '전주'   405
- [전라권] 5대 광역시 중 가장 저평가된 도시 '광주'   416
- [전라권] 임대사업하기 괜찮은 항구도시 '목포'   435
  - 월세여왕의 투자다이어리 : 나주, 빌딩 투자에 도전하다   450
- [전라권] 돈도 풀리고 사람도 몰리는 '여수'   456
  - 월세여왕의 투자다이어리 : 지방 아파트 투자 매력에 빠지다   471
- [전라권] 땅 투자에 홀리다 '광양'   474
- [강원권] 강원도의 진주 '원주'   484
- 성선화 = 기자 = 삶의 이유   490

에필로그 : '빌딩부자'의 꿈을 캐스팅하라   493

특별부록 도전! 월세부자를 넘어 빌딩부자로   497
빌딩부자 실전편

프로젝트 시작에 앞서

 월세통장의
진짜 마법을 알려주마

김선화 씨.

나와 이름이 같은 그녀는 초등학교 동창의 아내다. 친구가 결혼 후 처음 아내를 소개하는 동창 모임에서 만났다. 우리는 한눈에 '통하는 성격'임을 알아챘다. 그녀의 직업은 보험설계사. 나와 그녀의 만남은 한마디로 '부동산'과 '금융'의 조우였다. 마침 2012년 4월 1일 생명표가 바뀌기 전 암보험을 들어야겠다고 생각했다. 그녀에게 총체적인 재무점검을 받아보기로 했다.

금요일 오후. 그녀가 우리 회사 근처로 왔다. 그와의 짧은 만남은 '파격적 충격'이었다. 30대 초반인 우리는 각자의 방식으로 노후를 준비하고 있었다. 나는 부동산 투자로, 그녀는 금융 재테크로. 무엇보다 놀라웠던 점은 친구 부부의 엄청난 저축액이었다. 한 달에 900만 원! 둘이 합쳐 한 달에 1000만 원 가까이 버는데, 그 중 100만 원만 쓰고 모두 저축한다는 것이다. 입이 쩍~~ 벌어졌다. 그 중에서도 노후대비용 연금저축이 무려 600만 원에 달했다. 오~~ 와우! 대박! 엄지손가락을 치켜세우며 찬사를 보냈다.

이날의 본론으로 들어갔다. 그녀는 내 재무상태를 긴급 점검했다. 은퇴 후 희망수입은 월 200만 원. 이를 위해선 55세 은퇴 시점까지 13억 9877만 원이 필요했다. 지금부터 한 달에 179만 원씩 21년(연 8% 투자수익률)을 넣어야 '원하는' 은퇴생활을 할 수 있다고 했다. 만약 1년이 늦어지면 불입액은 198만 원으로 늘어났다.

하지만 당시 내가 가입한 노후 대비 연금상품은 달랑 두 개. 월 납입액도 22만 원 정도에 불과했다.

"언니, 저축액에 비해 노후대비용 저축액이 너무 적어요. 자산도 지나치게 부동산에 편중돼 있구요."

그녀는 불안한 표정을 지었다.

무조건 절약? 내 청춘이 너무 아깝다

사실 더 궁금했던 점은 '어떻게 신혼부부가 월 100만 원으로 생활하느냐'는 것이었다. 싱글인 나도 한 달에 100만 원으로 살기가 빠듯했다. 하지만 기대했던 뾰족한 노하우는 없었다. 무조건 안 쓰는 것! 그녀의 남편인 내 친구의 한 달 용돈은 30만 원이었다. 대기업에 다니는 친구는 바빠서 돈 쓸 시간이 없고, 그녀도 크게 돈 쓸 일이 없다고 했다. 어릴 적부터 스스로 대학 등록금을 마련해 온 그녀는 절약정신이 몸에 배 있다고 솔직하게 말했다. 빌딩부자들을 만나기 전까지 경제 관념 없이 살던 나와는 출발부터가 달랐다.

무엇보다 나는, 그들처럼 살고 싶지 않았다. 그러기엔 내 젊음이 너무 아까웠다. 이 좋은 청춘을 억척스럽게만 보낸다면, 그것은 내 삶에 대한 예의가 아니라고 본다.

물론 '프로젝트' 기간 동안은 월 33만 원으로 버텼다. 하지만 '끝'이 보였기에 가능했다. 앞으로 20년을 그렇게 살라면? 톡 까놓고 그렇게 못하겠다. 아니, 더 솔직히, 그렇게 살고 싶지 않다.

금융 재테크만으로 노후를 대비한다는 것은, 미래를 위해 현재 엄청난 희생을 요구하는 일임을 철저히 깨달았다.

행복한 노후를 위한 월세통장

이에 다시 한 번 '월세통장'의 효용을 확신했다. 월세통장 역시 행복한 노후를 위한 수단이다. 1차 목표는 은퇴 후 '월급만큼 월세'를 받는 것. 월급의 10% 수준에서 시작해 은퇴 시점까지 그 액수를 점점 불려나가는 것이다.

연금저축보다 월세통장이 좋은 이유는 '현금'과 '시세차익'이다. 개인연금은 은퇴 후에야 나온다. 하지만 월세통장은 투자하는 순간부터 매달 꼬박꼬박 현금을 쥐어준다. 지금 당장 쓸 수 있는 돈이 늘어난다.

특히 월세통장은 빌딩부자로 가는 지름길을 제시한다. 바로 시세차익이다. 예를 들어 500만 원의 시세차익은 한 달에 40만 원씩 1년짜리 정기적금을 붓는 것과 같다. 직장인이 월 40만 원씩 적금을 붓는다는 것도 쉽지 않은 일이다.

정리하자면, 월세통장은 궁극적으로 노후를 풍요롭게 하기 위한 것이다. 하지만 이를 위해 무조건적으로 현재를 희생하도록 강요하지 않는다.

'입금→인출→투자' 3단계 자동시스템

월세통장을 보다 구체적으로 알아보자. 월세통장은 월세가 들어오는 통장에 내가 붙인 애칭이다. 월세가 들어오는 수만큼 월세통장의 개수도 늘게 된다. 하지만 이 통장은 따박따박 월세만 먹는 '돼지'가 아니다. 구조화된 시스템을 갖추고 있다. 먼저 월세가 입급되면 이자가 빠져나가고 나머지 금액이 저축으로 쌓이게 된다. 내가 일일이 챙기지 않아도 스스로 수익이 발생하는 자동시스템이다.

내 첫 번째 월세통장은 한 달에 65만 원의 월세가 입금되고, 대출이자 40만 원이 빠져나간다. 나머지 차액(25만 원)은 고스란히 적립식펀드통장으로 들어간다. 회사 일에 바쁜 나는 일일이 월세를 챙기지도 대출이자를 내지도 않지만, 통장 하나가 세 가지 일을 동시에 척척 해낸다. 어느덧 첫 번째 월세통장을 만든 지도 벌써 1년이 다 돼간다. 그동안 월세통장에는 200만 원이 넘는 원금이 쌓였고, 거기에 적립식펀드로 5% 이상의 수익이 덧붙었다. 하지만 처음 월세통장을 만든 이후 크게 신경을 써본 적이 없다. 열심히 회사를 다니며 취재 활동을 하는 동안 이 기특한 녀석은 나 대신 많은 일들을 해주고 있는 셈이다.

월세통장 수익형 부동산의 핵심 개념은 첫째, 부동산 대출이자를 '내 돈'으로 내선 안 된다는 것. 둘째, 월세 순익은 금융상품으로 재투자해야 한다는 것.

이 두 가지가 월세통장의 핵심포인트다. 내 관점에서 스스로 대출이자를 내고, 현금이 나오지 않는 부동산은 수익형 부동산이 아니다.

프로젝트 기간 중 만든 월세통장은 총 7개. 순수 월세 수입은 140만 원이다(2012년 8월 예상). 물론 주수입인 근로소득의 절반에도 못 미치지만, 첫 출발치곤 꽤 괜찮은 성과라고 생각한다. 앞으로 목표 은퇴 시점까지 20년이 남았으니, 빌딩부자들처럼 몇 백억 빌딩은 아니더라도, 은퇴할 때가 되면 두세 배로 늘어난 월세통장들을 가질 수도 있지 않을까. 행복한 상상을 해본다.

월세통장은 이런 독자들에게 권하고 싶다.

성 기자의 7개의 월세통장 (한 달 140만 원, 2012년 8월 예상)

1. 구산동 빌라 월세통장

		지출	수입
매매가격		1억 3500만 원	
현재시세			
대출	대출금		9000만 원
	금리	5.1%	
	월이자	38만 원	
임대료	보증금		2000만 원
	월세수입		65만 원(연 780만 원)
	월순익		27만 원(연 324만 원)
기타비용	각종 세금	148만 5000원	
	법무비용	30만 원	
	중개수수료	30만 원	
	도배 등 수리비		
총계		1억 3708만 원	1억 1000만 원
		실제 들어간 내 돈	실제 들어오는 돈
		2708만 원	324만 원
연수익률		11.96% ➡ 약 12%	
월세통장 No. 1		KB스타 한국 인덱스증권 투자신탁펀드	월 25만 원

: 프로젝트 시작에 앞서 :

2. 가양동 오피스텔 월세통장

		지출	수입
매매가격(낙찰가)		2억 7만 원	
현재시세		2억 1000만 원	1000만 원(시세차익)
대출	대출금	1억 7000만 원	
	금리	6.0%	
	월이자	85만 원	
임대료	보증금		1000만 원
	월세수입		125만 원(연 1500만 원)
	월순익		40만 원(연 480만 원)
기타비용	각종 세금	920만 원	
	법무비용	239만 원	
	중개수수료	80만 원	
	도배 등 수리비	30만 원	
총계		1269만 원	
		실제 들어간 내 돈	실제 들어오는 돈
		3269만 원	480만 원
연수익률		14.6% ➡ 약 15%	
월세통장 No. 2		JP모건 코리아트러스트 펀드	월 40만 원

3. 원주 아파트 No. 1 월세통장

		지출	수입
매매가격(낙찰가)		3177만 원	
현재시세		3300만 원	200만 원(시세차익)
대출	대출금		2500만 원
	금리	5.5%(3개월 0.3% 3회 인상, 이후 고정금리)	
	월이자	11만 5000원(138만 8000원)	
임대료	보증금		300만 원
	월세수입		20만 원(연 240만 원)
	월순익		8만 4000원(101만 2000원)
기타비용	각종 세금	70만 원	
	법무비용	60만 원	
	중개수수료	50만 원	
	도배 등 수리비	50만 원	
총계		230만 원	
		실제 들어간 내 돈	실제 들어오는 돈
		607만 원	101만 원
연수익률		약 17%	

월세통장 No. 3	교보악사파워 인덱스 펀드	월 8만 4000원

4. 원주 아파트 No. 2 월세통장

		지출	수입
매매가격(낙찰가)		3007만 원	
현재시세		3300만 원	300만 원(시세차익)
대출	대출금		2450만 원
	금리	5.5%(3개월 0.3% 3회 인상, 이후 고정금리)	
	월이자	11만 원	
임대료	보증금		200만 원
	월세수입		22만 원(연 264만 원)
	월순익		11만 원(연 132만 원)
기타비용	각종 세금	68만 원	
	법무비용	52만 원	
	중개수수료	50만 원	
	도배 등 수리비	0만 원	
총계		170만 원	
		실제 들어간 내 돈	실제 들어오는 돈
		527만 원	132만 원
연수익률		25%	
월세통장 No. 4		우리매직 7 정기적금	월 11만 원 3년 만기 연 7% 수익률

5. 원주 아파트 No. 3 월세통장

		지출	수입
매매가격(낙찰가)		3180만 원	
현재시세		3300만 원	120만 원(시세차익)
대출	대출금		2500만 원
	금리	5.5%(3개월 0.3% 3회 인상, 이후 고정금리)	
	월이자	11만 5000원(138만 원)	
임대료	보증금		1200만 원
	월세수입		20만 원(연 240만 원)
	월순익		8만 5000원(102만 원)
기타비용	각종 세금	70만 원	
	법무비용	55만 원	
	중개수수료	50만 원	
	도배 등 수리비	37만 원	
총계		212만 원	
		실제 들어간 내 돈	실제 들어오는 돈
		-308만 원	102만 원
연수익률		102%	

월세통장 No. 5	IBK 채권형 펀드	월 4만 원

6. 강남 상가 월세통장(예상)

		지출	수입
매매가격(낙찰가)		8000만 원	
현재시세(예상)		2억 2000만 원	1억 6000만 원(예상시세차익)
대출	대출금		6500만 원
	금리	6.1%	
	월이자	33만 원(연 396만 원)	
임대료	보증금		580만 원
	월세수입		58만 원
	월순익		25만 원(연 300만 원)
기타비용	각종 세금	368만 원	
	법무비용	885만 원	
	중개수수료		
	도배 등 수리비		
총계		1253만 원	
		실제 들어간 내 돈	실제 들어오는 돈
		2173만 원	300만 원
연수익률		13.8% ➡ 약 14%	
월세통장 No. 6		수협 더플러스 정액적금	월 25만 원 3년 만기 연 6% 수익률

7. 여수 아파트 월세통장

		지출	수입
매매가격(낙찰가)		3607만 원	
현재시세			
대출	대출금		2800만 원
	금리	5.5%(3개월 0.3% 3회 인상, 이후 고정금리)	
	월이자	13만 원(158만 원)	
임대료	보증금		300만 원
	월세수입		40만 원
	월순익		27만 원
기타비용	각종 세금	158만 원	
	법무비용	30만 원	
	중개수수료	30만 원	
	도배 등 수리비	30만 원	
총계		248만 원	
		실제 들어간 내 돈	실제 들어오는 돈
		755만 원	324만 원
연수익률		42.9% ➡ 약 43%	

월세통장 No. 7	유니버셜 연금보험	월 27만 원

나의 각오

도전, 월세부자!
100일 프로젝트가 시작된다

최선을 다했는데도,
죽을 힘을 다해 매달렸는데도,
하늘이 나를 돕지 않을 때는, 다 그만한 이유가 있을 거라 생각한다.
아마도 '도전! 월세부자 100일 프로젝트'를 마무리 짓는 게
지금 현재,
내게 주어진 의무이자, 과제가 아닐까 한다.

나는 앞으로 100일 동안, 한 달에 33만 원으로 생활하며,
'월세의 여왕'에 도전할 것이다.
이 극단적인 프로젝트는 나 자신에 대한 도전이기도 하지만,
이 책을 읽는 모든 독자들을 위한 것이다.

이 프로젝트는 크게 두 가지로 구성된다.
첫째, 100일간 월급만으로 1000만 원 모으기.
목표액을 1000만 원으로 정한 것은, 이를 수익형 부동산에 투자하기

위한 최소한의 종잣돈으로 봤기 때문이다.

둘째, 140만 원짜리 월세통장 만들기.

월세 140만 원은 연간 순익 1680만 원으로 총투자금액(약 9000만 원)의 18%에 해당하는 금액이다. 내 목표인 연평균수익률 18%에 맞췄다(최저 수익률은 12%).

이를 위해 나는,
내일부터 차를 놓고 대중교통을 이용할 것이며,
무계획적인 먹거리에 일체 돈을 쓰지 않을 것이며,
굶어죽지 않을 정도로만 아끼며 100일을 버틸 것이다.
더불어 '알짜' 물건을 찾아 전국을 돌아다닐 것이다.
이 생생한 투자 스토리를
가감없이 솔직하게 독자들에게 공개할 것이다.

일러두기
※ **단위의 표시** : 이 책에 나오는 단위는 편의상 옛날 표기방식인 '평'을 사용한다. 1평=3.3㎡. 10평대란 10평부터 19평 사이를 말한다. 전용면적(실평수)을 주로 사용한다. 공급면적은 오피스텔의 경우 보통 전용면적의 1.5~2배 정도다. 경매 사이트에 표시된 면적도 전용면적이다.
※ **날짜의 표시** : 이 프로젝트가 추진된 시기는 2011년이다. 특별한 표시가 없는 한 올해는 2011년을 의미한다. 오는 8월이면 2011년 8월이다.
※ **수익률의 계산** : 투자수익률은 경매가 아닌 경우, 매입가의 40%를 대출 받는다고 가정했다. 대출금리는 연 5.5%로 잡았다.

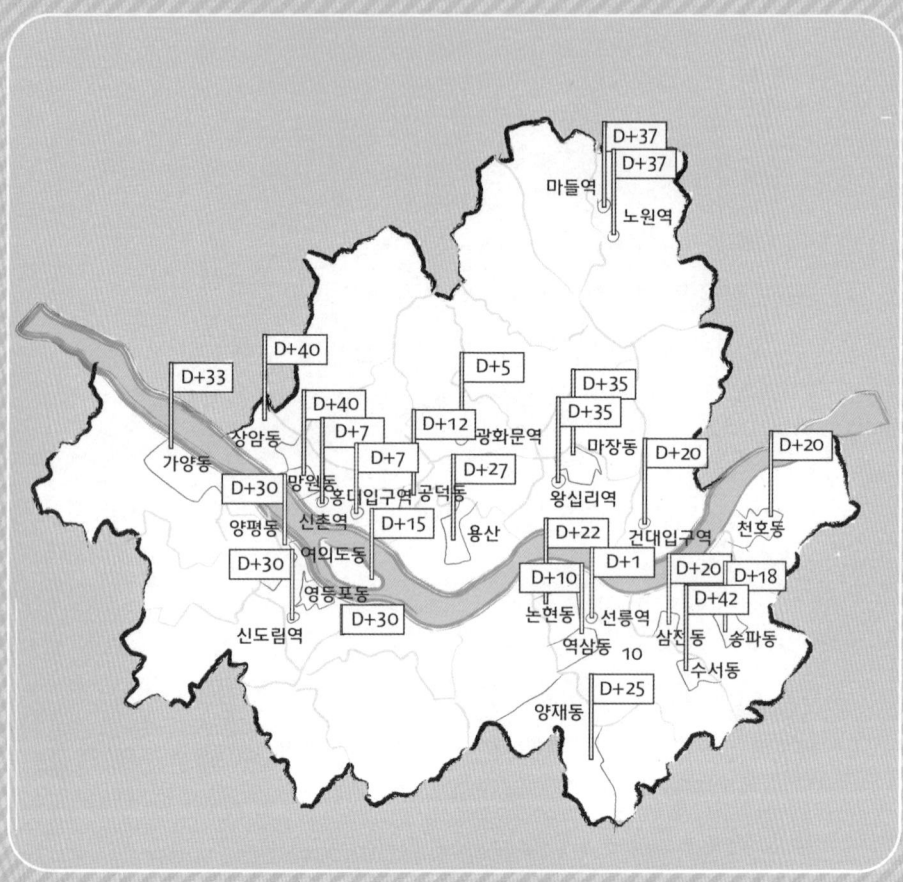

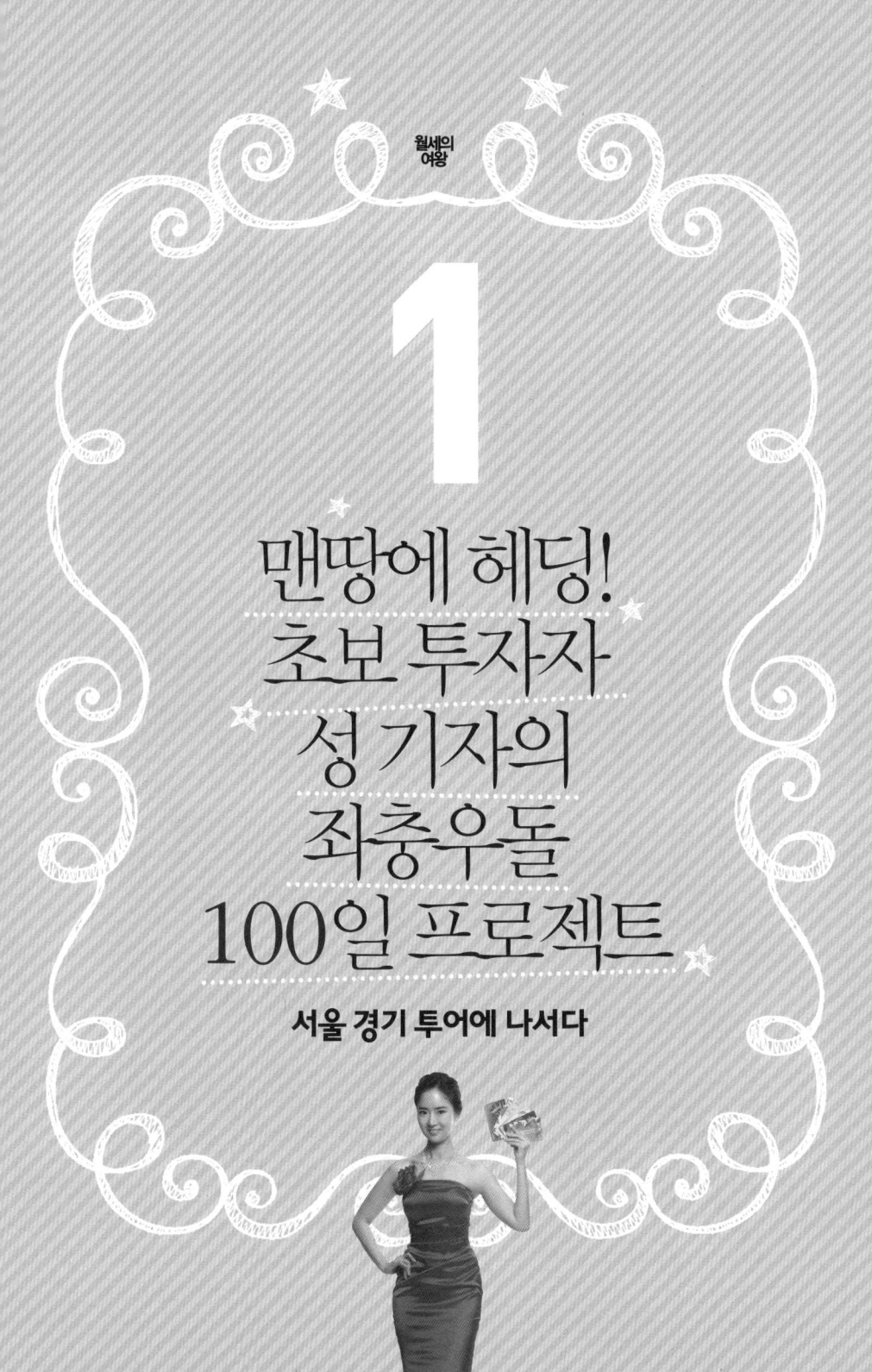

첫 탐방지,
프로젝트의 목표이자 내 꿈
강남

프로젝트 첫날, 설렘

사실 지난 5년간, 지하철로 출근한 날은 손에 꼽을 정도다. 하지만 오늘은 프로젝트 첫날. 새벽 5시부터 일어나 출근 준비를 서둘렀다. 아침 7시. 운동화 끈을 질끈 동여매고 집을 나섰다. 아침 공기가 이렇게 상쾌한 줄은 차로 출근할 땐 몰랐었다. 오늘의 탐방지이자, 프로젝트 시작점은 선릉역! 왠지 설레고 기대가 된다.

앞으로 100일 동안 펼쳐질 내 미래는 어떻게 흘러갈까. 과연 목표를 달성할 수 있을까. 성공할 수 있을까. 스스로도 너무나 궁금하다. 무엇보다 나를 이토록 독하게 만들어준 '그 무엇'에 진심으로 감사한다.

프로젝트 기간내내 들고 다녔던 일기장. 나중에는 닳고 낡아 너덜너덜해져버렸다.

단기 임대 – 강남 오피스텔의 특징

실전엔 정답이 없다. 배움엔 순서도 없다. 프로젝트 첫날, 선릉역의 한 부동산에서 '단기 임대'라는 말을 처음 들었다. 단기 임대란 통상적인 1년 계약이 아닌, 짧은 계약이다. 대신 보증금 없이 월세를 시세보다 '비싸게' 지불한다. 예를 들어, 일반적으로 1년간 보증금 1000만 원에 월세 130만 원으로 계약한다면, 단기 임대는 3개월 또는 6개월로 계약 기간이 짧다. 대신 월세가 180만 원으로 올라간다. 보증금은 통상 월세와 같은 180만 원이 된다.

> 파이낸셜뉴스 2011년 6월 20일
> **대치·역삼동 단기임대시장 '방학 특수'**
> 유명학원 밀집지역 주변 매물 품귀…
> 임대료 최고 2배 껑충

특히 6~8월 성수기 때는 월세가 30~50만 원 가까이 올라 부르는 게 값이다. 단기 임대를 놓는 사람들은 월세 180만 원과 130만 원의 차이 즉, 50만 원의 차익을 노리는 것이다. 방법은 이렇다. 일단 집주인에게 보증금 1000만 원을 주고 임대차 계약을 한다. 그 다음 이른바 '전전대(전세의 전세)' 형식으로 다시 세를 놓는다. 집주인의 동의를 얻지 않은 전전대는 불법이지만, 동의를 얻은 전전대는 합법이다. 단기 임대는 초기 투자비용이 든다. TV, 침대 등 가구들이 필요하기 때문이다.

"초기 투자비용은 계약금 1000만 원 이외에 풀옵션 비용으로 150만 원 정도가 들어요. TV, 침대 등은 중고로 저렴하게 사면 돼요."

20대 앳된 얼굴을 한 공인중개사는 1150만 원이면 강남 오피스텔에 투자할 수 있다며 나를 꾀었다.

★ 강남지역 단기 임대 추천 베스트3

(단위: 만 원)

이름	위치	일반 임대	성수기	비수기
현대렉시온 (전용 10평)	서초동 강남역 뱅뱅사거리	1000/110	190/190	165/165
대우디오빌 (전용 11평)	역삼동 테헤란로역	1000/105	160/160	145/145
선릉 골드로즈 2차 (전용 12평)	대치동 선릉역	1000/100	170/170	145/145

이론상으로 1150만 원을 투자해 연 600만 원의 이익을 올릴 수 있었다. 투자수익률이 52%에 무려 달했다. 혹할 만한 제안임에 분명했다. 긴 가민가했지만 일단은 도전해보기로 했다. 그에게 단기로 할 만한 물건을 추천해 달라고 부탁했다.

추천받은 물건은 선릉역 '골드로즈 2차'와 강남역 '현대렉시온', 역삼동 '대우디오빌' 등 강남에서 임대가 가장 잘 된다는 오피스텔 세 곳이었

선릉역 골드로즈 2차. 단기 임대가(18평)는 135만 원. 2012년 5월 현재 매매가는 2억 9000만 원선. 2011년 10월 대비 4000만 원 가까이 올랐다.

다. 문제는 마땅한 물건이 없다는 것. 그의 소개로 단기 물건을 가진 공인중개사를 만나긴 했다. 하지만 내가 "불법이 아니냐? 난 집 주인에게 허락받은 물건만 하고 싶다"고 말하자, 난색을 표했다. 오히려 나를 '이상한' 젊은 여자로 오해하는 눈치였다. 나는 그에게 '집주인이 허락한 물건'을 찾아 달라고 했다. 그는 다시 연락을 주겠다고 했지만 이후로 연락이 없었다. 나 또한 단기 임대라는 생소한 분야에

대한 확신이 없었기에 그냥 잊고 지냈다. 그리고 프로젝트 기간 내내 강남 이외의 지역에서 단기 임대가 활발히 이뤄지는 것을 보지 못했다.

단기 임대, 일반인 접근 불가

하지만 강남 단기 임대에 다시 눈을 돌린 것은 프로젝트가 끝날 무렵이었다. 서울에서 시작해 지방 부동산까지 훑고 올라오니 '역시 강남'이라는 생각이 들었다. 무엇보다 한 달에 50만 원이란 월세순익이 엄청난 수익이라는 사실을 깨달았기 때문이다. 다시 앳된 얼굴의 공인중개사에게 단기 물건을 구해 달라고 요청했다. 하지만 그녀는 이번에도 묵묵부답이었다. 알고 봤더니 단기는 '전담 부동산(집주인들이 부동산 관리를 전담으로 맡긴 공인중개사)'들끼리 주인 몰래 하는 경우가 대부분이었다. 일반인들이 쉽게 할 수 있는 게 결코 아니었던 것이다.

단기 임대란?

1 | 단기 임대 : 1년 미만의 임대차계약. 평균 3개월이며, 짧게는 한 달에서 길게는 6개월 정도다. 1년 계약 때 보다 30~50만 원 정도 월세가 비싸다. 보증금은 월세와 같은 수준이다. TV, 침대 등 풀옵션이 갖춰져 몸만 들어오면 되는 장점이 있다.

2 | 불법 전대대 : 집주인이 아닌 사람이 임대차계약을 한 뒤, 또 다시 제3자에게 임대차계약을 할 경우 반드시 집주인의 동의를 구해야 한다. 집주인의 동의가 없는 전전대는 불법이다.

3 | 전전대 : 부동산 소유자와 계약한 임차인(사용권을 얻은 주체)이 다른 임차인에게 재임대(전대)해주는 것

월세여왕의 투자다이어리

강남 오피스텔 150채, 단기 임대의 달인을 만나다

프로젝트 초반 강남역에서 단기 임대만 100채 이상 하는 '꾼'이 있다는 정보를 접했다. '그를 꼭 만나야겠다!' 기자정신이 발동했다. 수소문 끝에 연락처를 알아냈다. 심호흡을 하고 용기를 내 전화를 했다.

"안녕하세요. ○○소개로 전화 드렸어요. 저도 단기 임대에 대해 배우고 싶어서요."

솔직하게 말했다. 진정성이 느껴진 탓일까 그는 강남역의 모 오피스텔 앞으로 오라고 했다.

가볍게 시작한 대화는 막걸리 잔까지 기울이며 이어졌다. 3시간 가까운 대화에서 나는, '고수 노하우'를 배울 수 있었다. 무엇보다 '세상에 쉬운 일은 없다'는 인생의 진리를 다시 한 번 깨쳤다. 그는 매일 새벽 4시면 일어나 여섯 개의 부동산 정보 사이트를 조사한 뒤, 아침 9시면 칼같이 회사로 출근을 한다. 이미 기업의 형태를 갖춘 그의 법인은 직원들이 꽤 되는 듯했다. 공장장 출신인 그는 "단기 임대를 하려 해도 사람을 잘 다뤄야 한다"며 "절대 쉬운 일이 아니다"라고 충고했다.

이후 단기 임대의 허상에 대한 그의 적나라한 '실토'가 시작됐다.

"만약에 보증금 1000만 원에 월세 100만 원짜리 방을 단기 임대로 돌리면 한 달에 140만 원을 받을 수 있습니다. 40만 원의 차익이 생기죠?

이게 가장 기본입니다. 하지만 이익을 남기려면 무조건 50만 원은 남겨야 합니다."

그는 "TV, 침대, 쇼파 등 풀옵션을 갖추는 비용이 300만 원 정도 든다"며 "1년을 해야 본전이고, 2년 이상은 해야 남는 장사"라고 설명했다 (풀옵션 비용은 150~300만 원선이다).

단기 임대가 '빛 좋은 개살구' 일 수 있다는 지적이다.

가장 큰 골칫거리는 공실이라고 했다.

"남들 눈엔 단기 임대하면 많이 남을 거 같죠? 절대 안 그렇습니다. 공실은 반드시 발생합니다. 공실이 일주일만 생겨도 마이너스죠. 피가 바짝바짝 마릅니다."

그는 "월세 받기가 정말 힘들다"며 "일반인들은 내가 하는 일 흉내도 못 낸다"고 딱 잘라 말했다. 최근에 2억 원을 가진 아주머니가 와서 동업을 하자고 제안했지만 단번에 거절했다고 했다. 특히 여성이 하기엔 힘에 부칠 거라고 했다. 온몸에 문신을 한 남성들까지도 다뤄야 하는데 결코 쉽지 않은 일이라고.

"겉만 보지 말고 속을 보세요. 항상 잘 되지 않습니다. 하지만 왜 안 되는지 알려면 시간이 걸리죠."

그럼에도 그가 단기 임대만 고집하는 이유는 오피스텔 매입으로는 답이 안 나오기 때문이다. 그가 판단하는 오피스텔 가격은 지금이 꼭지다.

"전용 10평짜리 강남 오피스텔 가격이 2억 8000만 원 정도 합니다. 보증금 1000만 원에 월세 100만 원을 받는다고 해도 연수익률은 3%에 불과하죠. 게다가 오피스텔은 세금이 비쌉니다. 진짜 매입으로는 답이 안 나옵니다."

"오늘 다녀온 공인중개사 사무실에서는 강남 오피스텔이 3억 원을 넘길거라는데 솔직히 못믿겠습니다."

단기 임대의 '달인'이 되기까지 우여곡절도 많았다. 자녀들 교육 때문에 서울로 올라온 그는, 원룸에서 시작했다. 그 역시도 한 번 망했다가 다시 재기한 케이스로 추운 겨울에 신문지만 깔고 자면서 고생을 하기도 했다는 것이다.

그가 처음 부동산 투자를 시작한 것은 IMF 외환위기 직전이었다. 처음엔 매일 강남역 일대 부동산을 돌았다. 가서 1분이든 2분이든 매일 눈도장을 찍었다. 강남역에서 뱅뱅사거리까지 수백 개의 부동산을 6개월 만에 다 돌았다. 당시 그의 머릿속에는 강남역 일대 모든 원룸과 다세대의 시세가 들어있었다고 회상했다.

"정확한 시세를 안다는 게 정말 힘듭니다. 예를 들어, 강남역 오피스텔 시세는 1000만 원에 110만 원입니다. 물론 월세 100만 원짜리도 있습니다. 하지만 부동산 업자들은 절대 말해주지 않죠. 그러니까 공인중개사들 얘기만 곧이곧대로 믿으면 100% 손해입니다."

그가 매일 아침 여섯 군데 사이트를 일일이 살피는 이유도 정확한 시세를 알기 위해서다. 그는 부동산이 올린 허위 물건을 구분할 수 있을 때까지 시세 조사를 해야 한다고 조언했다.

그에게선 프로의 '냄새'가 강하게 느껴졌다.

"투자물건에 대해선 100% 확실하게 알아야 합니다. 관리비, 냉난방비, 주차대수 그리고 관리비 연체 시 몇 달 만에 수도 전기를 끊는지까지. 100% 박사가 돼야 합니다."

(그와의 만남은 향후 프로젝트를 추진하는 데 큰 도움이 됐다. 좀 더 치밀하고 보다 집요하게 시장조사를 해야겠다는 의지를 다지는 계기가 됐다)

부동산 시장조사

1 | 물건 조사 : 해당 물건에 대해 100% 박사가 될 때까지 철저해야 한다. 관리비, 냉난방, 주차대수 그리고 관리비를 안 내면 몇 달 만에 수도 전기를 끊는지까지 알아내자.

2 | 시세조사 : 인터넷 정보 사이트를 적극 활용한다. 시세조사는 부동산이 올려 놓은 허위 물건을 감별할 수 있을 때까지 공부하자.

포기할 수 없는 꿈
강남

고생의 시작, 막차를 놓치다

하루 종일 장맛비가 왔다. 아침부터 저녁까지 하루 종일 미친 듯이 돌아다녔다. 욕심껏 다 돌아보진 못했지만, 나름의 성과는 있었다. 긴 하루를 마치고 돌아오는 길. 드디어 올 것이 오고 말았다. 지하철 막차를 놓친 것이다. 오늘의 운행이 끝났다는 안내방송이 나왔다. 황당했다. 서둘러 버스정류장으로 향했다. 다행히 집 방향으로 가는 버스가 한 대 남아 있었다. 집에서 하차지점이 두 정거장 정도 떨어진 터라 30분은 족히 걸어야 했다. 초조한 마음으로 버스를 기다렸다. 남들에겐 일상인 '대중교통 이용하기'가 내겐 왜 이리 유별난 일이 돼버린 것인지 생각했다.

문득 이런 생각이 스쳤다. 나는 왜, 이렇게 힘들게 살고 있을까. 그냥 좀 편하게 살 순 없을까. 하지만 또 다시 찾아든 바보 같은 질문의 답은, 이미 내 안에 있다.

지하철 막차를 놓친 사람들이 버스정류장으로 몰려왔다. 한 젊은 커플이 막차 시간을 확인하며 사이좋게 버스에 올라탔다. '왜 나는, 대학 시절에 저런 소박한 추억들이 없을까.' 씁쓸한 입맛을 다셨다. 하지만 이내 고개를 힘차게 내저었다. 약해 빠진 감상 따윈 떨쳐버리고, 씩씩하게 버스에 올라탔다.

| 막차를 기다리던 버스 정류장

순간, 나의 눈길을 사로잡는 광고가 보였다.
"월세 1억 받는 빌딩부자를 꿈꾼다면 훔쳐서라도 이 책을 읽어라."

내 책 광고였다. 주변사람들에게서 버스 광고를 봤다는 얘기를 들었지만, 직접 본 것은 이번이 처음이다. 그것도 책 출간 몇 달 만에. 기분이 참 묘했다.

강남, 잡으면 흩어지는 뜬구름 같은…

프로젝트 기간 내내 나의 관심은 늘 강남 언저리에 머물러 있었다. 어떻게든 강남 물건을 잡는 게 목표였다. 결과는 절반의 성공. 원래 목표는 강남 오피스텔이었지만, 생각지도 못했던 상가를 덜컥 잡았다('애물단지'였던 강남 상가가 황금알을 낳는 거위로 바뀐 스토리는 나중에 설명할 예정이다).

강남 오피스텔은 '아무리 잡으려 해도 잡히지 않는 구름' 같았다. 한 발짝 다가서면, 어느새 두세 발짝 도망가버리는 얄미운 존재라 할까. 반드시 낙찰받아야겠다고 눈여겨봤던 알짜 오피스텔 두 건(역삼 대우디오빌, 우림루미아트)이 모두 취하됐고, 나머지 물건들도 죄다 최초 감정가를 훨씬 넘겨 비싸게 낙찰됐다.

2011년 6월 이후 강남구 오피스텔 낙찰가율(경매로 나온 물건이 처음 감정가보다 얼마나 높게 혹은 낮게 팔렸는지를 알려준다. 예를 들어 감정가가 100일 때 110%이면 10% 비싸게 90%이면 10% 싸게 산 것이다)을 살펴보면, 대부분이 처음 시장에 나온 감정가격을 훌쩍 넘겼다. 시세와 맞먹는 가격이었다. 경매를 통해 시세보다 싸게 사는 장점이 사라진 것이다. 부동산 경매는 시세보다 싸게 사려는 목적이지만 강남 오피스텔은 예외였다. 백전백패. 나의 강남 오피스텔 경매 성적표다.

★ 2011년 3분기 강남구 오피스텔 낙찰가율

(단위 : 만 원)

이름	위치	감정가 / 낙찰가	매각기일	낙찰가율
풍림아이원매직 (전용 8평)	강남역	2억 1000 / 2억 3100	2011-7-12	110%
수서 사이룩스 (전용 10평)	수서역	1억 3000 / 1억 9650	2011-8-11	151%
역삼 대우디오빌	역삼역	2억 6000 / 취하	2011-8-16	
우림루미아트	역삼역	1억 5000 / 취하	2011-8-18	
서초 대우디오빌 (전용 11평)	교대역	2억 2000 / 2억 4150	2011-10-20	110%
양재 트윈타워 (전용 8평)	양재역	9000 / 1억550	2011-11-8	117%

프로젝트가 끝날 무렵, 나는 강남에 대해 이렇게 결론 내렸다.

'일반적인 부동산 투자 법칙으로 접근할 수 없는 요지경 같은 곳.'

'수익률을 포기하고 내지르지 않는 이상, 낙찰받을 수 없는 지역.'

잠깐! 투자포인트

수익률 '자동계산기', 머릿속에 넣어라

프로젝트를 시작하면서 투자 멘토 중 한 명인 오은석 북극성 카페 대표를 만났다(특별부록 p 591 참조). 《친절한 경매》의 저자이기도 한 그는, 부동산 업계에서 믿을 만한 몇 안 되는 사람 중 하나다. 그와의 미팅 이후, 투자 스킬을 좀 더 정교하고 치밀하게 만들 필요를 느꼈다.

"시세차익과 임대수익률, 두 마리 토끼를 다 잡을 수는 없습니다. 이중 하나를 선택해야 합니다. 물건을 보고 수익률을 정하는 게 아니라, 수익률을 정해 놓고 물건을 찾아야 하는 거죠."(그의 말을 제대로 이해하는 데는 꽤 오랜 시간이 걸렸다)

그는 거두절미하고 단호하게 얘기했다.

"세금이 무서워서 오피스텔 투자를 안 한다는 건 말이 안 됩니다."

(2011년 오피스텔 취등록세는 아파트보다 세금이 네 배나 비쌌다)

요즘은 서울 투자는 아예 손을 놓고, 지방 특수 물건만 찾는다고 했다. 지금은 지방 물건도 씨가 말랐다는 게 그의 판단이었다(지방을 돌아봐야겠다고 생각했지만 이때까진 막연한 생각에 불과했다).

투자 로드맵을 구체화하기 위해 《빌딩부자들》을 다시 집어들었다. 실전 투자 전략인 '빌딩부자에 도전하라' 편이다. 당시 직접 투자 경험이 없었던 나는, 월세의 '30-50-100' 법칙을 제시했다. 처음엔 월세 30만 원으로 시작해서 차차 50만 원, 100만 원으로 늘려나가는 로드맵이다. 정작 실전에 부딪혀보니, 현실에서 이런 물건을 찾기란 그야말로 하늘의 별따기라는 사실을 뼈저리게 느꼈다. 《빌딩부자들》 출간 이후 투자 로드맵이 비현실적이라는 일부 지적이 떠올랐다.

그렇다면 나는 불가능한 시나리오로 독자들을 현혹했던 것일까. 펜으로 독자들에게 사기를 친 것인가. 꼬리에 꼬리를 무는 생각들이 이어졌다. 하지만 프로젝트가 끝날 때쯤 '30-50-100'의 시나리오가 절대 낙관적인 가정이 아니라고 확신했다. 오히려 더 빠른 길을 발견했다.

성 기자가 제시하는 수익률 계산 간편 노하우

① **투자 대차대조표를 만든다** : 나갈 돈을 '지출' 항목에, 들어올 돈을 '수입' 항목에 표시한다.

② **지출 항목 계산** : 대표적인 지출 항목을 부동산 매입가격이다. 경매로 받았다면 낙찰가격이 된다.

③ **세금 계산** : 다음 지출항목은 세금이다. 주거용 부동산의 경우 매입가격의 4.4%의 취등록세가 부과된다. 따라서 '매입가×0.044'로 계산된 금액이 세금이다.

④ **은행비 등 기타 비용** : 또 대출 과정에서 저당권 설정비 등 기타 비용이 발생한다. 경매의 경우 일반 대출에 없는 법무사 비용이 더 든다.

❺ **수입 항목 계산** : 가장 큰 수입은 은행에서 받은 대출금이다. 많으면 많을수록 투자수익률은 높아진다. 일반적으로 40~60%선이지만, 경매의 경우 최대 80%까지 가능하다.

❻ **두 번째 수입** : 부동산 투자에선 보증금도 항목에 속한다. 보증금이 많으면 실제로 투입되는 내 돈이 적어진다.

❼ **월세 계산** : 이자를 내고 남은 순수한 월세를 계산해야 한다. 한 달치 순수 월세 수입을 알아야 연간 순익이 나온다.

❽ **월대출 이자의 계산** : 대출금에서 대출금리를 곱한 금액을 12로 나누며 한달치 대출이자가 나온다. 만약 대출이자가 5.5%라면 대출금에 0.055를 곱하고 12로 나누면 된다.

❾ **총 비용 계산** : 매입가 + 세금 + 기타비용의 총합이 전체 비용이다.

❿ **실제 투자 비용 계산** : 총비용에서 수입의 총액(매출금+보증금)을 뺀 금액이 실질 투자금액이다.

⓫ **실질 투자금액 대비 수익률 계산** : 연간 순수입에 100을 곱한 뒤, 실질 투자금액으로 나누면 연간 실질 투자수익률이 나온다.

투자수익률 계산표(여러 장 복사해놓고 필요할 때마다 꺼내 쓰면 편하다)

	지출	수입
매매가격		
대출금		
보증금		
실질 투자금액		
연간 실제수입		
연수익률		

광화문에서 강북 스타트!
광화문

투자는, 보면 볼수록 미궁 속으로

지각한 아침 허겁지겁 올라탄 지하철. 몸과 몸이 다닥다닥 붙어 옴짝달싹할 수가 없다. 이 와중에도 투자 생각을 했다. 또다시 느끼지만, 투자 물건은 보면 볼수록 머릿속이 복잡해진다. 선택의 폭을 좁힐 수 있는 '가이드라인'이 필요할 것 같다. 이는 최저 투자 수익률, 최소 투자 자금 등이 될 수 있다.

최소 투자 자금을 1000만 원으로 정한 만큼, 이에 해당하는 물건을 찾아야 한다. 하지만 과연 1000만 원으로 투자할 만한 물건이 있을까. 언뜻 떠올린 후보지는 은평구 연신내, 경기도권, 지방 등 상대적으로 집값이 저렴한 지역이다. 원하는 물건이 있을지 자산은 없다. 하다가 안 되면, 최소 투자금을 5000만 원으로 높여 잡아야 할지도 모르겠다(하지만 프로젝트 기간 동안 최소 투자금은 507만 원, 최고 투자금은 3269만 원이었다.

이런 저런 생각들이 많아진다. 하지만 해보지도 않고, 지레 겁부터 먹는 건 금물이다. 기회는 발품을 팔아야 찾아온다. 빌딩부자들로부터 배운 첫 번째 교훈이다. 나도 일단 부딪혀보자.

프로젝트 기간 중엔 점심도시락을 싸다녔다.

프로젝트 기간 동안엔 점심시간마다 무조건 현장 출동이다. 한 시간 정도면 직장에서 지하철로 열 정거장 이내 거리는 어디든 다녀올 수 있다. 점심은 집에서 싸온 도시락으로 간단하게 때웠다. 한가롭게 여유로운 식사를 즐기기엔 시간이 너무 촉박하다.

강북으로, 첫 출동

강북의 3대 거점은 광화문, 신촌, 마포다. 그 중 강북의 최고 입지는 뭐니 뭐니 해도 광화문이다. 광화문은 강남과 쌍벽을 이룬다. 매매가와 월세 수준이 단연 최고다. 오피스텔 매매가가 2억 원대 후반이며 월세도 100만 원을 훌쩍 넘는다. 주거용보다는 업무용이 많다(업무용 오피스텔은 전입신고가 불가능하고, 부가가치세 10%를 부담해야 한다). 장점은 추가 공급 여지가 적다는 점이다.

신촌과 마포는 강북권의 2인자로서 경합을 벌인다. 매매가와 월세가 비슷한 수준이다. 다만 마포는 향후 공급 물량이 많이 예정돼 있지만, 신촌은 오피스텔 추가 공급이 상대적으로 적은 편이다. 신촌은 오피스텔보다는 단독주택을 개조한 원룸 도시형 생활주택 등이 활발히 공급되고 있다. 신촌은 학생, 외국인 등이 주를 이루는 반면, 마포는 여의도 등에 직장을 둔 싱글 인구가 많다.

광화문 오피스텔은 이미 상투 수준

광화문 오피스텔은 업무용이 많다(오피스텔은 업무용과 주거용으로 나뉜다). 대표적인 오피스텔은 다섯 개 정도다. 종로 '르메이에르', 두산위브 '파빌리온', 금호 '용비어천가', 벽산 '광화문시대', 종로 'SK허브'.

이중에서 종로 르메이에르, 두산위브 파빌리온, 대상 스카이렉스 세 곳을 둘러봤다. 교보빌딩에서 종각 방향으로 5분 거리에 위치한 르메이에르는 세대수가 많은 만큼 분위기가 활기찼다. 결혼중개업소가 쓰고 있는 공급 18평(전용 11평)을 둘러봤다. 소자본 창업자들이 임대해 쓰기에 괜찮아 보였다. 임대로 나온 것이 없어 방을

| 광화문 종로 르메이에르

★ 종로 르메이에르 예상 수익률표   (2011년 급매 매입 기준)

		지출	수입
매매가격(낙찰가)		2억 6000만 원	
현재시세(2012년 5월)		2억 7000만 원	
대출	대출금		1억 500만 원
	금리	5.66%	
	월이자	49만 5000원	
임대료	보증금		1000만 원
	월세수입		100만 원
	월순익		50만 5000원
기타비용	각종 세금	1144만 원	
	법무비용		
	중개수수료	100만 원	
	도배 등 수리비		
총계		1244만 원	
		실제 들어간 내 돈	실제 들어오는 돈(1년)
		1억 5744만 원	606만 원
연수익률		3.84% ➡ 약 4%	

둘러보기가 어려울 정도였다. 매매가는 급매가 2억 6000만 원선이었다. 집주인이 시세를 잘 모르고 돈이 꼭 필요해 내놓은 상태라 시세에 비해 1000만 원 정도 저렴한 편이라고 했다(2012년 5월 시세 2억 7000만 원선). 월세는 보증금 1000만 원에 월 100만 원. 정사각형 구조로 가운데 방을 구분하는 이동식 유리벽이 인상적이었다. 르메이에르는 광화문 오피스텔 중 구조가 가장 괜찮다(2009년 입주).

 추천받은 두산 위브파빌리온(공급 18평)은 미닫이문을 사이에 두고 방이 두 개로 나뉘어 있었다. 분리형 구조가 좋다고 추천 받았지만, 일장일단이 있어 보였다. 분리된 조용한 공간을 선호하는 세입자라면 모르겠지만, 방

★ 두산 위브파빌리온 예상 수익률표 　　　　　　　　　　(2011년 급매 매입 기준)

		지출	수입
매매가격(낙찰가)		2억 4700만 원	
현재시세(2012년 5월)		2억 9000만 원	4300만 원(시세차익)
대출	대출금		1억 1400만 원
	금리	5.66%	
	월이자	53만 원	
임대료	보증금		1000만 원
	월세수입		100만 원
	월순익		47만 원
기타비용	각종 세금	1086만 원	
	법무비용		
	중개수수료	135만 원	
	도배 등 수리비		
총계		1222만 원	
		실제 들어간 내 돈	실제 들어오는 돈(1년)
		1억 2521만 원	564만 원
연수익률		4.5%	

이 좁아 보이는 느낌도 있었다.

"느낌이 딱 오네. 이거 잡아, 이거."

부동산 아주머니는 "이런 급매는 꼭 잡아야 한다"며 "작년에 더 오르겠냐고 망설였던 투자자들이 이제 와서 후회한다"며 부추겼다.

급매로 나왔다고 해서 살펴

| 광화문 두산 위브파빌리온 내부

본 오피스텔인 광화문 두산 위브파빌리온 공급 18평(전용 10평)은 2억 4700만 원이었다. 매매 가격은 2억 6000~2억 7000만 원이라고 했다. 현재 월세는 90만 원. 시세와의 차이는 30만 원 정도였다. 이미 연말까지 90만 원으로 계약이 된 상태이고, 이후부터는 120만 원으로 올릴 수 있다는 설명이다(하지만 2012년 5월 조사결과 월세는 보증금 1000만 원에 100만 원이었다). 월세 시세가 싸서 매매가도 저렴하게 내놨다는 것이다. 하지만 주인이 2억 4700만 원을 받아달라고 말해놓은 상태이기 때문에 더 이상 깎을 수는 없다고 했다.

개인적으로 구조가 가장 마음에 들었던 오피스텔은 '대성 스카이렉스'다. 복층 구조라 개방감이 느껴졌다. 혼자 사는 남성이 사는 곳을 둘러봤는데, 싱글이 살기에 적당해 보였다. 특히 같은 가격대의 강남지역 오피스텔보다 훨씬 더 넓었다.

하지만 이곳은 다른 오피스텔들에 비해 '임대리스크'가 있었다. 광화문은 업무용 수요가 더 많은데, 사무실로는 복층을 선호하지 않기 때문이라고 했다. 내가 대성 스카이렉스의 구조가 가장 마음에 든다고 하자, 부동산 아주머니는 "자기가 살 것 아니니 임차인 입장에서 생각하라"고 충고했다. 이왕이면 임대리스크가 적은 오피스텔을 선택하라는 조언이다.

| 광화문 대성 스카이렉스 내부

광화문 오피스텔 시장을 정리하자면, 서울의 핵심 중심가답게 상당히 고평가돼 있었다. 전용 10평형대의 웬만한 오피스텔 가격이 2억 원을 훌쩍 넘겨 2억 후반대다(하지만 이대앞 푸르지오시티도 2억 5000만 원선에서 분양했으니, 광화문에 위치한 오피스텔이 2억 4000만 원선이면 저렴한 편인 것도 같다).

관건은 향후 가격 상승 여부. 이날 만난 공인중개사는 1년에 1000만 원씩 꾸준히 오를 것이라며 "3억 원 넘게 갈 수 있다"고 장담했다. 하지만 이 부분에 대해서는 살짝 의문이 들었다.

가격이 오르려면 월세가 올라야 하는데, 지금보다 얼마나 더 오를지 확신이 안 섰다.

강북 지역 원룸, 도시형 생활주택 등 추가 공급은 많아 월세가 150만 원을 넘긴 힘들 듯 했다.

내가 판단하기에, 광화문은 안정적이긴 하지만 이미 가격이 너무 올라 거의 '상투' 수준인 듯하다. 이건 강남 오피스텔도 마찬가지다. 오피스텔이 지금처럼 오른 건 수익형 부동산이 각광을 받으면서 10년 만에 처음이다.

광화문의 장점은 향후 추가 공급이 적다는 것. 6년 전 분양한 대성 스카이렉스를 마지막으로 앞으론 분양 예정이 없다. 게다가 청진동 재개발 등 중소형 빌딩들

GS건설이 서울 강북 지역에서 최대 규모의 오피스빌딩이 들어서는 종로구 청진동 재개발 사업지에 새로운 아트 펜스를 선보여 눈길을 끌고 있다.

이 들어설 예정이다. GS건설이 교보빌딩 바로 옆에 고층 오피스빌딩을 신축한다고 한다.

지금 투자해서 3년 후 입주 때 빠져나온다면 시세차익은 남길 수 있을 것 같았다.

광화문 전용 10평형 오피스텔 월세시세 - 보증금 1000만 원 / 월세 100~120만 원

오피스텔의 두 얼굴 : 업무용 vs 주거용

1 | 임대 오피스텔 선택법 : 내 마음에 드는 집보다는 임대가 잘 되는 집을 선택하자. 업무용이 아닌 주거용을 고르자. 업무용은 부가가치세 10%를 내야 한다.

2 | 업무용 오피스텔의 부가가치세 : 세들어 사는 기업이 이를 신고하면 부가가치세를 환급받는다. 주거용이 아닌 업무용으로 등록된 오피스텔은 반드시 부가가치세를 내야 한다.

3 | 향후 공급 예정 물량을 반드시 확인하자. 공급이 많으면 매매가와 임대료가 동시에 하락한다.

수익률 3%대, 가격은 강남 수준?
신촌

한 달 용돈 3분의 1은 골프에 투자

새벽 5시. 눈이 저절로 떠졌다. 긴장한 탓이다. 3시간밖에 자지 못했다. 오늘부터 본격적으로 골프를 배울 생각이다. 한 달 용돈 33만 원 중에서 10만 원을 과감히 골프 레슨에 투자하기로 했다. 전체 용돈의 3분의 1을 차지하는 큰 금액이지만, 직장인들에겐 자기계발이 필수다. 그동안 기자 생활을 하면서 골프 레슨은 꼭 필요하다고 느꼈다. 골프를 못 쳐서 보는 손해가 막심했다. 대학원에서도 취재원들 만날 때도 골프에서 빠지니 소외감을 느꼈다.

이번 기회에 제대로 한번 배워봐야겠다고 이를 악물었다. 비록 한 달에 33만 원으로 살지만, 자기계발을 위한 투자까지 포기해선 안 된다!!

첫 번째 골프 수업은 꽤나 재미있었다. 먼저 골프채를 잡는 법부터 시작했다. 오른손 엄지로 골프채에 쓰여진 글자보다 약간 앞쪽을 감싼다. 중앙에 공이 오도록 서고, 양발을 11자로 만들어 승마 자세로 앉는다. 스윙은 왼손으로 한다고 생각하고, 팔꿈치를 고정시키고 움직여선 안 된다. 40분

| 프로젝트 기간 중 늘 함께 했던 카메라

간의 첫 수업을 마치고, 유산소 운동 30분, 복근 운동 50개를 했다.

샤워 후 밖으로 나오자 폭우가 쏟아졌다. 보물 1호인 고가의 DSLR 카메라를 꼭 감싸 안았다. 프로젝트 진행 7일째. 지난 33년간, 지금처럼 '살아있음'을 느낀 적은 없다. 하루하루가 마치 1년처럼 길게만 느껴진다.

오늘의 목적지는 신촌역과 홍대입구역이다. 신촌역을 돌고 홍대입구역으로 이동하는데, 너무 너무 배가 고팠다. 집에서 싸온 나또(콩)를 먹었는데도 허기가 가시질 않았다. 혹시 부동산을 돌다 보면 뭐라도 얻어먹을 수 있지 않을까라는 '거지같은' 생각마저 들었다. 근처 편의점에서 두유라도 하나 사서 먹고 싶지만 참기로 했다. 33만 원으로 한 달을 버티려면, 천 원짜리 두유조차도 사먹어선 안 된다. 정말이지 100원까지 아끼는 극단의 체험이 나를 바꿔놓고 있다.

그래도 차라리, 안 먹고 안 쓰는 일은 참겠다. 지방 부동산까지 돌아보려면 노잣돈이 필요하다. 교통비 등 차비도 들고 숙박비도 들 텐데, 돈이 없다. 고민에 고민을 거듭했다. 하늘이 무너져도 솟아날 구멍이 있는 법. 뇌즙을 쥐어짜듯 방법을 고민했다. 불현듯 떠올린 아이디어는 지방 백화점 강연

회였다. 주요 지방 백화점 문화센터에 강연회를 할 수 있는지 문의해봐야겠다고 생각했다. 불과 한 달 전만해도 지방 강연회 요청이 들어오면 멀다는 이유로 거절했었다. 하지만 지금은 상황이 180도 바뀌었다. 제발 강연을 하게 해달라고 '구걸'이라도 해야 할 처지인 것이다.

원룸 공급 많은 신촌, 오피스텔 투자 매력 떨어져

최근 신촌 오피스텔의 투자수익률은 하락세다. 매매가는 오르는데, 월세시세가 떨어진 탓이다. 신촌역 인근에서 가장 높은 선호도를 보이는 '르메이에르 5차'의 수익률도 3%대로 떨어졌다. 매매가(전용 9.5평)는 2억 원을 넘어섰는데, 월세시세는 10만 원 가까이 떨어진 탓이다.

| 신촌 '르메이에르 5차' 오피스텔

공인중개사들도 투자 목적의 구입은 만류했다. 르메이에르 5차 2층에 있는 부동산마을 부동산마을 02-364-9955 서대문구 창천동 29-81호 르메이에르 5차 관계자는 "실거주 목적이 아닌 투자용으로는 수익률이 낮다"고 단호하게 말했고, 지하 1층 예스부동산도 "취등록세, 재산세를 합쳐 세금만 1000만 원(2억 원대의 오피스텔 매입 시 세금 등 기타 비용이 1000만 원 정도라는 것은 기억해두자.

★ 부동산 취득에 드는 세금(취득세표)

	2011년	2012년
주택	1.1%	4.4%
오피스텔	4.4%	4.4%
분양권	없음	없음
입주권	4.4%	4.4%
토지	4.4%	4.4%
상가	4.6%	4.6%

수익률 계산에 필요한 정보다)이라, 세후 수익률은 4%대로 떨어진다"며 투자를 만류했다. 급매도 없고, 매도자 우위(파는 사람이 매매 협상의 주도권을 쥐는 상황) 시장이라는 것이다.

르메이에르 5차의 2004년 분양가는 7000만 원선에 불과했다. 평당 950만 원선으로, 입주 때까지도 분양이 안 됐었다고 했다. 신촌 오피스텔 가격이 껑충 뛴 것은 2011년 초다. 2011년 1월 이대 푸르지오시티의 분양가가 2억 5000만 원선에 분양되면서 강남 수준까지 뛰었다. 23대 1로 높은 경쟁률을 기록했지만, 고분양가 논란이 일었다(평당 1200만 원). 인근 공인중개사들도 혀를 내두를 정도였다.

"월세를 100만 원까지 받을 수 있다고 광고를 했는데, 현실성이 많이 떨어지죠."

현재 신촌 지역의 월세는 하락세다. 신촌역 황금라인의 아남 오피스텔도 최근 월세가 80만 원에서 5만 원 정도 떨어졌다.

"인근 르메이에르 5차가 월세를 내리면서 우리도 내렸어요. 입주 이후 처음이죠. 하지만 공실이 생겨 어쩔 수 없었어요."(2012년 5월 현재 보증금

1000/ 75 수준이다)

월세가 떨어지는 이유는 **추가 원룸 공급이 많기 때문**이다. 아남 공인중개소 아남공인중개소 02-393-7800 서대문구 신촌로 121 아남오피스텔 B1 관계자는 "주변에 단독주택을 개조한 원룸이 많이 생기고 있다"며 "저렴한 신축 원룸과 경쟁 관계"라고 했다. 실제로 신촌 현대백화점 맞은편과 르메이에르 5차 일대가 거대 원룸촌으로 변하고 있다. 2011년 10월에는 신촌 푸르지오시티가 361실을 분양해 공급을 더했다.

★ **신촌 르메이에르 5차 전용 9평 예상 수익률표**   (매매 기준)

		지출	수입
매매가격(낙찰가)		2억 원	
현재시세			
대출	대출금		9000만 원
	금리	5.6%	
	월이자	42만 원	
임대료	보증금		1000만 원
	월세수입		75만 원
	월순익		33만 원
기타비용	각종 세금	880만 원	
	법무비용		
	중개수수료	76만 원	
	도배 등 수리비		
총계		956만 원	
		실제 들어간 내 돈	실제 들어오는 돈(1년)
		9956만 원	396만 원
연수익률		3.61% ➡ 약 4%	

탄탄한 임대 수요층이 매력

| 신촌 오피스텔은 이대역 방향의 A급과 서강대 방향의 B급으로 나뉜다.

신촌역세권의 가장 큰 매력이라면 탄탄한 수요층이다. 이대와 홍대에 비해 서울 전역에서 온 수요층이 두텁다. 신촌 인근의 대학생은 물론 여의도, 마포의 직장인들을 아우른다. 최근엔 외국인 수요도 늘었다.

대학생과 직장인 수요가 많다 보니, 월세 관리가 편한 편이다. 특히 대부분의 대학생들은 부모가 월세를 대신 내줘 연체율이 낮다. 아남공인중개소 관계자는 "학부모들이 자녀들이 월세 걱정하지 않게 하려고 날짜를 잘 지킨다"며 "그러다 보니 하루만 밀려도 독촉전화를 하는 주인이 있을 정도"라고 귀띔했다.

신촌역세권에는 십여 개의 오피스텔이 있다. 신촌역에서 이대역 방향으로 이어지는 대로변은 '황금라인' 이다. 그 중에서도 전철역과 가장 가까운 르메이에르 5차의 인기가 높고, 아남 오피스텔 등이 뒤를 잇는다. 이 황금라인은 땅이 부족해 추가 공급 가능성이 낮다.

그보다 B급 라인은 신촌역 8번 출구에서 서강대 방향인데, 르메이에르 1~3차, 우정마샹스 등이 있다. 르메이에르 1~3차는 중앙난방으로 관리비가 많이 나오는 단점이 있다. 2006년 준공한 우정마샹스는 오피스텔(120실)과 미니텔(400실)의 혼합형이다. 미니텔은 고시원처럼 방에 화장실이 없어 공용으로 사용해야 한다. 매매가는 1억 1000~1억 2000만 원으로 황금라인에 비해 8000~9000만 원 정도 싸다. 월세도 보증금 1000만 원에 월세 50만 원대로 뚝 떨어진다.

★ 신촌 주요 오피스텔 특징

:: **르메이에르 5차** : 280세대 / 15층 / 전용 9.5평 / 1억 9500만 원 / 1000-85 / 단기 임대 130만 원

:: **아남오피스텔** : 1억 7000만 원 / 1000 -70 / 전용율 64% / 적은 관리비

:: **우정마상스** : 1억 1000만 원 / 전용 7~8평 / 1000-50 / 전기패널

:: **르메이에르 1, 2, 3차** : 중앙난방 / 관리비 30만 원

오피스텔 취득세

1 | 2억 원대 오피스텔의 취등록세 등 기타 추가비용은 1000만 원 정도다. 투자수익률 계산에 필요한 정보이므로 머릿속에 넣어두자.

2 | 세금 계산은 스마트폰으로 : 취득세 등 세금을 계산할 때는 스마트폰 애플리케이션 '세무사 친구'를 활용하면 유용하다.

3 | 월세만큼 부담되는 관리비 : 세입자 입장에선 오피스텔 관리비도 무시할 수 없는 체크포인트다. 평당 관리비와 개별, 중앙난방 여부까지 확인하자.

홍대 오피스텔 투자? 글쎄…

분명히 어젯밤에도 경매 사이트에서 본 물건인데 오늘 아침에 다시 확인하니 보이지 않았다.

'아, 이상하다. 분명히 봤는데……'

일단 직접 가보기로 했다.

홍대역 8번 출구, 지하철과 연결된 부동산에 들러서야 그 이유를 알았다. 대기업인 애경이 테마 쇼핑몰 '스타 피카소'를 10년간 장기 임대해 'AK쇼핑몰'을 운영하기로 했다는 것. 300여 명의 개별 소유자들과 일일이 협상을 해 문제 물건을 해결한 것이다(이렇게 많은 소유자들과 협상해 최종 결론을 낸 것은 정말 대단한 일이다). 그는 "기대 심리 때문에 상가 소유자들이 매물을 내놓지 않을 것"이라고 했다.

홍대역세권은 신촌역세권에 비해 오피스텔 공급이 확실히 적었다. LG 팰리스, 파라다이스텔, 홍익인간, 마젤란21 등 네 개에 불과했다. 세대수도 각각 300가구 미만이었다. 오피스텔만 10여 개에 달하는 신촌권에 비해 공급율이 두 배 이상이나 적었다. 그래서인지 매물이 아예 없었다.

부동산 관계자는 '마젤란21' 오피스텔 12층에 1억 5000만 원짜리 매물이 있긴 하지만, 관리비가 많이 나오고 공실이 많아 투자를 권하지 않았다. 그는 마젤란21은 다른 오피스텔에 비해 기본 관리비(10만 원, 전용 10평 기준 평당 1만 원)가 비싸다며, "겨울엔 40만 원 정도가 나오기도 한다"고 솔직하게 말했다. 상대적으로 비싼 관리비는 세입자가 자주 바뀌는 이유다. '파라다이스텔' 오피스텔 3층에 위치한 삼성공인중개소 삼성공인 02-323-1600 서울 마포 동교동 159-6 대표도 마젤란21에 대해서는 부정적이었다.

주거로 적합한 오피스텔로는 '홍익인간'을 꼽았다. 개별 난방으로 쓴 만큼 관리비가 나왔다(홍대 인근 오피스텔의 평균 관리비는 평당 1만 원으로 비슷한 수준이다. 하지만 중앙난방이냐 개별난방이냐에 따라 차이가 났다). 또 풀옵션이라 세입자가 가구를 가져올 필요가 없다. 대신 월세가 약간 비싼 편이다. 보증금 1000만 원에 월 70~80만 원 수준이다.

'파라다이스텔'도 임대가 잘 되는 편이다. 매매가는 복층이 1억 7000만 원선이고, 단층은 1억 5000만 원 정도다. 월세는 보증금 1000만 원에 월 70만 원 선이다.

하지만 삼성공인 관계자는 오피스텔 투자 자체를 만류했다. 그는 "LG 팰리스는 아직도 분양가를 회복하지 못하고 있다"며 "지난 6~7년간 떨어졌던 오피스텔이 오른 건 최근 2~3년 사이에 불과하다"고 말했다. 신규 분양이 없어야 가격이 오르는데, 최근 너도나도 오피스텔을 공급해 앞으로 3~4년은 흘러야 가격이 오를 것이라는 전망이다. 입주 초기 월 110만 원까지 받던 LG팰리스 월세는 55만 원까지 떨어졌다가 최근에야 75만 원으로 회복했다고 한다.

그는 "지금 오피스텔은 꼭대기"라며 "내년(2012년) 상반기까지는 팔리겠지만 내년 하반기가 되면 가격이 폭락할 것"이라고 말했다. 특히 동교동로터리 등 곳곳에서 난립하고 있는 도시형 생활주택도 원룸 공급을 늘려 월세를 떨어뜨리는 요인이 될 것이라고 지적했다.

그의 말대로라면 홍대 오피스텔 투자는 절대로 하면 안 되는 것이다(하지만 서교동 '홍익인간'의 가격은 8개월 만에 1000만 원 가까이 상승했다).

| 서교동 홍익인간. 개별 난방, 풀옵션으로 주거에 적합

★ 홍대 근처 주요 오피스텔 특징

:: **마젤란21(전용 9평)**: 1억 5000만 원 / 평당 관리비 1만 원. 관리비가 10만 원 정도 비싸 임대 놓기 힘들고 매매 잘 안 됨 / 1000 / 65~70(보증금 / 월세) / 지하 동전 넣고 세탁

:: **LG팰리스(전용 14평)**: 1억 7500만 원 / 1000-80 / 중앙냉난방

:: **파라다이스텔(전용 10평)**: 1억 7000만 원(복층), 1억 5000만 원 / 1000 -70 (일반층), 1000 / 85(복층)

:: **홍익인간(전용 9평)**: 개별 바닥난방. 풀옵션. 주거로 적합. 1000 / 75~80 / 기본관리비 10만 원

서교동, 상가를 보기 시작하다

그렇다고 요즘 젊은이들의 '핫플레이스' 홍대를 버리기는 아까웠다. 관심의 끈을 놓지 않았다. 경매 사이트를 검색하는데, 눈에 번쩍 뜨이는 서교동 물건이 있었다. 대우미래사랑 오피스텔 1층 상가. 네 번이나 유찰돼 감정가 3억 8000만 원짜리가 1억 9000만 원대로 떨어졌다.

대우미래사랑 오피스텔은 홍대역세권에 있지만, 전철역에서 조금 걸어야 했다. 지하철 역에서 나와 청기와호텔 방향으로 내려갔다(사실 반대편 상권이 더 낫다). 그런데 가는 길에 위치한 사거리 신호등이 꽤 길었다. 횡단보도를 두 번 건너야 했는데 넉넉잡아 시간이 10분은 걸리는 것 같았다. 성격 급한 사람들한테는 꽤나 답답하게 느껴지겠다 싶었다.

신한은행이 보이는 곳에서 좌회전하자, 서교동 대우미래사랑이라고 세로로 쓰여진 오피스텔이 보였다. 1층 상가에는 빵집과 커피숍들이 테라스 형식으로 들어서 있었고, 점심시간이라 그런지 사람들이 담소를 나누며 여유를 부리고 있었다. 정감 있는 분위기였다.

마트는 대로변이 아닌 상가 안쪽에 있었다. 오른쪽 귀퉁이를 돌자 큰 안내표지가 보였다. 생각보다 규모가 꽤 컸다. 밖에는 할인품목들이 쌓여 있었고, 맞은편에는 생선가게 등이 있었다. 마트 안에서는 10여 명 정도가 물건을 고르고 있었다. 집 앞에 있는 GS마트와 비교할 때 세련미는 떨어지지만, 비슷한 상권임에 분명했다. 어깨에 카메라를 걸치고 있었더니 배달하는 아저씨가 그 카메라 얼마짜리냐며 말을 건넨다. 순박하고 친근한 느낌이 좋았다.

| 서교동 대우미래사랑 오피스텔

카운터의 아주머니에게 은근슬쩍 장사가 잘 되느냐고 물어봤다. 아주머니는 "네, 장사 잘 돼요"라며 쾌활하게 말했다. 큰 문제는 없어보였지만, 내가 직접 운영하기에는 규모가 너무 큰 느낌이다.

오피스텔 1층 부동산에 들어갔다. 빙빙 에두르지 않고 단도직입적으로 물었다.

"여기 마트가 경매 나온 거 같은데요. 왜 그렇게 유찰이 많이 된 건가요?"

그는 이걸 다 말해 줘야 하나 말아야 하나 고민하는 듯한 표정을 지었다.

"몇 개가 나온 거죠? 거기가 굉장히 넓잖아요."

그제야 부동산 대표는 상가의 호수를 확인해봤다. 상가에는 익숙하지

| 서교동 대우미래사랑 상가 내부

않다 보니 자세히 확인을 안 한 것이었다.

"125호는 단독으로 나왔지만, 122호와 123호는 같이 나왔어요. 이 셋을 합치면 3억 원 정도 될 겁니다. 그리고 매매가는 평당 530~550만 원 정도니까 상당히 저렴한 편이죠."

"근데 왜 네 차례나 유찰된 거죠?"

그는 입맛을 다시며 뜸을 들였다.

"손님 입장에서는 쉽게 생각할 수 있겠지만, 노출돼 있지 않은 정보를 얻는 게 쉬운 일은 아니죠. 제가 굳이 그걸 다 알려드릴 이유도 없고요. 일단 연락처를 주시면 말씀드릴게요."

도대체 뭐가 있기에 이런 말을 하나 싶었다.

"원래 상가는 무슨 업종이든 다 할 수 있잖아요. 그런데 저 마트는 할 수 있는 업종이 몇 개 안 돼요."

대우미래사랑 오피스텔은 재래시장을 재건축해 지은 오피스텔인데, 1층 상가의 용도가 '유통산업합리화촉진법(유통산업의 건전한 발전을 촉진해 유통구조 개선, 소비자와 생산자를 보호해 물가안정 및 국민경제의 균형있는 발전에 기여)'에 적용돼 판매시설로 허가가 났다. 이 때문에 재래시장에서 할 수 있는 옷가게, 신발가게, 꽃가게 등의 업종만 가능했다. 이에 소유자들이 협의를 해서 마트를 냈는데, 이마저도 계약기간이 만료되고 주인이 바뀌면 가게를 하나

★ 서교 대우미래사랑 오피스텔 예상 수익률표

(2011년 매입 기준)

		지출	수입
매매가격(낙찰가)		2억 원	
현재시세(2012년 5월)		2억 1000만 원	1000만 원(시세차익)
대출	대출금		9000만 원
	금리	5.6%	
	월이자	42만 원	
임대료	보증금		1000만 원
	월세수입		90만 원
	월순익		48만 원
기타비용	각종 세금	880만 원	
	법무비용		
	중개수수료	76만 원	
	도배 등 수리비		
총계			
		실제 들어간 내 돈	실제 들어오는 돈(1년)
		1억 956만 원	576만 원
연수익률		**5.2%**	

씩 쪼개야 하는 상황이 생기는 것이다.

여기까지만 들어도 머리가 지끈 아파왔다. 고개를 절레절레 흔들었다. 싼 게 비지떡이라고 다 이유가 있었구나 싶었다(이후에도 비슷한 케이스의 마트들이 경매로 나온 것을 여러 차례 목격했다).

현재 월세는 보증금 2500만 원에 월 86만 원. 하지만 가게가 쪼개진다면 월세는 더 떨어질 수 있다.

부동산 대표는 마트 운영을 잘 할 수 있는 고수가 들어와야 한다고 했다(나중에 낙찰받은 강남 상가도 비슷한 케이스다). 또 특히 상가의 경우 권리금이 있기 때문에 권리금을 인수하고 들어올 업자가 나타나야 한다고도 했다.

이제야 이 좋은 자리에 권리관계도 문제도 없는데 상가가 네 번이나 유찰된 이유를 알았다. 일반 개인이 들어와서는 해결될 문제가 아니라고 느꼈다. 새삼 솔직하게 이 사실을 말해준 부동산 대표가 고마웠다. 궁금한 게 있거나 문제가 있을 때, 때로는 솔직하게 정면 돌파하는 게 더 도움이 되는 것 같다.

혹시나 싶어 오피스텔 급매 나온 게 있느냐고 물어봤다.

"여기는 급매 자체가 없습니다. 주상복합아파트라 전용률이 높고 관리비가 싸니까요."

현재 전용 14평짜리가 시세 2억 원선이라고 했다. 월세는 보증금 1000만 원에 80~85만 원이다(2012년 5월 현재 월세가 90만 원까지 올랐다. 매매가도 최고 2억 1000만 원까지 나와 있다).

상가 투자 체크포인트

1 | **구분상가 지분투자 시 주의사항** : 전체 상가의 일부가 경매로 나온 경우는 주의가 필요하다. 전체 소유주들을 설득해 새로운 임차인을 넣을 자신이 있을 때만 권하고 싶다. 그렇지 않다면 그냥 패스하시길.

2 | **상가의 용도를 반드시 확인할 것** : 음식업으로 등록이 돼 있지 않으면 음식을 팔 수 없다.

3 | **푸드코트 용도** : 푸드코트 역시 할 수 있는 업종이 정해져 있다. 돈가스면 돈가스, 만두면 만두 등 정해진 종류만 오픈할 수 있다.

잠깐! 투자포인트

홍대는 빌라 투자

홍대는 오피스텔보다는 빌라 투자가 더 나은 지역 중 하나다. 홍대 상권을 포함하고 있는 서교동의 경우 인근의 문화예술 산업 종사자들과 인근 대학생들이 여러 가지 주변 여건상 월세를 모두 선호하는 곳이다. 이 지역은 전세뿐 아니라 높은 수준의 월세 임대수익도 가능하고 매매도 잘 되는, 서울에서도 몇 안 되는 A급 지역이다.

❶ **홍대 상권** : 동쪽으로는 신촌, 서쪽으로는 상암 월드컵경기장, 북서쪽으로는 연희동, 남쪽으로는 양화대교를 통해 당산동과 연결된다.

❷ **서교동 핫플레이스** : 홍대입구역 인근 2호선이 지나가는 양화로 중심으로 (과거) 청기와주유소가 있는 지역과 홍익대 쪽으로 나뉜다. 최근 뜨는 지역은 홍대입구역과 합정역, 상수역을 잇는 삼각형 지역이다.

부동산 시장의 바로미터 강남 역세권

하루 종일 교통비만 쓰고 버티다

아침 7시. 눈을 뜨자마자 대충 씻고 옷만 걸친 채 집을 나섰다. 거금 10만 원을 투자했는데, 30분이라도 골프 연습을 하고 출근하려면 서둘러야 했다. 문제는 늦잠이었다. 어제 먹은 술과 고기 탓이다. 어제 저녁엔 정말 미친 듯이 먹었다. 오랜만에 최 회장님을 만난 덕분이다. 어떻게 지냈냐는 그의 질문에, '월세부자 100일 프로젝트'에 대해 열변을 토했다. "진짜 한 달에 33만 원으로 살 수 있나요?"라며 딱한 눈으로 나를 바라봤다. "오늘은 제가 쏠 테니 마음껏 드세요."라는 그의 말에, 정말로 걸신들린 듯 먹어버렸다. 그래도 사람의 적응력이란 무서워서 이젠 하루 종일 교통비만 쓰고 버티는 일이, 아무렇지도 않게 익숙해졌다. 버스를 타고, 지하철을 갈아타는 일도 원래 그랬던 사람처럼 몸에 익은 것이다.

꿩 대신 닭이라도? 역삼동 우림루미아트

첫날 선릉역을 찾은 이후에도 틈 날 때면 강남 일대 오피스텔을 돌았다. 그동안 벼르고 벼렸던 역삼 '대우디오빌(프로젝트 초반 눈독을 들였던 강남 호피스텔이다)'이 취하되면서 눈에 띈 것이 맞은편 '우림루미아트'였다. 이름은 생소했지만 위치가 마음에 들었다.

일단 대략적인 입지를 알아보기로 했다. 차를 타고 주변을 둘러봤다. 초행인데다가 오피스텔 입구가 대로와 바로 연결되지 않고 막혀 있어 입구를 찾기가 쉽지 않았다. 근처에 가서 두 번을 헤맨 후에야 겨우 찾을 수 있었다. 입구 찾아 삼만리를 하며 한바탕 곤욕을 치른 이후 "A급 입지는 아니다"라는 결론을 내렸다.

전날 메모해온 부동산에 전화를 했다. 매매가격도 물어보니, 전용 7평의 전세값이 1억 5000만 원 정도라고 했다. 시세도 비슷한 수준이라고 했다. 다른 부동산에 전화를 걸어 월세를 물었다. 보증금 1000만 원에 월 70만

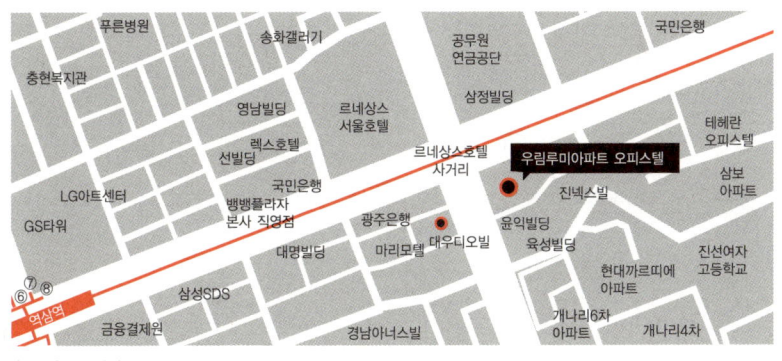

| 루미아트 위치도

| 역삼동 '루미아트' 오피스텔. 대형 빌딩들 사이에서 출입구를 찾기가 쉽지 않다. 애매한 위치는 상대적으로 저렴한 가격의 이유다.

원이라고 했다. 저녁 때 퇴근하고 보러 가겠다고 했다.

8시가 다 돼서 회사를 나섰다. 루미아트에 도착하니 벌써 9시가 가까웠다. 월세 물건 하나 보여주려고 기다리는 공인중개사 아저씨를 생각하니 미안한 마음이 들었다.

부동산으로 들어서니 역시나 그의 표정이 밝지만은 않았다.

"죄송합니다. 회사가 늦게 끝나서요."

중개사 아저씨는 집주인이 나를 기다리다 조깅하러 나갔다며 비밀번호를 알아놨다고 했다. 첫만남에서부터 그는 맞은편 '대우디오빌'에 대한 찬사를 아끼지 않았다. 루미아트를 집 보여주러 가는 사람이 계속 '대우디오빌' 얘기만 하다니. 도대체 계약하라는 건지, 말라는 건지. 도무지 알 수가 없었다.

"대우디오빌은 정말 역작이죠. 강남에서 수많은 물건들을 봤지만, 정말 최곱니다. 대우디오빌이 성공하면서 수많은 아류작들이 생겨난 거죠."

"그죠. 저도 봤는데, 마음에 들더라고요. 근데 가격이 너무 비싸서……."

말끝을 흐렸다. 속으로 '경매만 나왔어도 시세 이상 질렀을 거예요' 소리쳤다.

전날도 느낀 것이지만, 루미아트는 경비가 삼엄했다. 그날도 낯선 차가 나타나자 긴장한 경비아저씨가 나타났다. 그와 한참을 실랑이한 끝에 월세 물건지로 올라갈 수 있었다.

특이한 'ㄷ'자 구조였다. 현관 입구에 보일러실이 있었다.

"이거는 그래도 좀 낫네. 제가 본 루미아트 구조 중에 제일 좋은 것 같습니다."

| 역삼 '대우디오빌' 주상복합아파트. 대우건설이 처음으로 선보인 디오빌 브랜드다.

그가 말했다. 아니, 이게 좋은 구조라면 다른 구조는 얼마나 더 나쁘다는 말인가! 하지만 분리형 구조는 마음에 들었다. 현관에 들어서자마자 있는 화장실 덕분에 부엌이 분리된 느낌을 줬다. '쥐약'이라고 느꼈던 점은 화장실이 작다는 것이었다. 욕조가 있어 마음에 쏙 들었던 대우디오빌과는 대조적이었다(화장실에 욕조가 있는 오피스텔은 흔치 않다).

"전용 7평 매매가는 얼만가요?"

"대략 1억 2000~3000만 원선입니다. 루미아트가 강남에선 상당히 저렴한 편에 속하죠."

그가 말한 가격대라면 감정가 1억 5000만 원보다도 낮았다. 하지만 자신이 없는 태도였다. 정확한 가격은 확인해봐야 한다고 했다. 그는 또다시 얼마 전 대우디오빌를 거래한 얘기를 했다. 돈이 부족하면 직장동료와 함께 돈을 모아서 거주해보는 게 어떻겠냐고 했다.

"결혼 안 하셨죠. 남자친구를 만드셔서 같이 들어오시면 되겠네요."

"네? 헐~~."

★ 역삼동 '루미아트' 전용 7평 오피스텔 예상 수익률표

(경매 낙찰 기준)

		지출	수입
매매가격(낙찰가)		1억 5000만 원	
현재시세		1억 6000만 원	
대출	대출금		1억 2000만 원
	금리	5.5%	
	월이자	55만 원	
임대료	보증금		1000만 원
	월세수입		70만 원
	월순익		15만 원
기타비용	각종 세금	660만 원	
	법무비용		
	중개수수료	30만 원	
	도배 등 수리비		
총계			
		실제 들어간 내 돈	실제 들어오는 돈(1년)
		2690만 원	180만 원
연수익률		6.69% ➡ 약 7%	

집으로 돌아와 인터넷으로 시세를 조사해보니, 루미아트는 아파트와 오피스텔로 나눠져 있었고, 매매가는 최소 1억 6000만 원이었다. 월세도 1000에 70보다는 더 받을 수 있을 것 같았다. 다른 부동산에 한번 더 알아봐야겠다고 생각했다(하지만 루미아트도 취하됐다).

| 서울중앙지방법원 경매2계 2011타경12676 | 오피스텔 | | 서울특별시 강남구 역삼동 706-10 우림 루미아트 2동 3층 501호 [토지 1.81평 / 건물 7.26평] | 150,000,000 150,000,000 | 2011-08- | 취하 (100%) | 118 |

| 역삼동 '루미아트' 오피스텔 낙찰 결과

내가 강남을 맴돈 이유

초보자인 내가 강남권을 맴돌았던 가장 큰 이유는 부동산 시장에 대한 촉을 예민하게 하기 위해서다. 강남 시장의 변화는 향후 부동산 시장을 가늠하는 잣대가 된다.

지난 2010년 3월 은마아파트 재건축 승인 여부에 전국적으로 관심이 집중됐다. 왜일까. 상징성 때문이다. 세 번이나 불발했던 재건축 승인이 떨어질 때, 부동산 시장에 미칠 파장이 클 것으로 예상했다. 그러나 업계의 장밋빛 예상은 보기 좋게 빗나갔다. 은마아파트 재건축 승인 이후에도 강남 재건축 시장은 침체를 벗어나지 못했고, 이후 3년이 넘게 이어지고 있다.

2012년 상반기 강남권 알짜 매물이 경매시장에 쏟아지고 있다. 가뭄에 콩 나듯이 나왔던 압구정 현대, 한양 아파트들이 감정가의 '80% 선(1회 유찰 가격)'에 낙찰되고 있다. 압구정동 아파트들이 경매시장에까지 나온다는 것은 시장에서 매매가 되지 않는다는 의미다. 강남 아파트에 끼었던 거품이 빠지고 있다는 시그널이기도 하다(개인적으로 2012년 상반기야말로 경매로 강남의 괜찮은 물건을 잡을 좋은 기회라고 생각한다).

★ **2012년 상반기 강남 아파트 낙찰가율**

이름	평형	감정가 / 낙찰가	매각기일	낙찰가율
현대아파트	34평	14억 5000만 원 / 11억 6000만 원	2012-01-12	80%
한양아파트	30평	12억 / 10억 2880만 원	2012-04-04	86%
현대아파트	46평	23억 / 18억 4219만 원	2012-04-18	80%
미성아파트	28평	10억 / 7억 8000만 원	2012-05-02	78%

급매물들이 하나 둘 소화되면서 강남권 아파트의 거품이 걷히고 합리적 가격선이 형성되는 것이다. 강남권의 거래가 살아나면 그 온기가 서울 외곽과 수도권에까지 퍼져나갈 수 있다.

강남 5대 역세권, '오피스텔 짱'

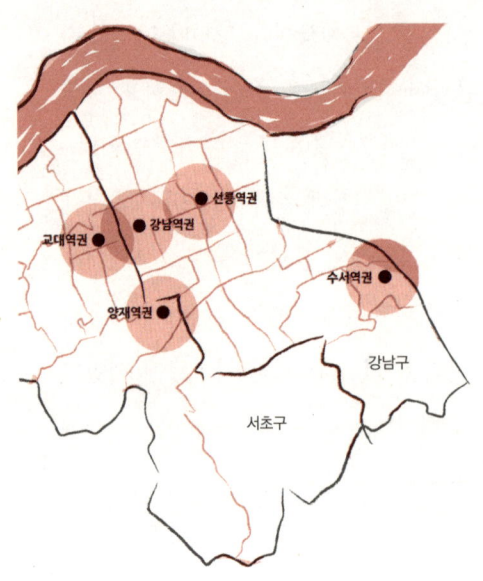

강남권은 크게 다섯 개 지역으로 구분해볼 수 있다. 강남역, 선릉역, 교대역, 양재역, 수서역. 강남을 지나는 지하철을 중심으로 오피스텔 밀집촌이 형성돼 있다. 굳이 순위를 매기자면, 강남역 > 선릉역 > 교대역 > 양재역 > 수서역 순 (평당 매매가격 순은 아니다)이다.

트리플 역세권인 '강남역'은 상대적으로 열악한 주거환경에도 불구하고, 싱글 인구의 주거지로 인기를 끌고 있다. 하지만 1년 미만의 단기 수요가 많고 오래 사는 이가 드물다. 집주인들도 단기 임대를 선호하기 때문에 당장 입주 여부를 결정해달라는 요청을 받는다.

다음으로 인기를 끄는 지역은 '선릉역'을 중심으로 강남역으로 이어지는 테헤란로 일대다. 사시사철 임대 수요가 풍부하며 꾸준한 편이다. 특이점이라면 유흥업소에 종사하는 '언니'들이 많다는 점이다(이 부분에 대한 호불호는 뚜렷하게 엇갈린다. 특정 직업에 대한 가치 판단을 하는 게 아니다).

'교대역'은 강남역과 선릉역에 비해 입지가 떨어지는 편이다. 매매가와 월세 수준도 상대적으로 저렴한 편이다. 특히 3호선 교대역과 2호선 강남역 사이에 위치한 오피스텔들의 위치는 애매한 편이다.

'양재역'은 분당선 연장선 개통으로 수혜를 본 지역이다. 특히 지하철뿐만 아니라 서울 외곽으로 빠지는 버스노선이 많아 경쟁력이 있다.

특히 2011년말 신분당선 개통으로 급부상했다. 양재역세권 SK허브 오피스텔은 전용 10평이 보증금 1500만 원에 월세 120만 원이다. 매매가도 3억 원을 넘겼다.

'수서역'은 강남 중에서도 남쪽으로 치우쳐 입지 여건이 빠지는 지역임에 분명하다. 하지만 오는 2015년 수서발 KTX 역세권 개발이라는 호재로 주목받고 있다.

2011년 상반기 1억 원대였던 수서 사이룩스 오피스텔 전용 10평은 1년만에 2억 원을 넘겼다. 보증금 1000만 원에 월세 70만 원선이다.

---

today's tip

강남의 특별한 의미

1 | 강남은 향후 부동산 시장의 바로미터다. 투자가 아니더라도 관심을 가지자.
2 | 강남 오피스텔 낙찰은 하늘의 별따기. 수익률은 무시하고 시세로 내질러야 한다.

**월세여왕의 투자 다이어리**

때로는 과감한 베팅!
드디어 첫 투자

    프로젝트를 시작한 후 두 번째 주말이다. 일어나니 벌써 아침 8시 반. 새벽까지 경매 사이트를 뒤지다 잠들었다. 《빌딩부자들》 인터뷰로 만난 조 회장님(서울에만 빌딩 100채 '부동산의 피가 흐른다' 편의 주인공)의 말이 떠올랐다. 그는 과장을 조금 보태 '365일 경매 사이트만 본다'고 말했다. 허겁지겁 일어나 집을 나왔다. 전날 만난 공인중개사에게 화곡동 빌라를 소개 받기로 했다.

    사실 빌라 투자는 그동안 생각지도 못했었다. '빌라'라고 하면 그냥 낡은 '구옥 빌라'로 생각했었다. 그런데 막상 화곡동 신축 빌라를 보니 생각이 달라졌다. 방 2개에 거실도 있어 신혼부부나 싱글이 살기에 괜찮아 보였다. 발코니를 터서 전용면적이 넓었고, 새 집이라 마음에 들었다. 내부 인테리어도 웬만한 아파트 수준이었다. 원룸이 아닌 투룸(방 2개)이 마음에 들었다. 하지만 분양가가 걸렸다. 1억 4000만 원은 조금 비싸다고 느껴졌다.

    "가격이 조금 부담스럽네요. 비싼 것 같아요."

    고민스러운 표정을 지으며 신축 빌라를 소개한 공인중개사에게 말했다. 그는 당장 빌라 건축주와 협상에 들어갔다. 건축주에게 고객이 원하는 수

★ 화곡동 T빌라 수익률표

			지출	수입
매매가격			1억 3400만 원	
대출금			9381만 원	
대출	금리		5.5%	
	월이자		43만 원	
	보증금			500만 원
임대료	월세수입			60만 원
	월순익			17만 원
기타비용	각종 세금		660만 원	
	법무비용			
	중개수수료		30만 원	
	도배 등 수리비			
총계				
			실제 들어간 내 돈	실제 들어오는 돈(1년)
			3400만 원	204만 원
연수익률			6%	

익률 6%선에 맞춰달라고 요구했다. 그는 앉은 자리에서 500만 원을 깎았다. 추가 협상을 통해 100만 원을 더 깎았다. 건축주 입장에서도 두 채 남은 빌라를 빨리 털어버리고 싶은 것 같았다(신축 빌라를 분양받는 노하우는 마지막에 떨이로 분양 받는 것이다. '떨이 빌라'는 가격 협상의 여지가 크다). 수익률을 따져보니, 내 돈 3400만 원을 들여서 이자 내고 한 달에 월세 17만 원이 남는 구조였다.

살까 말까. 잠시 고민에 빠졌다. 하지만 어떻게든 빌라를 팔아야 하는 이들은 틈새를 노렸다. 지금 당장 사지 않으면 큰일 날 것처럼 호들갑을

| 구산동 빌라

떨었다.

"빌라는 오피스텔에 비해 관리비가 안 들어요. 세금도 적어서 1년에 10만 원 정도 재산세만 내면 된다니까요."

옆에서 어찌나 부추기는지 덜컥 계약금을 걸어버렸다. 그야말로 전광석화처럼 '첫 투자'를 결정했다. 원래는 매매가의 10%인 1400만 원을 계약금으로 지불해야 하는 게 원칙이지만, 이들은 당장 돈이 없으면 200만 원이라도 내라고 난리를 쳤다. 근처 ATM 기기에서 돈을 찾아 나오는데 뭔가 기분이 석연치 않았다(이 찜찜한 기분은 불행하게도 정확히 맞아떨어졌다). 누군가에게 등 떠밀려가는 얼떨떨한 그런 기분이었다.

지름신이 씌인게 분명했다. 하루에 빌라 두 채를 덜컥 계약해 버렸다. 구산동 빌라는 정말이지 계획에 없던 일이었다. 화곡동 빌라를 계약하고 찜찜한 마음으로 연신내에 갔는데, 마침 훨씬 더 괜찮은 물건이 있었다.

다음날 눈을 떠서야 정신이 번쩍 들었다. 문제는 화곡동 빌라. 비슷한 가격인데, 수익률이 두 배나 낮았다.

두 빌라의 가격은 1억 3500만 원. 하지만 화곡동 빌라는 보증금 500만 원에 월세 60만 원인 반면, 구산동 빌라는 보증금 2000만 원에 월세 65만 원이었다. 구산동 빌라는 네 배나 많은 보증금을 받으면서도 월세 역시 5만 원을 더 받을 수 있었다. 주택담보대출을 받고 순수하게 투입된 '내 돈'만 계산할 때 수익률이 13.5%에 달했다(반면 화곡동 빌라는 6%대에 불과하다).

입지도 구산동이 나왔다. 사실 연신내는 친구가 살았던 동네라 몇 번 가본 적이 있었다. 구산동은 지하철 '3호선' 연신내역에서 한 정거장, 도보로 10분 거리였다. 광화문 출퇴근 직장인들이 많았다. 최근 읽고 있는 경매 책에도 구산역 인근은 추천 지역에 포함됐다. 대출이 관건이었다. 모든 수단과 방법을 총 동원해 9000만 원을 5% 이하 금리로 대출받아야 했다.

이때 불현듯 아이디어가 스쳤다. 전날 통화한 송인규 사장(그는 용산에서 큰 공인중개사무실을 운영하고 있다)의 충고가 생각났다.

"매매 가격을 조사할 때는 손님인 것처럼 인근 부동산에 매물을 내놓아봐야 해요. 그 가격이 진짜 시세에요."

당장 스마트폰에서 부동산 앱을 다운받고 전화를 돌리기 시작했다. 쉬는 날이라 대부분 사무실 밖에서 전화를 받았다. 급한 마음에 다짜고짜 "화곡동에 신축 빌라를 분양 받았는데 팔고 싶다"고 했다.

"몇 평인가요? 매매가는요?"

상대방이 물었다. 나는 "전용 9평이고, 분양가는 1억 5000만 원"이라고 답했다.

역시 그랬다. 불길한 예감대로였다. 다섯 군데 전화를 걸었는데 네 군데서 분양가로 팔기가 어렵다는 답변이 돌아왔다. 결국 손해를 보고 팔아야 한다는 얘기였다. 계약금을 손해 보고서라도 팔아야겠다고 결심한 것은, 한 공인중개사의 조언이 결정적이었다.

"웬만해선 화곡 본동에 투자하지 마세요. 뉴타운 해제되면서 화곡동의 메리트가 떨어진데다 본동은 화곡동에서 입지가 안 좋은 편에 속합니다."

★ 구산동 빌라 수익률표

	지출	수입
매매가격	1억 3500만 원	
현재시세		
대출		9000만 원
대출금리	연 5.1%	
한 달 대출이자	38만 원(1년 459만 원)	
보증금		2000만 원
월세 수입		65만 원(1년 780만 원)
한 달 순수입		27만 원(1년 324만 원)
법무 비용	30만 원	
취득세, 지방교육세 등 세금	148만 5000원	
중개수수료	30만 원	
총계	1억 3708만 원	1억 1000만 원
	실제 들어간 내 돈	실제 들어오는 돈
	2708만 원	324만 원
연수익률	11.96% ➡ 약 12%	

그는 잔금을 치렀다면, 지금 당장 팔지 말고 2~3년 기다렸다가 팔라고 했다.

눈물을 머금고 계약금 200만 원을 날리다

결단이 필요했다. 계약금 200만 원을 손해보고서라도 이 물건을 버려야 할 것인가. 그나마 계약금을 적게 낸 게 다행이었다. 배보다 배꼽이 더 크다고 200만 원 아끼려다 3400만 원이 물릴 수는 없었다(아마 이때 결단을 내리지 않았다면 이번 프로젝트는 더 이상 진행할 수 없었을 것이다).

결국 화곡동 빌라를 산 부동산에 전화를 걸었다. 무조건 계약을 포기하겠다고 했다. 분양가를 많이 깎아 놓은 터라 그쪽도 입장이 난감한 모양이었다. 그래도 어쩔 수 없었다. 3400만 원이면 다른 데 투자하고도 남았다.

나는 '절대로 이 계약을 할 수 없다'고 못 박았다. 그러자 상대쪽에서도 하는 수 없다는 식으로 나왔다. 대신 계약금은 돌려줄 수 없다고 했다. 어차피 계약금을 손해볼 생각으로 꺼낸 얘기였다.

전화를 끊고 나자, 마음이 편해졌다. 투자 수험료라고 생각하기로 했다. 200만 원이 결코 적은 돈은 아니지만 대신 3400만 원을 번 것일 수 있었다. 이번 첫 투자로 배운 교훈이 컸다. 아무리 업자들이 옆에서 바람을 넣어도 절대로 넘어가선 안 된다는 것. 항상 신중하고 꼼꼼하게 크로스체크를 해야 한다는 것.

거꾸로 시세조사법

물건을 살 때 : 정확한 시세를 알려면 반대로 물건을 파는 것처럼 물어봐야 한다. 그래야 정확한 매매가를 알 수 있다.

물건을 팔 때 : 물건을 사는 것처럼 부동산에 문의해보자. 그래야 얼마에 팔 수 있을지 감이 온다.

잠깐! 투자포인트

월세, 수익률 마지노선은 지켜라

구산동 빌라 계약 후, 원하는 조건에 세입자가 있을까 신경이 쓰였다. 그런데 마침 낮에 구산동 빌라의 월세를 맞춰 주기로 한 연신내 삼성부동산에서 전화가 왔다.

지금 세입자가 앞에 있는데 월세를 60만 원으로 해줄 수 있겠느냐고 했다. 흠, 60만 원이라……. 잠시 생각 좀 해보고 다시 전화를 하겠다고 했다. 계획보다 5만 원 모자랐다. 한 달에 5만 원이지만, 1년이면 60만 원이었다. 머릿속 계산기를 두들겼다. 월 5만 원 차이였지만 수익률에서 꽤 큰 차이가 났다. 도저히 안 될 것 같았다. 부동산에서 재촉 전화가 왔다.

"지금 손님이 앞에 있어요. 빨리 결정해주세요."

"정말 죄송한데요. 아무래도 안 될 것 같아요. 처음에 계획했던 수익률에 지장이 생기면 안 되거든요. 아직 잔금 기간까지 두 달이 남았으니까 조금 더 기다려볼게요."

그는 "비수기라 이 손님을 놓치면 얼마나 더 비어 있을지 모른다"며 "그렇게 자기 가격만 고집해선 안 된다"고 충고했다. 그럼에도 나는 조용히 "네~"라고 짧게 답한 뒤, 전화를 끊었다.

얼마 지나지 않아 부동산에서 다시 전화가 왔다. 조금 전 그 세입자가 65만 원에 그냥 살겠다는 것이다.

앗싸! 묵은 체증이 확 내려가는 이 기분! 5일만에 원하던 조건대로 첫 세입자가 들어온 것이다. 그간의 마음고생이 한 방에 해소되는 듯했다. 보증금 2000만 원에 월세 65만 원. 7월말 입주 예정이다. 생애 처음으로 빌라를 매입했고, 세입자를 구했고, 월세를 받게 되는 셈이다.

용기 있는 자만이 할 수 있다

퇴근 후 월세 계약을 위해 생애 첫 세입자를 맞을 구산동 빌라로 향했다. 지하철 안에서 나도 모르게 입꼬리가 올라갔다. 풍선처럼 들뜬 기분이다. 혼자서 바보처럼 미소를 지었다. 처음 본 사람은 아마 내가 살짝 맛이 간 사람이라고 생각했을지도 모른다.

세입자는 나와 성이 같고, 비슷한 또래라고 했다. 느낌이 야릇하게 묘했다. 뿌듯하기도 하고, 뭐라 표현하기 힘들었다. 프로젝트 시작 2주 만에 첫 투자가 성사됐다. 역시 투자는 과감한 베팅이 중요하다. 지난주 토요일에 계약하고 불과 5일 만에 원하는 조건의 임차인을 구했다. 그때 계약금을 과감히 지르지 않았다면? 또 다시 망설였다면?

용기 있는 자만이 투자를 할 수 있다. 실전은 일단 부딪혀볼 일이다. 화곡동 빌라에서 200만 원의 수업료를 내긴 했지만, 구산동 신축 빌라 매입은 잘한 결정이란 생각이다.

역시 신축이 임대가 잘 된다는 사실도 알게 됐다.

이제 대출 9000만 원만 해결하면 된다(이때만 해도 나는 9000만 원이란 대출금이 터무니없이 높은 금액이었으며, 대출 때문에 골머리를 앓게 될 것이란 사실을 알지 못했다).

강남보다
수익률 높은
황금라인
마포

운동으로 버텨라

새벽 4시 20분. 나도 모르게 눈이 떠졌다. 종아리가 뻐근했다. 10분 거리도 차로 다니다가, 갑자기 많이 걷게 되니 근육통이 왔다. 거실로 나가 TV를 켜고 CNN을 틀었다. 뻔한 자기계발 서적의 저자가 나와 책소개를 한다. 실체가 없는 말장난과 수사가 식상하게 느껴진다.

간단히 아침식사 후 명상을 했다. 투자의 결정이란 결코 쉽지 않다는 생각이 든다. 모든 투자의 기본은 수요와 공급이다. 향후 주택의 수요와 공급에 대해 보다 '정치하게' 알아봐야겠다고 생각했다. 앞으로 공급이 늘어날 예정인 도시형 생활주택, 원룸 등의 월세는 떨어질 수밖에 없다. 희소성 측면에선 원룸보다 '투룸'이 나을 수 있다. 실제로 내 첫 투자는 원룸이 아닌 '투룸'이다.

출근 전, 전날 다녀온 부동산 시장 자료를 정리했다. 오늘 아침은 운 좋게 동생의 출근을 돕는 엄마 차를 얻어 탔다. 불과 며칠 만에 차를 탔는데도 그렇게 편하고 좋을 수가 없다.

오늘도 운동을 거르지 않았다. 나는 운동 예찬론자다. 근력 운동 1시간, 유산소 운동 35분, 스트레칭 10분, 거의 두 시간 동안 운동을 했다. 운동의 장점을 꼽자면, 그 순간만큼은 현실을 잊고, 내 몸에만 집중할 수 있다는 점이다. 또 운동을 하다 보면 복잡했던 생각이 일순간 정리되기도 한다.

격렬한 운동 중 이런 생각이 스쳤다.

'그래, 혼을 담아보자. 이 힘든 시기를, 어려운 시기를, 버티기만 할 것이 아니라 좀 더 능동적으로 대처해보자. 내 인생을 걸고 혼을 담아 최선을 다해보자.'

생각을 바꾸자 피곤함도 가셨다. 앞으로 내게는 하루하루 설렘으로 다가올 날들이, 90일이나 남은 것이다.

마포, 강북 교통의 요지

지하철 5호선을 타고 공덕역에 내렸다. 출구를 찾기 위해 지하철 위치도를 봤다. 마포 롯데캐슬과 연결되는 4번을 택했다. 지상과 연결되는 지하 1층에 공인중개사무실이 눈에 들어왔다.

지난 2009년 2월 입주를 시작한 신축 오피스텔인 마포 롯데캐슬은 마치 롯데백화점을 연상시킬 정도로 세련된 편의시설을 자랑했다. 규모도 꽤 컸다.

"여긴 큰 평형만 있어요. 공급면적 40~50평형대의 월세가 450만 원 정도 합니다. 이보다 더 큰 건 600만 원 정도 하고요."

30대로 보이는 공인중개사는 점심시간인데도 전화 통화로 바빠 보였다. 한 직장인이 회사에서 내주는 월세로 입주할 곳을 찾고 있는 듯했다. 그 직장인은 피트니스센터에 수영장이 있는지 등을 꼼꼼하게 따져 물었다.

그는 전화를 끊고서야 내게 관심을 보였다.

"수익형으로 투자할 만한 곳이 있을까요?"

"최근 이 지역 오피스텔들이 평당 1300만 원선에 분양됐어요. 강남보다 수익률이 좋은 편이죠(강남은 평당 1600만 원선이다)."

그는 마포 지역에서는 지난 5년간 분양한 건물이 거의 없었고, 신축도 거의 없다고 했다. 특히 지난 5년 동안 가격이 2배 가까이 올라 벌써 한번 손바뀜이 일어났다고도 했다(2012년 5월 분양 중인 '공덕 오피스타'는 평당 1100만 원 수준이다. 전용 4.8평이 1억 800만 원이다. 위치는 공덕역에서 좀 거리가 있다).

마포 황금라인은 5호선 마포역에서 공덕역 사이의 대로변을 말한다. 임대가 잘 되는 오피스텔은 마포역 1번 출구와 연결되는 '신영지웰'이라고 했다. 8년 전 입주를 시작해 오래된 편이지만, 전용 8평이 2억 1000만 원선에서 거래되고 있었다. 임대는 보증금 1000만 원에 월세 85만 원 수준이다. 매매가는 신촌과 비슷하지만

| 마포 황금라인. 한화 오벨리스크 오피스텔이 보인다.

★ 마포 '더 네스트' 오피스텔 전용 5평 예상 수익률표

(2012년 6월)

		지출	수입
매매가격(분양가)		1억 2200만 원	
현재시세			
대출	대출금		6000만 원
	금리	5.5%	
	월이자	27만 원	
임대료	보증금		1000만 원
	월세수입		60만 원
	월순익		33만 원
기타비용	각종 세금	536만 원	
	법무비용		
	중개수수료	50만 원	
	도배 등 수리비		
총계		586만 원	
		실제 들어간 내 돈	실제 들어오는 돈 (1년)
		5786만 원	396만 원
연수익률		6.8% ➡ 약 7%	

월세는 10만 원 정도 높다.

'한화 오벨리스크'도 공급 16평이 2억 1000만 원선(2012년 5월 2억 3000만 원선으로 올랐다)이다. 월세는 신영지웰과 비슷한 85만 원선이다. 특히 지난 2월에 분양한 '공덕 푸르지오시티' 오피스텔 탓에 가격이 더 올랐다. 공급 24평 분양가가 3억 4000만 원에 달했다. 공급 16평도 2억 3000만 원이었다.

그는 한화 오벨리스크는 공덕역에서 벗어나 입지가 그렇게 좋은 편은 아니지만, 지난 5년간 공급이 없었던 것을 감안할 때 신축 메리트가 있다

고 했다. 또 공덕 푸르지오시티는 분양가가 지나치게 높아 수익률이 낮다고 했다.

그 대신 그는 5번 출구로 나와 만리재길로 이어지는 '더 네스트' 오피스텔 분양권을 추천했다. 수익률이 7%에 달한다고 강조했다. 성진건설이 땅을 싸게 사놓은 덕에 분양가가 낮은 편이었다. 전용 5평짜리 분양가가 1억 1400만 원으로 시세보다 저렴했다. 이보다 조금 넓은 전용 9평짜리 분양가는 2억 400만 원이었다. 현재는 분양권에 600~800만 원의 프리미엄이 붙은 상태라고 했다.

위치는 2012년 입주 예정인 '공덕 아이파크' 길 건너 맞은편으로, 공덕초등학교와 맞닿아 있다. 신공덕 아이파크는 교통의 요지인 공덕오거리 인근에 위치

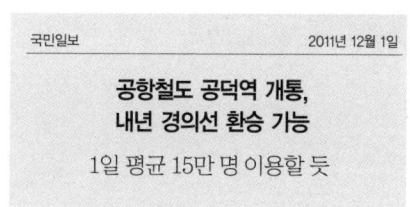

해 지하철 5호선과 6호선 환승역인 공덕역을 이용하기가 편리하다(500만 원의 프리미엄을 주고 네스트 오피스텔 분양권을 살까 고민했다. 하지만 향후 공급이 많아 가격 하락세가 우려돼 매입을 포기했다).

공덕역은 향후 인천국제공항철도 공덕역(2011년 11월 30일 개통)과 경의선 복선전철(p 41 참조, 2014년 공덕~용산 개통 예정)이 추가 개통될 예정이어서, '쿼드러플 역세권' 지역으로 주목받고 있다. 마포대교와 강변북로와도 인접해 승용차로 강남은 물론 서울 외곽으로 이동이 편리하다. 또 여의도 출퇴근족들의 선호지역이기도 하다. 여의도 오피스텔들보다 주거환경이 낫다.

이 마포 황금라인을 벗어나면 매매가와 월세가 낮아진다. 마포에서 서부역으로 이어지는 만리동길에 있는 '하이힐'은 공급 29평으로 훨씬 넓은데도 2억 5000만 원선이다.

★ 마포지역 주요 오피스텔

:: 신영지웰 : 2억 1000만 원(전용 8평) / 1000-85

:: 한화 오벨리스크 : 2억 1000만 원(전용 16평) / 1000-85

마포 오피스텔 월세시세 - 보증금 1000만 원 / 월세 85만 원선

1 | 마포는 광화문, 신촌에 비해 저평가된 지역이다. 상대적으로 가격 대비 월세 수준이 높은 편이다.

2 | 마포는 여의도, 상암동 등으로 출퇴근하는 직장인들의 선호지역이지만, 향후 공급이 많아 시세 상승 여지는 크지 않다.

잠깐! 투자포인트

금액대별 투자 전략, 내게 맞은 수익형은?

처음 프로젝트를 시작할 땐 그야말로 맨땅에 헤딩이었다. 부동산 관련 책은 닥치는 대로 읽었고, 괜찮다는 지역은 무조건 찾아 돌아다녔다. 건대 부동산대학원 한 동기는 내게 '물불을 가리지 않은 아톰'이라고 표현했다.

신림역 상가, 부암동 단독주택, 동숭동 빌라, 군산 다가구 통건물, 광양의 땅까지. 이 책에 다 싣지 못한 숱한 지역들을 돌아다녔다. 하지만 프로젝트가 끝날 무렵, 금액대별로 투자 가능한 수익형 부동산이 따로 있다는 깨달음이 왔다.

이를 간단하게 정리하면 다음과 같다.

- ▶ 500만 원 ~ 1000만 원 미만 : 지방 소형 아파트, 빌라
- ▶ 1000만 원 ~ 3000만 원 미만 : 수도권 소형 빌라, 도시형 생활주택
- ▶ 3000만 원 ~ 1억 원 미만 : 서울 오피스텔, 빌라 또는 수도권 소형 아파트
- ▶ 1억 원 ~ 3억 원 미만 : 지방 통건물 매입, 수도권 고시원
- ▶ 3억 원 이상 : 단독주택 신축 또는 리모델링, 상가

사실 현금 1억 원 미만 투자는 크게 고민할 필요가 없다. 최소 투자금이 적기 때문에 할 수 있는 투자 범위가 한정돼 있다.

고민이 필요한 투자는 현금 1억 원 이상, 일반적인 주택용 이외의 투자다. 예를 들어, 다가구 통건물 매입이나 고시원, 상가, 단독주택 신축 등은 진입장벽이 있는 투자다.

지방 다가구 통건물의 경우 은퇴부부에게 적합하다. 은퇴 후 각박한 서울 생활을 정리하고 한적한 전원생활을 꿈꾼다면 안성맞춤이다. 이들 물건은 서울에 있는 주택을 처분해 현금 2억~3억 원으로 매입 가능하다. 직접 건물의 주인세대에 살면서 관리할 수 있는 장점이 있다. 연평균 7~10% 선이다. 수익형 부동산의 종류에 따라 '맞는 투자층'이 따로 있다.

하지만 젊은 직장인들에게 이런 지방 통건물 투자는 별로다. '원격 관리'는 비용도 많이 들고 잘 되지도 않는다. 주인이 직접 살면서 관리하는 것과 아닌 것은 천양지차다.

수익률이 높은 편인 고시원도 손이 많이 가는 수익형 부동산 중 하나다. 총무를 고용하기도 하지만, 주인이 관리하는 것만 못하다. 특히 고시원 관리에는 남성보다는 여성이 유리하다. 어머니들이 집에서 살림하듯이 관리를 잘 하는 고시원엔 공실 걱정이 없다. 고시원도 젊은 직장인들보다는 은퇴부부나 중년층이 투자하기에 적합한 상품이다.

단독주택 신축, 리모델링은 수익형 부동산 투자에 노하우가 필요하다. 적은 월세 투자라도 몇 년 해본 뒤, 도전하기를 추천한다. 건물 짓기부터 악성 임차인 다루기 등 임대사업 경험이 요구된다.

상가는 수익형 부동산의 최고봉이라 할 수 있다. 일반인들은 웬만하면 접근하지 않는 게 좋다. 이유는 나중에 설명하겠다.

개발 호재 많지만 저평가된 여의도

포인트로 살아남기

아침부터 기분이 영 별로다. 어제 무리한 탓이다. 요샌 낮에 워낙 못 먹다보니 밤에 저녁 약속 자리가 있으면 '게 눈 감추듯' 먹어치운다. 밤에 과식을 하게 되면 다음날 속이 너무 불편하다. 프로젝트 기간엔 웬만하면 저녁 약속을 잡지 말아야겠다.

컨디션이 안 좋다. 몸이 찌뿌둥하다. 배가 고프다. 우울하다. 심신이 힘들다. 삶이 고달프다. 지금 나의 상황은 대략 이렇다. 외롭고, 어렵고, 피곤하고.

오늘은 여의도를 돌아볼 예정이다. 가는 길에 패밀리마트에 들러 두유와 메추리알로 허기를 채웠다. 결제는 물론 편의점 포인트로 했다. 이제 'GS마트 포인트'가 1000원밖에 남지 않았다. 소비를 극단적으로 줄이면서 포인트 결제에 눈 뜨게 됐고, 지금껏 쌓아놓은 포인트로 근근히 생활하고 있다(포인트를 써 보니, 롯데 포인트의 활용도가 가장 높은 것 같다). 하지만 식비를 한 푼도 쓰지 않고, 포인트로만 산다는 게 결코 쉽지 않았다. 아끼는 노하우를 더 배워야겠다고 생각했다. 오늘은 '짠돌이 카페'에 다시 한 번 들어가봐야겠다.

2011년, 여의도 투자의 적기였다

괜찮아 보이는 오피스텔 경매 물건이 나와 여의도를 찾았다. 여의도 KBS 별관 맞은편에 위치한 '메종리브로'였다. 10년 정도 된 오래된 건물이었는데, 워낙 공급이 없다 보니 임대는 잘 되는 것 같았다.

여의도는 그야말로 하나의 '작은 섬'이었다. 여의도 내에서 모든 수요를 충족시킬 수 있었다. 여의도 공인중개소 LG부동산 02-784-1999 영등포구 여의도동 14-21 LG에클라트 117호 관계자는 "현재 수요로도 충분히 임대가 잘 된다"며 "경기의 영향을 거의 받지 않고 여의도란 지역이 하나의 거대한 상권을 형성하고 있다"고 말했다.

| 여의도 메종리브로 오피스텔

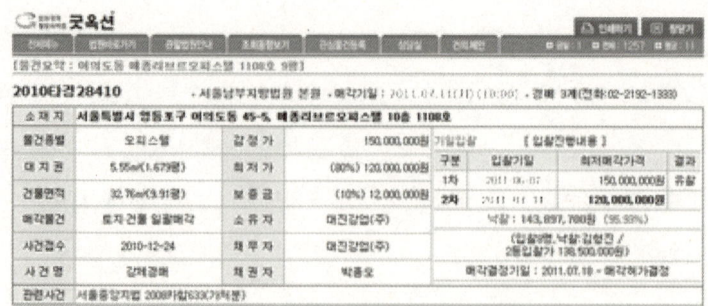

| 메종리브로는 나의 첫 경매 입찰이었다. 1억 3000만 원대의 낮은 입찰가를 산정해 떨어졌지만 첫 술에 배부를 수는 없다고 생각했다.

| 여의도 프리베로 오피스텔

여의도의 오피스텔들은 주로 국회 맞은편 블록에 밀집돼 있다. 여의도 오피스텔의 특징은 주거용보다는 업무용이 많다는 점이다. 업무용이라 그런지 구조 자체가 주거용으로 쓰기엔 다소 불편한 점이 없지 않았다. 여의도 오피스텔 중에서 임대가 잘 된다는 '프리베로' 오피스텔을 봤는데, 구조가 마음에 들지 않았다. 여의도는 거의 대부분의 오피스텔이 정사각형 구조. 싱크대를 붙박이문으로 분리해놨다. 업무용으로는 깔끔하지만 주거용이라면 불편할 듯했다(다시 강조하지만 수익형 부동산은 자신의 관점에서 보는 실수를 해선 안 된다. 내가 살 집이 아니다. 나 또한 이 같은 함정에 빠져 여의도 투자를 꺼렸지만 8개월 새 3000만 원 가까이 올라버렸다).

여의도에서 주거용으로 적합한 오피스텔은 '민족통일'이 유일했다. 이에 소형임에도 불구하고, 다른 오피스텔들보다 비쌌다. 13평이 1억 3000만 원에 달했다. 이마저도 물건이 없었다. 다른 업무용 오피스텔의 경우 20평형이 1억 8000만~2억 원선이다.

여의도의 장점은 개발호재가 있고, 향후 공급이 없다는 점이다. 신촌이나 마포 지역의 경우 도시형 생활주택의 난립으로 벌써부터 월세가격이 타격을 받고 있다. 하지만 여의도는 땅이 부족해 추가 공급이 적다. 아직까지 평당 가격이 1000만 원 미만으로 저평가 돼 있다는 점도 매력이다. 향후 3년 후 국제금융센터(IFC)가 완공되는 시점이 되면 가격이 더 오를 여지가 있어 보였다(이 같은 판단은 정확히 적중했다. 서울 주요 도심 중 2011년 여의도 오피스텔 가격이 가장 많이 뛰어 2012년 들어 평당 1000만 원을 넘어버렸다).

2012년 5월 여의도 오피스텔 시세를 다시 조사했다. 대부분 2억 원을 넘겼다. 1억 원대 중후반 물건은 찾을 수가 없었다. LG에클라드 부동산 관계자는 "지난해(2011년)가 여의도 오피스텔을 잡기에 적기였다"며 "그래도 강남, 마포 등에 비해 저평가 돼 있다"고 분석했다. 그는 여의도 오피스텔의 상승 이유로 침체된 아파트 가격을 꼽았다. 아파트 가격 하락세가 이어지다 보니 자금이 오피스텔로 몰린다는 해석이다.

★ 8개월 만에 훌쩍 오른 여의도 오피스텔 매매가

:: **프리베로(전용 10평)**: 1억 6000만 원 / 70-75 → 2012년 5월 2억 원. 월세 수준은 비슷. 전용 8평 1억 5000만 원. 월세 65만 원

:: **민족통일(전용 8평)**: 1억 3000만 원 → 2012년 5월 1억 6000만 원. 평당 1000만 원 이상으로 급등. 월세 70만 원

:: **LG에클라트(전용 12평)**: 1억 7500만 원(양 측면) / 1000-75~90 → 2012년 5월 최저 1억 9000만 원 ~2억 1000만 원. 월세 85~95만 원 / 국회 방향으로 로열층, 급매 2억 2000만 원. 작년 1억 9000만 원. 현재 월세 83만 원. 내년 1월까지. 부가세는 별도

★ LG 에클라트 전용 12평 예상 수익률표

(2011년 매입 기준)

		지출	수입
매매가격		1억 7500만 원	
현재시세		2억 1000만 원	500만 원(시세차익)
대출	대출금		7000만 원
	금리	5.5%	
	월이자	32만 원	
임대료	보증금		1000만 원
	월세수입		85만 원
	월순익		53만 원
기타비용	각종 세금	770만 원	
	법무비용		
	중개수수료	80만 원	
	도배 등 수리비		
총계		850만 원	
		실제 들어간 내 돈	실제 들어오는 돈(1년)
		1억 350만 원	636만 원
연수익률		5.8% ➡ 약 6%	

9호선으로 다시 뜬 서여의도

오늘은 두 달 만에 여의도를 다시 찾았다. 이번에는 서여의도의 가장 오래된 오피스텔인 '아크로폴리스'가 나와서다. 국회의사당 맞은편에 오피스텔이라곤 찾아볼 수 없던 시절 제일 먼저 생겨 히트를 친 후 '오피스텔 서여의도 시대'를 이끈 주인공이다. 경매로 나온 것은 지난 2009년 이후 2년 만에 처음이었다. 국회도서관 맞은편 S-오일과 현대오일뱅크 사잇길로 들어서면 두 번째 건물이다. 렉싱턴호텔을 중심으로 9호선 국회의사당역 방향으로 두 번째 골목인 셈이다. 하지만 큰 기대는 하지 않았다. 이미 지난번 탐방을 통해 여의도 오피스텔의 구조가 '별로'라고 알고 있어서다.

| 여의도 아크로폴리스 오피스텔

"월세 좀 구하러 왔는데요."

"500에 50짜리 있습니다. 전용 9평이고요."

하지만 경매로 나온 물건은 이보다 조금 큰 전용 11평(공급 20평)이었다.

"전용 11평짜리는 어떤가요?"

"그건 600에 65입니다."

일단 1층 공인중개사무실 아크로 공인중개소 02-786-0077 영등포구 여의도동 14-5 아크로폴리스 113호 에 들러 집을 한번 보기로 했다. 집주인이 방청소를 한다며 10분만 기다려달라고 요청하는 바람에 잠시 시간이 좀 생겼다.

잠시 숨을 돌리는데, 한 남자가 문을 열고 들어왔다. 그는 대뜸 시세 좀 조사하러 왔다고 '까놓고' 말했다.

옆에 앉아 있던 여직원은 바로 "경매 보러 오셨냐"고 물었다. 그는 솔직히 "그렇다"고 했다.

★ 아크로폴리스 수익률분석

(매매 기준)

	지출	수입
매매가격	1억 5000만 원	
대출		6000만 원
보증금		600만 원
실질 투자금액	1억 원	
연간 실제수입		456만 원
연수익률	4.5%	

그는 시세가 1억 5000만 원이고, 작년에는 1억 3000만 원까지 떨어졌었다는 사실까지 알아냈다. 끝으로 그는 매수 문의는 많냐고 물었다. 매물이 나오는 즉시 해결이 되며 월세도 금방 나간다는 얘기까지 들었다.

물건조사에 채 5분이 걸리지 않았다. 핵심만 간단히 물어본 그는 "감사합니다"라는 인사 후 나가버렸다.

속으로 '아, 꾼들은 시장 조사를 저렇게 하는구나' 생각했다. 나처럼 월세 보러 왔다고 하고 기다렸다가 집까지 다 보고 그러지 않는 것이다. 언젠간 나도 그런 꾼들처럼 5분 만에 조사를 하고 자리를 뜨는 날이 올지 모른다. 하지만 아직 초보자인 나는, 집 내부구조까지 다 봐야 직성이 풀린다.

그가 떠나고, 집으로 올라갔다. 경매 나온 집과 같은 구조였다. 전용 11평이라 확실히 예전에 봤던 오피스텔들보다 넓어 보였다. 게다가 정사각형 구조인 여의도의 다른 오피스텔보다 마음에 들었다. 현관 오른편에 싱크대가 있었고, 왼편에 욕실이 있었다. 원룸이지만, 가운데 쇼파를 놓을 수 있을 만큼 여유공간이 있었다. 무엇보다 편리한 점은 넓은 수납공간이었다. 빌트인으로 된 간이침대도 있었다. 10년 전에 지어진 오피스텔 치곤 마감재도 꽤 좋은 것을 썼다는 느낌이다. 다만 요즘 오피스텔과는 달리 냉장고와 세탁기 등은 세입자가 들고 와야 했다.

전입 세대 열람 결과, 2009년 9월에 김모 씨가 신고 돼 있었다. 이 오피스텔은 사무용보다는 주거용이 더 나은 구조 같았다. 당장 내일이 입찰인데, 얼마를 써낼 것인지가 관건이었다.

9호선 국회의사당역 쪽에 오피스텔 다섯 개 방이 '뭉텅이'로 나온 곳이 있었다. '프리베로' 오피스텔 맨꼭대기 14층이다. 근데 정보지에 나온 물건의 구조가 신기했다. 하나의 출입구로 여러 개의 방이 연결돼 있었다. 막상 현장에 가보니, 그 궁금증이 말끔히 해소됐다. 다른 층들과는 달리, 각 방들이 베란다를 공유하도록 설계돼 있었다. 분명 14층은 사선 제한에 걸려 비스듬하게 지을 수밖에 없었을 것이다(빌딩부자들은 건물의 꼭대기가 사선으로 '이상하게' 생긴 건물들은 100% 건축규제 때문이라고 귀띔했었다).

현재는 한 업체가 네 개를 쓰고, 다른 한 업체가 나머지 하나를 쓰고 있었다. 베란다가 있다는 점이 마음에 들었다. 길 건너편 국회의사당이 시원하게 보였다. 마침 출입문을 열어놓은 터라 내부를 쉽게 구경할 수 있었다.

3층 부동산에서 시세를 조사했다. 21평이 1억 7000만 원이라고 했다.

| 프리베로 14층 옥외공간

감정평가액은 이보다 훨씬 저렴했다. 보증금 1000만 원에 각 75만 원선이었다. 보증금은 5000만 원 정도였고, 월세는 350만 원선으로 수익률은 그다지 높은 편이 아니었다. 전체 가격이 8억 6000만 원이나 됐기 때문이다. 신건으로 입찰해 8억 6000만 원에 낙찰 받는다해도, 이자 내고 하면 45만 원 정도가 남았다.

문제는 당장 현금이 1억 2000만 원이나 들었다. 부동산 아주머니는 이번에는 물어보는 사람들이 별로 없어 유찰될 것 같다고 말했다. 그는 또 1호의 경우 물이 새서 아래 집에 수리를 해줘야 하며, 2호는 엘리베이터 소리 때문에 예민한 사람들은 잘 쓸 수 없다고 했다. 솔직하게 말한 덕분에 이것저것 정보를 덤으로 얻은 셈이다. 그에게 만약 낙찰되면 임대 좀 잘 놓아달라고 부탁했다.

하지만 고민 끝에 이 여의도 물건은 입찰하지 않았다(부동산 아주머니의 예상대로 이 물건은 한 차례 유찰됐고, 두 번만에 낙찰됐다).

1 | 저평가 된 여의도 오피스텔 : 2011년 평당 1000만 원 미만으로 서울 지역 내에선 상대적으로 저렴한 편이었다. 하지만 2012년 IFC 입주 예정으로 평당 1020만 원 이상을 넘겨버렸다.
2 | 경매 물건 시세 조사법 : 거짓말하지 말고 단도직입적으로 궁금한 것만 물어보는 것도 한 방법이다.

월세여왕의 투자다이어리

대출에 발목잡히다

구산동 빌라는 이제 대출만 해결하면 된다. 평소 알던 지점장에게 전화를 했다.

"안녕하세요, 지점장님. 오랜만에 연락드렸어요. 하하. 다름이 아니라, 대출 때문에 부탁 좀 드리려고요."

"당연하죠. 잘 해드려야죠."

그는 정확한 주소와 금액을 알려달라고 했다. 그런데 한 시간쯤 있다가 실무자에게 전화가 왔다.

첫 대출이라 잘은 몰랐지만, 지점장 권장으로 '노마진 대출'이 있다고 들었다. 은근히 이 같은 혜택을 기대했었는데, 실무담당자는 내가 원하는 조건으로 대출을 해 줄 수 없다고 알려왔다. 9000만 원까지 대출은 불가능하며, 금리도 6% 선이라고 했다.

갑자기 온몸에 힘이 쫙 빠졌다. 그동안 참았던 후회가 한꺼번에 몰려왔다. 내가 뭐하는 짓인가. 어찌보면 무모하고 미친 짓 같기도 하다. 내가 이런다고 누가 알아주는 것도 아닌데, 왜 이런 프로젝트를 시작해서, 사서 고생을 하고 있을까.

갑자기 다 포기하고 싶다는 생각이 들었다. 생판 처음 보는 알지도 못하는, 동네를 찾아다니는 것도 힘들고, 대중교통으로 다니며 편의점 포인트로 허기를 채우는 것도 짜증이 났다. 내가 세상을 너무 만만하게 봤는지도 모른다. 마음만 먹으면 못 하는 게 없다고 생각했었다. 그런데 세상은 생각만큼 호락호락하지 않았다.

며칠 후 지인으로부터 기업은행 지점장 한 분을 소개받기로 했다. 오랜만에 원피스를 입고 구두를 신었다. 한 달 만에 신은 구두는 참으로 어색했다. 프로젝트를 시작하면서 멋내기는 뒷전이었다. 일단 발이 편해야 하니, 주로 운동화를 애용했다. 화장도 사치였다. 선크림만 간단히 바르고, 머리 손질할 시간도 없어 머리띠를 하고 다녔다.

오랜만에 예의를 차리고 약속 장소로 향했다. 정성껏 사인한 《빌딩부자들》 책도 드렸다. 이런저런 얘기들을 하면서 화기애애한 시간을 보냈다. 하지만 두 시간 뒤 은행에서 걸려온 전화는 나를 절망케 했다. 9000만 원은 절대 대출해줄 수 없고, 그 액수를 채우려면 신용대출을 해야 한다고 했다. 금리도 6% 이상이었다. 나는 불쾌한 기색을 여과없이 드러냈다.

"그 정도 조건이면 굳이 아는 분한테 부탁할 필요가 없겠네요. 그냥 제가 알아서 하겠습니다."

정말 대출이 이렇게 발목을 잡을 줄 몰랐다. 빌딩부자들이 대출의 중요성을 '왜 그토록' 강조했는지 이제야 알겠다. 내가 현실을 몰라도 너무 몰랐던 것 같다.

결국 빌딩부자들 인터뷰로 알게된 박 사장님에게 도움을 요청했다. 그 역시도 제1금융권에서는 나오기 힘든 액수라고 했다. 제2금융권에서나 나올 수 있다고 했다. 그것도 애초 빌라를 판매한 분양업자가 뽑아준 수치와 크게 다를 바 없었다.

한숨이 저절로 나왔다. 이번 일을 통해 서민들에게, 대출이 참 쉽지 않겠다는 생각이 들었다. 이보다 더 어처구니없는 점은 내게 빌라를 판 부동산에서 '어떻게' 대출 9000만 원이 가능하다고 했을까하는 것이다. 결국 어떻게든 팔아보겠다는 상술이었을 테다.

이제야 급매보다 경매가 좋은 이유를 확실히 느꼈다. 경매는 낙찰가의 최대 80~85%까지 대출이 가능하다. 일반적인 주택담보대출은 최대 60%까지밖에 되지 않는다. 경매가 급매보다 유리한 점이 바로 대출이다. 앞으로 투자할 때는 대출을 가장 먼저 챙겨야겠다고 굳게 결심했다.

롯데수퍼타워로
천지개벽할
송파

돈이 없어 굶는다는 의미

집으로 가는 길. 하루 종일 배가 너무 고팠다. 무의식적으로 나도 모르게 편의점으로 발길이 갔다. 사냥감을 찾는 사자처럼 과자의 가격표를 주시했다. 대부분의 과자들이 2000원선이었다. 한 달을 33만 원으로 사는 내겐 너무 비쌌다. 아쉬움을 뒤로 한 채, 그냥 발길을 돌렸다. 지하철역 안으로 들어왔다. 마침 '마감 땡처리 세일'이라 팻말이 눈에 들어왔다. 이번에도 자연스럽게 발길이 빵집으로 갔다.

"이거 땡처리 해서 얼마인가요?"

"3000원입니다."

잠시 머뭇거린 채 고개를 떨궜다.

"너무 비싸네요. 사실 제가 한 달에 33만 원으로 살거든요. 배가 너무 고

픈데 3000원이 없어요. 혹시 1000원어치만 살 수 있을까요?"

제과점 아저씨는 불쌍해서 눈물이 난다는 듯 나를 쳐다봤다.

"이거 2000원에 파는건데, 1000원에 드릴게요."

그는 봉투를 건네며 말했다.

"아, 정말 눈물난다."

왠지 모르게 나도 모르게 눈시울이 시큰해졌다. 빵 봉투를 받아든 나는 "감사합니다"를 연발했다.

지금까지 살면서, 그렇게 맛있는 빵은 먹어본 적이 없었다. '돈이 없어 굶는다는 것'은 바로 이런 것이라고 느꼈다(맛있는 빵을 싸게 주신 잠실역 베이커리 주인께 이 책을 통해 감사의 마음을 전하고 싶다).

송파구, 서울의 다섯 번째 관광특구

강동권은 롯데월드를 중심으로 한 '잠실역세권'과 '천호역세권' 그리고 '9호선 개통 예정 지역'으로 나눌 수 있다. 강동권의 양대 호재는 '제2롯데월드'와 '9호선 연장선 개통'이다. 2015년말 제2롯데월드 개통 시점과 맞물려 송파대로변은 천지개벽 수준으로 달라질 전망이다. 특히 2012년 4월 서울시에서 다섯 번째 관광특구로 지정돼 각종 건축규제가 완화됐다. 잠실역 인근은 물론 건대역세권까지 혜택을 볼 것으로 예상된다.

또 신논현역에서 종합운동장까지 이어지는 9호선 황금노선(특별부록 p 552 경제신문읽기 교통편)이 완공되면 강남 접근성이 더욱 좋아지면서 송파

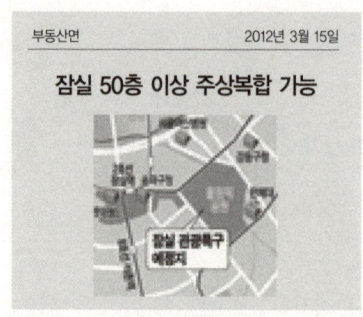

지역의 몸값은 훨씬 더 높아질 것으로 보인다. 직접적인 수혜지역은 삼전동 등 저평가 된 빌라촌 등이다.

송파구의 가장 큰 장점은 '강남 접근성'이다. 그동안 저평가 지역으로 꼽혀 왔던 천호동, 길동은 최근 가격이 많이 뛰었다. 이들 지역은 높은 강남 접근성 때문에 가격 대비 만족도가 높다는 것이 특징이다.

송파대로변을 주목하라

| 송파역 1번 출구 인근 선경빌라

경매로 나온 송파역 인근 다세대 빌라를 찾았다. 송파구 송파 선경빌라 1층 101호. 감정가 1억 원 물건이 한 번 유찰돼 최저가 1억 3600만 원에 나왔다.

송파역 1번 출구로 나오자마자 공인중개사무실들이 길게 늘어섰다. 첫 번째 사무실 송파역 공인중개 02-412-8945 서울 송파구 송파동 195-6 (송파역 1번 출구) 로 들어갔다. 친절한 아저씨는 송파 지역에 대한 브리핑을 시작했다. 송파대로변 개발호재를 일목요연하게 정리해놓

| 송파대로

| 롯데수퍼타워 공사현장

은 프린트물을 주고 지휘봉을 잡았다. 제2롯데월드가 들어서는 잠실역을 중심으로 송파대로변은 서울시에서 확실한 호재가 있는 몇 안 되는 곳 중 하나다. 송파대로변의 가장 큰 호재는 제2롯데월드다. 최근 착공한 롯데월드는 2015년에 완공될 예정이다.

　서울시에서 계획 중인 초고층 빌딩 중에 제대로 속도를 내고 있는 곳은 '롯데수퍼타워'가 유일하다. 그는 송파대로변의 빌라에 투자해놓고 이 일대가 어떻게 변해가는지 지켜보는 것도 좋은 방법이라고 했다.

　송파대로변은 확실히 달라질 것 같았다.

오피스텔보다는 빌라

　송파대로변에는 오피스텔이 거의 없었다. 그는 이 지역은 오피스텔보

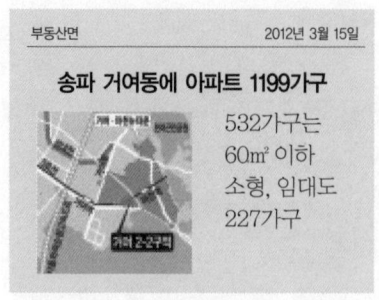

다는 장기로 보고 다세대빌라에 투자하는 것이 좋다고 설명했다. 하지만 이 지역 역시 가격이 만만치 않았다. 송파역 인근의 방 세 개짜리 빌라는 3억 2000만 원 정도였다. 대지 11평에 전용 18평이 전세 1억 7000만 원이었다.

이보다 저렴한 것은 전용 9평에 지분 4.8평짜리 빌라는 1억 6500만 원 선이었다. 월세는 1000만 원에 60만 원 정도 됐다. 석촌역 인근의 전용 9.3평(대지지분 5.5평)짜리 다세대빌라도 1억 8500만 원선이다. 월세는 보증금 2000만 원에 월 80만 원 정도 됐다.

경매로 나온 빌라는 오래된 구옥으로 보증금 1000만 원에 월세 50만 원선이었다.

무엇보다 이 물건에 투자를 해야겠다고 확신한 것은 인근의 초중고 세 개 학교가 짧게는 3년, 길게는 5년 내에 다른 지역으로 빠져나갈 수밖에 없는 상황이기 때문이다. 이른바 서울학원인 이 학교들은 강북 지역에 빠져나갈 땅을 내놓았지만 현재 중학교 1학년을 받는 바람에 발이 묶였다. 평당 1600만 원에 땅을 내놓았지만 막판에 딜이 틀어지는 바람에 성사되지 못했다.

이 지역 학군을 잘 아는 교장선생님께 사실을 확인했다. 그는 서울학원은 나갈 수밖에 없을 것이며 학교가 빠져나가고 문화시설 등이 들어오면 이 일대는 훨씬 더 좋아질 수밖에 없을 것이라고 설명했다.

안타까운 점은 경매입찰에 들어가려고 유심히 봐왔던 송파역 다세대 빌라가 쥐도 새도 모르게 사라진 것이다. 아마 경매 나온 물건이 급매로 팔렸을 것이다(프로젝트 초기라 우량 물건이 얼마나 자주 이런 식으로 사라지는지 알지 못했다. 경매 당일 아침까지도 확인이 필요하다).

송파대로를 주목하라

1. 송파대로 : 잠실대교를 거쳐 잠실역, 문정동을 지나 성남대로로 이어지는 송파구의 가장 큰 중심축. 아직까지는 주변과 인근 대로변이 조용하지만 향후에는 강남 업무지대처럼 대로변이 고층 빌딩 지대로 변모할 가능성이 크다.

2. 송파대로 축을 중심으로 제2롯데월드, 가락동 벤처타운, 문정동의 가든파이브와 법조업무단지지구, 물류유통단지, 문정동 로데오거리, 송파 신도시 등이 건설된다.

3. 경매 물건의 취하 여부는 당일날 아침까지 확인한다.

월세여왕의 투자다이어리

두 번째 분양권 투자, 초보자의 함정에 빠지다

일요일이지만 이것저것 하다 보니, 하루가 금방 갔다. 오후 5시 반. 이제 가판 신문이 나올 시간이다. 퇴근 후 일정도 만만치 않다. 가산디지털단지역 '램킨푸르지오시티' 모델하우스에 들렀

| 가산동 디지털밸리 전경

다가 다음 주 입찰에 들어가는 양평동 '월드메르디앙'에도 다시 가볼 생각이다.

두 번째 투자, 너무 쉽게 사버린 분양권

큰 기대는 없었다. 하지만 그 자리에서 '램킨푸르지오시티' 오피스텔 계약서를 썼다. 구산동 빌라에 이어 두 번째 투자. 이젠 몇 마디 설명만 들어도 감이 왔다. 시장조사를 많이 한 것은 아니었지만, 분양가가 쌌고, 초기 자금이 적게 들었다. 가장 큰 메리트는 가산디지털단지 내 유일한 오피스텔이라는 '희소성'이었다. 리스크가 있다면 2013년 입주 시점에

임대가 안 될 수 있다는 점인데, 아무리 유동인구가 썰물 빠지듯 빠져나간다고 해도, 가산디지털단지 내 유일한 오피스텔인 만큼 임대가 안 될리는 없어 보였다. 사실 중간에 1000만 원이라도 프리미엄이 붙는다면 팔 생각이다. 이는 차후 상황을 봐서 결정하면 될 것 같다(이렇게 쉽게 한 결정인 만큼 나중에 프로젝트가 끝날 때쯤 분양권 투자를 최악의 투자로 꼽았다).

램킨푸르지오시티 오피스텔 공급계약서

건물	전용면적	6평(21.38)
	공용면적	3평(10.38)
	주차장면적	3평(11.40)
	계약면적	13평(43.16)
대지	공유지분	1.4평(4.64)

구분	공급금액
대지가	7201만 원
건물가	7479만 원
부가세	747만 9000원
합계	1억 5427만 9000원

계약금	중도금(60%)							잔금
계약시(10%)	1차(10%)	2차(10%)	3차(10%)	4차(10%)	5차(10%)	6차(10%)		입주시(30%)
1542만 7000원	11.09.20 1542만 7000원	11.12.20 1542만 7000원	12.03.20 1542만 7000원	12.07.20 1542만 7000원	12.11.20 1542만 7000원	13.03.20 1542만 7000원		4628만 3700원

H은행 중도금대출

- 대출 가능 금액 : 분양가액의 최대 40% 이내
- 대출 3개월 CD+가산금리(3개월 변동금리)
  (2011.06.13 현재 5.56% = 3개월 CD 3.56% + 가산금리 2%)
- 중도상환수수료 : 면제(단, 타행으로 대환시 1%)
- 준비서류 : 분양계약서 원본, 인감증명서 2통, 주민등록등본 1통, 신분증, 인감도장
- 대출부대비용 : 수입인지대
  - 1억 원 초과 : 15만 원(필히 현금지참)

부가가치세 환급을 위한 사업자등록

사업자등록(금천세무서) → 매분기 부가세 환급신고 → 준공 후 소득신고

- 반드시 분양계약일로부터 20일 이내에 사업자등록을 해야 한다.
- 사업자등록 관련 준비물
  - 사업자등록 신청서 1부
  - 분양계약서 사본 1부 및 도장
- 환급신청 준비물
  - 통장사본 1부
- 대행수수료 : 호당 25만 원(부가가치세 별도)
- 개인이 직접 사업자등록을 해야 하는 경우에는 반드시 아래로 사업자등록 사본을 제출해야 한다.
  - 램킨푸르지오시티 시공사 : 주식회사 대우건설

잠시 분양권 투자에 대해 설명하면 이렇다. 분양권 투자는 부동산투자에서 '하수 중에 하수'다. 쉽게 접근할 수 있는 반면, 먹을 것이 없기 때문이다. 요즘처럼 시세차익이 크지 않은 시장에선 특히 그렇다. 입주 시점에서의 가격이 현재의 가격으로 책정된 것이 바로 분양가다. 분양가격에 이미 미래가치가 반영돼 있다. 아파트, 오피스텔 분양가는 대개 주변 지역의 시세보다 높게 책정된다. 준공 시점의 물가상승률과 신축 부동산에 대한 프리미엄을 반영해서다. 그만큼 남는 게 없다는 의미이다.

과거에는 입주 시점에 주변 부동산들의 가격이 덩달아 들썩이기도 했다. 하지만 이는 시장이 좋았던 시절 얘기다. 지금과 같은 '대세 안정기' 시장에선 기대하기 어렵다.

오히려 지나친 기대심리로 인해 마이너스 프리미엄이 붙기도 한다. 대표적 사례가 인천 송도와 서울 상암동 DMC이다. 2010년 부동산 경기가 반짝했을 때 분양한 아파트, 오피스텔에 최대 1억 원씩 프리미엄이 붙었지만 현재는 팔고 싶어도 못 파는 신세가 됐다. 상암동 이안 오피스텔 역시 분양 당시 프리미엄이 3억 원까지 붙기도 했지만, 지금은 분양가로도 팔기 어려운 상황이다.

분양권의 단점은 매매시점에서 당장 현금이 나오지 않는다는 것이다. 분양권을 사서 실질적인 수입이 있으려면 건물이 완공되기까지 2~3년을 기다려야 한다. 매입과 동시에 현금화할 수 없는 투자는 처음에 정의했던 수익형 부동산의 개념에서 많이 비켜간다.

상습 침수지의 화려한 부상
삼전동

미래 투자 트렌드는 어디?

부동산 투자만으로 재테크를 할 수는 없는 법. 금융이 뒷받침되지 않는 재테크는 반쪽짜리에 불과하다. 요즘은 신문의 금융면을 유심히 보는 편이다. 고금리 특판상품과 새로 나오는 금융상품 등을 꼼꼼히 메모해둔다(특별부록 p.555 참조).

최근에 금융 관련 힌트를 얻은 책은 《앨리스의 비밀통장》이다. 20대 중반 신입 증권사 직원이 6개월간 1000만 원을 모은 프로젝트를 기록한 책이다. 그는 2008년 위기 상황에서도 6개월 고군분투 끝에 금융만으로 1000만 원을 모았다.

책을 읽으면서 '월세를 어떻게 금융으로 묶을 것인지'를 고민했다. 최종 목표는 월세통장 7개다. 한 달에 150만 원을 7개의 통장으로 쪼개서 재테

> **크를 하는 것**이다. 금융 목표수익률은 8%. 6개월간 1200만 원을 모을 수 있다(p 17 참조).
> 책은 '생애 주기'와 '목적'에 맞게 기간을 정해 포트폴리오를 짜야 한다고 설명했다. 내 경우, 향후 큰 목돈이 필요한 이벤트는 결혼이다. 가장 먼저 결혼자금 마련을 위한 포트폴리오를 짜기로 했다. 그 다음으로 노후자금 마련을 위한 포트폴리오 순으로 전략을 짰다.

지하철 9호선 개통 수혜지, 삼전동

삼전동은 최근 본 경매 책의 추천 지역이었다. 삼전동은 지하철 9호선 개통으로 가장 많은 수혜가 기대되는 지역이다. 이곳은 탄천에 둑을 쌓고 한강을 매립하면서 홍수 피해가 없어졌지만 과거에는 탄천과 한강으로 둘러싸여 장마 때마다 수해가 컸기 때문에 부동산 가격이 매우 저렴한 지역이었다. 근래에도 지하철 신천역을 이용하기에도, 석촌역을 이용하기에도 한 블록씩 조금은 멀리 떨어져 지하철로는 소위 고립되었던 지역이었으나, 지하철 9호선이 개통되면 삼전동에 삼전사거리역, 삼전역이 양쪽으로 생겨 9호선 개통 효과를 톡톡히 보는 지역이다(이후에도 삼전동 일대 빌라들은 경매에 나올 때마다 감정가의 90% 이상 되는 높은 가격에서 낙찰됐다. 9호선 예정지와 가까운 물건의 경우 취하되는 경우가 많았다. 2012년 5월 현재는 아예 경매로 나온 물건이 없을 정도다).

삼전동을 요약하자면,

❶ **9호선 연장선** : 황금선이라 불리는 9호선이 잠실본동, 삼전동, 석촌동, 송파동, 방이동 지역을 통과할 예정이다. 2015년 개통 예정.

❷ **지하철 9호선 개통으로 가장 많은 수혜가 기대되는 지역** : 삼전사거리역, 삼전역이 생길 예정.

❸ **제2의 대치동** : 삼전동 지역으로 송파구의 새로운 학원가가 밀집되고 있다.

경매 사이트를 검색하던 중 마침 오래된 빌라 하나가 경매로 나온 것을 발견했다. 9호선 연장선 라인이었다. 확실히 시세차익을 볼 수 있는 곳 같았다.

지하철 2호선 잠실역에서 내려 '잠실롯데월드' 버스정류장으로 갔다. 3315번 버스를 타고 송파구민회관 앞에서 내렸다. 공사가 한창 진행 중인 9호선 현장이 보였다. 삼전초등학교 인근에 위치한 물건지를 찾아나섰다.

비교적 조용한 동네였다. 좋았던 점은 일단 도로폭이 넓어 시야가 확 트인 것이었다. 사당동이나 화곡동 빌라촌처럼 길이 좁지 않았다. 또 구릉지가 아닌 평지였다. 예전엔 몰랐는데 주택가로는 확실히 평지가 좋은 듯했다. 땅이 평평하지 않으면 주거로 불편했다. 게다가 주변 환경이 쾌적했다. 이 지역은 구옥들을 허물고 신축하는 단독주택 신축 붐이 일고 있었다. 외견 상으로 예쁜 신축 빌라들이 꽤 많이 눈에 띄었다.

버스에서 내려 10여 분을 걷자 물건지가 나타났다. 경매 물건인 '동숭하이츠' 빌라를 보고 살짝 놀랐다. 오는 길에 새로 지어진 예쁜 신축 빌라들을 많이 봐서다. 이 빌라는 상대적으로 낡아 보였다. 4층으로 올라가 초인종을 눌렀지만 대답이 없었다. 이 빌라에 대해선 판단이 잘 서지 않았다. 9세대가 살고 있는데 신축을 하기에는 세대수가 많고 대지지분이 적었다. 주차장도 좁아 세 대만 반지하에 댈 수 있었다.

| 동숭하이츠빌라

인근 공인중개사무소에 시세를 물었다. 감정가인 1억 8000만 원선에 살 수 있는 빌라는 반지하밖에 없다고 했다. 급매로 나와 있는 것을 묻자, 2억 1000만 원짜리 구옥 빌라를 보여줬다. 집을 보러 온다는 사실을 몰랐던 세입자가 자다 깬 부스스한 얼굴로 우릴 맞았다. 지저분하기 짝이 없었다. '이런 집에 사는 사람이 있구나'라는 생각이 들 정도였다. 문득 집주인과 집이 참 닮았다는 생각을 했다. 전용 12평이었고 방이 두 개였다. 리모델링이 꼭 필요한 집이었다. 전세는 7000만 원이고 보증금 2000만 원에 월세 50만 원이었다.

비슷한 규모의 전용 15평 구옥 빌라를 봤다. 어느 할머니가 살고 있는 집이었는데, 이 역시도 상당히 지저분했다. 구조도 나빴다. 이 역시도 2억 3000만 원선이라고 했다.

같은 규모의 신축 빌라를 봤는데 꽤 넓고 좋았다. 하지만 가격이 2억 6000만 원으로 비쌌다. 전세는 1억 3500만 원선이었다.

동숭하이츠를 놓고 한참을 고민했다. 가격 대비 월세가 지나치게 적게 나온다고 생각했다. 내 기준에선 매매가가 2억 원선이면 보증금 1000만 원에 월세가 적어도 100만 원 이상은 나와야 수지타산이 맞았다. 그렇지 않을 경우, 시세차익을 노려야 한다는 얘긴데, 9호선 연장선 호재는 있지만 10년 이상 된 구옥으로 환금성이 떨어질 듯했다. 또 아홉 세대로 가구수가 많은 편이어서 신축이 가능할지도 의문이었다. 만약 매입한다면 9호선 연장선 호재와 신축을 노리고 장기투자해야 하지만 리스크가 너무 컸다.

주변에 즐비한 신축빌라도 마음에 걸렸다. 신축 빌라는 월세가 비싸도 임대가 훨씬 잘 됐다. 구옥 빌라들은 월세가 저렴해도 임대가 안 되는 듯했다.

부동산 아주머니한테 지나가는 말로 동숭하이츠에 대해 물었다. 그러자 그는 경매로 나왔는데 시세는 2억 원선이라고 했다. 다른 빌라들에 비해 주차장이 적고 지분이 적다고 했다. 그 역시도 빌라는 대지지분에 대한 평당 가격으로 봐야 한다고 했다.

| 동숭하이츠 경매결과

마치 귀신이 나올 것 같은 구옥 빌라를 보여준 부동산 아저씨는 투자를 하려면 구옥 빌라를 해야 한다고 조언했다. 신축은 이미 대지지분이 적고 분양가에 프리미엄이 붙은 가격이라

★ 동숭하이츠빌라 전용 7평 예상 수익률표

(경매 기준)

		지출	수입
매매가격(낙찰가)		1억 8000만 원	
현재시세		2억 원	
대출	대출금		1억 4400만 원
	금리	5.6%	
	월이자	67만 원	
임대료	보증금		2000만 원
	월세수입		70만 원
	월순익		3만 원
기타비용	각종 세금	198만 원	
	법무비용		
	중개수수료	50만 원	
	도배 등 수리비		
총계		248만 원	
		실제 들어간 내 돈	실제 들어오는 돈(1년)
		1848만 원	36만 원
연수익률		1.9% ➡ 약 2%	

고 했다(장기투자 관점에서 그의 주장은 옳다).

동숭하이츠는 서류상으로는 꽤 괜찮아 보였지만, 실제 현장 검토를 한 결과, 적극적으로 입찰에 나서기에는 무리가 있었다. 아쉽지만 발길을 돌렸다. 아주머니는 빌라는 송파대로변이 오히려 더 저렴하다고 했다. 송파대로변의 급매를 찾아보는 것이 더 나을 듯했다.

퇴근 길에 컨설턴트한테 전화가 왔다. 자신도 삼전동에 가봤는데 동숭하이츠가 괜찮다고 했다. 하지만 나는 수익률이 낮아 들어가기 힘들 것 같다고 했다. 그는 월세시세를 정확히 알아본 뒤 다시 전화를 주겠다고 했다. 되돌아온 답변은 보증금 2000만 원에 월세 70만 원이었다. 경락잔금대출을 75%까지 받는다고 쳤을 때 한 달 이자가 60만 원이 넘게 나와 남는 게 없었다. 서로는 "고민 좀 해보자"며 끊었다.

빌라 투자 체크포인트

1 | **주거용 빌라 입지** : 오르막인 구릉지보다 땅이 평평한 평지가 좋다. 도로도 좁고 구불구불한 길보다는 시야가 탁 트인 넓은 게 좋다.
2 | **구옥 빌라 투자** : 대지지분이 많고 세대수가 적고 주차장 대수가 많아야 한다.
3 | **구옥 빌라의 단점** : 환금성이 떨어지고 재건축을 노리고 장기투자를 해야 시세차익을 거둘 수 있다.

천호 뉴타운, 개발 탄력

천호동 역시 송파구처럼 준 강남권을 자처하며 지나치게 올라 있었다. 경매로 나온 12평 다세대빌라가 2억 5000만 원에 감정될 정도였다. 천호역에서 10여 분을 걸어가 빌라를 본 순간, '헉' 소리가 났다. 20년은 더 돼 보였다.

마침 경매로 나온 다세대의 지하 1층이 집수리를 하면서 문을 열어놓았다. 내부를 기웃거리며 쳐다보다 말문을 텄다. 운 좋게 수리공 아저씨로부터 이런 저런 얘기들을 귀동냥할 수 있었다.

다세대빌라 내부는 상당히 낡아 있었다. 수리공 아저씨도 낙찰을 받더라도 올수리를 해야 될 것같다고 했다. 이런 집을 2억 원이나 주고 낙찰받을 이유가 없다고 느껴졌다. 인근 삼성 아파트에 산다는 그는 대충 1억 7000만 원이나 1억 8000만 원에서 낙찰될 거라고 했다.

옆에서 듣던 할머니는 1층에 나온 경매물건에 큰 관심을 나타냈다. 그의

| 천호역 인근 다세대빌라

딸은 이 지하방에 보증금 3000만 원에 월 35만 원씩 내고 살고 있다고 했다. 현재 전세 시세는 9000만 원 정도라고 했다.

재미있는 점은 천호역 오피스텔의 현 시세는 분양가보다도 싸다는 점이다(2009년 준공). 천호역 앞 엘크루 오피스텔(전용 14평) 급매가 2억 선이었다. 분양가보다 무려 4000만 원이나 쌌다. 보증금은 1000만 원이고, 월세 100만 원이다. 그런데 수익률은 6%선. 엘크루는 바닥난방이 되지 않는 점이 흠이다.

현 시세 2억 3000만 원인 '베네시티' 오피스텔(2007년 입주)은 17평도 분양가보다 저렴한 것이다. 급매로 나온 빌라는 방 3개짜리 12평이 1억6500만 원이었다. 이게 시세보다 2000

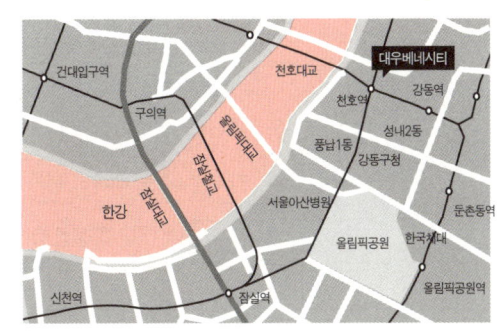
| 천호역 베네시티 위치도

만 원 정도 쌌다. 월세는 1000만 원에 90만 원이나 2000만 원에 80만 원 정도를 받을 수 있다고 했다. 전세는 1억 원 정도다. 최근 길동역 인근에도 인근에 도시형 생활주택이 많이 들어서고 있는 듯했다.

천호동은 강남 접근성이 뛰어나다는 점이 최대 장점인 것 같다. 지인 역시 강남역 오피스텔에 살다가 최근 천호동으로 이사를 왔다. 그의 작업실은 신사동 가로수길인데, 교통체증이 심할 때는 강남역보다 천호역에서 가는 게 더 빠르다고 했다(실제로 2011년 2억 3000만 원이었다. 천호역 베네시티 18평은 8개월만에 2000만 원 가까이 올랐다).

길동역 인근에 있는 도시형 생활주택은 전용 6평에 1억 3400만 원 선이었다. 싸게 하면 1억 1200만 원까지도 깎을 수 있을 듯했다.

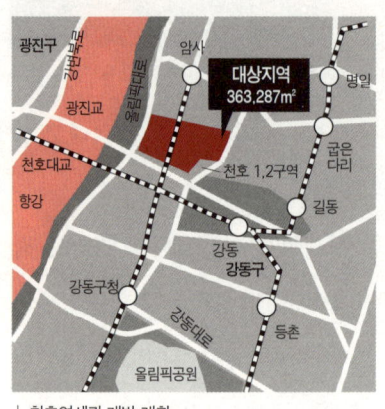

| 천호역세권 개발 계획

천호동 베네시티 오피스텔 월세시세 - 18평 2억 5000만 원(14평) 보증금 1000만 원 / 월 110만 원
15평 2억 1500만 원(12평) 보증금 1000만 원 / 월 90만 원

★ 천호 대우한강 베네시티 오피스텔 18평(전용 14평) 예상 수익률표 (매매 기준)

		지출	수입
매매가격(낙찰가)		2억 5000만 원	
현재시세			
대출	대출금		1억 원
	금리		
	월이자	45만 원	
임대료	보증금		1000만 원
	월세수입		110만 원
	월순익		65만 원
기타비용	각종 세금	1100만 원	
	법무비용		
	중개수수료	80만 원	
	도배 등 수리비		
총계			
		실제 들어간 내 돈	실제 들어오는 돈(1년)
		1억 5180만 원	780만 원
연수익률		5.1%	

한국경제신문   2011년 2월 10일

천호6 · 성내2 존치구역 → 재정비촉진구역으로 변경
… 아파트 894가구 건립

서울 지하철 5 · 8호선 환승역인 **천호역 인근 개발이 가속화**된다.
서울시는 천호 · 성내 재정비촉진지구 내 존치정비구역 가운데 지역 주민의 개발의지가 높은 천호6 · 성내2 구역을 각각 천호4 · 성내4 재정비촉진구역으로 계획을 변경결정한다고 10일 밝혔다.
이번 계획 변경결정에 따라 지구 내 재정비촉진구역은 총 7곳으로 늘어나게

됐다.
시는 개발 높이 제한은 그대로 유지했으나 60㎡ 이하 소형주택 추가 건립에 따라 최대용적률을 천호4구역의 경우 종전 780%에서 798%로, 성내4구역은 종전 540%에서 560%로 각각 상향 조정했다.
구역별 계획에 따르면 부지면적 1만 7281㎡의 천호4구역에는 488가구(임대 45가구 포함)가, 1만 7838㎡인 성내4구역에는 406가구(임대 47가구)가 건립된다. 이 가운데 60㎡ 이하 소형주택은 천호4구역이 166가구, 성내4구역이 135가구이다.
공공관리제 적용 대상인 이들 구역은 향후 강동구로부터 추진위원회 구성, 조합설립인가, 사업시행인가를 얻어 도시환경정비사업으로 추진된다.
한편 인근 천호 뉴타운지역은 지난해 12월 천호2구역이 조합설립인가돼 본격적인 사업 추진을 진행 중이고, 천호1구역도 추진위원회가 구성돼 올 상반기 내 조합설립인가가 예정돼 있다.
아울러 천호·성내 재정비촉진지구 남동쪽에 위치한 제1종지구단위계획구역 C2 특별계획구역은 지난해 8월 사업시행인가를 받아 건물 철거 중에 있으며, 지난해 3월 세부개발계획이 결정된 D2구역은 현재 사업시행인가 절차를 밟고 있다.

서울 최고 상권 건대, 오피스텔은 달랑 하나

토요일 오후, 건대입구역을 찾았다. 장맛비가 추적추적 내렸지만 젊은 학생들로 북적였다.

건대입구역 바로 입구에 있는 공인중개소를 찾았다. 임대를 놓을 만한 오피스텔이 있냐고 묻자, 이 일대에는 오피스텔이 '한림포스빌' 하나밖

★ 광진구 화양동 한림포스빌 전용 9평 예상 수익률표

(매매 기준)

		지출	수입
매매가격(낙찰가)		1억 9500만 원	
현재시세			
대출	대출금		7800만 원
	금리		
	월이자	35만 원	
임대료	보증금		1000만 원
	월세수입		75만 원
	월순익		40만 원
기타비용	각종 세금	858만 원	
	법무비용		
	중개수수료	80만 원	
	도배 등 수리비		
총계			
		실제 들어간 내 돈	실제 들어오는 돈(1년)
		1억 1638만 원	480만 원
연수익률		4.1%	

에 없다고 말했다. 서울에서도 손꼽히는 대표적인 상권에 오피스텔이 하나밖에 없다니 의외였다. 공급면적 15평(전용면적 9평) 오피스텔이 1억 9500만 원선이고, 보증금 1000만 원에 75만 원 수준이었다.

이는 신촌역세권과 비슷했다. 하지만 이마저도 나온 물건이 "아예 없다"고 말했다.

대신 급매로 나온 자양동 '자양오피스텔'이란 곳을 추천했다(2001년 입주). 매매가는 1억 1000만 원. 전용면적 12.5평이고 보증금 1000만 원에 월세가 60만 원 정도 나온다고 했다. 인테리어 비용을 좀 들여 수리를 하

| 자양동 자양오피스텔

면 월세를 더 받을 수 있다고 설명했다(하지만 2012년 월세는 5만 원 내렸다).

물건을 보기 위해 택시를 탔다. 자양오피스텔은 광진구청과 3분 거리였다. 30대로 보이는 젊은 남자가 혼자 쓰고 있는 방을 둘러봤다. 평수는 넓었지만 철문으로 된 다용도실은 수리를 해야 할 것 같았다. 집을 보러 왔다고 하자 세 들어 사는 남자는 '집을 내놓은 적이 없다'며 펄쩍 뛰었다. 공인중개사는 월세를 보러 온 게 아니라 집을 사러 온 것이라고 안심시켰다.

공인중개사 아주머니는 그렇게 친절하지 않았다. 내가 구매 의사가 없이 집만 보는 사람으로 생각했는지 대충대충이었다. 무엇보다 땍땍거리는 목소리가 귀에 거슬렸다. 아주머니를 보내고 인근 공인중개소에 들렀다. 비교적 양심적인 공인중개사 아저씨는 자양오피스텔 얘기를 꺼내자 "어떻게 알고 왔냐"고 되물었다. 그때부터 그는 자양오피스텔의 히스토리를 읊기 시작했다.

한마디로 자양오피스텔이 싼 데는 다 그만한 이유가 있었다. 이 오피스텔은 아직도 소유 구조가 명확히 정리가 되지 않은 상태였다. 건축 과정에서 소유 관계가 매우 복잡했다. 특히 시행사 대표는 신용불량자로 세금 체납 상태였다. 그는 소송에서 이겼지만 신용불량 상태를 정리하는 데 드는 엄청난 비용 때문에 그냥 신용불량 상태로 살고 있었다.

한참 동안 자양오피스텔의 설명을 듣고 있는데, 갑자기 옆에서 지켜보던 아주머니(그는 빌라를 사려고 다운계약서를 써 놓았다)가 급매로 나온 빌라를 소개했다. 시세 3억 원 가까이 하는 빌라인데 집주인이 사채를 써서 급매로 나온 물건이라고 소개했다. 내가 무슨 말인지 모르겠다는 표정을 짓자, 찬찬히 설명을 시작했다.

핵심은 원래 매매가보다 낮은 가격으로 다운계약서를 써 놓았기 때문에 나중에 팔 때 양도소득세를 안 내도 된다는 것. 그리곤 당장이라고 계약을 해야 할 것처럼 호들갑을 떨었다. 일단 그들과 함께 집을 보러 갔다. 그동안 세입자가 집을 보여주지 않아 집을 팔 수가 없었다고 했다. 나는 일단 생각해보겠다고 한 뒤 뒤돌아 나왔다. 하지만 다운계약서를 권하는 이들의 행태가 마음에 들지 않았다.

다운계약서 주의보

다운계약서 법적 처벌 : 양도소득세를 덜 내기 위해 다운계약서나 업계약서를 쓰자는 제안을 종종 받는다. 하지만 이는 국토해양부 실거래가 신고액과 비교해보면 금방 들통이 나기 때문에 조심해야 한다.

1 | 중개인이 있는 경우 : 중개인은 등록취소 또는 6개월 이내 영업정지의 행정처분을 받는다. 또 취득세의 3배 이내에서 과태료를 문다. 매도자와 매수자도 일정금액을 각각 부과받는다.

2 | 중개인이 없는 경우 : 거래당사자가 각각 취득세의 3배 이하의 과태료를 부담하게 된다.

잠깐! 투자포인트

임대사업?
별거 아냐!

초보자들이 흔히 하는 착각은 '내가' 임대사업자로 등록하면 내가 보유한 '부동산'이 저절로 임대부동산이 된다고 생각하는 것이다. 그러니까 '성선화'가 세무서에 임대사업자로 등록돼 있으면 '성선화'의 명의로 된 모든 부동산은 저절로 임대부동산이 된다는 착각이다.

하지만 임대사업의 객체(대상)는 개인이 아니라 '부동산 물건'이다. 해당 구청과 세무서에 임대사업자등록을 할 때는 부동산의 소재지와 규모를 신고해야 한다. 따라서 임대사업자등록은 각 개별 물건에 대해서 해야 한다.

현재 나는 두 건의 오피스텔에 대해 임대사업자등록을 했다. 하나는 가산디지털밸리 '램킨푸르지오시티(분양)' 오피스텔이고, 다른 하나는 등촌동 '에이스에이존(매입)' 오피스텔이다. 이들은 모두 업무용 오피스텔로 신고돼 부가가치세를 환급받고 있다(가산디지털밸리 오피스텔은 분양받은 것으로 중도금을 납부하고 있어 건물분 부가가치세를 환급받고 있고, 등촌동 에이스에이존 오피스텔은 임대수익이 발생하여 부가가치세를 납부하고 있다).

오피스텔 용도에 따른 세금 혜택

구분		주거용(주택임대사업)	업무용
취득 시		취득세 100% 감면(최초 분양, 전용 $60m^2$ 이하) $60m^2$ ~ $85m^2$ 이하 25%	건물분 부가가치세 환급
보유 시		재산세 100%~25% 감면, 종합부동산세 합산배제(2세대 이상 임대 시)	없음
처분 시	오피스텔	중과배제(요건 충족 후 매도 시) 장기보유특별공제 적용	중과배제 장기보유특별공제 적용
	이외 주택	거주주택 1주택 비과세(3년 이상 보유)	일반세율 과세

그동안 '주거용 오피스텔'이라도 임대사업자로 인정받지 못했다. 하지만 2012년 4월 임대주택법시행령을 개정해 오피스텔도 주택임대사업자 등록이 가능하도록 했다.

그 결과 상하수도 시설이 갖춰진 전용 입식부엌, 전용 수세식 화장실, 목욕시설 등이 갖춰진 전용 25평($85m^2$) 이하 오피스텔은 임대사업자등록을 해 세제혜택을 받을 수 있다.

특히 '5.10 주택거래 활성화 방안'이 국무회의를 통과하면 강남, 서초, 송파구의 오피스텔도 같은 혜택을 받을 수 있게 된다. 임대개시일로부터 5년 이상 계속해서 주거용으로 임대를 하면 다음과 같은 두 가지 감면혜택을 받을 수 있다.

1. 전용 18평($60m^2$) 이하 주거용 오피스텔을 분양받거나 매수하면 취득세(취득금액의 4.6%) 전액을 감면받을 수 있다.

2. 전용 12평(40㎡) 이하인 주거용 오피스텔을 보유하고 있으면 재산세 (공시가격 60%의 0.1%에서 0.4%까지) 전액을, 전용 25평(85㎡) 이하 주거용 오피스텔은 재산세의 25%를 감면받을 수 있다. 종합부동산세는 전액 면제받을 수 있다(2세대 이상 임대하는 경우).

다음은 임대사업과 관련된 Q&A다.

1. 사업자등록은 어떻게 하나?

주택임대사업의 사업자등록은 관할구청과 세무서에서 하면 된다. 여기서 관할 세무서는 원칙적으로 부동산 소재지를 관할하는 세무서를 말한다.

2. 주택임대사업자의 세금 체계

주택임대사업자는 부가가치세법상 과세사업자에 해당되지 않는다. 임대 행위가 대부분 서민과 관계가 있어 임차인에게 부가세를 징수하는 것을 방지하기 위해 면세용역으로 지정하고 있어서다.

따라서 주택임대사업을 하면 면세사업자로 사업자등록증을 교부받고, 재산세와 종부세를 부과받을 수 있다. 하지만 이런 세금들은 그리 큰 금액이 아니기 때문에 큰 문제가 되지 않는다. 문제는 월세와 전세보증금의 이자상당액에 대해 종합소득세가 과세될 수 있다는 점이다.

3. 주택임대사업을 하면 취득세를 감면받는가?

주택임대사업을 하기 위해 임대주택을 취득하면 취득세 등을 감면받을 수 있다. 보통 신축된 공동주택만이 감면 대상이다. 감면 내용은 각 지방자치단체별로 다를 수 있기 때문에 각 관할 시도에 문의하는 것이 좋다.

임대주택법시행령 제6조에서는 일반적으로 주택임대사업을 하기 위해서는 다음과 같은 주택을 기본적으로 보유하도록 하고 있다.

- 건설임대주택의 경우 : 단독주택은 2호, 공동주택은 2세대
- 매입임대주택의 경우 : 단독주택은 1호, 공동주택은 1세대

4. 주택임대사업을 하면 보유세가 감면될까?

임대주택을 보유하고 있는 경우에는 재산세가 감면된다. 일정 조건을 갖춘 임대주택에 대해서는 종부세가 면제된다.

5. 임대주택 중 양도세가 면제되는 주택은?

임대주택을 양도하는 경우에는 과세하는 것이 원칙이다. 다만 임대주택을 5년 이상 임대하는 경우에는 중과세제도를 적용하지 않는다.

6. 주택임대소득자의 세금신고법

주택임대소득자는 다음해 1월 중 관할 세무서에 수입금액을 신고해야 한다. 이는 면세사업자들에게 부여된 의무로서 관할 세무서에서 보내온 안내문에 따라 신고하거나 전자방식으로 신고해야 한다. 이렇게 신고된

수입금액은 1년간의 수입금액을 확정시키는 효력이 있다.

그리고 이렇게 신고된 금액을 기초로 5월 중에 종합소득세확정신고를 하게 된다. 종합소득세는 개인에게 발생하는 여섯 가지 소득(이자, 배당, 근로, 사업, 연금, 기타소득)을 합산해 소득세율 6~35%로 과세하는 것이다.

부동산임대소득은 2010년부터 사업소득에 포함된다. 만일 주택임대소득 외 다른 소득이 많다면 주택임대소득에 적용되는 세율 또한 상당히 높아지게 될 것이다. 예를 들어, 근로소득에 대한 과세표준이 1억 원이라면 최고세율인 35%를 적용받는 상황에서, 여기에 과세되는 주택임대소득이 1000만 원이라면 350만 원의 소득세가 부과된다. 추가소득에 대해서는 최고세율이 적용되기 때문이다.

7. 임대소득세는 어떻게 과세될까?

2주택을 보유한 상태에서 주택을 월세로 임대하는 경우 원칙적으로 과세된다.

보유 주택 수	임대소득세가 과세되는 경우	비고
한 채	고가 주택의 월세	고가주택은 기준시가 9억원 초과 주택
두 채	임대주택의 월세	두 채 이상을 소유한 상황에서 1주택 이상을 월세로 임대하면 과세
세 채	임대주택의 월세와 전세보증금의 이자상당액	전세보증금의 합계액이 3억 원을 초과해야 과세함

8. 월세 소득공제와 세원 투명화

정부는 주택 임대에 대한 소득세를 과세하기 위해 여러 가지 제도를 도입하고 있다. 대표적인 것이 월세에 대한 소득공제다. 2009년 2월부터 근로자가 국세청에 월세를 신고하고 현금영수증을 발급하여 신용카드공제를 받을 수 있다.

강남에 저평가된 데 없나?
논현동

추억의 논현동, 내가 잘 아는 곳

"가장 잘 아는 지역에 투자하라."

초보 투자자들의 제1원칙이다. 강남에서 내게 친숙한 동네라면 CGV청담시네시티를 중심으로 한 논현동 일대. 재밌는 것은 재수할 때도 논현2동 문화센터 도서관에서 공부를 했고, 언론고시를 준비할 때도 같은 곳에서 책과 씨름했다.

경매 사이트를 뒤지다 7호선 '학동역' 1번 출구 근처에 2억 1000만 원짜리 다세대주택이 '신건(경매시장에 처음 나온 물건)'으로 나온 것을 발견했다.

오늘은 오랜만에 옛 추억에 빠져볼 심산이다. 예전에 걸어다녔던 '논현동 뒷길'을 따라 학동역까지 걸어가보기로 했다. 논현동 뒷길을 잘 알게 된 건 '나만의 지름길'을 발견하면서다. 아침 8시부터 도서관에서 공부를 하다가도 점심시간이 되면 어김없이 학동사거리에 있는 캘리포니아 피트니스센터(2009년 망한 후 현 볼링장으로 바뀜)에 운동을 하러 갔다. 그때나 지금이나 운동은 내게 '정신의 보약'이다. 처음에는 길을 몰라 버스를 타고 다녔다. 하지만 나중에는 주택가가 밀집한 지름길을 발견하게 된 것이다.

저평가된 지역? 시세 상승이 기대되는 곳!

2006년 당시만 해도 이 동네는 그야말로 허름했다. 동네 슈퍼마켓 몇몇, 나홀로 아파트가 한두 채 정도 있었다. 하지만 이날 다시 찾은 곳은 몰라볼 정도로 달라져 있었다. 간판들이 새롭게 옷을 갈아입었고, 못 보던 아파트들도 많이 들어섰다.

지나는 길에 한 부동산 동방부동산 02-548-0616 강남구 논현동 105 동현상가 20호 에 들렀다.

"이 근방에 월세 받을 만한 다세대빌라가 있을까요? 전용 8~9평 짜리 원룸을 찾고 있어요."

직장생활하며 모은 종잣돈을 투자하고 싶다고 하자, 그제야 고개를 끄덕이며 뭘 원하는지 알겠다는 표정을 지었다.

"근데 이 지역은 손님이 원하는 것보단 규모가 더 커요. 최근 단독주택을 개조한 다세대가 열 군데 정도 생기긴 했는데 아직 매물로 나온 건 없고요."

월세시세는 보증금 1000만 원에 월 80~90만 원 정도라고 했다. 신축은 월 100만 원까지도 받는단다.

논현동 일대 단독주택용 땅은 55평에서 80평 정도로 내가 생각하는 투자금액을 벗어났다. 개별로 구분해서 파는 '다세대주택'은 거의 없고 땅을 매입해 건물 전체를 임대하는 '통건물(다가구주택)'이 일반적이라고 했다. 대지의 경우도 50평짜리 땅은 구조가 잘 나올 수 없고, 적어도 75평은 돼야 '예쁜 구조'가 나와 임대가 잘 되는 다세대주택을 지을 수 있다고 했다. 최근에 65평 단독주택이 평당 3200만 원선에 거래됐다고 말했다.

자상한 중개사는 북쪽으로 붙은 코너 땅은 건축물을 지을 때 규제를 받지 않아 '용적률(높이)'과 '건폐율(넓이)'을 다 찾아먹을 수 있기 때문에 훨씬 더 좋은 땅이라는 팁까지 줬다(내가 가진 땅을 기준으로 할 때, 건폐율은 지을 수 있는 건물의 바닥넓이를, 용적률은 높이를 의미한다. 내 땅 100평인데, 건폐율이 60%면 1층 바닥을 60평으로 지을 수 있다는 의미다. 건폐율이 60%일 때 용적률이 180%이고 층수 제한이 없으면 보통 3층 높이로 지을 수 있다).

사실 논현동은 강남에서도 저평가된 지역 중 하나다. 테헤란로와 도산대로 중간에 끼어 있어서다. 반대로 향후 시세 상승의 여지가 있는 곳이기도 하다(9호선 연장선이 개통되면 가격 상승 여지가 크다 → 특별부록 p 552 참조). 강남구청역에서 논현역까지 이른바 논현동 가구거리로 불리는 이 도로에는 대표적 주거용 소형 오피스텔이 두 개에 불과하다. 바로 강남구청역의 'SK허브'와 학동역 인근의 '대우 마일스디오빌'이다.

다세대빌라를 찾으러 들어갔던 학동역 인근 부동산은 소형 주상복합 아파트인 '마일스디오빌'을 적극 추천했다. 최근에 자신들의 오피스텔 주인에게도 두 개나 해줬다고 누차 강조했다. 하지만 놀라운 것은 거래가

| 학동 '마일스디오빌' 주상복합아파트 | 마일스디오빌 내부

격. 무려 3억 원에 달했다. 전용 14평 오피스텔 치곤 지나치게 비쌌다. 소형 아파트의 인기를 실감했다. 월세도 강남 최고의 수준이었다. 보증금 1000만 원에 월 130~140만 원선이었다(2011년).

마일스디오빌의 장점은 인근에 오피스텔이 거의 없고, 주변환경이 조용하다는 것이다. 하지만 가격 대비 수익률은 낮은 편에 속했다(마일스디오빌은 2009년 이후 2년 만에 1억 3000만 원 가까이 가격이 올랐다).

논현동 빌라 평균 월세시세 - 보증금 1000만 원 월세 / 80~90만 원, 신축은 100만 원까지

논현동 마일스디오빌 월세시세(전용 14평) - 보증금 1000만 원 / 월세 130~140만 원

★ 학동 '마일스디오빌' 주상복합 전용 14평 매매가 추이   (단위 : 만 원)

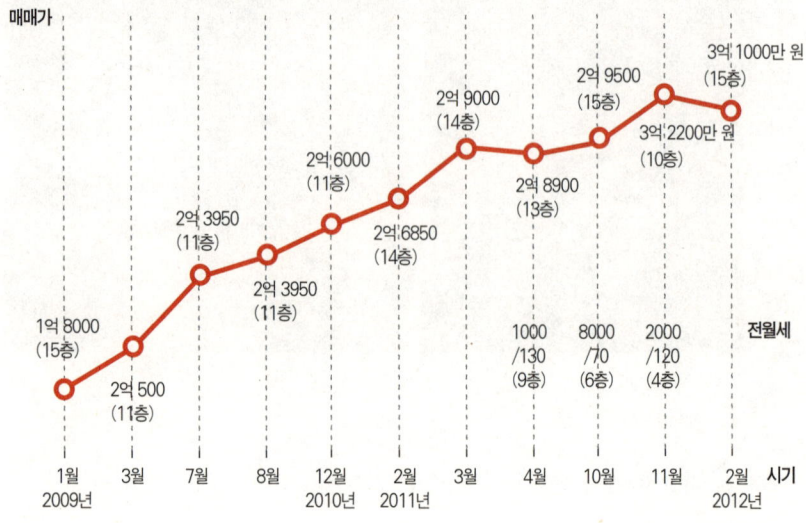

(출처 : 국토해양부 실거래가)

다세대 vs 다가구

1 | 다세대원룸주택 : 법적으로 건물의 주인이 여러 명이다. 각 세대가 법적인 소유권을 가진 집주인이 된다. 한 건물이라도 각각 개별 '구분 등기'로 소유권이 등록돼 있다.

2 | 다가구원룸주택 : 건물의 집주인이 한 명이다. 한 건물에 여러 가구가 살더라도 이들은 법적으로 소유자가 될 수 없다. 이런 건물은 한 채씩 구분해 타인에게 양도가 불가능하다. 특히 지방에 10억 원 미만의 다가구주택이 많다. 대출과 보증금을 활용하면 5억 원 정도의 통건물을 매입하는 데 드는 현금은 2억 원선에 불과한 경우도 있다.

3 | 대지의 경우도 50평짜리 땅은 구조가 잘 나올 수 없고, 적어도 75평은 돼야 '예쁜 구조'가 나와 임대가 잘 되는 다세대주택을 지을 수 있다.

월세여왕의 투자 다이어리

눈 뜬 장님,
강남을 놓치다

　부동산 투자에 재미를 붙인 이후 최고 술안주는 '물건 얘기'였다. 얼마짜리 물건이 나왔는데, 마음에 든다. 그런데 돈이 없다. 이런 물건을 잡았는데, 이건 정말 대박이다. 등등. 상대방의 흥미는 살짝(?) 뒤로 한 채, 투자 무용담을 혼자만 신나게 쏟아냈다.

　한참을 떠들다가 한숨 돌릴 때면, 천편일률적인 반응이 돌아왔다.

　"그런데 부동산 투자는 접근이 어렵잖아. 특히 경매는……."

　말끝을 흐리며 시큰둥한 표정을 지었다. 그들을 보면 불과 1년 전 내 모습을 보는 것 같다.

　《빌딩부자들》 출간 이후 본격적으로 투자에 관심을 가지기 시작했다. 그러면서 눈에 쏙 들어온 두 개의 건물이 있었는데, 신사동 '주은빌라'와 압구정동 '로데오상가'였다. 강남이라고 하면 비쌀 줄만 알았는데, 이 물건들은 1억 원 초반이었다.

　먼저 관심을 끈 것은 '주은빌라'다. 매일 가는 피트니스센터 바로 뒤였다. 친구따라 월셋방도 구하려 다녀봤기에 시세도 잘 알고 있었다. 감정가 1억 3000만 원, 보증금 2000만 원에 월 70만 원이었다.

★ 주은빌라 예상 수익률표

		지출	수입
매매가격(낙찰가)		1억 5620만 원	
현재시세			
대출	대출금		1억 2496만 원
	금리	5.5%	
	월이자	57만 원	
임대료	보증금		2000만 원
	월세수입		70만 원
	월순익		13만 원
기타비용	각종 세금	687만 원	
	법무비용		
	중개수수료	30만 원	
	도배 등 수리비		
총계			
		실제 들어간 내 돈	실제 들어오는 돈(1년)
		1841만 원	156만 원
연수익률		8.47% ➡ 약 9%	

하지만 이때만 해도 투자수익률 계산에 서툴렸고, 무엇보다 대출을 두려워했다. 감정가가 1억 3000만 원이면 현금으로 1억 3000만 원이 든다고 생각했었다. 이에 경매 컨설턴트의 적극적인 권유에도 불구하고, 입찰조차 하지 않았다.

'다음에 또 그런 물건이 나오겠지'라며 좋게 생각했다.

그런데! 1년도 넘게 시간이 지난 지금, 나는 그 물건에 입찰하지 않은 걸 엄~~청 후회한다. 비슷한 가격대의 빌라를 은평구 구산동에 샀기에 더 아쉬운지 모르겠다.

압구정 로데오상가도 마찬가지다. 1억 3000만 원대 전용 10평짜리 1층 상가가 경매로 나왔다. 이곳 역시 자주 가는 곳이라 잘 아는 상권이었다. 하지만 고민만 하다가 입찰을 포기했다. 역시 자신이 없어서였다.

이런 게 바로 '눈 뜬 장님'이다. 강남에서 1억 원 초반대 물건을 운 좋게 발견했지만, 결국엔 둘 다 놓쳐버린 것이다.

그때만 해도 '과감하게 배팅할 용기'가 없었기 때문이다. 더 정확히 말하면 스스로의 틀을 깨지 못한 탓이다. 부동산은 주식이나 저축과 달리 '심리적 진입 장벽'이 높다. 주변에서 아무리 말해줘도 스스로 해보지 않으면 확신이 없다. 자신의 틀과 알을 깨지 못하면 눈앞에 보석이 있어도 보지 못하는 것이다.

신분당선 개통으로 주목받는 양재

내가 행복한 이유

새벽 3시 20분. 그야말로 늦은 귀가다. 새벽의 여유랄까. 무심코 핸드폰에 저장된 몇 달 전 사진들을 봤다. 화장기 없는 얼굴에 해맑게 장난을 치며 웃는 모습이 행복해보였다. 첫 번째 책을 출간하고 부서가 바뀌고 두 번째 책을 준비하면서, 나는 마치 딴 사람이 되어버린 듯하다. 세상을 너무 많이 알고, 세상에 너무 많이 치이면서, 훌쩍 커버린 느낌이다. 그때는 세상 무서운 줄 모르고 기고만장한 아이(?)였다면, 지금은 실패를 통해 시니컬해져버린 어른이 된 듯한 느낌이라고 할까. 지금 내 어깨에 놓인 짐이, 그리고 내 자리에 대한 불확실성이, 점점 더 깊은 동굴로 나를 밀어넣고 있다.

만약 기획심의부로 속절없이 떠밀려나지 않았다면, 이 책을 기획하지도,

쓸 수도 없었을 것이다. 아무데나 너무 쉽게 운명이란 말을 쓰는 것에 강한 반감을 가지는 나지만, 이번 책은 내게 '운명'이라고 밖에 해석할 수 없다. 이 책은 전작보다 내게 더 많은 변화를 가져다줬고, 새로운 분야에 눈 뜨게 해줬다. 어제 만난 박재홍 사장님(그 역시 《빌딩부자들》 인터뷰를 통해 알게 됐다)의 말이 떠오른다. "아무리 힘들어도 좋아서 하는 일이고, 또 잘 하는 일이고, 게다가 돈까지 버니까, 성 기자는 세상에서 가장 행복한 사람이라고!"

돌다리도 두드려라

양재동 W아파트 입찰 포기는 결론적으로 옳았다. 호재가 많아 향후 시세차익이 기대되는 양재동의 아파트가 세 번이나 유찰됐었다. 투자 방향을 역세권 월세 아파트로 정한 후라서 관심이 갔다. 월드빌 아파트는 '대항력 있는' 전세권자가 1억 9500만 원에 들어 있었다.

일단 현장에 직접 가보기로 했다. 경매물건 서류와 양재1동 주민센터 위치 등을 꼼꼼히 체크한 뒤 양재역으로 향했다. 물건설명서에는 양재역 6번 출구에서 700미터라고 적혀 있었다. 출구로 나오는 순간, '아, 여기였구나'라는 감이 왔

| 양재역 신분당선 출입구

다. 자주 와보지 않았지만, 몇번 와봤던 기억이 났다. 양재역은 생각보다 유동인구가 많았다. 이날 '신분당선' 공사가 한창이었다. 지도를 보면서 조금씩 내려갔다. 서초구청 옆에 '엘타워' 빌딩이 들어설 예정이었다.

5분 정도 길을 따라 내려가자, 대로변에서 이면도로로 빠지는 길이 나왔다. 점심시간이라 그런지 식사를 하러 나온 사람들로 북적거렸다. 이웃 주민 한 사람에게 물어 W아파트를 찾았다. 기대했던 것보다 위치가 좋았다. 바로 앞에 버스정류장이 있어 걸어서 1분이었다. 나홀로 아파트였지만 굉장히 깨끗해 보였다.

필로티(빈 공간)로 된 1층 주차장도 마음에 들었다(1층은 필로티로 해 주차장으로 활용하는 건 최근 건축 트렌드다). 경매로 나온 층으로 올라갔다.

초인종을 눌러봤지만 인기척이 없었다. 전기계량기가 돌아가는 것으로 봐선 외출 중인 듯했다. 6층 건물로 다행히 엘리베이터도 있었다. 걸어서 내려오는데 마침 3층에 사는 사람들이 문을 열어놓았다.

"저기, 안녕하세요."

모녀로 보이는 여성 두 명이 나왔다. 경매물건 때문에 왔다고 솔직히 말하고 구조를 좀 보고 싶다고 했다. 그들은 방안에 아기가 자고 있어 들어오는 건 좀 그렇다며, 네 식구가 사는 데는 전혀 지장이 없다고 귀띔했다. 흠이라면 부엌이 좁다는 것인데 그렇게 불편하진 않다고 했다.

전세금액이 얼마인지 물었다. 이들은 2억 2000만 원에 살고 있다고 했다. 2007년에 입주한 경매물건은 전세보증금이 1억 9500만 원으로 3000만 원정도 쌌다.

이들은 전세 사는 입장에서는 '참 좋은 집'이라고 했다. 교통도 좋고 한 세대가 한 층을 쓰는 점도 좋다고 했다. 윗집은 작년부터 경매에 나왔다고 했다. 사람들이 많이 보러 오는 건 아니고 한 달 전쯤 한 명이 왔다고 했다.

전세 시세는 2억 3000만 원선이고, 월세는 1억에 110만 원선이었다.

'이 정도면 상당히 괜찮군. 얼마를 써야 낙찰받을 수 있을까. 2억 1000만 원? 아님 2억 2000만 원?'

혼자서 입찰가를 쓰고 지우기를 수차례, 혼자만의 상상에 빠졌다.

인근 부동산에 들렀다. 전셋집이 있냐고 묻자, 9월 초에 반드시 입주를 해야 하는 전세 2억 원짜리가 있다고 했다. 양재역에서 5분 거리라고 했다. 직접 가봤다. 하지만 W아파트와 비교하면 어둡고 후텁지근했다. 교통도 양재역에서 도보로 10여 분으로 불편했다. 한신공인 관계자 <small>한신공인 02-573-0456 서초구 양재동 12-10 한신휴플러스 B105호</small> 는 "요새 전세 물건이 없다"며 "그나마 이게 제일 싸게 나온 것"이라고 했다. 이 정도 집이 2억 원에 나간다면 W아파트는 더 높은 가격에 전세를 놓을 수 있을 거다.

마지막으로 주민센터에 들러 전입세대를 확인했다. 양재역 2번 출구에서 20미터 거리에 있는 양재1동 주민센터로 갔다. 경매물건 명세서를 보여 주고 전입세대를 확인하고 싶다고 했다. 책에서 읽은 대로 몇 명이나 다녀갔는지 물었다. 그러자 젊은 여직원은 투명스럽게 "그런 건 알려줄 수 없다"고 했다. 경매 때문에 그런다고 하자, 그때서야 내가 오늘 처음 온 사람이라고 말했다. 경쟁자가 많지 않다는 것을 알 수 있었다.

경매 컨설턴트에게 전화를 해 입찰 시세를 알아봐달라고 했다. 직접 현장을 다녀온 그는 양재역이 확 달라질 것이라며 악수는 아니기 때문에 2

억 1000만 원을 쓰자고 했다. 하지만 금액이 너무 부담스러웠다. 임차인에게 1억 9500만 원을 주고 나면 2억 원을 내 돈으로 메워야 했다.

그에게 3년 보유한 후 팔면 얼마에 팔 수 있는지, 전월세로 놓을 경우 얼마까지 받을 수 있는지 알아봐달라고 부탁했다. 그는 4억 3000만 원에 거래가 됐고 보증금 1억 5000만 원에 월세 100만 원 정도라고 했다.

문제는 대출이자였다. 아무리 시세차익이 예상되더라도 매달 내야 하는 이자는 상당히 부담스러웠다.

뭔가 찜찜한 마음에 오은석 대표에게 물건번호를 알려줬다. 그의 피드백이 상당히 좋지 않았다. 그는 솔직히 "회원님들이 이런 물건 낙찰받아 오면 짜증난다"고까지 말했다. 이런 물건은 들어가긴 쉽지만 빠져 나오기가 쉽지 않다는 것이다. 최저가보다 1만 원 더 쓰면 들어가고 그렇지 않으면 말라고 했다.

다시 원점으로 돌아갔다. 그의 말이 옳은 듯했다. 위치도 좋고 살기도 좋지만 나홀로 아파트가 5억 원까지 갈까는 의문이었다. 컨설턴트에게 다시 전화해 4억 3000만 원에 거래된 것이 언제냐고 물었다. 그는 그것까진 체크하진 못했다고 했다.

결국 양재역 인근에서 이효재 대표에게 SOS를 쳤다. 그는 최근 극동스타클래스에 피트니스센터를 오픈해 양재역 일대에 대해 잘 알고 있었다. 그에게 W아파트에 대해 물었다. 그는 한번 알아보고 다시 전화를 주기로 했다.

얼마 지나지 않아 그에게 전화가 왔다. 아니나 다를까 토박이 공인중개사무소 관계자가 마지막 거래가 2007년이라고 했다. 아차 싶었다. 들어갔으면 큰일 날 뻔 했다. 내일 입찰은 포기하는 쪽으로 마음을 굳혔다. 금액이 크고 이자가 부담스러웠고 환금성이 떨어질 것 같았다.

밤 9시. 경매 컨설턴트에게 문자를 보냈다.

"내일 입찰은 하지 않은 걸로 할게요. 다음주에 다른 물건 알아볼게요."

다음날. 경매 컨설턴트로부터 그 물건이 유찰됐다는 문자가 왔다. 정말 들어갔다면 빼도 박지도 못할 뻔 했다고 생각하니 등골이 오싹했다. '아, 이래서 초보자들이 실수를 하는구나' 주변에 진심으로 말해주는 전문가들이 반드시 필요하다는 사실을 절실히 깨달았다.

신분당선 개통, 월세는 그대로

신분당선이 개통된 지 6개월 만에 양재역을 다시 찾았다. 신분당선과 연결되는 '엘타워' 앞쪽으로 가봤다. 토요일 오후. 버스를 기다리는 사람들이 긴 목을 빼고 줄줄이 섰다. 확실히 유동인구가 늘었다. 오른편엔 대형 프랜차이즈들의 입점을 알리는 플래카드가 붙었다. 신분당선이 뚫리면서 과천 방향의 양재역 남쪽이 뜬다는 기사를 봤는데, 실제로 그런 듯했다.

프로젝트 초반에 만난 한 공인중개사는 "양재동은 반지하도 임대가 잘 된다"고 했었다. 강남역 뱅뱅사거리에서 양재천 방향으로 내려오는 양재역은 이미 강남역 배후 역할을 해왔다. 이날 양재역 부근 오피스텔 시세를 조사해봤다. 공인중개사들은 개통 이후 되레 가격 상승이 없다고 했다. 큰 차이가 없다는 것이다.

양재역 초역세권 오피스텔로는 3개 정도가 꼽힌다. 주상복합인 'SK프리모'의 인기가 가장 좋은데, 공급 14평이 보증금 1000만 원에 월 130만 원선이다. 매매가는 3억 원이 넘어간다. 상대적으로 저렴한 양재 '대우디오빌' 공급 14평은 보증금 1000만 원에 월 95만 원이다. 규모가 큰 '디오빌서초' 26평은 보증금 1000만 원에 110만 원선이다. SK프리모 1층 부동산에 "월세가 수준이 너무 높다"고 하자, "원래 이 정도 수준이었다며 신분당선 개통 영향은 아니다"라고 설명했다.

1 | 대항력이 있는 전세권자 : 낙찰자에게 전세자금을 요구할 수 있는 권리를 가짐. 입찰 전에 반드시 확인할 것.

2 | 나홀로 아파트의 관리비 : 동이 하나밖에 없고 30세대 미만의 아파트들은 입주자들이 십시일반으로 아파트 관리를 맡긴다. 대체로 오피스텔보다 저렴하다.

한국경제신문 2012년 3월 21일

양재동 화물터미널에 초대형 유통센터 확정, 8년 진통끝 내달 분양

총사업비 2조 4000억 원을 들여 서울 서초구 양재동 화물터미널 터를 매머드급 복합유통센터로 개발하는 '파이시티' 프로젝트가 8년 만에 결실을 보게 됐다. 20일 개발사업 공동시행사인 '파이시티'와 '파이랜드'는 포스코건설을 새로운 시공사로 선정하고, 다음달 업무시설과 판매시설 분양(매각)에 들어간다고 밝혔다.

총분양가격은 업무시설 1조 3400억 원, 판매시설 9170억 원으로 매각이 마무리되는 대로 6~7월께 착공할 계획이다. 이로써 양재동 225 일대 터 9만 6017㎡에 총연면적 75만 8606㎡ 규모의 업무·연구·판매·물류시설을 짓는 '파이시티' 프로젝트가 용지 구입 후 8년 여만에 드디어 첫 삽을 뜨게 되는 셈이다.

토지 매입 8년만에 첫 삽을 뜨게 된 양재동 파이시티 현장이 사업 완료 후에는 조감도(위)와 같은 모습으로 변신하게 된다. '파이시티'는 지상 35층짜리 오피스빌딩 2개 동과 화물터미널 1개 동, 연면적 14만 3682㎡ 규모 쇼핑몰, 12만 1199㎡ 규모 백화점·할인점 등으로 구성된다. 물류센터 등 화물터미널 관련 시설은 추후 매각할 예정이다. 백화점·할인점 등 상가면적은 총 26만 2866㎡로 현재 국내 최대인 코엑스몰(46만㎡)의 절반을 조금 웃돈다.

하지만 업무시설과 물류시설을 모두 합치면 단일 복합유통센터로는 국내 최대 규모가 될 것이라고 회사 측은 설명했다. 파이시티는 2004~2006년 해당 토지를 매입해 '양재 파이시티' 개발계획을 마련했다. 그러나 건축 인허가 장기 지연에 따른 사업수지 악화와 글로벌 금융위기, 부동산 경기 침체가 맞물리면서 사업이 표류해왔다.

월세여왕의 투자다이어리

공매에 눈뜨다

그날은 밤을 꼴딱 샜다. 운동하고 집에 와서 대출 서류를 챙기고 인터넷 카페에 들어가 각종 부동산 정보를 검색했다. 하얗게 밤을 지샌 가장 큰 이유는 공매라는 새로운 영역을 발견했기 때문이다. 경매가 개인 간에 채무관계에 의해 은행이 주체가 돼 진행하는 것이라면, 공매는 세금을 내지 않은 사람에 대해 국가가 진행하는 것이다. 경매와 공매의 가장 큰 차이점은 남의 돈을 못 갚았냐, 세금을 못 냈냐에 있다.

물건에 대한 정보가 충분하지 않고 명도의 책임이 개인에게 있다는 점에서 공매가 경매에 비해 다소 어렵다. 하지만 수익률 면에서는 공매가 경매에 비해 훨씬 낫다. 법원에 직접 가지 않아도 되는 장점도 있고 경매보다 경쟁자가 적어서 낙찰가율이 훨씬 낮기도 하다. 공매는 월요일부터 수요일까지 인터넷으로 입찰 신청을 받고 목요일 오전에 결과가 온다. 만약 유찰되면 다음주에 다시 같은 방식으로 인터넷 입찰이 진행된다. 나처럼 경매 법원에 가기가 고역인 직장인들에게 딱 좋은 시스템이다.

공매 사이트 온비드(www.onbid.co.kr)를 뒤지면서 정말 두 눈이 휘둥그레질 만한 물건 세 개를 찾아내기도 했다. 그동안 경매로는 절대 잡을 수 없는 물건들이었다. 오늘 입찰 마감인 당산동 오피스텔은 감정가 2억 원짜리가 최저가 5000만 원까지 떨어져 있었다. 물론 전세권자가 배당 신청을 하지 않았기 때문에 보증금 1억 2000만 원을 모두 물어줘야 할 수도 있었다. 이런 각종 권리관계는 등기부등본을 떼봐야 정확히 알 수 있다.

하지만 이후에 공매를 적극적으로 하지는 않았다. 공매는 충분히 매력적이지만, 이 보다 더 큰 리스크가 있어서다. 원래 예쁜 장미에는 가시가 있는 법. 공매는 명도의 책임이 전적으로 낙찰자에게 있다. 경매의 경우, 나가지 않을 경우 법원에 신청해 강제 경매를 할 수 있다. 법원에 '인도명령'을 신청하면 낙찰자는 이를 근거로 집달관을 불러 세입자를 강제로 내보낼 수 있다. 이것이 바로 '강제집행'이다. 대부분은 웬만하면 강제집행을 하지 않으려고 한다. 이 과정에서 상호간의 상처가 크기 때문에 그냥 이사비를 주고 내보려 한다.

내가 경매에서 가장 꺼리는 부분도 명도다. 현재 사람을 내보내는 일은 돈이 들더라고 다른 전문가에게 부탁을 한다. 그런데 공매는 이처럼 세입자를 합법적으로 내보내는 일이 보장되지 않는다. 결국 세입자가 떼를 쓰며 나가지 않아도 뾰족한 수가 없다. 명도를 합법적으로 인정해도 힘든데, 그 책임이 전적으로 낙찰자의 몫이라면……. 생각만해도 머리가 지끈지끈하다. 이에 나는 공매라는 '매력 덩어리'를 포기하게 된 것이다. 공매는 치명적 독이 든 팜므파탈 같다.

강남 다음으로 뜨는 서울의 중심 용산

재테크 2단계 목표, 한 달 월세 60만 원 이상

새벽 4시 15분. 새벽에 배가 아파 잠을 깼다. 꿈속에서도 투자수익률을 계산하고 있었나 보다. 전문가들을 만나면 만날수록 나의 생각도 정리된다.

일단 나는 1000만 원 이상의 종잣돈을 가지고 있으므로 직장인으로 치면 재테크 2단계에 와 있다. 일단 2개의 물건에 분산투자해 세후 월 60만 원 이상 실질수익이 생기는 게 목표다. 이를 위해선 내 돈 7000만 원 정도로 40~50만 원 순익이 생기는 물건을 잡아야 한다. 매매가는 대충 1억 원 초반대가 된다.

문제는 2~3년 후 갈아탈 때 가격이 올라있어야 한다는 것. 강남, 광화문등은 이미 가격이 올라 이런 물건이 없다. 그렇다면 반드시 오르는 개발 호재가 있는 지역의 저평가된 급매를 잡아야 한다.

미군기지 이전, 서울 중심을 되찾다

빌딩부자들이 용산을 주목하는 이유는 '서울의 중심'이라는 입지조건 때문이다. 서초동의 젊은 빌딩부자 김 대표는 "전 세계적으로 수도의 중심 치고 개발 안 된 곳이 없다"고 말했다.

우리는 미군기지가 용산 한복판에 떡하니 버티고 있는 바람에 지금까지 개발이 안 됐다는 설명이다. 개발을 가로막는 특수한 사정이 있었던 것이다. 하지만 2015년 미군기지 이전이 확정된 만큼, 호재는 충분하다. 특히 코레일과 땅값 문제로 진척이 느렸던 용산 국제업무지구 개발도 순조롭게 갈등이 해결되면서 개발에 탄력이 붙고 있다.

용산에는 벽산, 시티파크, 파

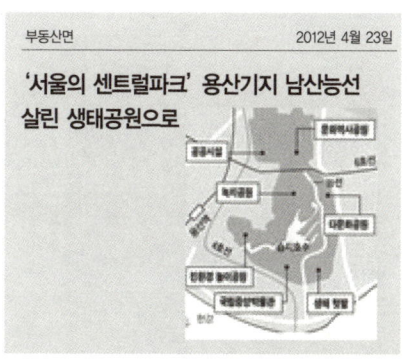

용산 미군기지가 이전하면서 생태공원으로 변모할 예정이다.

153

| 한강로아이빌 위치도

크타워 등의 고가 오피스텔들이 이미 들어서 있다. 인근 미군들을 대상으로 하는 월세 아파트들이 상당히 잘나가는 편이다.

회사 앞에서 751번 버스를 타고 '신용산역'에서 내렸다. 용산구 한강로2가 2-131번지 '한강로아이빌' 물건을 분석하기 위해서다. 감정가 1억 8000만 원짜리가 두 번 유찰돼 1억 1520만 원까지 떨어졌다. 전세보증금 7000만 원의 임차인이 있지만, 대항력 여부는 알 수 없었다.

일단 신용산역에서 내려 조금 올라가니 한강로아이빌이 나왔다. 인근

| 용산역세권 초고층 새역사 쓴다 | 10년 앞을 보면 용산이다

구멍가게에 들어가 정확한 위치를 물으니 저기 보이는 15층짜리 건물이라고 했다. 사이트에서 본 '한강로아이빌 5차'라는 간판이 눈에 들어왔다.

아무런 의심 없이 8층으로 향했다. 조용하고 구조가 꽤 괜찮은 편이라고 생각했다. 전기계량기를 확인하니 다른 집들보다 사용량이 적었다. 초인종을 눌렀지만 낮 시간이라 그런지 아무도 없었다.

1층으로 다시 내려가 관리사무실을 찾았다. 관리아저씨에게 ×××호에 사람이 살고 있는지 물었다. "왜 묻느냐"는 질문에 그 집이 경매로 나왔다고 했다. 아저씨는 컴퓨터 모니터를 확인하더니 빈집은 아니라고 했다.

1층에 위치한 한강로아이빌 공인중개사무실로 갔다(그동안 깨친 노하우는 결국 1층 부동산으로 돌아온다는 것. 그 오피스텔의 물건은 1층 부동산이 제일 많이 가지고 있다. 다른 부동산을 가더라도 결국에는 해당 건물의 1층에 있는 부동산에 도움을 받을 수밖에 없다).

시세를 물었다. 한강로아이빌은 2~10층까지가 오피스텔, 11~15층이 아파트로 구성돼 있었다. 오피스텔 22평이 매매가는 2억 3000만 원선, 월세는 보증금 1000만 원에 80만 원선이었다. 가장 작은 공급 19평(전용 10평)은 전세가 1억 4000만 원, 월세는 보증금 1000만 원에 75만 원 수준이었다. 매매가는 2억에서 2억 3000만 원 수준이었다.

아파트는 이보다 조금 더 비싸서 전용 15평 매매가가 2억 5000만 원, 월세는 보증금 1000만 원에 90만 원 수준이었다. 전세는 1억 3500만 원이었다. 인근의 대우디오빌은 전용 12평이 매매가 1억 6000만 원, 월세는 보증금 1000만 원에 65만 원 수준이었다.

그에게 내 돈 7000만 원을 투자해서 월 50만 원의 수익을 남기고 싶다

★ 용산지역 주요 오피스텔 매매가와 월세

	매매가	월세
한강로아이빌(22평)	2억 3000만 원	1000 / 80
한강로아이빌(19평)	2억 원	1000 / 75
시티파크	3억 8000만 원	
파크자이(17평)	2억 2000만 원	1000 / 75-80
파크자이(22평)	3억 원	1000 / 110
대우디오빌(17평)	1억 6000만 원	1000 / 65

고 했다(연 8%의 투자수익률이다). 그러자 용산은 수익률이 4% 수준(연 600만 원)이라면서, 4호선 남영역 인근에 있는 '디아뜨센트럴'을 추천했다. 15평짜리가 매매가 1억 4500만 원이고, 월세로 내놓으면 보증금 1000만 원에 월 65만 원을 받을 수 있다고 했다.

"최근에 인근 한강로아이빌이 경매로 나왔는데, 그건 집이 아니에요. 잘 모르는 사람들은 뭣도 모르니까 들어가는데, 절대 들어가선 안 돼요."

그의 말을 듣다 보니 내가 뭔가 착각을 했다는 생각이 들었다. 이유를 물었다. 그는 건축 계획이 적힌 종이 한 장을 보여줬다. 이 문서에 따르면, 한강로아이빌은 재건축이 불가능했다. 한마디로 대지면적이 없었다. 정확하게 이해가 되진 않았지만, 일단 그의 말에 신뢰가 갔다. 이후 용산 전문가 송 사장도 같은 반응을 보였다. 그는 "돈 주고 사면 평생 내 것"이라고 했다.

그를 따라 남영역 인근의 디아뜨센트럴로 갔다. 하지만 바로 앞에 철도가 지나고 있어 소음이 심했고, 꽉 막힌 느낌이 들었다. 편의시설이 없고 교통이 불편했다. B급 주거지임에 분명했다(숙대역 앞에서 자취하는 친구에게

| 남영역 디아뜨센트럴 오피스텔

| 남영역 디아뜨센트럴 내부

★ **남영역 디아뜨센트럴 예상 수익률표**

(2011년 매매 기준)

			지출	수입
매매가격(낙찰가)			1억 4500만 원	
현재시세(2012년 5월)			1억 6000만 원	1500만 원(시세차익)
대출	대출금			5800만 원
	금리			
	월이자		26만 원	
임대료	보증금			1000만 원
	월세수입			65만 원
	월 순익			40만 원
기타비용	각종 세금		718만 원	
	법무비용			
	중개수수료			
	도배 등 수리비			
총계				
			실제 들어간 내 돈	실제 들어오는 돈(1년)
			8418만 원	480만 원
연수익률			5.7% ➡ 약 6%	

디아뜨센트럴을 아느냐고 물었더니, 들어보지 못했다고 했다).

"신용산역 인근이 500만 원 뛸 때 여기는 300만 원 간신히 오르는 수준이긴 하죠."

그 역시도 매매가는 저렴하지만 가격은 안 오르는 편이라고 귀띔했다.

신용산역 인근 월세시세(전용 9평 기준) - 보증금 1000만 원 / 월세 80~85만 원

1 | 1층 부동산을 공략하라 : 해당 물건 1층 부동산에 매물이 가장 많다.
2 | 경매물건지를 정확히 확인 : 네이버 지도에 위치를 확인하자.

잠깐! 투자포인트

단독주택 투자!
월세의 여왕 '2단계' 프로젝트

드라마 '커피프린스'로 유명한 부암동에 경매물건이 나와 가봤는데, 프로젝트를 하면서 마음에 쏙 드는 단독주택을 발견했다. 그림책에서나 봄직한 숲속의 부암동 주택이었다. 서울에 이런 곳이 또 있을까라는 생각이 들 정도로 자연 경관이 예뻤다.

개인적으로 여유자금이 2억 원 이상 모이면 가장 해보고 싶은 투자는 단독주택이다.

신축을 할 수도 있고, 리모델링을 할 수도 있다. 수익률만 따지면 오피스텔 열 채보다 똘똘한 '다가구원룸'이 훨씬 낫다. 무엇보다 아파트, 오피스텔 등은 대지지분이 적지만 단독주택은 대지지분이 많다. 건물은 시간이 갈수록 가격이 떨어지지만 땅값은 시간이 갈수록 오른다. 가격이 떨어지는 건물보다는 땅에 투자하는 게 훨씬 더 경제적이다.

3년 뒤쯤 여유자금이 모이면 서울 역세권 단독주택을 낙찰받아 다

| 부암동 빌라 전경

가구원룸으로 리모델링을 해볼 계획이다. 강북 역세권에 대지 30평 정도인 단독주택은 4억~7억 원 사이다. 이를 허물고 개조하면 지하 1층 지상 3층, 총 11가구의 원룸주택을 지을 수 있다. 건축비용은 약 2억 원 정도. 세금과 각종 제반비용으로 1500만 원이 든다. 이에 현금 2억 원 이상이면 한번 도전해볼 만한 것이다.

2012년 상반기에도 신사동 가로수길 이면도로에 평당 2300만 원선에 나온 단독주택을 발견했다. 아직까진 현금이 없어 눈여겨보기만 했지만 여유자금이 있었다면 낙찰받아 다가구원룸으로 개조했을 것 같다.

사실 경기권의 택지개발지구 땅을 저렴하게 사면 현금 1억 원으로도 다가구를 지을 수 있다.

다음은 투자사례다.

● **투자사례*** **총투자자금 1억 원, 평당 300만 원짜리 땅 70평 건축 시**
   1. 가구 수 제한 : 총 5가구(원룸 2개, 투룸 2개, 주인세대) + 1층 상가
   2. 전월세 시세 : 원룸 – 보증금 500만 원, 월세 40만 원
                      투룸 – 전세 8000만 원 / 보증금 1000만 원, 월세 65만 원
                      쓰리룸 – 전세 1억 2000만 원
   3. 평당건축비 280만 원
   4. 건폐율과 용적률 : 건폐율 60%, 용적률 180%
   5. 대출 가능 금액(금리 5% 후반) : 토지담보대출 1억 5000만 원 가능, 건물담보대

★《마흔살 행복한 부자아빠》인용

출 1억 5000만 원 가능.

6. 토지와 건물 취등록세 : 약 2000만 원

● **수익률분석**

- 토지가격 : 70평×300만 원 = 2억 1000만 원
- 건평 : 70평의 60%는 42평, 42평씩 3층 = 126평
- 건축비 : 126평×280만 원 = 3억 5000만원
- 총소요금액 : 5억 8000만 원
- 모자란 건축비 상환을 위한 전세보증금 필요액수 : 1억 8000만 원
- 대출금 3억을 끼고 내 돈 1억 원을 투자해 한 달에 360만 원
- 이자를 내고 남는 한 달 순수입은 210만 원
- 연수익률은 25% 정도

직접 땅을 매입해 다가구원룸을 짓는다면 현금이 조금 더 많이 든다. 최소한 10억 원 이상이 필요하다. 훌쩍 뛰어버린 땅값 때문이다. 구조가 괜찮은 다세대 구조를 지을 수 있는 최소한의 땅은 75평 이상이라고 한다. 저렴하게 평당 2000~3000만 원 선에 땅을 매입한다면 토지 매입비용만 20억 원에 가깝다. 만약 총 8세대 정도의 빌라 건축비용은 보통 9억 원 선이고, 세금과 기타비용도 3억 원 가까이 나온다. 하지만 임차인의 보증금도 5억 원 이상은 받을 수 있다. 월세도 2000만 원 정도 가능하다. 실투자금액은 25억 원 정도로 예상된다.

| 한옥마을

더 나이가 들면 해보고 싶은 건 한옥 같은 전통집 짓기다. 최근 한옥 열풍이 불고 있는 옥인동에 가본 적이 있는데, 도심 속 시골에 있는 듯한 느낌을 받았다.

아직까지는 토지 투자에 대해선 엄두를 못 내고 있지만 지금 단계를 벗어나면 단독주택 투자는 꼭 해보고 싶다. 무엇보다 이 단독주택 투자가 나중에 세월이 더 흐른 후에 빌딩 투자로 이어질 것이라 생각한다.

신분 급상승, 이젠 고평가 영등포

최고의 책을 만들고 싶다

아침 출근길에 《재팬로드》라는 책을 읽었다. 올해 초 교통사고로 다리를 다쳐 입원 했을 때 선물로 받은 책이다. 처음엔 별로였는데, 읽을수록 재미가 쏠쏠하다. 이번 책은 부동산 책이지만, 여행 서적의 기법을 도입해볼까 한다. 그야말로 퓨전 형식이다. 부동산과 여행의 만남. 부동산 재테크 서적에 여행의 개념을 도입하는 것이다.

가장 큰 고민거리는 지역 분석이다. 이번 책의 핵심은 '투자 지역 분석'이다. 기존의 지역 분석 책 중에 그나마 나은 것이 《부동산 경매 유망지역》이지만, 이 책은 정리정돈이 깔끔하게 되지 않은 채, 주저리주저리 자기 얘기들을 늘어 놓아 콘텐츠의 핵심을 흐리고 있다(개인적으로 저자인 문현웅 씨를 인터뷰했고, 그의 책을 지금까지 읽은 부동산 책 중 괜찮은 책으로 꼽고 싶다).

정보를 보다 정제해(거르고 깔끔하게 만들어) 읽기 편하게 만들어야 한다. 또한 각 지역별 개발 계획 등은 객관적인 기사 형식으로 전달하는 게 좋을 것 같다. 특히 오피스텔과 빌라에 투자하기 좋은 지역을 구분하고, 지역마다 핵심적인 제목을 달아 전달력을 높여야 한다.

하지만 백문이불여일견. 이번 책은 그래픽과 사진에 신경을 많이 써야겠다. 어차피 부동산은 그림과 사진 자료가 중요하다.

저녁 때 피트니스센터에서 초등학교 동창인 연주를 만났다. 그와 얘기하면서 새로운 관점을 발견했다. '오피스텔을 구하는 세입자들'에게도 정보를 줄 수 있겠다고 생각했다. 연주는 신촌에 직장이 있지만 서울 어디든지 괜찮다고 했다. 그렇게 볼 때 서울역과 용산, 삼각지 등은 서울의 중심에 있기 때문에 어디든 출퇴근이 쉽다. 빌딩부자들이 강남 다음으로 주목했던 지역도 '용산'이었다. 이제야 그 깊은 뜻을 헤아릴 수 있을 것 같다.

| 구청의 정비계획안이 나온 직후 기사

'신도림동 재개발해 2700가구 공급'

이날 이런 부동산 기사가 눈에 띄었다. '그래, 여기다' 싶었다. 원래는 서울대역세권을 돌아볼 예정이었지만, 계획을 급하게 수정했다. 무조건 호재가 있는 지역으로 들어가야 한다는 생각에 서다. 인터넷으로 사전 자료 조사를 시작했다.

부동산114, 스피드뱅크 등 사이트를 뒤졌다. 대충 다섯 개의 오피스텔로 압축됐다. 금강리빙스텔2, 신도림1차 푸르지오, SK뷰, 신도림3차 푸르지오, 월드메르디앙 등이었다. 생각보다 가격이 굉장히 비쌌다.

신도림1차 푸르지오 공급 72m²(전용 50)의 경우 2억 8500만 원선이었고, 신도림3차 푸르지오 공급 92m²(전용 69)도 매매가가 2억 2750만 원이나 했다. SK뷰 공급 112m²(전용 86)은 매매가가 3억 5000만 원이나 했다. 그나마 저렴한 편인 금강리빙스텔2 공급 82m²(전용 42)가 1억 3500만 원선이었고, 월드메르디앙 공급 79m²(전용 62)도 1억 9500만 원선이었다.

★ **오피스텔 시세 사전 조사**

:: **금강리빙스텔2** : 구로역세권 / 1억 3500만 원 / 1000-60~70
:: **신도림1차 푸르지오** : 2억 8500만 원 / 3000 -120
:: **SK뷰** : 3억 5000만 원 / 2000 -150
:: **신도림3차 푸르지오** : 2억 2750만 원 / 5000 -110
:: **월드메르디앙** : 1억 9500만 원 / 3000 -1000

호재도 호재 나름

다시 한 번 호재 지역을 꼼꼼히 살폈다. 2호선 도림천역세권이 눈에 들어왔다. 도림천역세권은 신도림역, 구로역과는 거리가 좀 있었다. 마침 해당 지역 인근에 경매로 나온 아파트가 있어 위치를 확인하고 자료를 챙

| 대성 디큐브시티

겼다.

하루하루 지나면서 내가 발전하고 있다는 느낌이 든다. 처음에는 준비도 없이 무작정 시세 조사를 했지만, 기본 시세는 알고 가니 마음이 든든했다.

지하철 2호선을 타고 신도림에서 내렸다. 오는 8월 그랜드오픈 예정인 '대성 디큐브시티' 공사가 한창이었다. 대우 푸르지오1차와 연결되는 통로를 따라 올라갔다.

예전에 신도림 근처에 와본 적이 있었지만, 달라진 모습에 깜짝 놀랐다. 마치 공덕오거리를 연상시키는 높은 빌딩들이 우뚝하게 솟아 있었다. 신도림역 주변 일대가 완전히 새 옷을 갈아입은 듯한 느낌이었다. 상전벽해(桑田碧海)가 이런 거구나 싶었다. 가격이 많이 오른 데는 이유가 있었던 거였다.

마침 1층에 있는 B공인중개사무실에 들어섰다. 투자 목적으로 오피스텔을 찾는다고 했다. 내 돈 7000만 원 정도를 투자해 월 50만 원 정도의 수익을 남길 물건을 찾는다고 했다.

공인중개사는 일단 2억 원대가 훌쩍 넘어가는 대우 푸르지오 시리즈는 추천하지 않았다. 신도림역 2번 출구에서 도보로 3분 거리인 '포스빌'과 구로역과 바로 연결된 '스타팰리스'가 예상 투자금액대에 맞을 것 같다고 했다. 나머지 오피스텔들은 이미 호재가 다 반영돼 수익률이 3% 정도밖에 나오지 않는다고 했다.

★ 추천 오피스텔

:: 포스빌 : 역세권 3분 거리 / 14평 1억 7000만 원(2000-60) / 17평 1억 7800만 원(1000-70) / 관리비 평당 3000원, 미납 시 3개월 만에 단전
:: 스타팰리스 : 18평 1억 4500만 원 / 500-70
:: 우정마상스 : 1억 1000만 원 / 전용 7~8평 / 1000-50만 원 / 전기패널
:: 금강리빙스텔2 : 구로역에서 한 정거장, 역에서 먼 단점 있음

구로역 스타팰리스

그나마 포스빌 14평이 1억 7000만 원에 급매로 나와 있었다. 보증금 1000만 원에 월세 65만 원, 보증금 2000만 원에 월세 60만 원 수준이었다. 수익률을 따져보니 내 돈 8000만 원을 투자해 월 25만 원을 남기는 수준이었다(연수익률 3.75%). 이보다 조금 더 큰 17평은 1억 7800만 원이었다. 보증금 1000만 원에 월세 70만 원. 엇비슷한 수익률이었다.

구로역세권에서 그나마 괜찮고 저평가된 곳은 '스타팰리스'였다. 18평이 1억 4500만 원선이었다. 보증금 500만 원에 70만 원, 보증금 1000만 원에 60만 원선이었다. 일단 두 개의 물건을 돌아보기로 했다.

포스코의 오피스텔 브랜드인 '포스빌'은 일단 세대수가 많고 신도림역에서 가깝다는 장점이 있었다. 신도림 테크노마트와 가까웠다.

1층에 들어서자 한증막이 눈에 들어왔다. 신도림만의 특유의 분위기가

풍기는 것 같기도 했다. 구조를 보기 위해 14평 방으로 들어갔다. 지금까지 보지 못했던 분리형 구조였다. 현관 오른쪽이 벽으로 분리돼 있어 답답한 느낌이 들었다. 왼편에 부엌이 정사각형 모양으로 돼 있고, 오른편 벽 뒤로 공간이 있었다. 가뜩이나 좁은 원룸을 쪼개놓으니 더 좁은 느낌이었다.

사진촬영을 위해 카메라를 꺼내들자 B공인중개소 아주머니가 싫은 내색을 했다. 그래서 사진은 찍지 않기로 했다. 하지만 이때부터 아주머니의 태도가 돌변하기 시작했다. 상당히 불쾌해하는 눈치였다. 황급히 포스빌을 빠져나왔다.

그 다음으로 구로역 인근 스타팰리스를 보러 갔다. 웬만한 공인중개사들이라면 택시를 탔겠지만, B공인중개소 아주머니는 굳이 걸어가자고 했다. 15분쯤 걸어 스타팰리스에 도착할 수 있었다. 신도림역에서 구로역으로 걸어가며 주변을 살펴봤다. 동아, e-편한세상 등 아파트가 밀집해 있고, 아직까지는 주변이 휑했다. 특히 스타팰리스 맞은편의 가구상가는 신도림 특유의 칙칙한 분위기를 더했다.

장맛비까지 온 터라 그런지 왠지 우울한 느낌이었다. 사진촬영 '사건' 이후로 이 아주머니는 나를 의심하는 기색이 역력했다. 가는 내내 말이 없었다.

우중충한 길들이 이어졌다.

"이런 것들이 다 개발되는 건가요?"

"그렇죠. 다 개발이 되죠."

"저기 보이는 가구상가는 언제 나가나요?"

"언젠가는 나갈 텐데요. 아마 10년은 걸릴 거예요."

옛날 서민 동네에서 급하게 개발된 이 지역은 역시 달동네 티가 났다. 특히 스타팰리스 맞은편에 떡하니 자리 잡은 가구상가는 지역의 분위기를 촌스럽게 망치고 있는 듯했다.

하지만 18평의 구조는 꽤 좋았다. 복층 구조에 수납공간이 상당히 많았다. 18평이었지만 지금까지 본 오피스텔 중에서는 가장 넓어 보였다.

하지만 같은 가격이라고 치면 전날 본 남영역 인근 '디아뜨센트럴'의 위치가 훨씬 좋을 듯했다. 구로역에서 3분 거리라 초역세권에 속했지만, 구로역은 1호선이라 교통이 그리 편리한 편이 아니라는 생각에서였다.

"오피스텔 임대 놓으려면 무조건 초역세권이어야 해요. 5분도 안 돼요. 3분 거리여야 하죠."

1층 S공인중개소 관계자는 한 손님이 투자를 하려고 이 일대를 다 돌아다녔는데, 여기가 가장 좋아서 계약을 하기 일보직전이라며 200만 원을 깎아달라고 하는데, 주인이 이를 승낙하지 않아 물건을 잡고 있는 중이라고 했다.

예전에 만났던 강남역 '단기 임대의 달인'에게서 들은 "공인중개사 말은 50%만 믿어야 한다"는 얘기가 떠올랐다.

신도림, 구로역세권은 이미 호재가 지나칠 정도로 반영되어, 지나치게 고평가돼 있다는 느낌이 들었다. 교통이 편리하다고는 하지만 지금까지 서울에 살면서 신도림에 와본 기억은 손에 꼽는다. 이곳은 투자할 곳이 아니라는 확신이 왔다. 서울 전역의 오피스텔 가격에 엄청난 거품이 끼었다는 판단이다.

문득 "오늘 왜 왔나"를 다시 떠올렸다. 부동산면에 난 작은 기사 하나 때문이었다. 호재도 호재 나름이다. 결국 현장에 와봐야 '진짜 호재'를 알 수 있는 것이다.

초역세권이란?
무조건 초역세권 : 오피스텔 임대를 놓으려면 무조건 초역세권이어야 한다. 5분도 아닌 3분 거리.

'양평동' 한적하고 조용한 건 마음에 든다

양평동. 동 이름 자체가 생소했다. 지하철 5호선의 영등포구청역 바로 다음 역에 있었지만, 마치 처음 듣는 단어처럼 낯설었다. 전날 신도림역 세권을 돌아본 뒤, 타임스퀘어역세권이 궁금했다. 하지만 양평동을 찾은 결정적인 이유는 《발품으로 찾은 투자 유망지역》 책에서 9호선 개통(선유도역) 수혜지로 양평동을 주목했기 때문이다.

일단 이 지역에 경매가 나온 오피스텔이 있는지 살펴봤다. 마침 영등포구 양평동2가 1-2에 양평동 '월드메르디앙 오피스텔' 4층 403호가 눈에 들어왔다. 감정가 2억 4000만 원에 1회 유찰돼 1억 9200만 원에 나왔다.

이날의 동선은 양평역에서 내려 영등포시장역 인근에 분양하는 '영등포 메이준' 모델하우스를 살펴본 뒤 당산역 '한강포스빌'을 돌고, 가능하

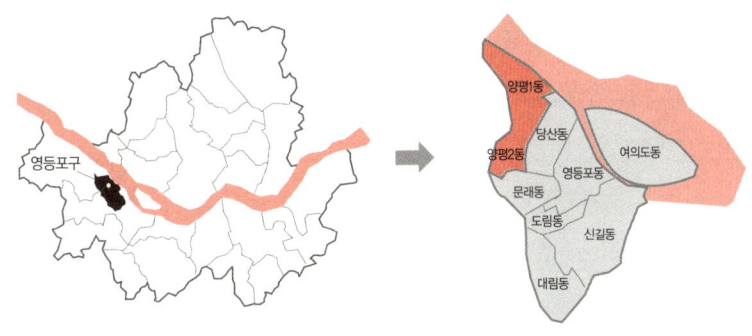

| 양평동 위치도

면 영등포 타임스퀘어 인근 '에쉐르아이'까지 보는 것이다.

5호선 양평역에 내렸다. 출구가 단출했다. 1번과 2번밖에 없었다. 스마트폰 다음 지도에 해당 주소를 입력했다. 위치가 떴다. 현재 위치를 입력했다. 가까운 거리에 있다는 표시가 나왔다. 2번 출구로 나와 직진하여 걷기 시작했다.

서울에서는 쉽게 보기 드문 독특한 풍광이 펼쳐졌다. 낡은 공장들과 오래된 아파트들이었다. 한눈에 보기에도 재건축이 필요할 것 같아 보이는 신동아아파트 입구에는 실제로 재건축 정비구역 승인이 떨어졌다는 플래카드가 붙어 있었다(양평 1주택 재건축).

7분 정도 걷자 신동아 '스타팰리스'가 나타났다. 낙후된 지역과 이질감이 느껴지는 새 건물이었다. 하지만 동 사이가 다닥다닥 붙은 모습이 좁아 보였다. 실제로 인근 부동산에서는 안 좋은 층은 앞이 꽉 막혀 갑갑하다고 했다.

바로 옆에 한 동짜리 '월드메르디앙' 오피스텔이 있었다. 1층 필로티 구조로 상가가 없었다. 신동아 스타팰리스 1층 베스트공인중개소를 찾았다.

1억 원 내외 오피스텔을 찾는다고 하자, 양평역 인근 소형 오피스텔 두 곳을 추천했다. '우림보보카운티'와 '코업레지던스'다. 우림보보는 15평이 1억 2000만 원선이었고, 보증금 1000만 원에 월세가 60만 원이었다. 코업레지던스는 전용 8평짜리가 8500만 원으로 비교적 저렴했다. 보증금 500만 원에 45만 원 정도였다. 8000만 원선이면 대출 없이 살 수 있었다. 그 자리에서 수익률을 계산해보니 6.3% 정도(대출 40%면 7.1%로 수익률이 올라간다)가 나왔다.

30대로 보이는 젊은 중개사 언니와 함께 물건지로 향했다. 중개사 언니는 자신도 한때 재개발, 재건축에 투자를 많이 했다가 지금은 완전히 물린 상태라며, 부동산도 운과 때가 맞아야 한다고 했다. 양평동에서 30년 동안 살았다며, 간단한 지역 브리핑을 시작했다.

이 지역이 주목받는 이유는 목동, 여의도와 가깝고 안양천이 좋기 때문이라고 했다. 그의 설명을 듣고 고개를 왼쪽으로 돌리자 목동 하이페리온 오피스텔이 눈에 들어왔다. 경매로 나온 월드메르디앙은 개그맨 정모씨

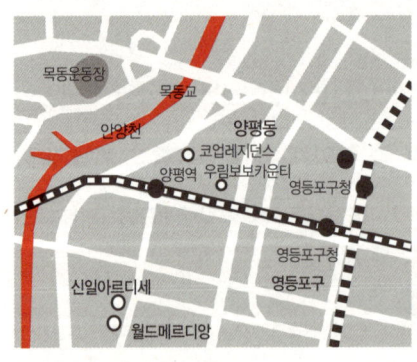
| 우림보보와 월드메르디앙 위치도

| 코업레지던스

★ 오목교 코업레지던스 전용 8평 예상 수익률표   (2011년 매매 기준)

		지출	수입
매매가격(낙찰가)		8500만 원	
현재시세			
대출	대출금		3400만 원
	금리		
	월이자	15만 원	
임대료	보증금		500만 원
	월세수입		45만 원
	월 순익		30만 원
기타비용	각종 세금	404만 원	
	법무비용		
	중개수수료	30만 원	
	도배 등 수리비		
총계			
		실제 들어간 내 돈	실제 들어오는 돈(1년)
		5004만 원	360만 원
연수익률		7.1%	

가 결혼 전에 살면서 이슈가 됐다고 했다. 여의도가 가깝다 보니 연예인들도 은근히 많이 산다고 했다. 무엇보다 조용해서 주거지로 좋다고 했다. 비록 낙후된 준공업 지역이긴 하지만, 한적하고 조용한 점이 마음에 들었다.

    가장 추천하는 매물인 '우림보보'에 도착했다. 양평역 1번 출구에서 3분 거리였다. 우림보보를 시작으로 루미아트, 우림비즈니스센터, 월드메르디앙 등 오피스텔 4~5개가 이어졌다. 우림보보는 양평동 오피스텔 라인의 첫 번째라는 점이 장점이라고 했다.

양평2동, 9호선 개통 수혜지로 주목

원래 양평동에 관심을 가진 것은 9호선 '선유도역'의 개통으로 강남 접근선이 높아졌기 때문이다(이에 선유도역 인근에는 경매물건이 거의 나오지 않는다). 오세훈 전 서울시장의 '한강 르네상스' 수혜지로도 주목받았었다. 양평동은 서부간선도로를 포함해 한강변으로 올림픽대로가 지나고 양화대교와 이어져 교통이 편하다.

양평동은 예전부터 공업지역이었다. 서울과 경인공업지역을 이어주는 축을 담당했다. 해태제과, 롯데제과 등 여러 공장들이 있었기에 이들 직원들의 숙소나 주택으로 이용되는 빌라들이 많았다. 최근에 공장들이 이전하면서 주거 환경이 개선되는 상황이다. 그만큼 발전의 여지가 크다고 볼 수도 있다.

월세여왕의투자다이어리

세 번째 투자, 첫 번째 경매 낙찰 성공

어쩌면 나는 살짝 미친 것인지도 모른다. 아침부터 정신이 하나도 없었다. 오늘은 등촌동 '에이스에이존' 오피스텔 입찰일. 오락가락하는 정신을 붙들어매고 입찰가를 계산했다(입찰가는 당일날 아침에 결정하는 게 제일 정확하다). 2억을 넘길 경우, 1억 9000만 원대, 1억 8000만 원대, 1억 7000만 원대 등 4가지 경우의 수를 산정해 각각의 수익률을 계산했다.

입찰가 산정 문제로 컨설턴트와 실랑이를 했다. 이번에는 "꼭 낙찰받고 싶다"고 하자, 컨설턴트는 무조건 2억 원을 넘겨야 한다고 했다. 감정가 2억 4000만 원짜리가 2번 유찰돼 1억 5000만 원까지 떨어졌는데, 1차 유찰가격보다 높게 쓰는 건 말이 되지 않았다. 그는 2억 500만 원으로 제안했지만, 난 2억 원을 아주 살짝 넘긴 2억 7만 원을 쓰겠다고 했다. 2억 원 정도면 보수적으로 수익률을 잡아도 8% 이상 나왔다. 게다가 시세보다 1000만 원 정도 저렴해 시세차익도 기대할 수 있었다. 그동안의 실패를 통해 이 정도 가격이 아니면, 낙찰이 되지 않는다는 사실을 너무나도 잘 알고 있었다.

법원에 사람들이 많게 느껴졌다. 이 더운 여름에 휴가들도 가지 않나

보다. 다행히 번호가 앞쪽에 있었다. 이젠 내 차례를 기다리는 일도 귀찮다. 꼭 돼야겠다는 생각보단 되면 좋지만 안 되면 뭐… 할 수 없다고 편하게 생각했다.

드디어 내 차례가 왔다. 분위기가 심상치 않았다. 사람들이 우르르 몰려 나가기 시작했다. 작은 남부지법의 좌석의 절반이 비어버린 느낌이다.

'아, 뭐야…….' 속으로 '뭐 됐다'고 생각했다.

남부지법은 중앙지법과 달리 입찰자들의 입찰가를 모두 부른다.

"1억 6000만 원, 1억 7000만 원, 1억 8000만 원 ……."

스무 명 정도를 불렀는데 대부분이 1억 7000만 원과 1억 8000만 원대에 몰려 있었다.

속으로 슬슬 화가 나기 시작했다. 동그란 안경을 쓴 컨설턴트 얼굴이 떠올랐다.

'뭐야, 입찰가를 왜 이렇게 높게 쓰라고 한 거야!!!'

다행히 1억 9000만 원대를 쓴 사람도 5명이 있었다. 하지만 **입찰가 2억 원을 넘긴 사람은 '나 혼자'**였다. 2등과의 가격차는 400만 원. 어떨결에 낙찰을 받았지만 뭔가 개운치 않았다. 2등으로 떨어진 사람이 내게 와서 인사를 했다.

"낙찰 축하드립니다."

정신없이 낙찰됐다는 쪽지를 받아들고 나오는데, 대출 명함을 나눠주는 '대출 브로커 부대'가 우르르 몰려왔다. 여기저기서 나눠주는 명함을 받아들고, 연락처를 알려준 뒤 법원을 빠져나왔다.

Hot 이슈 ▶	경매결과 이슈		경매결과 리포트 바로가기
최고매각가 5,000,100,000원	최고매각가율 222.36%	최고경쟁률 31명	최저매각가율 10.74%
천안시 공장	옥천군 임야	서울시 오피스텔	영월군 공장
감 2,770,134,630 원	감 1,574,000 원	감 240,000,000 원	감 1,942,603,600 원
저 1,357,366,000 원	저 1,574,000 원	저 153,600,000 원	저 208,586,000 원
낙 5,000,100,000 원	낙 3,500,000 원	낙 200,070,000 원	낙 208,600,000 원

| HOT 이슈, 경매결과 이슈

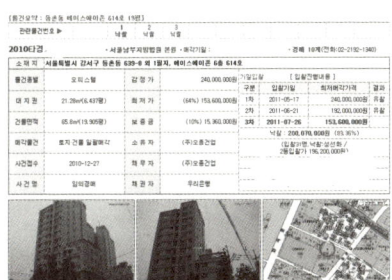

| 등촌동 에이스에이존 낙찰결과

컨설턴트에게 전화를 했다.

"일단 낙찰은 받았는데요. 너무 높게 쓴 거 아닌가요? 2억 원 넘긴 사람은 저밖에 없던데요. 2억 500만 원 썼으면 어쩔 뻔 했어요?"

"아닙니다. 2등하고 400만 원 차이면 굉장히 잘 받는 겁니다. 컨설턴트 비용 입금해주세요."

(31대 1은 이날 최고 경쟁률이었다. 이 정도면 나쁘지 않은 결과지만, 내 기준에선 만족할 만한 수준이 아니었다)

"컨설팅 비용이 얼마인가요?"

"낙찰가의 2%니까 500만 원 넣으시면 되겠네요."

"네? 뭐가 그렇게 비싸요?"

일단 전화를 끊었다. 여정 언니에게 전화를 걸었다. 언니는 일반적인 컨설팅 비용은 낙찰가의 1%이며, 이 물건의 경우 권리관계가 깔끔한데다 명도가 어렵지 않아 500만 원은 너무 비싸다고 했다.

오후에 컨설턴트가 또 다시 입금을 독촉하는 전화를 했다. 전후 사정을 얘기한 뒤 업계의 통상적인 비용인 1%밖에 줄 수 없으며 세입자가 배당을 받아가는 만큼 명도비는 따로 줄 수 없다고 딱 잘라 말했다.

그는 내게 섭섭함을 토로했다. 하지만 나 또한 화가 났다. 이미 내가 기자인 것도 알고, 후속 책 때문에 이 고생을 하고 있는 걸 알면서도 비용을 명확하게 고지하지 않았다는 사실에 분노했다.

이제는 스스로 경매 고수가 돼야겠다고 결심했다.

경매 비용
1 | 경매컨설팅 비용 : 통상적으로 낙찰가의 1%
2 | 명도비용 : 컨설팅 비용에 포함되지 않고 50-100만 원 사이

9호선 수혜,
인천공항 배후
가양

단식, 내 몸의 극단 체험

전날 읽은 《클린》이란 책이 인상적이었다. 최근 유행하는 '디톡스 열풍'을 반영한 책이다. 핵심은 우리 몸은 자연 치유 능력이 있고, 건강하게 살기 위해선 몸속의 독소 배출이 가장 중요하다는 내용이었다. 특히 장이 건강해야 한다고 강조했다.

마음에 확 와닿았다. 내일부터 '3일 단식'에 도전해봐야겠다. 다이어트 목적이 아닌, 건강을 위한 단식은 이번이 처음일 것 같다.

역시 극단의 체험은 '힘이 세다'는 생각을 했다. 우리 몸도 금식이란 극단적인 체험을 통해 스스로 치유하는 능력이 생기는 것이다.

저녁 약속이 있었지만 식사를 하지 않았다. 앞에 앉은 상대방에겐 미안했지만, 어쩔 수 없다고 생각했다. 하루 빨리 내 몸이 '클린'해졌으면 좋겠다.

전날 우연히 연락이 된 경매 컨설턴트가 추천한 물건이다(계약 컨설턴트의 추천 물건이 아님을 밝혀둔다). 강서구 등촌동 에이스에이존 오피스텔. 감정가 2억 4000만 원짜리가 두 번 유찰돼 1억 530만 원까지 떨어졌다. 생소한 지역이었지만 관심이 갔다.

징글징글하게 쏟아지는 장맛비를 맞으며 9호선 가양역으로 향했다. 등촌동은 생각보다 교통이 편리했다. 2호선 당산역에서 환승해 9호선 급행열차를 타면 두 정거장 만에 도착했다.

전날 집을 보기로 예약해놓은 공인중개사가 갑자기 약속을 취소했다. 하는 수 없이 가는 길에 급하게 스마트폰으로 부동산을 섭외했다. 두 군데 전화를 돌렸는데, 둘 다 적극적이었다.

일단 먼저 연락이 닿은 공인중개사를 만났다. 인상 좋은 아주머니가 성격은 급했다.

"초역세권으로 보여줄게요. 공인중개사만 믿고 계약하면 손해는 안 봐요."

| 등촌동 '에이스에이존' 오피스텔 위치도

처음 들른 곳이 '길훈 엔트렌스빌'이었다. 사전 조사 결과, 월세가 꽤나 잘 나오는 곳이다. 위치는 가양역 8번 출구 바로 뒤다. 입주년도는 2004년. 비교적 무난했다. 무엇보다 교통이 굉장히 편했다.

8층에 급매로 나온 17평이 1억 5000만 원이었고, 내년 2월까지 월세 2000만 원에 62만 원으로 계약이 돼 있다고 했다. 집을 둘러봤는데, 복층 구조로 괜찮았다. 관리비는 평당 4000원 정도였다.

두 번째로 들른 곳은 '이스타빌2'. 가양역 1번 출구 역세권이다. 길훈 엔트렌스빌보다는 가격이 조금 저렴했다. 비슷한 규모인데(전용 10평) 1억 3500만 원이었다. 월세는 1000만 원에 65만 원 수준이었다. 관리비가 평당 3000원 정도로 저렴했다. 기본 관리비는 6만 원 정도.

이날 둘러본 19평은 항공사에 근무하는 기장이 쓰는 방이었는데, 화장

★ 가양역세권 전용 10평형 오피스텔 3인방 수익률 비교

(매매 기준)

	길훈 엔트렌스빌 (가양역 8번 출구)	이스타빌2 (가양역 1번 출구)	두산 위브 (증미역)
매매가격	1억 5000만 원	1억 3500만 원	1억 9000만 원
대출금	6000만 원	5400만 원	7600만 원
월이자	27만 5000원	24만 원	34만 원
보증금	2000만 원	1000만 원	1000만 원
월세	62만 원	65만 원	90만 원
월순익	34만 5000원	41만 원	56만 원
세금	660만 원	594만 원	836만 원
실투자금	7660만 원	7694만 원	1억 1236만 원
연순익	414만 원	492만 원	672만 원
연수익률	5.4%	6.3%	5.9%

실이 넓고 깨끗했다. 원룸 구조로 현관 왼편에 화장실이 있었고, 정사각형 구조였다. 이스타빌1은 이보다 저렴한 1억 1000만 원 수준이었지만, 공실의 우려가 있다고 했다.

세 번째로 본 곳이 9호선 증미역세권의 '두산 위브' 오피스텔이다. 홈플러스 바로 맞은편이었다. 13평이 1억 3200만 원이었고, 월세는 500에 65였다. 제주항공 스튜어디스가 세 들어 사는 집이었는데, 3년 동안 장기로 계약해 월세 수준이 조금 낮았다. 하지만 재계약할 때는 1000에 65도 가능하다고 했다.

이보다 조금 더 큰 공급 25평을 봤다. 이 역시도 복층 구조였는데, 현관 오른편에 수납방이 있고 거실 옆에 미닫이방이 있어 4인 가족이 살 만했다. 전세가 1억 5000만 원 수준이고, 매매가가 1억 9000만 원이었다. 4000만 원만 더하면 살 수 있는 셈이었다. 월세는 1000에 90만 원이 나왔다.

경매로 나온 '에이스에이존'은 추천 물건은 아니었다. 가격대가 2억 원이 넘어 투자 목적으로는 조금 버겁다고 여긴 듯했다.

하지만 이날의 내 메인관심사는 '에이스에이존' 이었다. 물건을 보고 싶다고 했다. 공동중개망으로 연결된 부동산에 전화를 돌리기 시작했다. 금방 볼 수 있는 물건이 있다는

| 등촌동 에이스에이존 - 9호선 가양역세권

'콜'이 왔다. 경매로 나온 전용 19평(공급 23평)을 봤다. 운동선수가 살고 있었는데, 인테리어가 고급스러웠다. 지금까지 본 오피스텔 구조 중에서 가장 마음에 들었다(내 마음에 쏙 들었던 점이 적극적으로 입찰에 참여한 결정적 이유다).

이보다 조금 더 넓은 공급 26평을 봤다. 거실과 부엌이 굉장히 넓었고, 방도 두 개나 돼 4인 가족이 살아도 될 듯했다.

내가 에이스에이존에 상당히 관심을 보이자, 아주머니는 적극적으로 돌변했다. 물건을 소개해준 공인중개사에게 이 물건을 얼마나 끊을 수 있는지를 물었다('얼마에 끊는다'는 표현은 '얼마까지 판다'는 뜻으로, 공인중개사들 사이에서 쓰는 은어인 듯했다).

다시 에이스에이존 1층 공인중개사무실로 돌아왔다. 앉자마자 또 다시 '얼마에 끊을 수 있느냐'고 추궁(?)을 했다. 3층에 나온 26평짜리가 급매였다. 현재 전세가 끼어 있는 상태였다. 2억 3000만 원에 나왔는데, 2억 1500만 원까지도 끊을 수 있을 것 같다고 했다.

하지만 남향에 로열층인 8층을 추천했다. 전세 1억 5000만 원인데, 10월에 세입자가 나갈 예정이었다. 1층의 공인중개사는 2억 3000만 원이면 밑지고 파는 거라고 했다. 월세는 보증금 1000만 원에 월세 115만 원 수준.

마지막으로 바로 옆에 있는 '샤르망' 오피스텔을 보고 돌아왔다. 아파트처럼 단지 규모가 꽤 컸다. 하지만 구조가 별로 마음에 들지 않았다.

정리하자면 가양역세권은 개인적으로 상당히 마음에 들었다. 일단 주변 환경이 쾌적했고, 9호선 급행열차가 있어 강남까지 진출입이 편했다(투자를 결정할 땐 이런 호감이 전제돼야 한다).

5호선 양평동과 9호선 가양동을 굳이 비교하자면, 9호선 가양동 지역이 주거지역으로는 훨씬 더 나은 듯했다. 양평동은 목동의 배후 지역이긴 하지만 아직까진 준공업 지역으로 낙후돼 있어 주변 환경이 쾌적하지 않다(투자의 결정은 항상 비교를 통해 나온다).

오피스텔들의 분위기도 기본적으로 깔끔한 분위기다. 왠지 모르게 어둡고 칙칙한 신도림, 구로역세권과는 또 달랐다. 특히 샤르망의 경우 아파텔이라고 불릴 정도로 대규모였다.

가양역세권에 투자한 이유

1 | 임차인이 누구? 공항 종사자들이 선호하는 배후 주거단지
2 | 강남까지 얼마? 9호선 급행 지하철로 두 정거장
3 | 살기 좋아? 인근에 홈플러스 등 다양한 편의시설

잠깐! 투자포인트

경락잔금대출의 비밀

몸이 물에 빠졌다나온 스펀지처럼 축 쳐졌다. 하루 종일 걸은 탓에 종아리 근육이 돌덩이처럼 뭉쳤다. 수면부족으로 소화도 되지 않고 아랫배가 더부룩하다. 피부는 칙칙하고 눈마저 침침하다. 다크써클이 턱 밑까지 내려온 느낌이다. 예전 같으면 전신마사지로 피로를 풀었을 텐데, 이젠 그럴 수도 없다. 돈이 없다는 건 너무나 피곤하고, 고달프고, 나아가 슬픈 일이다.

퇴근 후 고단한 몸을 이끌고 목동 법무사사무실을 찾은 시각은 밤 10시. 등촌동 '에이스에이존' 오피스텔 대출 '자서(대출에 필요한 서류를 직접 쓰는 행위)' 때문이다. 그런데 대출이 또 말썽이다. 분명 내게 온 문자는 '1억 8500만 원 대출 가능'이었는데, 막상 사무실에 와보니 1억 7000만 원밖에 되지 않는다고 했다. 뭔가 착오가 있는 게 분명했다. 문자를 보낸 대출딜러* 아주머니께 다시 확인을 하니, 그가 문자를 잘못 보낸 것으로 밝혀

★ 경매 대출 딜러: 경매 법원에는 항상 대출을 알선하는 딜러들로 북적댄다. 이들은 낙찰자가 결정되면 하이에나처럼 낙찰자에게 달려가 명함을 돌린다. 낙찰자와 이들은 공생관계다. 물론 대출수수료에 이들의 커미션이 포함되지만 이들 덕분에 좀 더 저렴한 대출 상품을 구할 수 있는 것이다.

졌다. 밤늦은 시간에 다시 내게 대출 알선 문자를 보낸 이들에게 전화를 해 물어봤지만, 여기가 최상의 조건이었다. 하는 수 없이 그냥 자서를 하고 대출을 받기로 했다.

의외의 소득이 있었다. 그동안 궁금했던 경락잔금대출의 비밀을 알게 된 것이다. 이곳에서 만난 법무사는 10년 전부터 경락잔금대출만 취급해 온 베테랑 법무사였다. 그는 밤늦게까지 고생하는 내가 안 됐든지, 최대 80%까지 나오는 '경락잔금대출의 노하우'와 '진짜 숨은 고수'들의 이야기를 들려주었다.

경락잔금대출의 원리는 이렇다. 지방에 있는 제2금융권은 수도권에 비해 대출 고객이 적고, 상대적으로 유동성이 많은 편이다. 그들 입장에선 이 유휴자금을 어떻게든 굴려 돈을 버는 게 낫다. 법무사들은 이처럼 대출 여력이 있지만, 돈 빌려줄 곳이 적은 지방의 제2금융권의 '수요'를 교묘하게 파고든다. 영업력이 뛰어난 법무사들은 이들 제2금융권과 손을 잡고 가장 좋은 조건의 대출 상품을 개발해 고객들에게 판매한다(물론 여기에도 함정은 있다. 대출 조건이 좋은 만큼 일반 대출을 받을 때보다 법무사 비용이 두 배 정도 비싸다. 나중에 터무니없이 비싼 법무사 비용에 대해 따져 물었더니, 은행 영업비였노라고 솔직히 고백하는데, 더 이상 할 말이 없었다. 그 덕분에 대출은 싸게 했으니까).

대출에서 중요한 체크포인트는 금리뿐만이 아니다. '고정금리 기간'과 '중도상환수수료' 여부 등 반드시 확인해야 하는 조건들이 있다. 아무리 금리가 낮아도 변동금리라면 3개월마다 CD금리에 따라 달라진다. 금리 상승기에는 1년 이상 고정금리가 좋다. 또 중도상환수수료가 있는지도 살펴야 한다. 은행들 입장에선 돈을 빌려간 사람이 금방 대출을 갚아 버리면 이자도 못 받고 남는 게 없다. 그래서 특정 기간을 정해 놓고 기간 전에 대출을 갚으면, 중도상환수수료라는 것을 내도록 해놨다. 이에 최선의 대출 조건은 고정금리 1년에, 중도상환수수료가 없는 것이다.

그는 또 지금까지 상상하지도 못했던 고수들의 이야기를 들려줬다. 고수들의 특징은 '박리다매'와 '지방 투자'이다. 진짜 고수들은 이미 지방으로 다 내려가 있는데, 그들의 투자법이 흥미로웠다. 지방에는 내려가보지도 않고 '지도로만 위치를 확인하고 투자를 한다'는 것이다. 경매받을 집에는 가보지도 않는다고 했다. 주로 '알 굵은' 진주반지를 낀 아줌마 부대들인데, 이들은 한 달에 세 채씩 아파트를 낙찰받고, 세 채의 물건을 파는 투자를 계속 한다는 것이다. 지난해부터 지방 아파트 바람이 불었는데 당진, 조치원, 대구 등을 한번 훑고 지나왔다는 것이다. 오은석 북극성 경매카페대표가 지방도 올해 말(2011년)까지가 끝물이라고 했던 말이 떠올랐다.

마지막으로 그가 준 팁은 신문에 공고가 나는 '경매 광고'였다. 각종 금융기관에서 담보로 잡은 물건들을 자체적으로 매각하는 경우가 있는데, 신문을 관심있게 유심히 보다 보면 알 수 있다는 것이다. 그동안 신경 써서 보지 않았기에 나 또한 몰랐던 부분이었다(이후 신문을 유심히 보긴 했지만, 금액대가 커 직접 도전해보지는 못했다). 그야말로 새로운 눈이 떠지는 느낌이다. 고생 끝에 낙이 온다고, 미칠듯 피곤한 하루였지만 새로운 정보를 얻은 탓에 그나마 위로가 됐다.

 대출 자서를 위한 서류
- 등본 2통, 원초본 2통, 인감 2통
- 국세완납증명서 1통, 지방세완납증명서 1통
- 영수증, 신분증, 인감도장, 소득증빙자료

빌딩부자들이 요즘 가장 촉을 세우는 곳 성동구

모두 다 포기하고 싶다

아침 골프 수업 시간. 오늘따라 유난히 힘들었던 내게 골프 선생님이 "표정이 왜 그렇게 안 좋냐?"고 묻는다. 나와 비슷한 또래로 보이는 그는 내가 늘 힘들고 지쳐 보인다고 생각했었나 보다. 문득 자세한 사정을 잘 모르는 사람들 눈엔 내가 '어두운 사람'으로 비쳐질 수도 있겠다고 생각했다.

하지만 그는 알까. 내가 어젯밤에 네 시간도 채 못 잤다는 사실을. 그것도 침대에서 편하게 자지도 못하고, 거실 소파에서 잠시 눈만 붙였다는 것을. 오늘도 하루 종일 걷고 현장조사하고, 저녁 땐 대학원 신문을 만들러 가야 한다는 사실을 알까. 무엇보다 한 달에 33만 원으로 살면서 3분의 1인 10만 원을 골프에 투자하고 있다는 것을 알까.

> 물론 많은 사람들이 하루하루를 힘겹게 살아가고 있을 것이다. 그러나 지금 이 순간, 나는 너무 힘들다.

성동구를 주목하라

빌딩부자들이 서울에서 주목하는 지역은? 바로 성동구다. '모태 부동산'으로 알려진 조 회장은 경매 사이트의 검색 1순위로 성동구를 꼽았다. 도산공원 앞 랄프로렌 건물주인 엄 사장도 '성동구를 주목하라'고 주문했었다. 서울에서 유일하게 저평가돼 향후 상승 여력이 있다고 판단하기 때문이다.

성동구를 주목해야 하는 포인트는 세 가지다. 첫째, 왕십리 뉴타운. 둘째, 서울숲 글로벌비즈니스센터. 셋째, 성수 전략정비구역. 이들 개발 계획이 완공되는 시점이 되면 성동구의 얼굴이 달라질 것이다. 주거 환경 면에서도 옥수동, 금호동의 재개발이 끝나고 입주 시점이 되면 옛날의 성동구가 아닐 것이다.

성동구의 메리트는 입지 조건이다. 강남과 경계가 맞닿아 있어, 다리 하나만 건너면 강남으로 넘어갈 수 있다는 게 가장 큰 장점이다. 내가 지금 사는 곳은 성동구 옥수동인데, 동호대교만 건너면 10분 만에 강남으로 넘어갈 수 있다. 강북에서 '강남생활권'을 공유할 수 있다는 건, 내게 정말 큰 매력포인트다. 왕십리 인근에서도 성수대교만 건너면 바로 압구정동과 연결된다. 이처럼 강남 접근성은 성동구의 대표적 강점이다.

성동구의 최대 약점은 학군이다. 무학여고 등을 제외하면 명문 고교가 부족한 편이다. 하지만 고교선택제로 혜택을 보면서 학군 문제가 많이 해소됐다. 성동구에서 수익형 부동산에 투자한다면, 왕십리역 인근의 오피스텔이나 역세권의 소형 아파트를 주목하는 게 좋다.

왕십리, 트리플 역세권에 분당선 연장까지

성동구에서도 '왕십리역세권'을 주목했다. 결국 부동산 투자도 특종과 같은 원리라는 생각에서다. 미리 가서 길목을 잡고, 때를 기다리는 것이다. 남들보다 먼저 정보를 얻고 시장조사를 한 뒤, 미리 들어가 빠져나올 타이밍을 찾아야 하는 것이다. 현재도 트리플 역세권(2호선, 5호선, 중앙선)인 왕십리는 연말(2011년 말)에 분당선 연장이 뚫리게 된다.

연신내 이후 반드시 투자해야겠다고 결심한 지역이 바로 '왕십리'다. 사실 이전에도 왕십리가 트리플 역세권으로 교통이 편리하다는 얘기는 여러 차례 들었지만 왕십리라는 이름이 풍기는 뉘앙스가 좀 그랬다.

퇴근 후 서울역에서 263번 버스를 타고 한양대역에 내렸다.

저녁 늦게까지 불을 밝히고 있던 부동산을 발견했다. 나보다 어려 보이는 젊은 언니가 한 손님을 기다리며 앉아 있었다. 왕십리역 인근에 나와 있는 오피스텔 매물을 문의했다. 하지만 그는 "나와 있는 물건이 없다"고 말했다. 솔직히 믿어지지 않았다. 오늘은 늦었으니 내일 다시 와야겠다고 생각했다.

| 이스타빌 오피스텔

이튿날 왕십리역으로 향하는 지하철 안에서, 수첩에 메모해놓은 부동산중개소들에 전화를 걸어 매물이 있는지 물었다. 몇군데 부동산에 문의해도 매물이 없기는 마찬가지였다. 왕십리역 세권에서 가장 인기가 좋은 '이스타빌'은 아예 씨가 말랐다. 그밖에 많이 찾는 '성동 샤르빌'과 '다남매' 오피스텔도 물건이 없었다. 이렇게 매물이 없는 지역은 처음이었다. 현장에 도착해 여러 부동산을 기웃거린 결과, 다 쓰러져가는 오피스텔을 찾긴 찾았다.

왕십리역에서 한 정거장 떨어진 5호선 마장역세권에 오래된 '뉴코리아' 오피스텔 하나가 나왔다고 했다. 원래 목적지는 아니었지만 '마장역'부터 들르기로 했다. 마장역 2번 출구에서 5분 거리인 뉴코리아 오피스텔은 88년에 지어진 오래 된 오피스텔이었다. 5층짜리 건물인데, 엘리베이터도 없었다. 23년 된 오피스텔인데 오죽하랴 싶었다. 마침 문이 잠겨 구조까지는 보지 못했다. 5층과 3층, 두 개의 매물이 나와 있었는데, 5층보다는 3층이 나을 것 같았다. 3층은 인테리어를 다시 하면 월세 1000만 원에 60만 원까지는 받을 수 있고, 5층은 50만 원까지 받을 수 있을 거라 했다. 하지만 시세차익을 남기고 팔기는 어려워보였다.

"물건이 영 탐탁지 않네요. 다른 물건은 없나요?"

"있긴 있습니다만, 왕십리역은 아니고요……."

오피스텔을 소개한 부동산의 모 실장이라는 그는, 장한평역에 정말 괜찮은 오피스텔이 분양 중이라고 소개했다(이때까지는 그의 정체를 몰랐다). 장한평역에서 7분 거리에 있으며, 개발 호재가 많다고 했다. 일단 가서 보기로 했다.

불신시대, 아무도 믿지 마라

차로 이동하는 길에 그는 장한평역세권에 대해 장황하게 설명하기 시작했다. 일단 7호선 군자역과 가깝고, 도시계획이 이미 나와 있어 확실한 시세차익을 거둘 수 있는 지역이라고 했다. 이 오피스텔도 원래 두 달 만에 분양이 끝났지만, 회사 보유분이 나온 것이라고 했다.

그가 강조한 개발 호재는 첫째, 인근의 자동차매매시장이 오피스 빌딩으로 재개발된다는 것. 둘째, 상하수도처리장이 지하화되고 습지생태공원으로 바뀐다는 것 등이었다.

그가 추천하는 O오피스텔에 도착했다. 3월에 분양한 이 오피스텔은 총 100세대 12층이며, 천장에 에어컨이 설치돼 있는 등 옵션이 좋다고 했다. 모 실장이 처음 보여준 곳은 501호. 코너 자리고 양쪽에 창이 나 있어 밝고, 무엇보다 구조가 좋다고 했다. 공급 18평이며 가격은 1억 4500만 원.

원룸형으로 구조가 나쁘지 않았다. 문제는 수익률이었다. 제2금융권에 매입가의 80%까지 7%로 대출을 받아야 14% 선의 수익률이 나왔다. 제1금융권에서 7500만 원을 연 6%의 금리로 대출받으면 수익률은 7% 선에 불과했다.

주변 환경은 흉물스러웠지만, '뭐, 이 정도면 나쁘지는 않겠다'는 생각이 들었다(분양업자의 말을 들을 때는 눈에 콩깍지가 씐 듯 그 물건이 좋아보인다). 일단 생각을 좀 해보겠다고 했다. 확신이 서지 않아 퇴근 후에 다시 와 둘러보기로 했다.

결과적으로 '정말 잘한 짓'이었다. 최근 분양업자들에 대한 불신이 극에 달하던 터였는데, 오늘 그 방점을 찍었다. 낮에 만난 그 모 실장은, 사람이 어떻게 입에 침 하나도 바르지 않고 거짓말을 할 수 있는지, 생각할수록 화가 치밀어올랐다. 자칫 잘못했다가는 속을 뻔했다. 이 밤에……. '설마' 하는 마음에 다시 와보지 않았다면……. '아차!' 하는 순간 당할 뻔했다.

물론 그 실장이 설명한 개발 호재는 분명 사실이었다. 중고차매매시장이 개발되고, 주변이 좋아지는 건 맞았다. 하지만 밤에 다시 와보니, 분양이 다 됐다는 오피스텔은 마치 불 꺼진 유령 아파트 같았다.

때마침 지나가는 사람이 눈에 보였다.

"저기요. 혹시 이 오피스텔에 사시나요?"

그를 불러 세웠다.

"제가 여기를 매입할까 하는데요, 어떤가요."

그는 뜨악한 표정을 지었다.

"아니, 왜요? 많이 불편한데……. 여기를 왜 사려고 하세요?"

그는 무엇보다 시세차익을 기대하기 어렵다고 했다. 자신은 회사에서 구해줘서 잠시 살고 있긴 하지만, 시공을 잘못해 새집증후군 냄새가 심하다고 했다. 낮에 나를 괴롭혔던 그 불쾌한 냄새가 떠올랐다. 앞으로 집을 볼 때는 시각은 물론 후각도 활용해야겠다고 생각했다.

솔직히 충격이었다. 낮에 들은 모 실장의 목소리가 귓가에 울려 퍼졌다.

"저는 이거 팔아서 남는 거 하나도 없습니다. 이 근방에서 시세차익을 남길 곳은 여기밖에 없어요."

그런데 모두 다 '새빨간 거짓말'이었다. 그는 대학생과 직장인 수요가 모두 있다고 했지만, 인근 중고차시장에는 러시아인 등 외국인 노동자들이 많았다.

한술 더 떴던 부동산 아주머니의 뻔뻔한 거짓말이 떠올랐다. 원래는 자기가 매매하려던 물건이라고 했다.

우연인지 인연인지, 그는 부동산시행사에서 일하고 있었다.

"그러지 말고 차라리 여기가 어떠세요?"

자기 회사가 분양하는 'L지웰'을 소개해줬다. 현재는 분양이 끝난 상태지만, 프리미엄을 조금 주면 분양권을 살 수도 있을 거라 했다. 이 근처에서 투자할 만한 데는 L지웰밖에 없다고 했다. 그에게 명함을 받았다. 그와 헤어지고 돌아오는 길. 온몸에 힘이 빠지고 스트레스성 어깨 통증이 몰려왔다. 불신의 시대, 그야말로 불신시대다.

집을 볼 땐 후각도 활용하자. 새집증후군은 세입자가 자주 바뀌는 원인을 제공한다.

월세여왕의 투자 다이어리

왕십리,
상가라도 해볼까

   자정이 지났으니 오늘로써 프로젝트가 35일이 지났다. 처음 시작할 땐 하루하루가 힘들었는데, 10일쯤 지나니 관심이 붙었던 것 같다. 시간은 그렇게 흘러 100일 마라톤의 3분의 1을 지난 셈이다. 이젠 상가에도 제법 관심을 갖기 시작했다. 왕십리 성동 샤르망 1층 상가에 들어갈지가 고민이다.

   다남매 오피스텔을 포기한 이후 한동안 왕십리에 대한 관심을 껐다. 하지만 '3개월째 매물이 없다'는 성동 샤르망 오피스텔의 1층 상가가 경매로 나오면서 다시 주목하기 시작했다.

   성동 샤르망 상가는 먼저 상가라 조심스러웠다. 주택은 그나마 알겠는데 상권분석은 섣불리 엄두가 나지 않았다. 하지만 여정 언니를 만나 이야기를 듣고 나자 생각이 달라졌다. 언니는 상가도 괜찮다며 수익성이 나는지, 임차는 잘되는지 등을 알아보는 게 좋겠다고 조언했다.

   성동 샤르망은 '이스타빌'이나 '다남매' 오피스텔보다는 왕십리역에서 조금 떨어져 있었다. 하지만 그래봤자 5분 정도였다. 왕십리역을 나와 성동구청을 지나 조금 걸었다. 잡아먹을 듯이 이글거리는 땡볕 아래서 걸은 탓에 시간이 더 길게 느껴졌는지 모르겠다.

오피스텔 입구 바로 옆에 위치한 이 상가는 원래 128호와 129호가 같이 경매로 나왔다. 하지만 얼마전 한 사람이 대로변 쪽에 있는 128호만 낙찰받아 현재는 129호만 남은 상태다. 최근에서야 매각 허가 결정이 떨어졌다. 그 사람은 감정가 2억 5000만 원짜리 상가를 73%인 1억 8000만 원대에 잡았다. 129호는 이보다 더 떨어진 1억 2800만 원이 최저가였다.

이날 보니, 128호는 비어 있는 상태였고, 129호는 한 케이블업체가 창고로 쓰고 있었다.

임대료 수준이 궁금했다. 128호는 원래 보증금 5000만 원에 월 85만 원씩 나오던 상가였다. 대로변과 가까운 1층 김밥천국의 보증금 4000만 원에 월 170만 원이라고 했다. 권리금도 5000만 원이나 붙어 있었다. 매매가는 1억 5000만 원 정도라고 했다. 김밥천국은 전용면적이 12평이었다. 마침 김밥천국이 매물로 나왔다는 얘기를 듣고, 가게로 갔다. 주인에게 물었더니 상권이 나쁘지는 않다고 했다. 그가 가게를 내놓는 이유도 나이 드신 어머니와 같이 운영을 하고 있는데, 어머니께서 연세가 있으셔서 더 이상 운영하기 힘들기 때문이라고 했다.

대로변의 상가 시세는 2000에 120 정도였다. 이 정도면 수익률이 상당히 좋은 편이다.

몇 가지 더 확인할 사항이 있었다. 첫째, 현재 점포를 쓰고 있는 업체의 '대항력' 여부다. 다시 말해, 낙찰을 받았을 경우 현재 세 들어 사는 업체가 내게 보증금 등을 요구할 수 있는 권리가 있는지를 알아봐야 했다. 경매 정보지에는 이 부분에 대한 정확한 조사가 없었다. 128호가 먼저 낙찰된 이유가 대항력 때문일 수 있었다. 둘째, 이 업체를 내보낸 후 어떤 업종을 할 수 있느냐. 일단 가볍게 생각해본 것은 테이크아웃 커피전문점인데, 경쟁자들이 많았다. 이를 위해서는 더욱 더 꼼꼼한 상권분석이 필요했다.

아직까지 2주 정도의 시간이 남아 있으니 틈틈이 시장조사를 해야겠다고 생각했다.

역세권, 다 같은 역세권이 아니다

상권분석은 아파트에 비해 훨씬 어려웠다. 관련서적을 찾아서 읽었다. 예전에 사놓았던 《실전! 상권분석과 점포개발》은 도움이 많이 됐다. 상권분석은 또다른 영역이었다. 오늘은 저자인 박경환 씨에게 연락을 시도했다. 간신히 연락이 닿은 그는 성동 샤르망 상가에 대해 분석해줬다. 그는 "A급이 아닌 B급 상가"라고 평가했다. 역세권이라도 "다 같은 역세권은 아니다"라고 강조했다. 배후세대수, 주변상권과 권리금, 월세, 배후 세대의 특징, 경쟁 업종, 현재 업종 분포 등을 꼼꼼히 따져봐야 한다고 조언했다.

전날밤 다시 둘러봤을 땐, 상권이 크게 활성화된 느낌을 받지 못했다. 만약 낙찰을 받는다면 아파트 배후세대와 성동구청을 대상으로 하는 업종이 가능할 것 같다. 피자전문점 등 배달전문 외식업을 해보는 것도 좋을 것 같았다.

왕십리역에서 나와 성동 샤르망까지 걸어본 결과, 10분은 족히 되는 듯했다. 오피스텔에 사는 사람들이야 모르겠지만, 굳이 뭘 사러 올 거리는 아니었다. 게다가 왕십리역 CGV 안에 대부분의 업종이 다 입점해 있는 상태였다.

성동 샤르망은 오피스텔 자체 수요와 배후의 두산 위브 아파트 단지를 상대로 장사를 해야 된다는 얘기인데, 세대수가 너무 적었다. 위치도 대로변에서 눈에 띄지 않았다. 이런저런 생각 끝에 성동 샤르망은 포기하기로 했다.

왕십리 오피스텔, 찾아온 기회 아쉬운 포기

며칠 뒤, 뜻하지 않게 이수 이스타빌 1층 이수부동산에서 전화가 왔다. 다남매 오피스텔 매물이 나왔는데, 저녁 때 보러 올 수 있느냐는 것이었다. 퇴근 후 가겠다고 답했다. 부동산 아주머니와 집을 보러 갔다. 왕십리역 2번 출구의 초역세권에 있는 다남매 오피스텔 9층이었다. 현재는 신혼부부가 전세로 살고 있는데, 내부가 깔끔했다. 구조가 부채꼴 모양으로 빠져 상당히 넓어보였다. 하지만 바닥난방이 되지 않아 주거로 사용할 경우 겨울철에 난방비가 많이 나온다는 단점이 있었다. 이수부동산 아주머니는 주거용보다는 업무용으로 세를 주는 게 더 낫다고 했다.

| 다남매 오피스텔

왕십리역세권의 물건을 꼭 하나 매입하고 싶었던 터라 마음이 동했다.

하지만 고민 끝에 왕십리역세권 '다남매' 오피스텔 급매를 포기한 이유는 두 가지다. 첫째, 가격이 높아 투자비용이 많이 든다. 둘째, 향후 시세차익을 확신할 수 없다. 신기하게도 왕십리역세권은 각종 교통호재와 입지적 장점에도 불구하고 주거용 오피스텔의 가격이 크게 오르지 않았다. 다남매 오피스텔의 경우도 최초 분양가에서 가격 상승이 거의 없었다.

아마도 왕십리라는 지역이 교통은 편리하지만, 주거로서는 적합하지 않기 때문일 것이다. 오히려 성수동 인근의 아파트나 행당동 등을 주거지

★ 왕십리역세권 주요 오피스텔 비교

단지명	위치	평형	매매가 (전세가)	보증금 (월세)	관리비 (폐문)	구조	주차
이수 이스타빌	왕십리역 11번 출구	14평	1억 7000만 원	1000(65)	(3개월)	세대분리형	1대 무료
성동 샤르망		14평	1억 4000만 원	1000(65)			
다남매		18평	1억 8000만 원	3000(75)		전용률 70%	
뉴코리아	마장역 2번 출구		9500만 원	1000(50)			

로 더 선호하는 듯했다. 하지만 향후에 왕십리 뉴타운이 완공될 때 쯤이면, 이 지역도 많이 달라질 것이라 예상한다.

역세권 월세 아파트, 마장동 세림

마장역세권 '세림아파트'는 오래됐지만, 매물도 없고 비싸다는 얘기를 들었다. 왕십리역 인근의 임대 수요는 많은데, 공급이 부족하다 보니 마장역의 오래된 아파트마저 잘나간다는 설명이었다.

마침 경매물건을 검색하는데, 마장동 '세림아파트'가 나왔다. 감정가 3억 6000만 원짜리 27평이 2억 8000만 원까지 떨어져서 나왔다. 물건을 보고 결정하기로 했다.

위치는 기대 이상이다. 마장역에서 8분 거리였다. 역에서 빠져나와 재개발의 필요성이 절실해보이는 주택들을 지나면, 바로 세림아파트 단지가 나왔다. 단독주택 지역에 나홀로 아파트 단지를 형성하고 있었다.

지금 살고 있는 아파트와 비슷한 느낌이다. 오래된 아파트 단지라 동간 거리가 멀었고, 나무가 많았다. 조용하고 한적한 분위기가 마음에 들었다.

경매로 나온 물건은 8동. 이곳 부동산 관계자는 8동의 선호도가 높다고 했다. 올 수리한 27평을 세 군데 둘러봤다.

이 아파트는 전용률이 꽤 높았다. 27평의 전용 면적이 22평이었다(공용 면적이 5평에 불과하다는 의미다). 운 좋게도 경매로 나온 집 바로 아래층을 볼 수 있었다. 3층이 경매로 나왔는데, 2층을 봤다.

구조도 괜찮았다. 부엌이 넓은 게 특징이었다. 8동은 베란다 밖으로 나무가 보여 나름대로 조망권도 좋았다.

3층은 집주인이 살고 있는 듯했다. 현재 나온 27평의 급매는 3억 6000만 원선이며, 월세로는 보증금 5000만 원에 100만 원이었다. 만약 2억

| 물건요약 : 마장동 세림아파트 8동 301호 22평 | ★ 관심 등록된 물건입니다. |

2010타경13798 · 서울동부지방법원 본원 · 매각기일 : 2011. 08. 08 (月) · 경매 2계 (전화:02-2204-2406)

소 재 지	서울특별시 성동구 마장동 784 외 12필지, 세림아파트 8동 3층 301호					
물건종별	아파트	감 정 가	360,000,000원	기일입찰	입찰진행내용	
대 지 권	45.233㎡(13.683평)	최 저 가	(80%) 288,000,000원	구분	입찰기일	최저매각가격	결과
건물면적	72.84㎡(22.034평)	보 증 금	(10%) 28,800,000원	1차	2011-06-20	360,000,000원	유찰
매각물건	토지·건물 일괄매각	소 유 자	김선영	2차	2011-08-08	288,000,000원	
사건접수	2010-09-24	채 무 자	정정일	낙찰 : 328,910,000원 (91.36%)		
사 건 명	임의경매	채 권 자	신라저축은행	(입찰10명, 낙찰:이선민)		
관련사건	2010타경16384(중복)			매각결정기일 : 2011.08.15		

| 마장동 세림아파트 낙찰 결과

9000만 원에 잡는다면, 내 돈 하나 들이지 않고 아파트 한 채를 살 수 있다는 결론이 나왔다. 하지만 지난 낙찰 사례를 분석해보니, 7월 초에 한 번 유찰된 6동이 3억 3000만 원선에 낙찰됐다. 여섯 명이나 입찰에 참여했다.

밑져봐야 본전이란 생각으로 최저가를 밀어넣어보기로 했다. 바로 다음 주 월요일에 경매가 있었다. 명도 비용이 좀 들 수 있고, 수리가 안 됐다면 도배, 장판, 싱크대 정도를 갈아야 할 것 같았다. 운 좋게 잡으면 좋은 것이고 아니면 어쩔 수 없는 것이었다(결국 입찰했지만 떨어졌다).

월세여왕의투자다이어리

어머니의 활약, 경매의 고수가 되다

회사 엘리베이터에서 경리 아가씨와 마주쳤다. 예쁜 꽃무늬 원피스에 곱게 화장을 한 모습이 화사하다. 운동화에 통 면바지, 어머니에게 빌려 입은 '아줌마 표' 꽃분홍 티셔츠. 화장 안 한 얼굴에 구슬이 하나 빠진 머리띠. 한 손엔 우산을 들었고, 앞주머니가 다 뜯어진 가방을 둘러맸다. 같은 공간에 있는 두 사람의 모습이 참 대조적이다. 이번 프로젝트를 시작한 이후 화장을 해본 기억이 없다. 외모에는 신경쓸 겨를이 없었다. 프로젝트가 끝나면 예전처럼 다시 화장을 하고, 구두를 신으며, 꽃단장을 하게 될까. 피씩 웃음이 나왔다.

회사 건물 밖으로 나오니 강한 비바람이 우산 속으로 파고든다. 몸을 움츠리며 오늘의 임장지로 발걸음을 재촉했다.

"띵동"

어머니의 문자메시지다. 오늘 들어간 마장동 세림아파트 입찰에 떨어졌다는 내용이다. 어머니가 써낸 입찰가보다 3000만 원이나 높은 가격에 낙찰됐다고 했다. 열 명이나 들어왔다고 한다. 지나간 물건은 훌훌 털고 새로운 것을 찾아야겠다.

오랜만에 이른 귀가. 어머니는 오늘 있었던 경매 법원에서 있었던 해프닝에 대해 말해줬다.

"오늘은 사람이 좀 적더라고. 근데 오늘은 누가 나한테 와서 경매 입찰서를 어떻게 쓰냐고 물어보는 거 있지(웃음)."

"우와~! 이제 다른 사람들 눈에 엄마가 고수로 보이나 봐요."

엄마는 '뭐, 이 정도쯤이야' 하는 뿌듯한 표정을 지었다.

"오늘은 울릉도에서 올라온 사람이 낙찰을 받아어. 그래서 경매 법원에 있던 우리들이 박수까지 쳐줬지 뭐야."

"하하. 울릉도에서 서울까지 왔다고? 정말 대단한데?"

나도 맞장구를 쳤다.

사실 어머니는 지금까지 경매의 '경'자도 모르셨던 분이다. 내가 경매를 한다고 했을 때도 탐탁지 않게 여기셨다. 처음에 간 경매 법원도, 나를 대신해 억지로 가신 것이다. 처음 중앙지법에 갔다와서도 영 내키지 않는다고 하셨다. 어머니께 미안한 마음은 컸지만, 이번 프로젝트의 필요성에 대해 집요하게 설명하며 어머니를 설득했다.

그렇게 내키지 않던 경매 법원에, 딸 때문에 어쩔 수 없이 몇 차례 다녀온 어느 날, 어머니가 말씀하셨다.

"뭐, 별 거 아니네. 나도 혼자 할 수 있겠어."

"아, 진짜? 진짜 할 수 있겠어?"

"응, 별거 아닌 거 같아. 이제 컨설턴트 없이 혼자 다닐 수 있겠어."

사실 어머니는 컨설턴트와 함께 같이 다니는 게 부담스럽다고 하셨다.

이후 어머니는 그렇게 혼자 법원을 다니셨다. 꼼꼼한 성격인 어머니는 하루 전날 입찰보증금을 미리 찾아 놓으셨다. 내가 일러준 물건번호와 입찰가를 정확히 메모한 뒤 그대로 적고 낙찰 여부를 알려주셨다.

어머니로부터 전해 듣는 경매 법원 얘기의 재미가 쏠쏠했다. 어머니는 그날 사람이 많았는지 적었는지, 어느 물건에 사람들이 많이 몰렸는지 등을 생생하게 들려주셨다.

워낙 자주 다니시다 보니, 심지어 서울 중앙지법에선 입찰보증금을 찾아가라고 호명할 때 '성선화'라는 내 이름 대신 대리인인 엄마 이름을 부르는 정도가 됐다(입찰보증금은 최저가의 10%인데, 만약 4000만 원짜리 물건에 입찰을 한다면, 400만 원이 필요하다. 낙찰자를 제외한 입찰자들은 입찰보증금을 돌려받는다).

아마 어머니의 맹활약이 없었다면, 이번 프로젝트를 무사히 마치는 걸 엄두도 내지 못했을 것이다. 늘 부족한 딸을 위해 물심양면 애쓰시는 어머니께 고마울 따름이다.

살기는 좋지만 투자는 글쎄…
노원, 마들

어렵고 험한 길, 그것은 운명…

어젯밤엔 마치 죽을 듯이 힘들었는데, 오늘 아침에 일어나니 '언제 그랬냐는 듯' 힘이 솟는다. 역시 잠이 보약이다. 오늘은 옷장에 처박아놓았던 그동안 안 입던 옷들을 꺼내 입어봤다. 소비를 극단적으로 줄이고도 버틸 만한 것은 그동안 이미 '질러 놓은 것'들이 때문이다. 화장품, 옷, 가방, 액세서리, 쿠폰 등등. 하지만 이런 소비들이 바닥을 드러내는 시점이 오면, 난 진정 기아상태에 빠져들게 될 것이다. 얼마나 더 버틸 수 있을까. 장담할 수 없다.

지금 내 생활은 마치 수능을 100일 앞두고 공부에 매진하는 수험생 같다. 예전에 재수할 때 생각이 났다. 수능을 석 달 앞둔 9월부터 마음을 다잡고 본격적인 공부를 했던 것 같다. 생각해보면 지금까지 뭐든 한 번에 쉽게 통과된 적이 없는 것 같다. 하지만 오히려 그 과정에서 난 강해졌다. 쉽고 편할 길이 많았지만, 나 또한 가고 싶었지만, 그 길을 가지 못했다. 지금 생각하면 그 험한 길들은 운명이었던 것 같다.

어제 저녁 오은석 대표의 소개로 만난 이경아 컨설턴트는 투자에 있어 또 다른 모멘텀을 제공했다. 그녀와 이런저런 얘기들을 나누면서 노원구나 중랑구 지역의 저렴한 아파트들도 수익형 부동산 투자의 대상이 될 수 있겠다고 생각했다. 2억 원 미만의 역세권 아파트 중에서 그나마 저평가된 지역이 노원구 7호선 라인이었다. 오늘은 노원 주공아파트 단지를 둘러봐야겠다고 생각했다.

집값 떨어져도 거래는 無

경매로 나온 물건은 상계동 주공 9단지 아파트(마들역 4번 출구, 노원역 10분). '마들역세권'이었지만 '노원역'에서 내려 걸어가기로 했다.

'충정로역'에서 5호선을 타고 종로3가역으로 가서 1호선을 갈아타고 창동역으로 이동한 뒤, 또다시 7호선을 갈아타고 노원역에 도착했다. 지하철을 두 번이나 갈아타고 출발한 지 한 시간이 지나서야 목적지인 노원역에 도착했다.

장맛비가 추적추적 내려 가뜩이나 축축 쳐지는데, 노원역에 도착하는 순간, 힘이 쫙 빠졌다. 이동하는 동안 너무 힘을 뺀 탓이었다. 교통이 참 불편하다는 생각이 들었다.

노원역은 역사 건물 자체가 컸다. 자칫 잘못하다가는 지하철 안에서 길을 잃을 것 같았다. 어디로 나가야 할지 몰라 한참을 두리번거리다 '나가는 길'이란 팻말을 따라갔다. 앞서 가는 사람들을 생각 없이 따라가다가, 한 아주머니의 안내를 받게 됐다. "나가는 길은 저쪽이야"라며 길을 안내해준 것이다. 알고 보니 역으로 들어오는 길과 나가는 길이 달랐던 거다.

7호선 마들역으로 향하는 대로변을 따라 올라갔다. 아파트단지 숲이 나타났다. 아라비아 숫자로 '7'이라고 쓰인 단지가 보였다. 주공 7단지인 것 같았다.

5분쯤 거리를 따라 올라가다 눈에 띄는 공인중개사무실에 들어갔다. 상가를 구하는 듯한 일행이 와서 계약서를 쓰고 있었다.

이미 지칠 대로 지친 상태라 편하게 몸을 내동댕이쳤다.

"아휴, 교통이 참 불편하네요. 광화문에서 왔는데 지하철을 두 번이나 갈아탔어요. 혹시 광화문 쪽으로 가는 버스가 있나요?"

그는 "당연히! 버스가 있다"고 했다. 초행길이라 힘든 것이지, 다니다 보면 곧잘 익숙해질 거라고 했다. 교통은 지하철이 편하고, 버스는 오히려 돌아간다고 했다.

노원구 일대 주공아파트는 24년 전 지어진 오래된 단지다. 가장 작은 평수는 17평이다.

"공급 18평은 전용 10평입니다. 21평은 돼야 제대로 된 거실을 기대할 수 있지요."

"노원 주공단지 중에서 추천할 만한 곳은 7, 3, 6단지입니다."

7단지를 추천하는 이유는 노원역에서 바로 나오자마자 위치해, 입지가 좋기 때문이라고 했다. 이들 세 개 단지의 21평은 급매도 2억 4000~2억 6000만 원으로 비싼 편이라고 했다.

한 통의 전화가 대화를 끊었다. 집주인이 최근 집값이 얼마 정도인지 확인하는 것 같았다. 공인중개사는 "최근 집값이 많이 떨어졌다"며, "심지어 2억 원 미만으로 떨어지는 곳도 있다"고 했다. 그런데도 매매가 되지 않는 상황이라고 덧붙였다.

연수익률 3%, 월세 아파트

다시 마들역 쪽으로 발길을 돌렸다. 가로수가 우거진 길을 따라 한 블럭쯤 올라가자 사거리가 나왔다. 건너편에 907동이라고 쓰인 아파트가 나타났다. 경매로 나온 바로 그 아파트였다. 위치는 괜찮은 편이라는 생각이 들었다. 상가 내 부동산들이 눈에 들어왔다.

신혼부부가 살 만한 급매 아파트가 있는지 물었다. 그는 급매로 나온 19평과 올 수리가 된 17평이 있다고 했다. 19평은 1억 7000만 원. 올 수리가 된 2층 17평은 이보다 조금 싼 1억 6500만 원이었다. 수리가 된 17평을 먼저 보기로 했다. 단지 안이 꽤 넓었다. 2000세대가 넘는다고 했다. 무엇보다 단지 내 녹지가 많다는 점이 마음에 들었다. 키가 높은 나무들이 어우러져, 푸른 녹음의 풍광을 연출했다. 나무들이 내뿜는 피톤치드 내음이 나는 듯했다.

5분여를 걸어 목적지에 도착했다. 방충망을 열고 주인 아주머니가 나

★ 상계 주공9단지 17평 예상 수익률표 (매매 기준)

		지출	수입
매매가격(낙찰가)		1억 6500만 원	
현재시세		1억 6000만 원	
대출	대출금		6600만 원
	금리		
	월이자	30만 원	
임대료	보증금		1000만 원
	월세수입		60만 원
	월순익		
기타비용	각종 세금	660만 원	
	법무비용		
	중개수수료	30만 원	
	도배 등 수리비		
총계			
		실제 들어간 내 돈	실제 들어오는 돈(1년)
		9650만 원	360만 원
연수익률		3.7% ➡ 약 4%	

타났다. 서울로 이사온 후 오래된 아파트는 꽤나 오랜만이다. 정겨운 느낌이다.

17평은 구조가 독특했다. 작은 방과 화장실 중간에 다용도실 같은 작은 수납공간이 있었다. 세탁기 옆에 작은 테이블을 놓아 컴퓨터 책상으로 쓰고 있었다. 안방은 비교적 넓었고, 베란다 형태의 수납공간도 있었다. 하지만 제대로 된 부엌이 없는 것이 흠이었다.

집주인 아주머니는 둘째 아이가 여섯 살이 돼 다른 곳으로 이사 간다고 했다. 집이 꼭 팔렸으면 하는 눈치였다. 처음 신혼생활을 이 집에서 시작했다고 강조했다.

　이보다 2평 넓은 19평 집을 보러 갔다. 60대쯤으로 보이는 노부부가 살고 있었다. 이 집의 구조가 훨씬 나았다. 현관 오른편에 작은 방이 있었고, 방 안쪽에 수납공간도 있었다. 무엇보다 거실이 길게 뻗은 직사각형 구조라 부엌을 넓게 쓸 수 있었다. 안방도 17평에 비해 더 넓었다. 2평 차이가 꽤나 크게 느껴졌다. 이 집은 깨끗하게 수리해서 월세를 놓으면 괜찮을 것도 같았다. 이 노부부는 전세로 살고 있다고 했다. 집을 사서 전세를 놔줬으면 하는 눈치였다.

　문제는 월세였다. 17평과 19평이 모두 보증금 1000만 원에 월세 60만 원이라고 했다. 7호선 마들역에서 북쪽으로 올라가는 14단지의 경우 1억 5000만 원대도 있었지만, 월세 수준이 5만 원 더 낮았다. 한마디로 월세 시세가 제대로 정착돼 있지 않은 것이다. 1억 원 후반대에 월세가 이 정도 수준이면 수익률이 안 나왔다. 학군도 좋고 교통도 편리해서 살기엔 나쁘지 않을 듯했지만 수익형 부동산 투자는 아닌 것 같았다.

　특히 경매로 나온 물건은 19평인데, 감정가가 2억 2000만 원으로 측정돼 1회 유찰된 가격이 급매보다 비쌌다. 굳이 경매로 잡을 필요가 없는 물건이었다. 투자를 접고 발길을 돌렸다.

노원 마들역세권 월세 아파트 임대료 - 보증금 1000만 원 / 월세 60만 원

월세여왕의 투자 다이어리

네 번째 투자만에 드디어 강남 입성, 평당 400만 원에 상가를 잡다

아침 출근길 지하철에서 읽은 《송사무장의 실전경매》는 새로운 시각을 열어줬다. 송 사무장의 책은 리얼리티 측면에서 도움이 됐다. 하지만 한 편으론 이렇게까지 해서 돈을 벌어야 하나하는 생각이 들었다. 저자인 송 사무장은 수완이 뛰어난 사람임에는 분명했다.

하지만 솔직히 인간적으로 정이 가거나, 매력적으로 느껴지지는 않았다(오해없으시길. 그냥 개인적인 느낌이다). 만약 내게 송 사무장처럼 돈을 벌고 싶냐고 묻는다면 "아니오"라고 답하고 싶다. 책을 보면 낙찰받은 물건들을 명도★하는 과정에서 강제집행 얘기가 너무 많이 나온다. 남에게 그런 아픔을 주면서까지 돈을 벌고 싶은 생각은 없다. 물론 내가 아직까지 최악의 상황까지, 그처럼 밑바닥인 상황까지 가보지 않아서, 이런 한가한 얘기를 하는 것일지도 모른다. 하지만 중요한 것은 '그렇게까지 돈을 벌고 싶은 생각은 없다'는 점이다.

가능할지는 모르겠지만 내 투자사전엔 소송이나 분쟁, 이런 속시끄러

★ 명도(明渡) : 〈법률용어〉 건물, 토지, 선박 따위를 남에게 주거나 맡김. 또는 그런 일. '내어줌', '내줌', '넘겨줌', '비워줌' 으로 순화.

운 단어들이 제발 없었으면 좋겠다. 하지만 바꿔 말하면 이런 골치 아픈 '전투' 없이는 높은 수익률을 거둘 수 없다는 의미이기도 하다. 쉽고 편하지만 낮은 수익률을 택할 것이냐, 어렵고 힘들지만 높은 수익률을 선택하느냐. 이 두 갈림길 사이의 선택은, 결국 자신의 몫이다.

지난 30일을 되돌아보면, 나는 비교적 쉽고 편한 길을 선택해왔다. 투자 중에서 가장 쉽고 편한 것이 분양을 받는 것이다. 신축 빌라를 분양 받았고, 오피스텔 분양권을 샀다. 경매를 할 때도 세입자가 배당을 받아 굳이 명도가 어렵지 않고, 권리 관계가 깨끗한 일반 물건을 택했다. 대출을 제외하곤, 그동안 마음 고생할 일은 크게 없었다.

하지만 투자가 2단계로 접어들면서, 좀 더 과감하게 리스크에 도전해봐야겠다는 생각이 들었다. 이런 결심을 하던 중 걸려든 물건이 역삼동 'H상가'였다. 감정가 2억 8000만 원짜리 상가가 6번이나 유찰돼 7400만 원에 나와 있었다. 경매 사이트에서 조회수가 1000건이 넘을 정도로 뜨거운 관심을 받고 있었다.

'강남 한복판에 이런 물건이 있다니. 도대체 뭐지?' 실체가 궁금했다. 직접 현장에 한번 가보기로 했다.

역삼동 재건축 아파트단지 안에 위치한 이 상가는 '2층 푸드코트'였다. 그런

| 역삼동 H상가

데 이상하게도 전체 17개의 푸드코트 중 단 한 곳만이 영업을 하고 있었다. 점심시간이었지만, 그 넓은 푸드코트 안에 밥 먹는 사람이 없었다. 뭔가 느낌이 이상했다. 유일하게 남아 있는 음식점으로 갔다. 주문을 하며 아주머니께 말을 붙였다.

"저, 여기……."

"점심시간이라 바빠요."

말을 꺼내기가 무섭게 퇴자를 맞았다.

텅텅 빈 푸드코트를 보면서 속으로 생각했다.

'여기 낙찰받으면 쫄딱 망하겠군.' (처음 판단은 제대로였다)

상가 1층으로 내려왔다. 그래도 혹시나 하는 마음에 에스컬레이터 바로 맞은편 부동산에 들렀다. 2층 푸드코트에서 장사를 하고 싶다고 했다. 이날 처음 출근했다는 젊은 여성은 한 남성에게 나를 소개했다. 그런데 그는 아리송한 얘기를 했다. 현재 이 푸드코트를 네 개로 구분해 병원 임차를 넣을 계획이라는 것. 만약 진짜로 푸드코트에서 장사를 하고 싶다면, 리모델링할 때 내 가게만 빼줄 수 있다고 했다. 무슨 얘기인지 도통 이해가 잘 되지 않았다(나중에 그의 말이 얼마나 엉터리인지 알게 됐다).

일단 시세가 중요했다.

"그런데 시세가 얼마죠?"

"흠, 평당 1000만 원 정도에요. 그러니까 2억 2000만 원에요."

속으로 깜짝 놀랐다.

'뭐? 시세가 2억 2000만 원?'

감정가보다 무려 1억 6000만 원이나 비쌌다. 거래가 될지는 모르겠지만 일단 메리트가 있다고 판단했다.

나는 "알았다"고 답하고 일단 후퇴했다. 그리고 곧바로 여정 언니에게 SOS를 쳤다.

"언니, 강남에 재밌는 물건이 하나 있는데 좀 봐주세요."

언니에게 경매 사건번호를 알려줬다. 잠시 후 언니에게 연락이 왔다.

"그 물건 A급이야."

하지만 만약 그 물건을 낙찰을 받게 될 경우 그 사람들과의 분쟁은 불가피할 것 같다고 충고했다. 잠시 고민에 빠졌다. 머릿속이 복잡해졌다.

'그래. 다시 한 번 가보자.'

저녁 8시. 퇴근 후 현장을 다시 찾았다. 텅텅 빈 푸드코트를 둘러보는데 멀리서 부르는 소리가 들렸다.

"어이, 거기 학생!"

'뭐야. 나를 부르는 건가?'

화장기 없는 맨얼굴에, 머리띠 하나 걸치고 질끈 묶고 다니다 보니, 종종 어리게 보는 분들이 계셨다. 뒤를 돌아봤다. 나를 부르는 게 확실했다.

"아까 낮에 왔던 그 학생 아냐? 근데 밤에 '쥐새끼(?)'처럼 또 뭐 하러 왔대?"

저녁식사 후 막걸리를 얼큰하게 한잔한 분위기였다.

'뭐라고 하지.'

짧은 순간에 오만 가지 생각들이 스쳤다. 에라 모르겠다. 이왕 걸린 거

솔직히 말하기로 했다.

"여기, 경매 나왔다고 해서요."

툭 까놓고 얘기했다.

"뭐? 여긴 학생 같은 '개인'이 들어올 데가 아냐. 더 '큰 손'이 있다고. 그리고 여기 보이지 않는 관리비가 얼마인지 알기나 해? 3000만 원이 넘는다고. 3000만 원!!"

거나하게 술기운이 돌면서 그의 언성도 높아졌다.

"정말 장사를 하고 싶다면, 내가 다른 데 알아봐줄 테니까. 아무튼 여긴 안 돼."

낮에 봤던 아저씨 무리들은 험악한 표정을 지으며 만류했다. 이럴 땐 도망치는 게 상책이다. 난 싸움이 싫다.

"네, 알겠습니다."

깍듯하게 인사를 하고는 상가를 빠져 나왔다.

여정 언니에게 다시 전화를 했다. 언니는 원래 수익률이 높으면 리스크가 크다는 '한마디'만 했다. 집으로 돌아오는 내내, 멍하니 생각에 잠겼다. 할까, 말까. 내일이 입찰인데, 어쩌지? 고심 끝에 내린 결론은 내일 아침 '관리비 액수를 정확하게 확인'한 뒤 들어갈지 말지를 결정하자는 것이다. 만약 그 아저씨들 말대로 관리비가 3000만 원이 넘는다면 그들은 내게 솔직했던 것이고, 만약 그렇지 않다면 그들은 내게 그냥 '거짓 엄포'만 놓은 것이다.

D-day! 얼마를 써야 할까

어젯밤 결심대로, 아침에 출근하자마자 H상가 관리사무소에 전화를 걸었다. 체납관리비를 확인했다.

"안녕하세요. 2층 푸드코트 주인인데요. 관리비가 얼마나 밀려 있나요?"

"그런데 누구세요?"

"소유자인데요."

"잠시만 기다리세요."

목소리가 어린 아가씨는 전화를 한 남성에게 넘겼다.

"체납관리비가 얼마나 되나요?"

다시 한 번 물었다.

"누구신데, 관리비를 물으시죠?"

"소유자 지인이에요."

"아니, 소유자가 직접 전화하지 않고 왜 소유자 지인이 전화를 하시죠?"

"네~, 경매 때문에요. 다 아시면서 왜 그러세요. 관리비가 얼마쯤 되죠?"

목소리에 힘을 줬다. 정공법을 택한 것이다. 그러자 그는 순순히 나왔다. 솔직히 "몇 백만 원 정도 된다"고 말했다. 그 역시도 거기 경매 받아도 푸트코드 밖에 못한다고, 사무실이 아니라고 충고했다.

"잘 알고 있습니다. 감사합니다" 전화를 끊었다.

몇 백만 원이라……. 어제 부동산 아저씨에게 들은 가격보다 절반이나 낮았다. 느낌이 왔다. 내가 입찰에 들어오지 못하게 하려고 일부러 관리비가 3000만 원이나 밀려있다고 거짓말을 했던 것이다. 원래는 7470만 원을 적으려고 했지만, 어머니에게 8000만 원으로 입찰가를 높여 적으라고 문자 메시지를 보냈다(사실 처음 생각한 가격에 적어냈으면 단돈 7만 원 차이로 낙찰받을 수 있었다. ㅠㅠ). 낙찰 가능성을 높이기 위해서다.

경매 결과가 나오는 정오쯤. 결과가 너무 궁금했다. '설마 되겠어'라는 생각이 들기도 했다(이런 조바심은 직접 경험해보지 않은 사람들은 결코 알 수 없다). 그때 어머니에게서 문자가 왔다.

'낙찰됐어. 나랑 한 명 더 들어왔어. 처음에 불러준 그 가격에 썼어도 됐잖아.'

믿기지가 않았다. 딱 두 명이 들어왔는데, 다른 팀은 7400만 원, 감정가 그대로 써냈다는 것이다.

'와우! 전쟁이 시작됐군. 좋아. 한번 붙어보는 거야.'

여정 언니에게 이 소식을 알렸다.

(이때까지만 해도 내가 얼마나 고생을 할 지 상상도 하지 못했다)

"하하. 업계말로 '빨리 컸네'. 축하해. 원래 처음엔 최악의 경우 8000만 원 날린다고 생각하고 부딪혀봐야 해."

살짝 두려운 마음도 들었지만, 왠지 헤쳐나갈 수 있을 것 같았다(원래 모르면 용감한 법이다).

2주 뒤 잔금 납부 날짜가 잡히고 1층 부동산에 다시 전화를 걸었다.

"2층 푸드코트 낙찰자인데요. 임대 좀 내놓으려고요."

"아 네, 얼마에 내놓으실 건데요?"

"얼마에 해주실 수 있는데요."

"그러지 말고, 한번 만나서 얘기하시죠."

"아 네, 그런데 제가 좀 바빠서요. 이번 주 내로 저녁 때 한번 갈게요."

신기하게도 다시 만난 그 아저씨는 순한 양처럼 온순해져 있었다. 그렇게 들어오지 말라고 윽박지르던 모습은 온데간데 없었다. 내가 임대를 놓겠다고 하자 그는 "웬만하면 파는 게 좋겠다"고 설득을 했다. 대출이 잘 안 되면 대출도 알아봐주겠다고 했다. 나는 마지 못해 응한다는 듯 그렇게 하겠노라고 했다. 문을 닫고 나오는데 아저씨가 물어보셨다.

"근데, 거기 경매 나온 지 어떻게 안 거야? 혹시 회장님이 보내셨어?"

"아뇨. 전 그런 분 모르는데요. 제가 그냥 들어간 거예요."

아저씨는 알 수 없다는 듯 고개를 갸우뚱했다.

묘한 희열을 느꼈다.

공실 상가, 대출에 웃고 울다

대출은 언제나 복병이었다. 특히 공실 상가인 역삼동 H상가는 아파트, 빌라보다도 훨씬 더 애를 먹였다. 분명히 자서를 하기로 한 날인데, 갑자기 담당자와 연락이 안 됐다. 사무실 번호로 전화를 했더니 담당자는 해외로 휴가를 갔고, 인수인계를 받은 사람은 일정을 제대로 전달받지 못했으니 다음주 월요일에 하자고 했다. 짜증이 나기 시작했다. 다음주 금요일이 대출 마감일인데. 월요일에 자서하려면 상당히 빠듯하다. 여기저기 알아보고 가장 좋은 조건을 뽑아놓은 법무사 사무실에서 이렇게 나오면 머리가 '띵띵' 아파온다. 대출 마감일이 일주일 남은 상황에서 다른 데 알아보는 것도 쉽지 않은 일이다.

펑크를 낸 사무실에서 다시 전화가 왔다. 직접 은행이 있는 김제로 내려가 자서를 하라는 것이다. 황당한 얘기였다. 하지만 제대로 뚜껑이 열리게 한 그녀의 한마디.

"대출 연체료 20%인 거 아시죠?"

뭐야. 그러니까 일주일밖에 안 남았으니, 웬만하면 나더러 내려가서 자서를 하라는 거야 뭐야. 배짱이었다.

"아니, 어떻게 그렇게 무책임하게 일처리를 하시죠?"

"대출 마감이 일주일 남은 상황에서 이렇게 나몰라라 하시면 어떡합니까. 서울에서 직장 다니는 사람이 어떻게 자서하러 김제까지 내려갑니까?"

나는 격하게 언성을 높였다. 그런데도 그는 자신은 할 만큼 했고, 더 이상 어쩔 수 없다고 했다. 갑자기 울화통이 터지면서 스트레스 지수가 급상승했다. 지난 일주일간 유지해온 평정심이 깨지는 순간이었다.

금요일 오후다. 시간이 얼마 없었다. 일단 정신을 차리고, 스팸메시지함에 있는 대출 알선 문자를 뒤졌다. 급하게 여기저기 전화를 돌렸다. 한 군데서 낙찰가의 80%까지 가능하고, 최초 5.5%에서 시작해 3개월마다 0.3%식 올라 6.4%에서 1년간 고정이 된다고 했다. 설정비는 본인 부담이며, 중도상환수수료는 없다고 했다. 어차피 H상가는 이달 말에 매각 예정이었기 때문에 중도상환수수료 없이 최대한 대출금을 많이 뽑는 게 중요했다.

기사회생이었다. 다음주 월요일 무사히 자서를 마쳤다.

제2의 여의도 될까? 상암DMC

폭탄돌리기 - 오늘의 문제를 내일로 미뤄라

예전부터 읽고 싶었던 《자본주의 4.0》을 챙겼다. 기대 이상으로 재미가 있었다. 핵심은 지난 글로벌금융위기 이후 자본주의 판이 바뀌면서 4세대 자본주의로 접어들고 있다는 것이다. 이 중 눈길을 사로 잡았던 글귀는 현재의 문제를 미래로 미루라는 것. 즉, 오늘의 문제를 내일로 넘기라는 것이다. 흔히 이를 '폭탄돌리기'라고 부정적으로 표현한다. 하지만 저자는 이를 적극 옹호한다.

"자본주의적 민주주의에서는 문제의 해결을 미루는 것도 효과적인 문제 해결방법이다."

지금은 문제 해결이 어렵지만, 시간이 흐르면 더 좋은 해결책이 나올 수 있다는 낙관론이다. 나중에 시간이 흐르면 지금은 생각지도 못했던 방식으

> 로 문제가 해결될 수도 있다는 설명이다. 이는 기존의 생각을 뒤집는 상당히 흥미로운 전제임에 분명하다.
>
> 　폭탄돌리기를 옹호하는 그의 발언에 개인적으로 크게 공감했다. 나 또한 비슷한 상황에 처해 있기 때문이다. 최근 일련의 나쁜 일들을 겪고 있지만, 뾰족한 해결책이 없다. 하지만 이 시간이 지나면 분명 해결책이 있을거라 확신한다.

뜨는 해, 상암 DMC

　상암 DMC 지역을 둘러봐야겠다고 생각했는데, 마침 상암 두산 위브 센티의 분양 기사가 눈에 띄었다. 대표번호로 전화를 걸었다. '역시나' 다른 번호로 다시 전화를 준다는 답이 돌아왔다.

　5분 후 ○○○라는 이름이 핸드폰에 떴다. 예전에 상가정보연구소에서 만났던 모 실장이다. 하지만 긴가민가했다.

　그에게 언제쯤 가겠다고 말한 뒤 마포역에 마련된 모델하우스로 갔다. 그때까지도 그는 내가 '한경 성선화 기자'인지 몰랐다. 명함을 내미는 그에게 내가 "혹시……."라고 말하자, 그제야 나를 알아봤다. 흠칫 놀라는 표정이었다.

　"하하. 오랜만이에요. 5월 말에 분양 시작해서 꽤 지났는데, 아직도 분양이 안 됐나요?"

그는 초기 마케팅전략을 잘못 세웠다고 솔직하게 말했다. 3호선 매봉역에 모델하우스가 있었는데, 사람들이 많이 오지 않아 최근 마포역으로 옮겨왔다고 했다. 마케팅비용도 많이 받지 못해 광고를 많이 못했다는 것이다.

"최근에 가산디지털단지 램킨푸르지오시티 분양권을 샀어요."

그는 또 한번 놀라는 표정을 지었다. 그는 가산 램킨푸르지오시티보다는 이곳이 훨씬 더 낫다고 했다. 가산디지털단지는 '지는 해'라고 했다. 반면 상암 DMC는 '뜨는 해'이기 때문에 광화문, 강남, 여의도처럼 또 하나의 핵심 업무지구가 될 거라고 전망했다.

상암 두산 위브센티움은 상암 DMC에서 지하철로 한 정거장 떨어진 '마포구청역'에서 100여 미터 거리에 있었다.

상암 DMC 내에는 두 개의 오피스텔이 있는데, 이들에 비해선 분양가가 싸다고 그는 주장했다.

사실 상암 DMC의 전망이 나쁜 것은 아니었다. 다만 분양가가 비쌌다. 평당 1050만 원이라고 하는데, 최소 1억 6000만 원이었다. 가장 큰 규모의 모델하우스를 봤는데, 구조가 썩 잘 빠지지 않았다.

그는 오피스텔은 함정이 많다고 했다. 사면 감가삼각이 들어가고, 주변에 경쟁상품이 들어서면 가격이 떨어질 수밖에 없다는 것이다. 꾸준히 월세나 받겠다 생각하면 성공하는 투자다. 특별한 개발 호재가 있지 않는 한, 가격 상승이 별로 없다.

그 역시 오피스텔에서도 진짜 투자를 아는 사람은 저층을 선호한다고 귀띔했다. 접근성이 좋기 때문이다. 공실률이 적은 것은 모두 저층부다.

대신 임대료가 높진 않다는 단점이 있다.

발품 팔아 공매 기회를 얻다

일전에 모 실장은 분양가가 비싸다는 지적에 도대체 상암동 오피스텔 가격을 알기나 하느냐고 반문했었다. 그는 상암동의 '대우 이안'이라는 오피스텔을 소개했다. 그런데 평수가 다 크기 때문에 투자가치가 떨어진다고 했다.

| 상암동 이안 오피스텔

6호선 '디지털미디어시티역'에서 내려 2번 출구로 나왔다. 오른쪽에는 텅 빈 도로가, 왼쪽에는 낡은 단독주택가가 펼쳐졌다.

예전에 한 번 잘못 내려서 목적지까지 한참을 걸어간 기억이 났다. 스마트폰을 켜고 상암동 대우 이안을 검색했다. 목적지는 직진 후 왼편으로 한참을 올라가야 했다.

왼쪽으로 고개를 돌려보니 저 멀리 '이안'이란 간판이 달린 높은 오피스텔이 눈에 들어왔다. 이 길을 따라 올라가면 가양대교와 국방대가 나온다는 표지판도 나왔다. 8차선 큰 도로였지만, 다니는 차가 거의 없었다. 조금을 걸어올라가니 공항철도에서 나오는 출구가 나왔다. '여기로 나올 걸 잘못했구나'라는 생각이 들었다. 구름 사이로 햇빛이 비쳤다. 행여나

| YTN 미디어시티 공사 현장

피부가 탈까 봐 선크림을 다시 한 번 덧발랐다.

계속 직진을 하자, YTN 미디어시티 공사 현장이 나왔다. 사거리에서 좌회전을 해 직진하자 상암초등학교가 보였다. 길을 건너 우회전을 하자 대우 이안이 나왔다. 목이 아파 위로 쳐다보기 힘들 정도로 높았다.

점심시간인데도 유동인구는 많지 않았다. 목에 사원증을 단 몇몇의 무리가 지나가는 모습만 보였을 뿐이다. 분위기가 참 한가로웠다.

예전에 교육과학기술부 산하 단체가 이곳으로 이사를 오는 바람에 취재차 왔던 적이 있다. 벌써 3년 전의 일이었다. 그때도 공실이 난 상가가 많았고, 주변 인프라 구축이 안 돼 점심 먹기도 힘들었던 기억이 났다. 빌딩들은 조금 더 많이 들어선 듯한데, 여전히 유동인구는 적었다.

1층 상가에서 '이안부동산'을 찾아 들어갔다. 입구에 '오늘부터 휴가'라고 붙여놓았지만, 다행히 잔금 치를 일이 있었던지 사람들이 나와 있었다.

미리 인터넷으로 조사한 시세는 17평이 3억 5000만 원, 34평이 4억 7000만 원, 38평이 5억 원선이었다.

휴가라 반바지 차림으로 나왔다는 공인중개사 이안부동산 02-303-3311 이안오피스텔 2단지 상가 는 17평형이 가장 인기가 있다며, 시세는 3억 2000만 원 정도라고 했다. 급매라고 해봤자 여기에서 400~500만 원 정도 싸게 사는 거라고 했다. 월세는 2000만 원에 130만 원, 3000만 원에 120만 원 정도라고 했다. 전세는 1억 6000만 원선이었다.

그는 오피스텔을 살 때는 전용률을 가장 먼저 따져봐야 한다고 충고했다. 대우 이안은 전용률이 80%에 달했다. 사실 이렇게 최고의 전용률은 처음 봤다. 17평이면 전용면적이 14평에 달하는 것이다. 거의 아파트와 맞먹는 수준이다.

그는 묻지도 않았는데 상암동 두산 위브센티움 얘기를 꺼냈다. 이 오피스텔은 전용률이 45%에 불과하다고 했다.

2005년 분양해 현재 입주 3년차인 대우 이안은 17평만 분양가보다 오른 상태. 당시 분양가가 워낙 비쌌기 때문이다. 그런데도 프리미엄이 최고 2억 원까지 갔었다고 한다. 하지만 현재 다른 평형들은 분양가보다 저렴한 마이너스 프리미엄이 붙은 상태다. 34평의 경우에도 마이너스 프리미엄이 10% 정도 붙어 있다고 했다. 결국 분양가보다 4000~5000만 원 정도 떨어진 셈이었다. 급매로 나온 것은 4억 2000만 원짜리였다. 34평형의 월세는 5000만 원에 120~130, 6000만 원에 130~140 정도였다.

그는 지금이 저렴하게 잡을 수 있는 적기라고 강조했다. 월세가 잘 나오긴 했지만, 그래도 수익률이 낮았다. 가격이 너무 비싸기 때문이다.

특히 대우 이안의 위치는 상암동의 '척추'에 해당한다고 했다. 상암동은 대우 이안을 중심으로 4구역으로 구분됐다. 길 건너 왼편에 MBC, SBS 등 방송국들이 들어서고, 오른편엔 옛 구옥들이 있다. 바로 뒤편에 신문사 컨소시엄과 서울라이트(가칭)가 있고, 뒤쪽 왼편으로 상암월드컵 4단지가 있다. MBC 맞은편에 오피스텔이 하나 더 들어서긴 하는데, 현재로선 대우 이안은 상암 DMC의 유일한 오피스텔임에 분명했다.

그는 투자용이면 '안 좋은 층'에 '안 좋은 향'을 사는 게 낫다고 조언했다. 분양가 차이는 꽤 크지만 월세는 어차피 큰 차이가 없기 때문이었다.

특히 분양가는 높은 층이 비싸지만 업무용으로는 고층을 꺼린다고 했다고 했다.

일단 당장 볼 수 있는 17평을 보기로 했다. 마침 이사를 나가서 빈 집이 있었다. 전용률 80%에 달하는 오피스텔이 무척이나 궁금했다. 12층 4호를 봤는데, 확실히 전용면적이 넓었다. 하지만 구조가 썩 좋아 보이지는 않았다. 현관 오른편에 싱크대 등 부엌이 있었는데, 현관과 칸막이로 분리되다 보니 답답한 듯했다. 현관 오른편으로 길게 창문이 있고 거실 공간이 있었는데, 꽤 넓게 사용할 수 있었다. 현관 왼편으로는 화장실이 있었고, 정면에는 작은 방이 하나 더 있었다. 방 안쪽으로 붙박이장과 드레스룸 등 수납공간이 잘 돼 있었다. 에어컨은 별도로 실외기를 설치할 필요가 없는 지역난방식이었지만, 개별적으로 조절할 수 있었다.

현재 급매로 나온 34평은 이날 볼 수 없었다. 공인중개사는 확실히 살 생각이 있으면 연락하라고 했다.

항상 느끼는 것이지만 크로스체크가 중요하다. 한 지역에서 적어도 세 군데 이상 공인중개사무실에 들르길 권한다. 길을 건너 4단지 인근에 있는 또 다른 부동산 우리공인 02-302-0222 서울 마포 상암동 월드컵파크4단지 을 찾았다. 여기에서도 상암 두산 위브센티움에 대해 물었다.

"거기 분양가가 비싸지 않나요? 평당 2000만 원인 걸로 아는데요?"

"분양사무소에서는 평당 1500만 원이라고 했는데……."

"아니에요. 전용면적으로 따지셔야죠."

약간 까무잡잡한 피부의 공인중개사는 계산기를 급하게 두드리더니 분양가가 평당 2400만 원선이라고 했다. 계약면적이 51%이지만, 전용면적은 44% 수준이라고 했다. 월세는 1000에 70~80만 원 '밖에' 안 나올 것이라고도 했다. 장 실장이 말했던 월세 수준이 맞는 셈이었다.

상암동엔 주로 IT 종사자들이 많이 거주한다며, 특히 30대가 많다고 했다.

테이블 위에 놓인 브리핑 용지를 넘기면서, 그는 지역 개발 호재에 대해 간략하게 설명했다. 재원 문제로 기공식은 했지만 첫 삽은 뜨지 못한 서울라이트가 연말이면 착공을 할 것이라고 했다(하지만 2012년 5월 현재 공사는 난항을 겪고 있다). 대우컨소시엄이 추진 중인데, 오피스 빌딩에 주거용을 넣는 용도변경 문제 때문에 시간이 지체되고 있다고 했다. MBC 본사의 경우 2013년 말에 입주 예정이며, 월드컵대교도 2015년 준공되고 지하터널로 건설되는 강남순환고속도로도 2014년이면 뚫린다고 했다. 서부면허시험장도 현재는 특별한 계획 없이 유니버설스튜디오가 들어온다는 얘기가 있지만, 언젠가는 이사를 갈 수밖에 없을 것이라고 덧붙였다.

그는 앞서 들렀던 부동산에서보다 시세를 더 높게 말했다. 39평이 5억 원대, 38평이 5억 8000만 원, 34평은 낮은 층이 4억 8000만 원이라고 했다.

"공부 많이 하시는 거 같은데, 싸게 사려면 일주일만 기다리세요."

"네? 왜요?"

"일주일 뒤에 공매 물건이 나옵니다."

"정신이 번쩍 들었다."

그는 서울시에 시행사로 잡혔던 대우 이안 오피스텔이 공매로 나왔으며, 모 업체가 이를 몇 차례 유찰된 가격으로 잡아 이를 일부 부동산에 풀 예정이라고 했다. 아직 가격은 미정이며, 휴가 지나고 나서 자세하게 논의를 해볼 수 있을 거라고 했다.

그는 "뜨내기 손님들한테는 얘기를 꺼내지도 않는다"며, "공부도 많이 하는 것 같고 구매 의사가 있어 보여서 얘기해주는 것"이라고 했다.

나는 공매로 나왔다는 곳의 호수를 재빨리 베껴 적었다.

내가 관심을 가졌던 17평도 여섯 개가 나와 있었다. 그는 사실 자신은 이곳에 온 지 얼마 되지 않았고, 전문가인 친구가 있는데 그 친구와 상담을 해보면 좋을 거라고 했다.

공인중개사는 지금은 휴가라서 만날 수 없고, 조만간 다시 한 번 나오라고 했다. 시간이 없어서 다시 나오기는 힘들 것 같지만, 그래도 꼭 한 번 시간을 내보겠다고 나는 대답했다. 그랬더니 그가 그러면 친구가 지금 상담 중 일 것 같은데 한번 만나보고 가라고 했다.

헌데 그가 알려주는 곳이 낯익었다. 방금 전 상담을 받고 왔던 이안부동산이었다. 나는 그곳에서 받은 명함을 내밀었다. 그가 말한 친구의 이름은 아니었지만, 같은 부동산이었다.

"거기서 공매 얘기 안 해요?"

"아니요. 안 했는데요."

그는 그러면 지금 가는 것은 이상하니, 휴가 끝나고 다시 오는 게 좋겠다고 했다.

지하철로 돌아가는 길, 역시 발품이 중요하다는 생각을 했다. 가격이 얼마나 저렴할지는 모르겠지만, 공매는 그의 말대로 기회가 될 수 있다.

하지만 8개월이 지난 2012년 초에 이 부동산의 전화를 받았다. 아직도 공매 건에 관심이 있느냐는 것이다. 8개월이 넘도록 물건이 남아 있었던 것이다. 2012년 5월 재확인 결과, 공매물건은 여전히 남아 있었다.

today's tip

거꾸로 가는 '선수'들

진짜 '꾼'들은 저층에 비선호 호수에 투자한다.

뜨는 상암동의 배후 단지 망원동

| 망원역

마포구 성산동 G오피스텔 504호. 망원역 1번 출구에서 3분 거리.

망원동 역시 친숙하지 않은 동네였다. 주변에서 망원동에 산다는 사람을 본 적이 없었다. 얼핏 망원동 일대 기획부동산 얘기를 들은 기억이 났다. 지도를 살펴봤다. 의외로 교통은 나쁘지 않다고 느꼈다. 2호선 합정역에서 6호선을 타고 월드컵경기장 방향으로 한 정거장만 가면 된다.

인터넷으로 망원역 인근 오피스텔 매물을 조사했다. 오피스텔 수도 적었고, 매물도 거의 없었다. 경매로 나온 G오피스텔을 매물로 내놓은 부동산은 단 한 곳만 등록돼 있었다.

장맛비가 그쳐 햇볕이 들기 시작했다. 망원역에 내렸다. 망원역은 1번과 2번 출구 두 개밖에 없어 단출했다. 1번 출구로 나가자 도심 속 시골에 온듯한 느낌이었다.

지하철 출구에서 5분 거리의 한 부동산에 들어갔다. 오피스텔 매매를 찾는다고 하자, 망원역 일대에는 없다고 했다. 신축 빌라는 분양하고 있는데 가격대가 맞지 않다고 했다.

다른 부동산에 급하게 전화를 걸어 물건 브리핑을 해달라고 했다. 금액대가 1억 원대 초반의 투자 물건을 찾고 있다고 하자, 그 정도 가격으로는 이곳에서 살 수 있는 게 없다고 단호하게 말했다. 명함을 주면서 다른 데다 돌아보라고 말했다. 뭔가 불쾌한 느낌이 몰려왔다.

바로 옆에 있는 또 다른 부동산을 찾았다. 합정역 인근의 오피스텔은 1억 7000만 원에서 1억 8000만 원선으로 비싸고, 1억 원대 초반은 서교오피스텔 하나가 나와 있다고 했다. 그에게 망원동 일대는 가격이 좀 비싼 것 같다고 하자, 그는 장황한 지역 브리핑을 시작했다.

자신에 찬 그는 두 가지 이유를 들었다. 첫째, 상암동 방송국으로 가기 편한 배후단지다. 케이블 TV방송국인 Mnet이 상암동으로 이사 왔고, 양현석의 'YG엔터테인먼트'도 합정동으로 이사 온 이유를 생각해보라고 말했다. 그런데 상암동은 아파트밖에 없기 때문에 싱글 인구들이 갈 곳이 없다고 했다. 은평이나 수색보다 살기가 훨씬 더 좋다고도 했다.

두 번째 근거는 '홍대 상권'이다. 그는 홍대 상권이 이미 합정동까지 내려왔다고 했다. 특히 홍대 상권은 신촌 상권과는 차원이 다르다고 했다. 홍대는 마니아층이 많은 반면, 신촌은 뜨내기가 많다고 했다.

끝으로 그는 합정균형발전지구가 사문화됐다고 설명했다. 원래 건축허가가 나면 안 되는 곳이지만, 최근 건축 허가가 나면서 사실상 유명무실하게 됐다고 덧붙였다. 정부가 지정하는 특정지구로 묶이면 건축허가가 나지 않는다.

그는 서교오피스텔을 추천했다. 오피스텔로 향하는 동안 그는 인근에 사옥들이 많이 들어와 있으며, 특히 출판사들이 많다고 설명했다. 오마이뉴스도 조만간 사옥을 사서 이 지역으로 들어올 예정이라고 했다.

망원역에서 도보로 7~8분 거리에 서교오피스텔을 비롯한 3~4개의 오피스텔이 사거리를 중심으로 이어져 있었다. 1억 3500만 원에 매물이 나왔다는 서교오피스텔을 봤다. 2002년에 지어, 지은 지 10년 정도 됐는데, 상당히 낡아 보였다. 이곳 특유의 투박한 건축이 인상적이었다. 복층 구조였는데, 내부 인테리어들이 허름했다. 개인적으로 별로였다.

본격적으로 경매로 나온 물건을 알아봐야겠다고 생각했다. 스마트폰을 켜고 위치 탐색에 들어갔다. 직진 후 좌회전을 하면 G오피스텔이 있다는 표시가 떴다. 길을 따라 걷기 시작했다. 전형적인 동네 상권이 나타났다. 코너에 있는 부동산을 찾았다.

오피스텔 매물을 문의했다. 인상이 참 좋게 생긴 공인중개사는 행동이 굼떴다.

"요새 매매는 없고 전월세가 많지요."

말도 느렸다. 근방에 골드오피스텔이 9000만 원선에 나와 있다고 했다. 보증금 1000만 원에 월세 50만 원선이었다. G오피스텔에 대해 문의했다. 이 역시도 8000~8500만 원선에 거래된다고 했다. 그에게도 신축 빌라에 대해 물었다. 방 세 개짜리가 2억 5000만 원선이라고 했다. 전세는 1억 6000만 원선.

결국 혼자 G오피스텔을 찾기로 했다. 5분여를 망원역 방향으로 걸어 내려와 도착한 G오피스텔. 경매 사이트에서 본 사진이 나왔다. 1층에 필로티 구조로 된 주차장이 눈에 들어왔다. 주차공간이 모자라 기계식 주차를 겸하고 있는 듯했다. 건물 안쪽에 위치한 엘리베이터를 타고 504호로 올라갔다. 장마가 끝나고 본격적인 더위가 시작돼 공기가 후텁지근했다. 동남아에 온 게 아닌가 착각이 들 정도였다.

504호의 문은 굳게 잠겨 있었다. 전기, 가스계량기를 확인했다. 지난해 12월, 올해 1월, 3월에만 납부한 내역이 기록돼 있었다. 다시 1층으로 내려와 관리소장 아저씨께 솔직하게 경매물건을 보러 왔다고 말했다. 그는 "내일이 경매 아니냐"며 "열 명도 넘게 보러 왔다"고 했다.

경매로 나온 이유를 묻자, 소유자가 망해서 빚이 7~8억 원 정도라고 했다. 관리비도 꽤 많이 연체돼서 150만 원 이상이라고 귀띔했다. 다양한 사람들이 세 들어 사는데 학생과 직장인이 대부분이라고 했다. 관리비는 6만 원, 주차비가 1만 원이라고 했다. 그는 매매는 8000만 원 선에서 이루어지는데, 7500만 원 이상으로 낙찰받으면 남는 것이 없을 것이라고 했다.

| 망원동 G오피스텔 전경

| G오피스텔 내부

그에게 흥미로운 얘기를 들었다. G오피스텔 54세대 중 42채를 80대 할머니가 가지고 있다고 했다. 2002년 준공된 이 오피스텔을 4년 전, 이 할머니가 '통매입' 하려다가 실패해 열두 세대가 남은 것이다.

주인이 한 명이니 오히려 관리가 잘되지 않느냐고 묻자, 고개를 절레절레 흔들었다. 이 할머니는 찔러도 피 한 방울 안 나오는 독종이라는 것이다. 99채 만석군이 집 한 채 가진 벼룩의 간을 빼먹는다는 옛말이 있는데, 그 할머니가 바로 그 짝이라고 했다. 그 역시도 관리비 때문에 할머니와 많이 싸웠다고 했다. 원래는 6만 원인 관리비를 공실이 생기면 상의도 없이 5만 원으로 내린다는 것이다. 그는 다른 관리인을 구하지 못해 붙어 있는 것이라고 했다. 세 들어 사는 사람 중에 할머니 욕을 하지 않는 사람이 없다며 혀를 내둘렀다.

혹시 방을 볼 수 있느냐고 묻자, 502호에 올라가보라고 귀띔해줬다. 502호 문을 열자 리모델링이 필요해보이는 낡은 인테리어가 눈에 들어왔다. 구조는 나쁘지 않았지만, 10년 전 인테리어 그대로인 듯했다.

다시 2층으로 내려와 201호에 입주한 영훈부동산에 들렀다. 솔직하게 경매물건 때문에 보러왔는데, 여기 낙찰받으면 괜찮겠느냐고 물었다. 그는 월세를 얼마씩 받느냐가 관건인데, 이 오피스텔은 보증금 1000만 원에 월세가 45만 원 정도밖에 나오지 않는다고 말했다. 그는 현재 이 오피스텔도 10실 이상이 공실이라고 알려줬다. 42채를 가진 할머니가 항상 와서 임대 좀 채워달라고 보챈다는 것이었다. 자기라면 이 오피스텔을 낙찰받지 않겠다고 했다. 일단 낙찰받은 후에는 물건이 팔려야 하는데, 되팔기가 쉽지 않다는 것이다.

그는 지금 시대에 오피스텔을 경매로 받는 것은 큰 재미가 없다고 했다. 만약 요새 경매를 한다면 20평 미만의 빌라가 괜찮다는 것이다.

망원동이 타 지역에 비해 고평가된 것 같다고 운을 떼자, 그는 사기꾼들이 뉴타운이 들어온다고 사기를 쳐서 그런 것이라며 혀를 찼다.

today's tip

관리소장을 내 편으로

관리소장은 정보의 보고 : 아파트, 오피스텔 관리소를 적극 활용하자. 속깊은 정보는 물론 임차인을 쉽게 구할 수도 있다.

잠깐! 투자포인트

5년째 망한 강남 상가, '어린 왕자'로 날개 달다

    토요일 밤 10시. 신사동 가로수길 이자카야 미카.
    "에~~~휴~~~~."
    나와 조 팀장, 이 이사님. 이렇게 셋은 긴 한숨을 내쉬며 고개를 절래절래 흔들었다.
    일주일 중에 유일하게 쉬는 날, 토요일 저녁.
    그것도 4시간이나 그의 쇳날 같은 목소리에 시달렸다.
    "아주머니, 그게 아니라요~~~~."
    조 팀장과 이 이사님은 4시간 동안 도대체 몇 번이나 이 말을 반복했는지 모르겠다. 도대체가 말이 통하지 않았다. 옆에서 아무 말 없이 지켜보던 나는, 그들의 인내심에 다시 한 번 놀랐다.
    매번 느끼지만, 욱하는 내 성격에 부동산은 맞지 않다. 내가 실무자였다면 아마 이 판을 다 뒤집어엎어버렸을 것이다.
    이래서 이 상가가 이렇게 망해 있구나. 사공이 많은 배는 이래서 안 타려고 하는구나. 사람들이 건드리지 않는 데는 다 이유가 있구나. 내가 현실을 너무 만만하게 봤구나.

그들이 수십 번 똑같은 말을 해서 간신히 이해를 하는 그를 설득하는 동안, 나는 오만 가지 후회를 했다. 다시는 상가 투자는 하지 않겠다. 복잡한 물건은 건드리지 않겠다. 이번이 마지막이다. 그의 칼날 같은 목소리를 더 이상 들어줄 수 없어 온몸이 뒤틀릴 때쯤, 뭔가 상황이 정리되는 듯했다.

"자, 자. 그럼, 이렇게 하시자구요. 지금 계신 소유주분들이 다 저희 사무실에 오셔서 도장을 찍으시면 다음주 목요일에 임차인과 정식으로 만나서 본계약하는 걸로 합시다."

4시간 전만 해도 생생했던 조 팀장의 얼굴이 검게 변해있었다. 옆에 있던 이사님의 얼굴도 불그락푸르락했다. 남은 기간은 일주일. 그들에게 천근만근 같은 짐이 주어진 것이다.

"이제 끝난 건가요? 일어서시죠."

나는 지긋지긋하다는 듯 자리를 박차고 일어섰다. 하지만 치가 떨리는 '그쪽은' 쳐다도 보지 않았다.

이 말 많은 상가에, 다 망해서 아무도 안 들어오는 상가에, 만분의 일 확률로 임차인을 구해놨더니, 이제 와서 코를 푼다. 참 어이가 없다.

성격 좋은 그들이 그를 보내고, 넋 나간 표정을 지었다.

"아~~~~. 완전 고생 많으셨어요. 우리 어디 가서 맥주나 한잔 하죠?"

다이어트 중인 나도, 술을 한 잔도 못하는 이사님도, 술이 싫다는 조 팀장도, 오늘은 기필코, 반드시, 꼭 술을 한 잔 해야 할 것만 같았다. 술잔을 기울이며, '사람이 참 어렵다'는 생각을 했다. 더불어 이들이 '참 고맙다' 는 마음이 들었다.

모든 사람들이 내 마음 같지 않다는 게 살면서 가장 힘든 일인 것 같다.

"사실 이쪽 일 하다 보면 이런 일은 비일비재해요. 모두 자기 입장만 생각하는 거죠."

"수수료도 그래요. 꼭 막판에 일이 성사될 때쯤 되면, 한 다리씩 걸치는 사람이 생기죠."

나는 이번 상가 임차 건으로 일체 수수료를 받지 않겠다고 선언했고, 그 몫을 모두 이 이사님께 드리라고 했다. 돈보다 사람이 중요하다는 이사님은 그에게 자신의 수수료의 일부를 수고비로 드리겠다고 했다. 14명에게 계약서 도장을 받아주는 대가다. 상가 임차를 맞춰준 중개인이 되레 임차인에게 수수료를 준다? 어이없는 일이 우리 상가에서 일어난 것이다.

솔직히, 나는 이래서 '이 업계'가 싫다. 이번 책을 마지막으로 부동산 업계 사람들과는 더 이상 엮이고 싶지 않다. 진심이다.

사실 이번 일도 다 틀어버리고 내 푸드코트에만 '깔세(보증금 없이 월세만 받는 임대방식)'로 줘버리고 치우고 싶은 마음이 굴뚝같았다. 그래도 한 번 더 생각하고 참은 것은 우리 상가에 들어오기로 한 키즈카페 '어린 왕자' 강상현 때문이었다. 첫 만남에서 그의 인상이 참 좋았다. 지난 14년간 실패와 좌절을 이겨내고 국내 1위 키즈카페로 성장시켰다는 점이 마음에 들었다. 나는 그가 강남에 본점을 내고 멋지게 비상하는 모습을 보고 싶었다. 그에게 이 상가를 맡긴다면 정말이지 잘 해낼 수 있을 것 같았다. 그 또한 나를 믿고 이 상가에 들어오겠다고 했다. 사공이 14명이나 되는 상가에 들어오는 게 영 찜찜하지만, "성 기자님을 믿고 들어오겠다"고 했었다.

《빌딩부자들》 인터뷰를 할 때, 청담동 빌딩의 전설 송 사장님은 내게 이런 말을 했었다. 수십 건의 빌딩 거래를 하면서 인생을 깨쳤다고. 그 속에는 삶이, 철학이 녹아있다고.

나는 이제야, 그의 말을 조금은 알 것 같다. 그때 그가 왜 그런 말을 했는지. 이번 강남 상가에 임차인을 구하면서, 인생과 삶과 인간관계에 대해서까지 생각하는 계기가 됐다. 2011년 여름 이 상가를 낙찰 받은 이후 수십 명에게 부탁을 했다. 강남에 상가가 있는데, 임차를 좀 도와달라고.

누구나 처음엔 호언장담했다. 자신이 하면 일이 일사천리로 해결될 것처럼 말했다. 하지만 누구 하나 제대로 해결하는 사람이 없었다. 처음에 같이 일을 했던 모 의사 아내도 손을 뗐고, 강남 대형 상가 전문 컨설팅 업체도 학을 뗐고, 직접 피트니스센터를 차리겠다고 했던 강 사장님도 막판에 발을 뺐다.

이 죽은 상가에 한번 갔다온 사람은 그 다음부터 연락이 두절되었다. 아마 자신에게 그곳에서 장사를 하라고 할까봐 겁이 났나 보다.

인생이 그런 것이다. 사람이 이런 것이다. 달면 삼키고 쓰면 뱉고. 자신에게 이득이 되면 붙고 아니면 냉정하게 돌아서고. 돈 앞에선 의리도 정도 없다. 아무리 사람 좋아보였던 사람도 내 일처럼 도와주는 사람이 없었다.

무엇보다 임차인만 데리고 오면, 14명의 동의는 다 받아주겠다고 호언장담했던 그도, 정작 임차인을 데리고 오니 다른 말을 했다. 계약서에 도장을 찍으라고 하자 그의 대표 자격에 딴지를 거는 사람들이 하나둘 나타나기 시작했다. 죽을 똥 살 똥 밤잠을 설쳐가며, 임차인을 맞춰놨더니. 상가의 대표로 의사결정권을 가지는 위임장을 써달라는 한 마디에, "우리가 이렇게 해주면 성선화 씨는 우리한테 뭘 해줄거냐"고 되물었다. 내가 적반하장인데, 되레 팽을 당했다며 억울하단다.

《빌딩부자들》의 조 회장님도, 소유주가 많은 구분상가에는 절대 들어가지 않는다고 했었다. 부동산의 피가 흐르는 부동산의 신동조차도, 겁을 내는 것이 자신의 재산권이 달린 '사람 상대' 인 것이다.

문득 정치하는 사람들은 참으로 대단한 것 같다는 생각을 했다. 어떻게 각기 다른 사람들의 마음을 사로잡을까. 수많은 개성을 가진 사람들의 요구에 어떻게 일일이 부응할까. 도대체 어떻게 민심을 따르고 민심을 거스르지 않겠다는 말을 할까. 이토록 변덕이 죽 끓듯하는 사람들의 마음을 얻겠다고 정치판에 뛰어든다는 것 자체가 용감하다고 생각했다.

모든 일이 그렇듯, 부동산도 '사람' 으로 시작해 '사람' 으로 끝이 난다. 내가 이 이사님을 만났고, 조 팀장과 이어졌고, 그를 통해 '어린 왕자' 김 대표를 알게 됐다. 이들이 있기에 나는 참았고, 끝까지 판을 깨지 않았다.

부동산도 결국 인생이고, 사람이고, 막판엔 '인격' 인 것이다.

우여곡절 끝에 김 대표. 12명과의 계약서에 도장을 찍었다. 이로써 강남 상가 임차는 대단원의 막을 내렸다.

고지가 빤히 보이는데 자빠질 뻔 하기를 수차례. 결국 6년간 키를 쥐락펴락 하던 이가 내게 바통을 넘기고, 원리원칙 대로 일이 진행됐다. 지금 이 순간, 내 간절한 바람은 이 고생이 헛되지 않게 키즈카페 '어린 왕자' 김 대표가 우리 상가에서 '대박' 을 내서 날개를 달고 훨훨 비상하는 것이다.

향후 물류중심지 기대되는 수서

체크카드 다섯 개로 지출을 관리하다

총체적 재정비가 필요하다. 지난달에는 가계부를 제대로 쓰지 못했다. 이번 달에는 매주 일요일 '모네타(인터넷 미니 가계부)'에 지출을 꼼꼼하게 기록해야겠다. 생활비로 기업은행 체크카드에 7만 원을 넣어두고 한 달에 300만 원씩 저축하는 적금통장을 만들고, 월세 역시 적금이나 펀드 등 금융상품으로 묶어놓을 계획이다.

나중에 체크카드 다섯 개로 지출을 관리하는 법을 터득했다(특별부록 p 555 참조).

상쾌한 토요일. 오랜 만에 폭우가 그쳤다. 다시 해가 말갛게 얼굴을 비쳤다. 오늘 일정도 만만치 않게 빡빡하다. 수서를 시작으로 서울 외곽의 양 극단을 오가는 긴 여정이다. 이제 본격적으로 경기권을 탐방하기로 했다.

| KTX 복합환승센터가 들어오는 수서역세권

오랜만에 차를 끌고 출근했다. 일요일은 그나마 여유를 좀 부릴 수 있는 날. 점심시간을 활용해 수서역 인근 물건 두 개를 보고 오기로 했다. 네비게이션에 주소를 찍었다. 예상시간 30분. 1호 터널을 지나 올림픽대로를 타다가 분당수서IC 방향으로 빠져 차가 안 막혀서인지 예상보다 빨리 도착했다. 역시 운전을 하니, 편하고 좋았다.

초보들 들어오는 일반 물건엔 먹을 게 없다

수서동 사이룩스 오피스텔. 저평가 된 신건을 노려야겠다고 결심한 이후 눈에 들어 물건 중에 하나다. 신건으로 감정 시점이 2009년이라 수서역 호재가 전혀 반영되지 않았다. 10평짜리 시세가 1억 9000만 원선인데, 감정가가 1억 3000만 원에 불과했다(2012년 초 경매로 나온 12평 사이룩스 오피스텔(2011타경32410, 감정가 2억

| 사이룩스 오피스텔

6000만 원, 낙찰가 2억 8000만 원, 사건접수 2011월 11월 3일)의 감정가는 2억 6000

만 원으로 두 배 이상 뛰었다).

빌딩 앞에 주차를 하고 건물 안으로 들어갔다. 일요일이라 그런지 조용했다. 외관상 주거용보다는 업무용으로 쓰는 곳이 많아 보였다. 2000년부터 3년간 공사를 했고, 2003년 준공한 건물이었다. 동관과 서관, 두 동으로 된 꽤나 큰 오피스텔이었는데, 동관보다는 경매로 나온 서관의 위치가 3호선 수서역과 더 가까워 좋았다. 물건지인 316호로 향했다. 성동공업고등학교 14회 동창회가 사무실로 쓰고 있었다. 복도는 좁은 편이었고 중앙이 뚫려 있는 구조였다. 엘리베이터는 중앙에 세 대와 화물용이 따로 있었다.

10년 가까이 된 오피스텔이었지만, 관리가 잘 된 느낌이었다. 부동산에 확인해봐야겠지만, 보증금 1000만 원에 60만 원은 충분히 받을 수 있을 것 같았다(예상은 그대로 적중했다).

앞으로 분당선이 연장되고, KTX역이 생기면 가격이 더 오를 수 있을 것 같았다. 인근에 수서동 문화센터가 있었고, 바로 옆에는 효성에서 고층 오피스를 짓고 있었다.

1층 부동산의 연락처를 확보한 뒤 두 번째 물건지로 향했다. 5분 거리에 위치한 수서 '현대벤처빌' 상가다. 이 빌딩은 지하 2층으로 수서역과 연결돼 있었는데, 지하 2층 상가 세 개가 경매로 나왔다. 수서 현대벤처빌은 수서역과 바로 연결돼 사이룩스보다 위치가 좋았다. 일요일이지만 유동인구가 꽤 많았다. 지하 2층으로 내려갔다. 에스컬레이터 바로 맞은편에 물건지가 있었다. 호수를 확인해보지는 않았지만 상호로 알 수 있었다. 옷가게였는데, 규모가 꽤 컸다. 90%까지 세일을 한다고 붙여놨지만 찾는 이가 거의 없었다. 가게 안으로 들어갔다. 그 넓은 가게에 손님은 달랑 한 명이었다. 장사가 안 되는 게 분명해보였다. 아무리 세일을 했다고 하지만 가격 자체가 너무 비쌌다. 게다가 상가 콘셉트가 상권에 맞지 않는다는 느낌이었다. 주변에는 죄다 분식 등 음식점인데 혼자 빈티지를 지향하는 뉴욕커들을 위한 옷가게였다. 한마디로 생뚱맞았다.

문제는 이 가게의 전부가 경매로 나온 것이 아니라 일부가 나왔다는 것이다. 다시 자세히 확인해보니 24개실을 한 개로 통합 운영을 하고 있는데, 이 중 세 개가 나온 것이다(서교동 대우미래사랑 상가와 비슷한 경우라는 것을 느낄 수 있었다).

참 애매한 상황이다. 상가가 경매로 나오는 것도 특정한 유형이 있다는 생각이 들었다. 이렇게 두 건의 물건을 살펴보는 데 30분도 채 걸리지 않았다. 보다 자세한 취재는 내일 다시 전화로 해야 한다. 사이룩스 오피스텔은 충분한 메리트가 있다고 판단했다. 수익률을 분석해보고 들어가봐야겠다고 생각했다.

사이룩스 오피스텔 입찰 전략을 세웠다. 과거 낙찰 사례를 살펴보니 모두 감정가를 넘겼다. 특히 지난 6월 한 번 유찰된 물건은 감정가보다 높은 102%에 낙찰받았다. 분명히 이 물건은 신건에 단독으로 들어가서 받아야 하는 물건임에 분명했다. 재수가 없어 아마 누군가가 들어온다면 시세보다 조금 낮은 수준에서 들어올 수 있다고 느꼈다(하지만 이는 참으로 안이한 생각이었다).

입찰 당일. 도대체 얼마를 써야 할지 감이 잡히지 않았다. 조사한 시세와 8000만 원이란 엄청난 차이가 났기 때문이다(이후 경험을 통해 시세에 가깝게 써야 한다는 사실을 깨쳤다). 아침 일찍 출근 직전에 수서동 주민센터에 들러 몇 명이나 전입세대 열람을 했는지 알아봐야겠다고 생각했다.

한산한 주민센터에 들어서 전입세대 열람하는 곳을 찾았다. 전입세대 열람을 왔다고 하자 금세 알아들었다. 미소를 머금으며 경매 때문에 왔느냐고 했다. 역시 인기가 있는 물건이었다. 몇 명이나 왔냐고 묻자, 엊그제부터 수십 명이 다녀갔다고 했다.

"어제는 몇 명이나 다녀갔나요?"

"여덟 명이나 왔었어요. 좋은 물건이라고 하던대요."

"그거 오늘까지라고 하던데요?"

"네, 맞아요. 오늘은 온 사람 없었죠?"

"오늘은 처음이네요."

과열된 분위기를 감지할 수 있었다. 전입세대 열람을 굳이 떼볼 필요도 없겠다 싶었다. 어차피 분위기만 살피러 온 거니까. 전입세대 열람 결과, 정보지에 나온 대로 전입세대는 없었다.

아침 일찍이라 문을 연 부동산이 없었다. 딱 한 군데에 불이 켜져 있었다. 잽싸게 들어가 여기 경매 나온 물건이 있는데, 얼마에 팔 수 있느냐고 물었다. 말이 떨어지기가 무섭게 손사래를 쳤다.

"어휴, 그거 낙찰 못 받아요. 추천 물건에 떠서 사람들 수십 명 왔다갔어요."

옆에 있던 아저씨가 한수 거들었다.

"그거 아마 시세에 가깝게 써야 할 거야. 시세 1억 9000만 원인데……."

"나도 들어가려다 관뒀어. 경매 공부하는 모양인데, 공부하는 셈치고 1억

6000만 원이나 1억 7000만 원에 한번 써봐."

"네. 혹시라도 낙찰받으면 여기 내놓을게요."

"하하하. 여기 꼭 내놔야 돼. 딴 데 주면 안 돼."

나는 "네~ 알겠습니다"라고 웃으며 부동산을 나섰다.

이때부터 고민이 시작됐다. 도대체 얼마를 써야 할까. 1억 7000만을 쓴다면 한 달 이자가 64만 원이나 나와 한 달 남는 돈이 5만 원 정도에 불과했다. 1억 6000만 원에 낙찰받아도 한 달에 남는 돈은 결국 10만 원 정도였다. 하지만 이 오피스텔의 경우는 시세차익을 노려야 하는 물건임에 분명했다. 향후 개발 호재가 많기 때문이다. 그러나 지금처럼 세계 경제가 불안한 상황에서 2~3년 후의 상황을 누가 장담할 수 있겠는가. 계산기를 두드리고 또 두드렸다.

결국 1억 7000만 원을 넘기지 않은 1억 6907만 원을 써내기로 했다. 지하철 안에서 나 대신 입찰을 하러 간 엄마한테 문자를 보냈다.

"엄마, 1억 6907만 원만 써줘."

하지만 결과는 짐작할 수 없었다.

오전 11시 반. 엄마한테 문자가 왔다.

"1억 9000만 원선에 낙찰돼서 떨어졌어. 20명이나 몰렸어."

'어. 알았어. 그건 시세보다 비싼 거야. 잘 떨어졌어.'

답문을 보냈다.

이날 아침 어머니는 더 이상 법원에 가기 싫다고 이번이 마지막이라고 으름장을 놓았다. 거의 매일 가다 보니 법원 사람들이 어머니를 알아보고 특히 대출 아줌마들이 투기꾼으로 알까봐 겁이 난다는 것이다.

역시 초보 투자자들이 들어오는 일반 물건에선 먹을 것이 없다는 사실을 다시 한 번 뼈저리게 느꼈다. 틈새를 찾아야 한다.

한국경제신문   2011년 4월 19일

수서역, '겹호재'로 물류중심지 기대

서울 수서역세권 개발에 본격적인 시동이 걸렸다. 한국철도시설공단은 최근 '수서역세권 개발계획 수립 용역'을 입찰 공고했다. 계획에 따르면 지하철 3호선과 분당선 환승역인 수서역에는 2014년 수서~평택 수도권고속철도(KTX)가 들어서고 추후 수도권광역급행철도(GTX)도 예정돼 있다. 수서역 일대가 물류중심지로 자리 잡을 수 있다. 용역보고서에는 역세권에 대한 개발계획과 타당성 조사 등이 포함되어야 한다. 구체적으로 역세권 개발의 청사진과 이에 대한 경제적 타당성 등이 있는지 제시하는 것이다. 101만㎡에 달하는 수서역세권 개발계획은 크게 KTX역세권(역사·복합환승센터)과 역사 주변 복합용지 개발 등으로 나뉜다. KTX 역사·복합환승센터에는 호텔과 영화관, 공연장, 웨딩홀, 뷔페 레스토랑, 오피스텔, 일반 사무실 등이 들어서고, 복합용지에는 백화점, 쇼핑센터, 주상복합(오피스텔·아파트) 등을 마련하는 방안이 검토되고 있다.

최근 수서역세권 개발이 더 조명받는 이유는 주변에 여러 호재가 함께 진행되고 있기 때문이다. 수서역 옆에 있는 탄천 건너편에 문정법조단지가 조성될 예정이고 현재는 가든파이브가 자리 잡고 있다.

일대에 여러 주택단지도 들어선다. 수서역에서 1km 떨어진 지점에 보금자리주택 강남지구와 세곡지구가 들어설 예정이고 2~3km 떨어진 송파구 장지지구에 장기전세주택, 5km 정도 떨어진 곳에 위례신도시가 계획돼 있다. 이들 신규 주택단지 조성이 완료되면 모두 합해 45만여 명이 거주할 것으로 점쳐

진다. 이에 따라 업계에서는 수서역세권이 새로운 강남의 부도심으로 떠오를 것으로 예상하고 있다.

철도시설공단과 강남구청은 수서역이 이 일대 구심점이 될 수 있다고 보고 개발에 적극적이다. 하지만 개발이 되려면 수서역 일대에 지정된 개발제한구역과 고도제한구역이 해제되어야 한다. 또 용도지역 변경도 이루어져야 한다.

경매 입찰가 산정법

1 | 당일날 아침에 법원의 분위기를 보고 결정한다. 과거 낙찰 사례를 보고 최종가격을 정한다.

2 | 동사무소에서 전입세대 열람을 한다. 다녀간 사람이 많다면 관심이 많고 경쟁률이 높은 물건이다.

잠깐! 투자포인트

초보자, 분양업자의 세치 혀를 경계하라

　경기 서남권 앞에 부천 시청역 인근에 분양 중인 부천 P오피스텔 모델하우스에 갈 예정이었다. 7호선 연장선 수혜지역(특별부록 p 552 참조)을 돌아보라는 오은석 북극성 대표의 조언 덕분이다. 계약금 200만 원을 입금하면 좋은 호수를 맡아준다고 해서, 이미 돈도 보낸 상태였다(이때만 해도 철썩같이 그를 믿었다).

　예정보다 출발이 늦어져 준비를 서둘렀다. 어머니께서 "같이 가볼까?"라고 하셨다. 예전에 동생의 원룸을 구했던 지역이라 잘 안다고 하셨다. 사실 혼자 투자 결정을 내리는 게 부담됐었는데, 어머니와의 통행은 왠지 든든할 것 같았다.

　출발은 좋았다. 일이 꼬이기 시작한 것은 송내역에서부터였다. 북부 방향으로 나갔어야 했는데, 반대 방향으로 잘못 빠져나와버렸다. 버스 기사에게 현대백화점으로 가는 버스를 물어 탔지만, 아무리 가도 번화가가 아닌 오래된 아파트 단지만 나왔다. 결국 몇 바퀴를 돈 후에야 버스를 잘못 탔다는 사실을 알게 됐다. 온몸에 힘이 쭉 빠졌다. 그래도 나는 괜찮았다. 같이 온 어머니께서 괜히 나 때문에 고생하시는 게 미안했다. 편하게

| 부천 P오피스텔 위치도

오셔도 됐는데, 괜히 나 때문에 미안했다. 투자는 아는 지역에서 해야 된다는 사실을 다시 한 번 깨닫는 순간이었다. 부천을 거의 한 바퀴 돌아 1시간 반 만에 목적지에 도착했다. 이미 지칠 대로 지친 상태였다.

부천 P오피스텔 현장은 현대백화점에서 5분 거리로 유동인구가 많았다. 인근에 부천 순천향대학병원도 있었다. 일요일 저녁 시간이었지만, 상담을 받는 고객들로 북쩍였다.

지칠 대로 지쳐버린 심신을 달래며 분양업자의 설명을 듣기 시작했다.

"근데, 제가 맡아달라고 한 호수는 어디인가요?"

그에게 두 세대로 분리되는 집으로 맡아달라고 부탁했었다. 하지만 그는 선뜻 말을 잇지 못했다. 그는 분명히 계약금 200만 원을 보내면 좋은 호수를 맡아 주겠다고 호언장담 했었다. 눈치를 보아 하니, 그는 호수를 지정해놓지 않은 것 같았다.

"아니, 선불금을 보내면 좋은 호수를 빼놓는다고 하지 않으셨나요?"

그는 내가 인적사항을 제대로 알려주지 않았기 때문이라고 했다. 일단 모델하우스를 보고 나서, 확신이 서면 그때 빼주겠다고 했다.

꾹꾹 눌러 왔던 짜증이 확 올랐다. 그래도 여기까지 왔으니, 모델하우스는 보고 가기로 했다. 구조는 나쁘지 않았다. 효율적인 빌트인 가구도 좋았다. 평당 600만 원이라는 분양가가 비싸게 느껴졌다.

| P오피스텔 모델하우스 내부

공급 26평이 전용 11평으로 전용률이 낮았다. 세대분리형 구조로 가장 작은 것을 계약할 경우, 최소 1억 7800만 원이었다. 그는 보증금을 두 배로 받을 수 있어 실투자금이 훨씬 적다고 설명했다. 하지만 최대한 많이 1억 원 정도를 대출받는다고 해도, 내 돈이 7000만 원 가까이 들었다. 방 하나에 50만 원 씩 월세를 100만 원(인근 시세는 500/60~65선이다)을 받는다고 해도 목표 수익률에는 훨씬 못 미쳤다. 어머니도 시내 한중심가로 복잡한 점이 마음에 들지 않는다고 하셨다.

끝내 선불금 200만 원을 돌려받기로 하고 돌아섰다. 그는 통장사본과 신분증을 팩스로 보내면 1~2주 후에 받을 수 있다고 했다. 계약금은 자신들이 관리하는 게 아니기 때문에 시간이 걸린다고 했다.

이미 땅거미가 짙게 깔린 하늘을 보며, 힘없이 돌아오는 길. 그동안 내가 '참 순진하게' 인생을 살아왔다는 생각을 했다. 2년간 부동산 관련 기사를 쓰면서도 곧이곧대로 사람들의 말을 믿었었다. 이제야 인터뷰했던 빌딩부자들이 왜 "분양하는 사람들이 다 사기꾼"이라며 "쉽게 믿지 말라"고 충고했는지를 알 것 같았다(모든 분양관계자를 폄하는 것은 아니니, 오해 없으시길 바란다).

분양이란 미래가치를 파는 것이다. 그 가치를 부풀려야 높은 가격을 받을 수 있다. 신규 분양에 대해 회의적인 생각이 들었다.

며칠 뒤, 두 군데의 오피스텔 분양사무소에서 전화가 왔다. '영등포 M 오피스텔'과 'P오피스텔'이다. P오피스텔은 분명히 분양 의사가 없음을 밝히고, 계약금을 돌려달라고 한 상태인데도 전화가 온 것이다. 그는 분양이 거의 다 돼서 물건이 없다고 했다. 근데 왜 또 전화를 했을까. 결국 분양이 잘 안 된다는 얘기다(인천 P오피스텔 광고는 한 달 뒤에도 본 적이 있다. 2012년 5월 문의 결과, 분양은 완료됐지만 분양권에 프리미엄은 붙지 않았다).

분양업자들에 대한 불신이 극에 달하기 시작했다. 분양업자들이 잔여 물량이 얼마 남지 않았다는 얘기는 처녀가 시집 안 간다는 것과 같다고 생각했다.

마침 오늘 신문 광고에서 본 H분양사무소에 전화했다. 주중에는 시간이 없으니 주말에 가겠다고 했다. 그랬더니 또 "잔여 물량이 얼마 없느니 주중에 빨리 오는 게 좋겠다"는 것이다.

나 참! 그 뻔한 새빨간 거짓말을. 이젠 더 이상 속지 않는다.

나는 까칠하게 대답했다.

"그래요? 없으면 할 수 없죠 뭐. 인연이 안 닿는거니까."

'잔여 물량이 없다'는 말과 '지금 당장 계약하라'는 업자들의 말에 다시는 놀아나지 않겠다고 다짐했다.

선계약금의 함정

선계약금은 절대 걸지 말 것 : 주로 200만 원선인데, 돌려받기까지 2주 이상 걸린다. 심지어 절차도 복잡하다.

여기가 뜬다!
경기 서남권

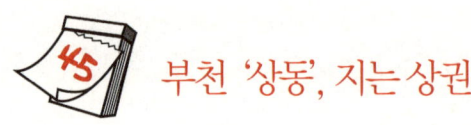 **부천 '상동', 지는 상권**

서울 접근성이 뛰어난 경기권은 동남, 서남, 서북 등으로 나눠볼 수 있다. 동남은 분당·용인 등 경부선 축이고, 서남은 수원·부천 등, 서북은 일산 등이다. 지금까지 동남권이 주목을 받았다면 최근 재평가를 받고 있는 지역은 서남권이다. 대기업들의 투자가 계속되면서 서해안고속도로를 타고 이어지는 당진·평택까지 관심을 끌고 있다.

장마가 끝나고 폭염이 시작된 첫 주말. 부천 상동과 중동을 돌아보는 일정이다. 부천시는 7호선 연장선 호재라며 대대적인 광고를 했던 P오피스텔을 보기 위해 일요일 저녁 어머니와 함께 온 적이 있었다. 그때 송내 남부역 방면으로 나갔어야 하는데 북부로 가는 바람에 한 시간을 헤맨 악

| 부천 송내역　　　　　　　　　| 부천 송내역 앞 오피스텔

몽이 떠올랐다. 그때 역시 모르는 동네는 오는 게 아니라며 모델하우스만 보고 황급히 집으로 돌아갔었는데, 또 다시 '송내역'으로 온 것이다.

　이번만큼은 정신을 바짝 차리고 길을 잘 찾아야겠다고 결심했다. 네이버 '길 찾기'를 통해 조사해온 대로 남부역 출구로 빠져나왔다.

　왠지 어디서 본 듯한 역광장 풍경이었다. 수습기자 시절, 부천역 상권 취재를 왔었던 기억이 났다. 당시 부천역 상권 취재를 하면서 인근의 옷가게를 취재했었다.

　스마트폰이 알려주는 대로 길을 건너 대로변으로 갔다. 남부역 앞으로 꽤 넓은 10차선 도로가 시원하게 뚫려 있었고, 그 주변으로 오피스텔들이 쭉 늘어서 있었다.

　가장 처음 눈에 들어온 부동산으로 들어갔다. '대영앤스빌1' 오피스텔이었다. 이날 둘러보기로 한 물건은 이보다 뒤편에 있는 '하이센스빌'과 '금강리빙텔'이었다. 일단 임대가 가장 잘 된다는 대영앤스빌을 보기로 했다.

17평이 급매로 9800만 원에 나와 있다고 했다. 구조를 둘러봤는데, 그리 마음에 들지는 않았다.

오늘의 경매물건지인 '하이센스빌'로 갔다. 1층에 있는 부동산 부동산뷰 032-328-0949 경기 부천 원미구 상동 412-1 에서 또래로 보이는 남자 중개인을 만났다. 그는 중동보다 송내역 인근이 임대가 잘 된다고 강조했다. 그들만이 볼 수 있는 전산망을 보여주면서, 중동에 있는 '포비스타'는 신축이라 비싸며 월세로 나와 있는 매물이 많아 공실이 많다고 했다(경매로 나온 중동 '포비스타'는 오늘의 관심물건이다).

부천 송내역 오피스텔은 대부분이 2003~2004년에 준공돼 함께 입주됐으며, 향후 호재가 없는 편이다. 월세시세는 500에 50으로 일괄적으로 유지되고 있다(나중에 중동 지역에 나가보고 나서야 안 사실이지만, 그의 설명은 절반은 맞고 절반은 틀렸다. 매물이 많이 나와 있었던 것은 즉시 입주 가능한 월세 매물이 많았던 것이고, 그만큼 회전율이 빠르다고 해석할 수도 있는 부분이었기 때문이다).

부천 '중동', 7호선 개통 호재

송내역에서 중동으로 가기 위해 땡볕에 뜨거운 버스 매연을 마시면서 앉아 있길 20여 분. 아무리 기다려도 중동 '포비스타' 오피스텔로 가는 5-2번 버스가 오지 않았다. 전광판을 확인해도 종점 대기 중이라는 표시만 떴다.

스마트폰으로 인터넷을 검색했다. 다른 버스를 알아봐야 했다. 한참을 들여다보고 고개를 들었는데, 아뿔싸! 바로 눈앞에서 5-2번 버스가 지나가버렸다.

허망한 눈빛으로 사라져가는 버스 뒤꽁무니를 하염없이 바라봤다. 등에선 땀이 줄줄 흘려내렸다. 창 넓은 모자에 양산까지 썼지만 자외선이 '소중한 내 피부'를 무차별 공격하고 있었다.

다시 버스를 기다리려면 30분은 더 있어야 했다. 눈앞이 캄캄했다. 하는 수 없이 택시를 탔다. 돈이 아까웠지만, 지금은 시간이 돈이었다.

택시아저씨에게 주소를 내밀었다. '원미구 중동 1120-1 포비스타 오피스텔.' 그는 길가에 차를 세워 놓고 네비게이션에 주소를 입력한 뒤 목적지로 향했다.

10여 분만에 목적지 인근에 도착했다. 인천 송도신도시에서 봄직한 쌍둥이 빌딩이 눈에 들어왔다. 순간 인천 트레이드 빌딩이 여기서도 보이나 하는 '바보 같은' 착각을 했다.

"아저씨, 저 빌딩이 뭐죠?"

"리첸시아 중동이잖아요. 아가씨가 가는 오피스텔이 그 근처에 있는 것 같은데……."

'리첸시아 중동'이라면 신문 광고로 여러 번 본 적이 있다. 실제로 보니 멀리서도 알아볼 정도였다. 다행히 3600원으로 목적지에 도착했다. 그런데 택시기사가 한마디 했다.

| 부천 중동 포비스타 오피스텔

"아가씨, 다음부터 여기 올 땐 그냥 '상하이' 가자고 하세요. 그럼 다 알아들어요."

"아 네, 알겠습니다. 제가 부천을 잘 몰라서요."

포비스타 1층 스타공인중개소 032-329-8288 부천 원미구 중동 1120-1 에 들어섰다. 더운 날씨 탓에 생수부터 한 컵 들이켰다.

"오피스텔 급매 있나요?"

부동산에 들어가 가장 먼저 묻는 말이다.

인상 좋은 공인중개사는 마침 단층 19평이 9800만 원에 급매로 나왔다고 말했다. 최근에 이보다 2평 작은 17평 복층이 1억 500만 원에 거래됐다고 했다. 작년 8월까지만 해도 17평형이 8800만 원선에서 거래되다가 올 초에 9500만 원을 찍고, 지난 5월에는 1억 원을 돌파했다고 했다. 현재 19평은 1억 2000만 원까지도 호가로 나와 있다.

전세도 훌쩍 뛰었다. 작년에 6000만 원 수준이었지만, 올해는 17평이 7000~7500만 원, 19평형이 8000만 원선이다.

포비스타는 복층과 단층이 섞여 있는데, 복층은 월세를 더 받을 수 있다. 월세시세는 17평이 500에 55만 원, 19평이 500에 60만 원(2012년 확인결과 19평 복층이 1000/60, 단층이 1000/55으로 올라있었다) 수준이다. 현재 나와 있는 단층 월세는 보증금 2000만 원에 월세 40만 원이다. 복층 공사는 시공사에 의뢰해 복층 공사를 했으면 650만 원 정도 들었고, 개별적으로 했으면 500~550만 원 정도가 들었다.

일단 집을 한번 보기로 했다. 곧 이사 갈 예정인 여자 선생님 방을 구경했다. 확실히 여자가 쓰는 방이라 깔끔했다.

창이 방의 절반 이상을 차지해 환했고, 복층 구조라 공간을 활용하기에 좋았다. 수납공간도 많았고, 부엌도 쓰기 편한 구조였다. 전형적인 원룸형 오피스텔이었다.

특히 마음에 들었던 점은 7~9층에 있는 피트니스센터와 골프연습장이었다. 9층에는 근력운동 공간, 8층에는 유산소운동 공간, 7층에는 골프연습장이 있었는데, 나처럼 운동을 좋아하는 사람들에겐 딱이었다. 피트니스센터 이용비는 따로 들지 않았다. 관리비에서 충당됐다. 이날도 한 명이 운동을 하고 있었다. 상당히 깔끔하게 관리되고 있었다.

| 복층 구조

| 피트니스센터

옥상에는 크진 않지만, 쉴 수 있는 작은 공간이 마련되어 있었다. 옥상에서 내려다본 중동 신도시는 놀랄 만했다. 얼마 전에 왔을 때와는 또 다른 모습이었다. 2006년 입주를 시작한 두산 위브가 대로변으로 늘어서 마치 분당의 정자동 같은 분위기를 연출했고, 63빌딩을 방불케 하는 리첸시아 중동은 부천의 랜드마크가 될 법했다. 옥상에서는 롯데백화점까지 대로가 훤히 보였다. 2012년 말에는 부천시청 역사가 바로

롯데백화점과 연계돼 들어설 예정이다.

생각보다 위치도 좋고 시설이 괜찮다고 느꼈다. 무엇보다 경매로 나온 물건은 감정가 9800만 원에 최저가 6800만 원으로 시세보다 훨씬 저렴했다. 한번 해볼 만하겠다는 생각이 들었다.

1층 부동산 아저씨는 19평이 9500이면 급매라며, 다른 물건들은 이미 1억 1000만 원에 나와 있다고 했다. 지금 당장 잡는 게 좋다고 강조도 했다. 이 정도로 매물이 귀하다면 낙찰받아 당장 내놔도 시세차익을 2000~3000만 원은 남길 수 있을 것 같았다.

그는 "만약 지금 사서 시세차익을 못 남긴다면 자기한테 다시 팔라"고 했다. 지금까지 다니면서 이토록 확신에 찬 얘기는 들어보지 못했는데, 대단한 자신감이라고 생각했다(2012년 5월, 그에게 다시 시세를 물었다. 11평 복층 급매 1억 1000만 원이라고 했다. 단층은 아예 물건이 없다고 했다).

부동산에서 나와 경매로 나온 422호로 올라갔다. 초인종은 고장이 났고, 아무도 없었다. 다시 1층으로 내려와 422호 우편함을 살펴봤다. 소유자이자 채무자인 전모 씨 앞으로 온 우편물이 하나 있었고, 근저당권 설정자인 김모 씨 앞으로 온 명세서도 하나 있었다. 또 5월 관리비고지서도 있었다.

이것들을 하나하나 촬영했다. 그리고 일단 7호선 연장선인 부천시청역까지 도보로 얼마나 되는지 걸어보기로 했다.

건물을 빠져나와 롯데백화점 쪽으로 향했다. 보통 걸음으로 10여 분정도 걸렸다. 초역세권은 아니지만 이 정도면 다닐 만할 것 같았다. 무엇보다 상업지구와 약간 떨어져 있는 게 살기에는 오히려 편할 것 같았다.

부천역에서 1호선을 타고 서울로 돌아오는 길. 과연 얼마를 써야 할까 고민했다. 8000만 원대를 써 내면 될 것 같다고 생각했다. 금액에 대해서는 여정 언니와 상의해보기로 했다.

포비스타, 수익률 23%에 시세차익 2000만 원

오늘은 여정 언니를 만나 물건들을 같이 검토할 예정이다. 오랜만에 만난 우리는 수다로 시간 가는 줄 몰랐다. 커피숍으로 자리를 옮겨 본격적인 물건분석에 들어갔다. 검토한 물건 서류들을 잔뜩 내밀었다. 언니는 놀란 듯한 표정이었다.

"어머, 언제 이렇게 많은 물건들을 검색 했어? 맞아! 이런 게 다 돈이야."

특유의 미소를 지어보였다. 언니는 물건들을 하나하나 검토하면서, 장단점을 짚어주었다. 특히 7호선 연장선 호재로 관심을 가졌던 부천 포비스타 오피스텔에 대해서도 객관적인 평가를 내려주었다. 마침 예전 사무실이 인근이라 전화 한 통으로 시세조사가 가능했다.

"재룡이니? 응. 뭐 좀 하나 물어보려고. 상동 포비스타 그거 급매가 얼마지?"

급매로 9000만 원까지 나와있다고 했다. 내가 조사한 시세와 같았다. 역시 전문가는 달라도 뭔가 다르다고 생각했다. 지역 부동산과 잘 사귀어두는 게 이래서 중요하구나 싶었다.

★ 중동 포비스타 공급 19평 단층 예상 수익률표　　　　　　　(2011년 경매 낙찰 기준)

		지출	수입
낙찰가격		9400만 원	
현재시세(2012년 5월)		1억 1000만 원	1600만 원(시세차익)
대출	대출금	7520만 원	
	금리		
	월이자	34만 원	
임대료	보증금		1000만 원
	월세수입		60만 원
	월순익		26만 원
기타비용	각종 세금	440만 원	
	법무비용		
	중개수수료	30만 원	
	도배 등 수리비		
총계			
		실제 들어간 내 돈	실제 들어오는 돈(1년)
		1320만 원	312만 원
연수익률		23%	

　인천은 언니의 주활동 무대. 입찰 당일날 아침, 언니에게서 전화가 왔다. "오늘 포비스타 시세 보다 높게 낙찰될 것 같은대?"

　난 어머니께 얼마를 적으라고 할지 고민했다. 그래도 시세만큼 써낼 수는 없다고 생각했다. 떨어질 각오를 하고, 8600만 원을 쓰라고 했다. 아니나 다를까, 언니의 예상대로 시세와 맞먹는 가격으로 낙찰됐다.

　8개월이 지난 지금, 1층 부동산 아저씨의 말대로 가격대는 1억 원을 넘겼고, 보증금도 두배로 뛰었다. 연평균수익률이 무려 23%. 지방 소형 아파트 만큼 높다. '만약 그때 시세만큼 내질렸다면······.' 하고 후회를 해보지만, 어차피 지나간 버스에 손 드는 것은 바보 같은 일이다.

부천 송내역 오피스텔 임대료시세 - 보증금 500만 원 / 월세 50만 원

복층 오피스텔의 매력

1 | 단층보다는 복층 : 2층으로 된 복층 구조는 같은 평형이라도 월세를 더 받을 수 있다. 2층 크기만큼 전용률도 높아진다.

2 | 복층의 선택 : 신규 분양시 옵션이 있다면, 추가비용을 내고 복층을 선택할 수 있다.

분당 서현, 연수익 23% 상가에 도전해볼까?

서현역 2번 출구로 나와 '풍림 아이원플러스'로 향했다. 서현역 AK플라자를 빠져나와 2번 출구 앞 광장으로 나오자 조금 전에 본 듯한 장면이 오버랩됐다. 부천 롯데백화점 앞 상권과 비슷한 느낌이었다. 그러고 보니 오늘 하루 동안 경기도의 동부권과 서부권의 1기 신도시인 부천과 분당을 다 돌아다닌 셈이었다. 지하철역과 백화점, 인근 상권. 이 삼박자가 갖춰줘야 투자를 할 만하다는 생각이 들었다.

스마트폰이 알려주는 곳을 따라 걷자 왠지 낯익은 건물과 도로가 나왔다. 지난해 분당 수지에 사는 친구를 만나 함께 저녁식사를 했던 그 빌딩 같았다. 가까이 가보니 그 건물이 맞았다. 2층 인도음식점에서 식사를 하고 밖으로 나와 1층 스타벅스에서 커피를 마셨었다.

그때만 해도 내가 경매물건을 보러 이곳에 다시 오게 될 줄은 몰랐다. 그때는 서울보다 주차공간이 널찍해 '역시 경기도가 좋다'고 생각했었다. 거기서 조금 더 올라가자 큰 빌딩이 나타났다. 바로 풍림 아이원플러스였다. 1층을 필로티로 뚫어 계단으로 만들었고, 규모가 상당하다는 느낌을 받았다. 1층에 한아름마트가 있었다.

다시 한 번 물건지를 확인했다. 분명 오피스텔로 물건 종류가 표시돼 있었지만 실제로는 중국음식점 '차이나타운'이라고 쓰여 있었다. 2층 223-1호와 223-2호, 2개호를 점포로 이용 중이었는데, 각각 2.92평에 불과했다. 건물은 총 5평이 조금 넘었지만 감정가는 1억 8000만 원이었다. 대지면적이 오히려 건물면적보다 넓었다. 그 이유는 직접 가보고서야

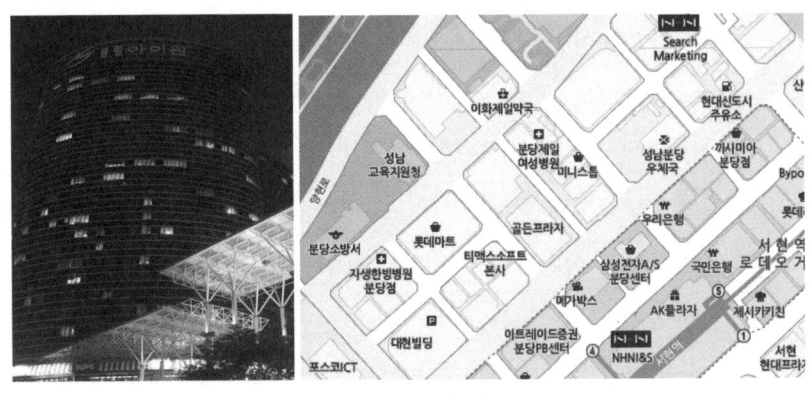

| 서현 풍림아이원 오피스텔 | 서현 풍림아이원 오피스텔 위치도

알 수 있었다.

  토요일 저녁 8시. 3층까지 상가인 이 오피스텔은 다양한 업종이 입주해 있었다. 부동산은 물론이고 음식점, 병원, 은행 등등 입주자들을 위한 다양한 편의시설이 있었다.

  차이나타운은 2층에 푸드코트 비슷하게 생긴 원형광장의 초입에 있었다. 다른 가게들은 이미 경매로 넘어갔는지 '철거 예정', '입매 문의'라는 표시가 붙어 있었다.

  주위를 두리번거리다, 일단 음식을 하나 시켜놓고 말을 걸어보기로 했다. 생각 없이 짬짜면을 시켰다. 단발머리를 한 약간 통통한 여성이 짬짜면을 가져왔다. 슬쩍 말을 걸었다.

  "여기 푸드코트는 왜 문을 닫았나요? 그런데 혹시 여기 가게 경매 나온 것 맞나요?"

  "네, 맞아요. 우리 가게 경매 나왔어요."

"아, 어떻게 하실 예정이세요? 장사는 되게 잘 되는 것 같은데요."

"우리도 아직 모르겠어요. 어떻게 할지……."

나는 멋쩍게 웃었다. 짬짜면이 나왔다.

지금까지 그렇게 맛있는 자장면은 먹어본 적이 없다. 정말 맛이 있었다. 이왕 온 거 하나라도 더 물어봐야겠다고 생각했다. 경매입찰일이 얼마 남지 않았다.

계산을 하면서 가게 세입자에게 다시 한 번 물었다.

"여기 보러 사람들 많이 왔었나요?"

"아뇨. 아무도 안 왔어요."

굉장히 어린 여자가 경매를 보러 왔다니 놀랍다는 듯 다시 한 번 위아래로 나를 훑어봤다.

서울로 돌아오는 버스에서 수첩을 펼치고 수익률을 계산해봤다. 무려 23%에 달했다. 보증금 2000만 원에 월세가 110만 원이나 나왔기 때문이다. 문제는 차이나타운이 나가면 누가 들어와 장사를 할 것인지, 인근에 가게들이 다 임대가 되지 않은 상태인데 월세를 잘 낼 만한 업종이 들어올지 등이 걱정거리였다. 수익률이 높다는 점과 위치가 좋다는 점은 마음에 들었지만, 리스크가 있었다.

다음날 퇴근 후, 차이나타운을 다시 찾았다. 입구에 있는 부동산에 들어갔다.

"김밥천국 같은 장사 잘 되나요?"

"그렇다"고 했다.

"이곳 상권은 어떤가요?"

그는 주로 점심 장사를 하는데, 상권은 괜찮은 편이라고 했다. 입구의 김밥천국은 보증금 3000만 원에 월 130만 원 정도였다. 권리금도 5000만 원 정도.

차이나타운의 시세는 1호당 1억 원 정도였다. 차이나타운은 보증금 1000만 원에 월 60만 원을 내고 있었다. 두 개를 합쳐 감정가 1억 8000만 원이면 시세보다 약간 저렴한 수준이다.

이번에는 용기를 내어 차이나타운 주인아주머니와 깊은 대화를 나눠보기로 했다. 화장실에서 심호흡을 하고, 다시 차이나타운으로 갔다. 주인아주머니에게 웃으면서 인사를 했다.

"안녕하세요?"

주인아주머니는 나를 알아봤다.

"제가 여기를 낙찰받으려고 하는데요. 앞으로 여기서 계속 장사를 하실 예정인가요? 제 생각엔 계속하시면 좋을 것 같아서요."

"아직 모르겠네요. 반반이에요."

다른 데도 알아보고 있는 중이라고 했다. 어차피 배달주문이 매출의 90%를 차지하기 때문에 번호가 바뀌지 않는 한 상관이 없다고 했다.

그에게서 중요한 정보를 들을 수 있었다. 이미 이 푸드코드는 2년 전 임의경매에 들어가 주인이 한 번 바뀐 상태였으며, 그때부터 임대가 되지 않으면서 상권이 죽었다고 했다. 철거 예정이라고 써 놓은 게 벌써 2년째라는 얘기였다. 이유를 물었지만, 아주머니는 모른다고 했다(이런 망한 푸드코트 투자는 정말 조심해야 한다).

아주머니는 남편과 함께 2004년 분양 때부터 차이나타운을 운영해왔다고 했다. 한 번의 손바뀜이 있었지만, 계속 장사를 한 셈이다.

월세는 경매에 들어간 지난 3월부터 내지 않고 있다고 했다. 4개월간 밀린 월세가 240만 원 정도이니 보증금에서 700만 원을 못 받는다고 해도 큰 손해는 아니었다.

그는 예전에 경매 들어갈 때는 물으러 오는 사람들이 많았는데, 이번에는 그렇지 않다고 했다. 인근 부동산 사람들도 경매 나온 사실을 다 아느냐고 묻자, "이미 다 알고 있다"며 "그들도 다 한통속"이라고 대답했다.

잘 먹었다는 인사를 건네고 나오면서 임대 문의라고 붙여 놓은 번호로 전화를 걸었다. 앳된 목소리의 한 여자가 전화를 받았다. 임대를 좀 하고 싶은데 가능하냐고 하자, 그는 "당연히 그렇다"고 했다. 인근 부동산에서는 임대를 놓는 물건이 아니라고 하는데 장사가 안 돼서 망해나가는 곳은 아니냐고 물었다. 그는 "절대 그렇지 않다"며 상가를 가진 일부 사람들이 같이 음식점을 내보려고 하는데 소유주가 많다 보니 잘 되지 않아 상권이 죽었다고 했다(그의 말을 새겨 들었어야 했다). 이 여자는 점포 하나를 가지고 있었는데, 그 사람들과 함께 가게를 할 생각이 전혀 없고 자기 혼자 임대를 놓을 생각이라고 했다. 그 여자는 2년 동안 상가가 좋아지길 기다리고 있는 중이었다(나중에 받은 강남 상가로 비슷한 처지가 될 뻔했다).

"조만간 문제가 해결되면, 곧 좋아질 거라고 생각해요"

여자는 상가의 위치가 문제가 아니라고 강조했다. 2층 부동산 중개업자 중 한 명이 상가의 주인인데, 그 업자가 다들 사람들과 짜고 일을 꾸미고 있기 때문에 일부러 임대도 주지 않는 것이라고 했다. 그래서 하는 수 없이 개인적으로 임대를 놓기 위해 연락처를 붙여놓았다고 했다.

그제야 머릿속에 흩어졌던 정보들의 퍼즐이 하나둘 맞아 들어가기 시작했다.

정리를 하면 이렇다. 2년 전 푸드코트가 통으로 경매에 나왔을 때 작업에 들어갔던 부동산이 이를 다 잡지 못하고 몇 개를 놓쳤다. 그 결과 그들이 원하는 것을 하지 못하게 되면서 시간을 끌게 됐다. 그러던 중 마침 개인이 잡았던 물건이 또 다시 강제경매로 나오게 된 것이다.

결국 나도 또 한 차례 유찰되기를 기다렸다 들어갈 것인가, 아니면 그냥 이번에 단독 입찰로 먹을 것인가를 결정해야 한다. 그러려면 이 상가에 대한 상권분석을 확실히 해야 한다. 상가는 낙찰받기는 쉬워도 환금성이 떨어져 빠져나오기가 쉽지 않기 때문이다.

이 여자도 자신들도 빠져나오려고 했지만 등기부상 권리관계가 복잡해 그럴 수 없었다고 했다. 분당 서현역이 딱히 개발 호재가 있는 지역은 아니었다. 배후 수요는 안정적이겠지만 큰 시세차익을 기대할 수 없는 것도 사실이다. 결국 선택의 문제였던 것이다(6개월 뒤, 차이나타운에 전화를 걸어봤다. 그 자리에서 계속 영업을 하고 있는지 궁금해서였다. 그 차이나타운은 인근의 이매동으로 이사를 했다고 했다).

today's tip

상가 푸드코트 투자 주의

1 | 푸드코트는 대부분 망한다. 절대 들어가지 마라.
2 | 특히 소유주가 많은 푸드코트는 용도변경이 어려워 낙동강 오리알이 될 수 있다.
3 | 경매로 나온 푸드코트는 망한 상권인 경우가 대부분이다.

기업 투자
호재 기대되는
평택

 평택, 기업들이 몰리는 곳

LG전자가 평택시 진위면 근처에 대규모 공장을 건설한다는 기사가 아침 신문에 도배됐다. 이날 한경 산업면 톱기사는 "대기업들이 평택으로 몰려간다"는 해설기사였다. 이 기사는 산업면 기사였지만, 한 번 더 생각하면 부동산 기사이기도 하다. 기업의 투자관련 뉴스는 부동산 시장에 좋은 호재이다. 대규모 공장 증설은 향후 인구 유입으로 인한 풍부한 임대 수요를 기대할 수 있기 때문이다. 그래서 나는 평택을 주목했다. 일단 평택시에 나와 있는 경매물건 몇 개를 추렸다. 진위면

산업면
LG전자 신성장동력 평택서 찾는다
2014년까지 278만㎡ 매머드기지

인근에는 아파트가, 송탄역 인근에는 빌라와 아파트 등이 있었다. 서울보다는 확실히 가격이 저렴했다. 1억 원 미만의 물건들이 많았다.

평택은 생각보다 가까웠다. 지하철 1호선을 타고 한 시간 정도를 가면 '진위역'이었다.

| 진위역 주변도로

책을 읽으며 시간을 낚았다. 창밖으로 논밭의 풍경이 펼쳐졌다. 전형적인 시골마을의 느낌이다. 진위역에서 내리자, 어디선가 교복 입은 학생들이 우르르 몰려왔다.

첫 번째 물건지는 진위면 '한승

| 지하철 1호선 '진위역'

아파트'였다. 하북 버스정류장에서 8번 버스를 타야 했지만, 아무리 기다려도 버스가 오지 않았다. 다시 길 찾기 검색을 해보니, 2번 버스를 타고 세 정류장을 가도 된다고 나왔다. 2번 버스는 금방금방 왔다.

막 도착한 버스에 올라 탔는데, 느낌이 이상했다. 갑자기 오산시 간판이 보였다. 아뿔싸! 반대 방향이었다. 오산역으로 향하고 있었다. 재빨리 버스에서 내렸다. 오산 '동부아파트' 근처였다.

이왕 내린 김에 오산 아파트 시세조사나 해보기로 했다. 일단 20평형대 아파트는 거의 없고, 32평 아파트는 2억 2000만 원에서 2억 4000만 원선이었다. 생각보다 가격이 비쌌다. 월세는 1000에 40만 원선. 물건이 귀한 23평 아파트는 1억 6000만 원에서 1억 6500만 원선이었고, 32평 보다도 월세가 비쌌다. 보증금 2000만 원에 60만 원이었다.

부동산 관계자는 지난해 10월부터 물건이 빠졌다고 했다. 전세금이 오르자 매수세로 돌아선 것이다. 현재는 급매가 빠져 물건 자체가 없다고 했다. 특히 오산까지는 강남에서 한 번에 오는 광역버스가 있어 편리하다고 했다(오산이 마지막 정거장이다).

다시 2번 버스를 탔다. 하지만 가려고 했던 한승아파트는 시야에서 멀어졌다. 어디론가 낯선 동네로 향하고 있었다. 버스는 이제 논밭을 지나, 시내로 진입했다. 진위역 다음 정거장인 '송탄역'으로 가는 듯했다. 송탄역으로 가기 전에 내려야겠다고 생각했다.

경기관광호텔 정류장이었다. 3층 짜리 낡은 건물에 PC방이 있었다. 물건 조사를 다시 했다. 6분 미만이면 공짜라는 언니의 설명에 잽싸게 검색만 하고 나왔다.

이미 한승아파트는 한참 지나왔기에, 두 번째 물건으로 정했던 '대옥 3차아파트'로 향했다. 1-1번 버스를 타고 현대상가 버스정거장에서 내려야 했다. 벌써 날이 어둑어둑해지고 있었다.

분명 두 정거장을 가야 한다고 했지만, 바로 다음 정거장이 '현대상가'라는 안내방송이 나왔다. 주변을 보니 '대옥 7차'가 보였다. 허겁지겁 버스에서 내렸다. 낡은 저층 아파트인 대옥 7차가 보였다.

먼저 분위기를 파악하기로 했다. 삥 돌아 물건지 입구로 들어섰다. 경비 아저씨가 계셨지만 출입자들에게 대해 크게 개의치 않았.

엘리베이터를 타고 5층으로 갔다. 예전에 지어진 지방 아파트들이 그렇듯, 2개 층에 한 개씩 엘리베이터가 있었다.

아파트는 상당히 어두컴컴했다. 간간히 문을 열어놓은 집이 있어 구조를 살필 수 있었다. 전용 15평인데 생각보다 넓어보였다. 집을 확인했으니 부동산에 들러야 했다. 정류장 맞은편 부동산에 들어갔다.

"대옥 7차 경매로 나왔던데요. 그거 낙찰받으면 얼마에 세놓을 수 있나요?"

자그마한 체구의 아저씨가 의미심장한 미소를 지었다.

"그거 경매 나왔어요? 얼마에 나왔는데요?"

"7000만 원이요."

그는 대뜸 "경매를 어디서 배웠느냐"고 물어봤다. 나는 그냥 혼자서 독학 중이라고 했다. 그러자 그는 부동산에 와서 경매물건에 대해 물어보면 누가 좋아하겠냐며 "다음에는 음료수 하나라도 사 가지고 다니"라고 충고했다. 인지상정인지라 안 해줄 말도 해준다는 것이었다. 속으로 좋은 팁이라고 생각했다.

"저도 지금 어제 퇴원해서 컨디션이 상당히 안 좋습니다. 이렇게 컨디션이 안 좋을 때는 더 말해주기 싫겠죠?"

그래도 그는 성심성의껏 물건지를 봐주고 중요한 정보들을 주었다. 일단 대옥 3차는 노부부가 살고 있는데, 집주인한테 사기를 당했다. 집주인은 애시당초 경매로 집을 넘길 작정이었다. 하지만 노부부에겐 전세권이 설정돼 대항력이 있었다. 즉, 낙찰자가 이들에게 전세보증금을 물어 줄 의무가 있었다. 이에 영악한 집주인은 노부부를 꾀어 전세계약을 다시 맺었다. 세상 물정 잘 모르는 노부부는 그녀의 말대로 했다가, 보증금 한푼

못받고 길거리로 쫓겨나게 생긴 것이다.

할머니는 이 사실을 알고 쓰러지기까지 하셨다고 했다. 결국 집주인은 경매로 빚을 털려고 집을 내놨고, 중간에서 배당을 못 받고 쫓겨나는 사람은 불쌍한 세입자가 돼버린 것이다.

"아~~, 이런 물건은 명도가 어렵겠군요. 골치가 아프네요."

"저도 경매를 하지만, 경매하실 때는 왜 이렇게 싼지 꼭 한번 의심을 해보셔야 합니다. 싼 데는 다 이유가 있는 거니까요(정말 맞는 말이다)."

무엇보다 이 아파트는 시세로 감정이 돼 있어 메리트가 없었다. 그는 올 수리가 돼 깨끗한 물건이 7200만 원에 나와 있기 때문에 낙찰 후 500만 원 정도를 들여 올 수리를 해야 경쟁력이 있다고 했다. 서울에서 7000만 원이면 저렴한 가격이었지만, 이곳에선 이 가격도 비쌌다.

명도비와 각종 비용을 계산했을 때, 낙찰가가 5600만 원 정도 돼야 남는 게 있다고 했다. 한 번은 더 유찰돼야 남는 게 있었다. 이왕 이렇게 된 거, 그에게 나머지 물건들도 좀 봐달라고 했다.

그는 과감히 X표를 쳐야 할 물건들을 골라줬다. 그가 그나마 괜찮다고 추천한 물건은 '서정동의 다세대주택'이었다. 그는 버스를 타고 가기엔 길이 애매하다며 택시를 추천했다. 결국 2200원을 내고 택시를 탔다.

밤이라 물건지를 찾는 게 어려웠다. 하지만 이 동네의 분위기를 금방 알 수 있었다. 중앙로를 따라 피자집, 호프집, 치킨집 등 먹거리들이 많았다. 지나가는 사람들도 꽤 있었다. 임대가 좀 되는 동네라는 사실을 직감했다. 간신히 찾은 물건지의 불은 꺼져 있었다. 우편함에는 경매 사실을 알리는 봉투들이 쌓여 있었다. 물건은 신축이었지만, 어딘가 모르게 엉성

해보였다.

인근 부동산을 찾아나섰다. '경매컨설팅 대리'라고 크게 붙여놓은 부동산이 있었지만, 아주머니는 전화를 받느라 나를 전혀 신경 쓰지 않았다. 다른 부동산 박사 공인 031-664-0020 경기 평택 서정동 886-4 으로 들어갔다. 한 아주머니가 반갑게 나를 맞았다.

"인근에 다세대주택이 경매로 나왔는데요. 월세 놓으면 얼마나 받을 수 있을까요?"

아주머니는 번지를 물었다. 하지만 신축이라 장부에는 나와 있지 않았다. 위치와 생김새를 설명하자 아주머니는 대충 알겠다는 듯 보증금 500만 원에 월 30만 원 정도가 시세라고 했다. 월세는 잘 나가는 편이지만, 매매는 잘 되지 않는다고 했다. 그는 경매를 그다지 선호하지 않는다고 했다. 그보다 적은 돈으로 투자할 수 있는 일반 물건이 낫다고 했다. 송탄역 근처에 3300만 원짜리 오피스텔이 있다고 소개했다. 전세가 3000까지 들어 있어 300만 원만 있으면 살 수 있다고 했다. 귀가 솔깃했다.

일단 가격이 쌌고, 송탄역 근처에 있다는 점이 마음에 들었다. 지은 지는 10년 정도 됐지만, 분양을 하지 않고 건물주가 직접 임대를 해왔다. 하지만 이번에 전원주택 사업을 시작하면서 자금이 필요해 분양을 하게 됐다는 것이다.

7월부터 분양을 시작했는데, 두 달 만에 거의 다 팔리고 7~8개 정도가 남았다고 했다. 이미 좋은 물건들은 다 팔렸고, 남은 물건들은 전용률이 좀 낮은 저층이라고 했다.

아주머니와 함께 물건지로 갔다.

밤이라 정확히 볼 순 없었지만 P오피스텔은 외관상 꽤 괜찮아보였다. 다만 주변에 모텔과 점집이 많은 게 단점이었다. 주변에 단독주택을 허물고 신축을 하는 곳들이 많았다. 머지않아 이 지역도 확 달라질 것 같았다. 특히 상업지역이다 보니 7층까지 지을 수 있었다. 2억 원 정도면 대지 40평 단독주택은 살 수 있었다. 돈만 있다면 하나 사놓아도 좋을 것 같았다.

아주머니는 자기 집도 서울이라면서 잠실 근처에 내려주겠다고 했다. 너무나 반가운 제안이었다. 집으로 돌아오는 길, 그는 자신도 물건 두 개를 잡았다고 했다. 돈만 있으면 더 하고 싶지만, 자금이 부족하다고 했다. 주로 인근에 있는 자영업자들이 많이 했는데, 투자 목적으로 한 층을 다 산 사람들도 있다고 설명했다.

그가 서울에서 평택으로 내려온 것은 2년 전이다. 2008년 상반기 평택 투자 붐이 일면서 투자자들을 데리고 왔다가, 하반기 금융위기가 터지는 바람에 비싸게 샀다고 했다. 그때 인연으로 평택에 왔는데, 소소하게 전월세 거래가 많아서 먹고 살 만하다고 했다.

아주머니와 이런저런 얘기를 하다 보니, 금방 서울에 도착했다. 아주머니는 나를 5호선 둔촌역에 내려주었다. 다음 날 다시 연락을 주기로 했다.

연락을 주기로 한 아주머니에게 연락이 없었다. 다시 전화를 걸어봤다. 그런데 문제가 생겼다는 것이다. 집주인이 세금 문제로 내년에 팔겠다고 했다는 것이다. 무슨 문제냐고 물었더니, 이 오피스텔을 지으면서 개인 명의로 등기를 했는데, 올해 한꺼번에 분양을 하면서 세금이 많이 나와 내년에 팔겠다는 것이다. 참 어이가 없는 일이긴 했지만, 나는 알겠다고 했다. 연말까지 기다려달라고 하는데, 그걸 누가 기억하고 찾겠냐고 생각했다.

하지만 해를 넘긴 어느날. 평택 P오피스텔이 문득 생각났다. 나는 명함을 뒤져 그 아주머니께 다시 전화를 했다.

"P오피스텔 아직 있나요?"

이미 다 팔렸을 거라는 예상과 달리, 그는 물건이 남아 있다고 했다. 그것도 3개나. 시세는 그때와 같았다. 물론 나는 P오피스텔을 사지 않았다. 이미 벌써 더 좋은 물건을 더 많이 알게 됐기 때문이다. 부동산도 인연이 있다는 말이 괜히 있는 얘기가 아닌 듯하다.

부동산 방문 요령
경매물건 볼 때 '음료수'라도 들고 부동산 가기

투자할 곳이 마땅치 않은 안산

 ## 안산, 역시 상가는 어렵다

 안산시 단원구 초지동 인근에 5~6차례 유찰된 상가들이 나와 있는 것을 발견했다. 지도를 확대해보니, 아파트 단지 맞은편에 있어서 위치가 나쁘지 않아 보였다. 지도로 확인할 때만 해도, 배후 아파트 단지가 많은 데다 공실도 아니라서 꽤 괜찮을 상권일 것으로 예상했었다.
 퇴근 후 안산으로 가는 길 권강수 창업정보연구소 소장에게서 전화가 왔다. 연신내에서 직접 국수집을 운영하고 있는 상가 투자 전문가였다. 마침 잘됐다는 생각에 지금 안산에 상가를 보러 가는 길이라고 했다.
 "요새 안산 상권은 어떤가요? 지금 안산에 상가 보러 가요."
 "안산도 중앙역 근처 빼고는 잘 안 된다던데요. 얼마 전에 친구가 자기도 안산에 국수집을 내고 싶다고 하기에 어중간하면 하지 말라고 했거든요. 그런데 친구가 시장조사를 해보더니 결국 안 하더라고요."

흠……. 경매로 나온 물건지는 4호선 중앙역도 아닌, 고잔역에서 버스를 타고 가야 하는 지역이었다. 뭔가 불안했다. 중앙역 인근이 안산에서 가장 번화가라는 얘기인데, 거기조차 장사가 잘 안 되는데 더 외진 곳이 잘 될까라는 생각이 살짝 들었다. 그래도 안산을 한 번도 가본 적이 없으니 이 기회에 한번 가보기로 했다.

저녁 8시. 저녁 라디오 방송 때문에 출발이 늦었다. 초지동 상가 세 개를 보고 나서, 중앙역에 들러 원룸텔을 본 후 돌아오는 빡빡한 일정이었다.

4호선 고잔역에서 내렸다. 도착하니 벌써 저녁 9시 반. 서둘러야 했다. 늦은 저녁 시간이기도 했지만, 고잔역 주변은 유동인구가 거의 없어 고요했다. 손님을 기다리는 택시기사들도 기다림이 지겨운지 삼삼오오 모여 수다를 떨고 있었다. 10여 분을 기다려 버스를 타고 목적지를 향했다.

길 양옆으로 주공아파트들이 많았다. 조금 더 가자 이마트도 나왔다. '별망초등학교' 근처에서 내렸다. 물건지는 단원종합병원 근처였다. 주위를 둘러봤다. 생각보다 네온사인 불빛이 화려하지 않았다. 늦은 밤 시간이기도 했지만, 활기찬 상권의 분위기는 아니었다.

첫 번째 물건지는 정류장에서 길을 건너자마자 있었다. 서해프라자 107호. 문제는 위치를 못 찾겠다는 것. 아무리 둘러봐도 107호를 찾을 수가 없었다. 다음번엔 상가 호수가 그려진 자료를 꼭 프린트해서 가지고 다녀야겠다고 결심했다. 아파트와 달리, 상가는 위치 찾는 것조차도 힘들었다. 이 건물 3층에 나온 309호로 올라갔다.

| 불꺼진 상가 내부

'시골밥상'이라는 음식점에 불이 꺼져 있었다. 복도가 썰렁했다. 1층 대로변에 인접한 삼성대리점 정도나 될까, 장사가 거의 안 되는 것 같았다. 입원환자들이 병원 입원복을 돌아다니는 모습이 보였다. 거리에서 환자들과 마주친다는 것은 썩 유쾌한 경험 같지는 않았다.

시간이 없었다. 인근 5분 거리에 있는 이마트 맞은 편 신명트윈타워로 황급히 걸음을 재촉했다.

경매 사이트에는 두 명의 임차인이 있고, 보증금 합계는 300만 원에 월세가 14만 원으로 돼 있었다. 그런데도 최저가가 1억 1000만 원선이었다. 막상 현장에 가니 장사를 하지 않는 공실이었다. 대로변 음식점들은 그나마 장사가 좀 되는 것 같아 보였는데, 안쪽으로 들어와보니 썰렁하기는 마찬가지였다. 이마트 탓인지 주변 상권이 거의 죽은 듯했다. 아니다 싶을 때는 빨리 자리를 뜨는 게 상책이다.

서둘러 내렸던 버스정류장으로 갔다. 20분에 한 대씩 온다는 버스가 보였다. 다행히 신호에 걸려 잠시 정차했다. 있는 힘껏 뛰어 버스에 올라탔다. 두 정거장 거리에 세 번째 물건지가 있었다. 주공 14단지 앞이었다. 이번에는 좀 괜찮지 않을까 하는 기대감도 있었다.

버스에서 내렸더니 편의점과 음식점들이 보였다. 대일타운 115호.

115호는 대로변과 반대편 이면도로에 있었다. ○○ 족발집이었는데, 문은 굳게 닫혀 있었다. 장사가 잘 되는 집이라면, 분명 저녁 장사를 할 텐데, 그렇지 않다는 사실을 알 수 있었다. 잠시 편의점에 들렀다.

"아저씨. 옆에 족발집, 장사가 잘 되나요?"

"거기 아마 장사 안 할 걸요? 맛은 괜찮은데, 가게 내놓은 걸로 알고 있어요. 그런데 왜 그러세요?"

"아니, 장사나 좀 해볼까 해서요."

"뭐, 장사야 하기 나름이죠. 어떤 업종 하시게요?"

얼떨결에 족발집이라고 대답해버렸다.

"족발집은 괜찮죠. 인근에 족발집은 없으니까요. 거기 인수하면 되겠네요. 운수업을 하시는 분인데, 거기에만 집중하시겠다고 했어요."

"여기 상권은 어떤가요?"

"사실 여기보다 한 블록 건너편이 더 잘 되죠. 주공 17단지에서 13단지로 이어지는 도로가 있어요."

(나중에 지도를 다시 확인하니, 정확한 명칭은 주공 17단지 삼거리였다)

"버스 노선들도 다 그 앞으로 지나가고요."

사실 단원종합병원으로 가는 74번 버스는 20분에 한 대로 띄엄띄엄 왔지만, 주공 17단지를 지나는 버스들은 그보다는 자주 더 많이 왔다. 역시 버스노선만 봐도 뜨는 지역인지를 알 수 있는 것이다.

편의점 아저씨에게 고맙다는 말을 남기고 택시를 잡아탔다. 10시 반이었다. 서울 당고개행 4호선 막차가 고잔역에서 11시 4분에 있었다. 서둘러야 했다.

오렉스빌이라는 원룸텔을 분양하는 관계자에게 퇴근 후 들른다는 얘기를 3시간 전부터 전화로 해대고 있었다. 택시에 내리면서 그에게 전화를 했다. 그는 1번 출구에서 지하도를 건너 롯데리아 앞으로 오라고 했다.

"아. 사모님 안녕하세요. 너무 늦게 오셨네요."

"죄송해요. 근데 시간이 15분밖에 없네요. 막차가 11시 4분에 있다고 해서요."

"물건지만 금방 보고 가려고요. 물건지가 어디죠?"

"바로 여기에요."

그는 롯데리아 건물을 가리켰다. 멀쩡한 오피스텔 건물이 있을 것이란 나의 예상은 철저히 빗나갔다. 이들은 한 층을 개조해 원룸텔로 만들었던 것이다. 헉! 이럴 수가. 방을 한번 보기로 했다. 그야말로 고시텔 수준이었다. 아니 고시텔이었다. 3평짜리 방을 다른 고시원보다 풀옵션으로 조금 더 잘 꾸며놓은 정도?

그래도 분양가는 5000만 원선으로 저렴했다. 하지만 월세도 35만 원으로 저렴했다. 게다가 개인이 보증금을 받는 게 아니라, 회사가 직접 임대를 하고, 주인에게는 매달 35만 원을 보장해주는 방식이었다. 안정적으로 수익을 추구하는 사람들에게는 괜찮을 수도 있지만, 내가 추구하는 투자 방식은 아니었다. 5분 만에 내부를 둘러보고 나왔다.

다행히 늦지 않고 당고개행 4호선 막차를 놓치지 않고 탈 수 있었다.

잠깐 투자포인트

상가 투자?
웬만하면 하지 마라

우여곡절 끝에 '죽은' 강남 상가를 살렸다. 하지만 상가를 다시 하고 싶냐고 묻는다면, 내 답은 "노 땡큐. 정말 괜찮습니다"이다.

이번 강남 상가를 통해서도 느꼈지만, 상가는 아파트와는 또 다르다. 전혀 다른 차원의 부동산이다. 일반인들이 무턱대고 접근할 물건이 아니란 말이다.

프로젝트가 중반을 넘어서면서, 괜찮은 상가 하나 잡는 걸 목표로 세웠다. 서울은 물론 경기권, 지방까지 숱한 상가를 보긴 봤다. 하지만 입찰은 하지 않았다. 왜냐? 상권에 대한 확신이 없었기 때문이다. 상가 상권분석은 아파트, 오피스텔 등 주거용과는 전혀 다르다.

사실 주거용 부동산의 입지분석은 단순하고 쉽다. 일단 내가 사는 곳을 생각하면, 뭐가 불편한지 좋은지 등을 따져보면 쉽게 답이 나온다. 내가 출퇴근 할 때, 지하철·버스 등 대중교통 정류장이 가까운 게 좋다. 구불구불한 길보다는 평평한 큰 길이 좋고, 사람들의 입에 많이 오르내리는 지역이 찾기도 쉽다.

무엇보다 수익률분석이 쉽다. 주거용 수익형 부동산 투자에서 가장 큰 리스크는 악덕 임차인을 만나거나 공실이 생기는 두 가지 경우다. 공시도 월세를 조금만 내리면 결국엔 나가게 돼 있다.

하지만 상가는 다르다. 내가 고려해야 할 리스크가 너무 많고 또 다양하다. 내가 알지 못하는 변수들에 의해, 특히 컨트롤할 수 없는 리스크에 의해 영향을 받게 된다.

상가 투자를 하려면 먼저 각 업종별 특성을 알아야 한다. 커피숍이면 커피숍, 휴대폰 가게면 휴대폰 가게, 옷 가게면 옷 가게. 각각 업종별로 잘 되는 상권이 따로 있다. 한마디로 상권은 너~~무 복잡하고, 또 다양하다.

개인적으로 상가 투자를 가장 잘 하는 사람은 직접 세를 주고 장사를 해 본 사람이라고 본다. 직접 가게를 운영해보면, 장사가 잘 되는 지역을 알게 된다. 자기 업종의 상권을 보는 눈이 생긴다. 내가 낙찰받은 역삼동 'H상가'의 경우 분명히 잘 사는 동네인데 이들을 대상으로 뭘 팔아야 할지는 몰랐다. '키즈(KIDS)'라는 테마를 잡는 데만 무려 8개월이 걸렸다. 그것도 숱한 전문가들이 머리를 맞댄 결과다.

이에 나는 초보자들에게 웬만하면 상가 투자는 하지 말라고 말하고 싶다.

은퇴 후 부동산으로 사기당했다는 사람 중 열에 아홉은 상가에 손 댄 사람들이다. 장사를 안 해본 사람들의 '상권분석력'은 '제로'라고 봐도 무방하다. 상가 분양하는 사람들에게 이런 '순진한' 사람들은 호구일 수밖에 없다. 스스로 판단이 안 되니, 감언이설에 넘어가는 것이다.

정말 상가 투자가 하고 싶다면, 주거용 부동산을 '마스터'하고 난 뒤에, 여유자금이 생겨서 손해를 봐도 큰 타격이 없을 때(과연 이럴 때가 올지 모르겠지만), 그때 가서 해도 늦지 않다고 본다.

    나 또한 그렇다. 앞으로 상가에 추가로 투자할 계획은 없다. 주변의 전문가들은 '진짜 돈 되는 건' 상가라고 귀띔하지만, 나중에 내가 '더 크면' 생각해볼 일이다.

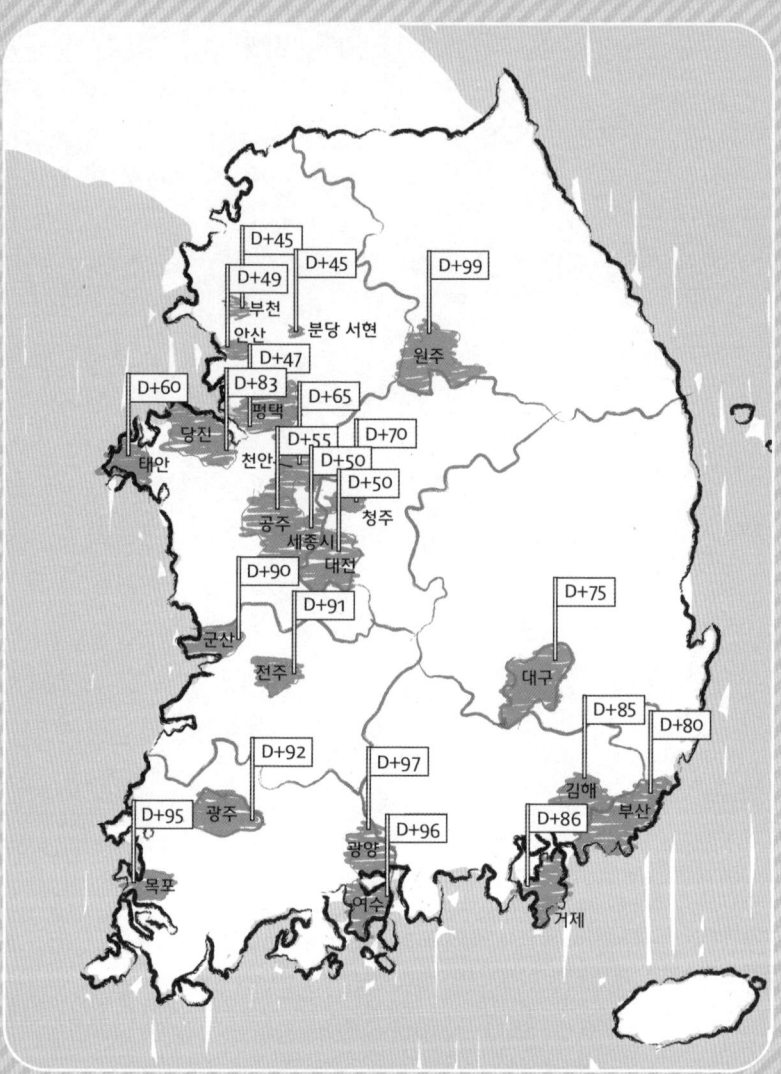

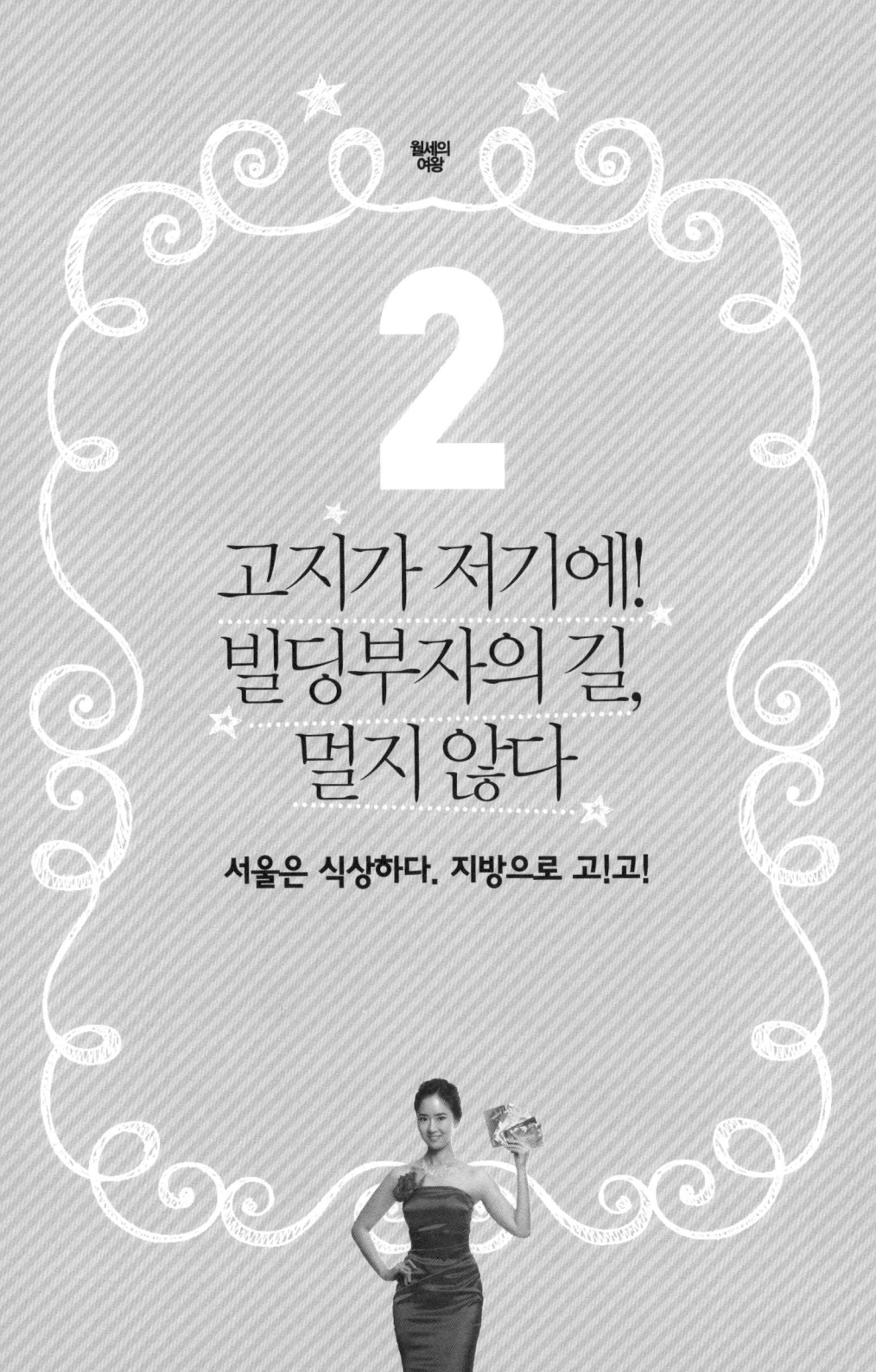

■ 충청권

세종시가
독일까? 약일까?

- 인구 : 153만 명,
  5년간 인구증가율 4.1%(전국 평균 2.8%)
- 2010년 지역내 총생산(명목) : 26.6조 원
  (2.3%), 전년대비 6.6% 성장, 서비스업이 생산
  의 74.6% 차지
- 국제과학비즈니스벨트 거점지구 확정
- 교통 : 경부선, 호남선 철도의 분기점,
  대전역(경부선, 충북선 KTX),
  서대전역(호남선, 전라선 KTX)
  경부고속, 중부고속, 호남고속도로 분기점
  지하철 1호선 개통, 2호선 추진 중
- 교육 : 충남대, 카이스트, 한국정보통신대(ICU),
  합동군사대 등 24개 대학

그랬다. 행정수도를 세종시로 옮긴다는 것은 그만큼 교통이 편하고 우리나라의 중심에 위치하기 때문이다. 세종시는 부동산 침체기인 2011년 부동산 시장에서도 유일하게 주목받은 노른자였다.

세종시와 대전. 그렇다면 세종시는 과연 대전에게 약일까, 독일까?

대전은 정부청사를 중심으로 한 구도심에서 도시 외곽의 신도심으로 중심이 이동 중이다. 특히 세종시와 가까운 신도심들이 주목을 받고 있다. 프로젝트 기간 100일 동안 세 번이나 대전을 찾았다. 출장도 잦았다. 그때마다 대전은 매번 다른 '천의 얼굴'로 나를 반겼다.

첫 방문

대전으로 가는 길. 해는 웃었다 울었다, 또 웃었다를 반복하면서 어린 아이처럼 변덕을 부렸다. 지방으로 가는 버스는 언제나 내게 '수면실'이었다. 타자마자 곯아떨어져서 도착하면 눈이 절로 떠졌다. 하지만 대전행은 좀 달랐다. 간만에 금융 재테크 관련 책을 읽었다. 프로젝트가 절반을 넘어서면서 금융 공부의 필요성을 더욱 절실히 느끼고 있다.

버스는 정확히 두 시간 만에 대전청사 버스터미널에 도착했다. 선거철도 아닌데, 보도블록 공사가 한창이었다. 네이버 길찾기를 통해 메모해둔 위치(둔산경찰서)를 스마트폰에 찍었다. 점점 전국 곳곳 길 찾기의 달인이 되어가는 듯했다. 처음엔 지하철에서도 길을 잃던 나였는데 인간의 적응력은 이토록 놀랍다.

| 대전 정부청사

대전은 깨끗했다. 오른편에 보이는 청사의 규모에 놀랐다. 말레이시아 신도시 '푸트라자야'를 연상시켰다. 세종시 논란이 한창이었을 때, 말레이시아의 행정수도인 푸트라자야로 취재를 간 적이 있었다. 콸라룸푸르에서 한 시간 반 정도 떨어진 이곳은 세종시처럼 '행정중심 신도시'로 개발됐다. 대낮, 도로 한복판에 개미 새끼 한 마리 없을 정도로 한산했던 기억이 난다.

대전 사람들, 오피스텔은 별로…

느낌상 첫 번째 목적지에 다다랐다고 생각하는 찰나, 익숙한 이름이 눈에 들어왔다. '매그놀리아 오피스텔 분양.' 분양 중이라고 크게 붙여 놓은 1층 상가 안으로 들어갔다. 아침에 간다고 전화를 했더니, 가는 내내 두 번(!)이나(분양업자들은 팔기 전에는 항상 과잉친절 모드다) 확인 전화를 준 이모 차장은 마침 자리에 없었다. 대신 다른 팀장이 나를 맞았다.

사실 이 오피스텔에 대한 정확한 사전 정보는 없었다. 대전에 가보려는데 마침 '매그놀리아'가 분양 중이었다. 분양사무실에 가면 지역 호재를 '짧은 시간'에 알 수 있다.(생소한 지역을 갈 때는 모델하우스에서 지역 정보를 얻어보자. 시간 절약의 효과가 있다)

| 대전 '매그놀리아' 오피스텔 | 매그놀리아 내부 업무용에 보다 적합

대전시의 중심대로인 대덕대로와 한밭대로가 교차하는 지점에 위치한 '비운의' 오피스텔 매그놀리아를 간단히 브리핑하면 이렇다. 동아건설의 부도로 방치됐던 이곳은 광원건설이 인수해 골조공사부터 다시 시작했다. 2008년 8월 준공했지만, 글로벌금융위기의 직격탄을 맞고 분양에 실패했다. 결국 시행사인 매그놀리아는 스스로 임대사업자로 변신해 헐값에 임대를 끝냈다.

글로벌 금융위기 이후 3년이 지난 지금, 임대는 100% 맞춰진 상태다. 당장 현금이 나온다는 점에서 분양권 투자보다 낫다. 하지만 워낙 어려운 시기에 분양을 하다 보니, 임대가가 들쭉날쭉하다(입주 초기에 공급 물량이 많을 때 흔히 나타나는 현상이다). 시행사는 국제과학비즈니스벨트가 확정되고 오피스텔 등 수익형에 투자자들의 관심이 쏠린 지금이 분양의 적기라고 판단해 3년만에 다시 분양에 나서게 된 것이다.

문제는 지방 치곤 비싼 분양가였다. 임대업자들이 많이 찾는 9000만 원대 저렴한 물건도 있었지만, 이미 선수들이 낚아채간 상태였다. 현재는 1억 2000만 원선이 그나마 싼 것이다. 월세는 보증금 1000만 원에 60만 원선이다. 사실 이 정도면 매매가, 임대가 모두 서울대입구 오피스텔들과 비슷한 수준이다. 그렇다면 굳이 대전까지 내려와서 투자를 할 필요가 없다는 결론이 나온다. 물론 전용면적 차이는 세 배 정도였지만, 임대업자 입장에서는 면적이 중요한 게 아니다.

이왕 온 김에 방은 보고 가야겠다고 생각했다. 이 차장은 방으로 이동하는 내내, 오피스텔은 주택 수에 포함되지 않기 때문에 투자자들이 많이 선호한다는 '감언이설'을 쏟아냈다(임대사업지로 등록된 주거용 오피스텔도 주택에 해당되지 않는다. p 137 참조).

'여보세요, 오피스텔은 주택 수에 포함은 안 되지만, 세금이 주택에 비해 네 배 더 많다고요!' (2011년은 아파트 취득세가 오피스텔의 절반이었다)

물론 속으로 생각했다.

공급 34평을 먼저 봤다. 들어서는 순간, 전망이 확 트였다. 대전청사부터 둔산동까지 한눈에 보였다. 조망이 괜찮았다. 다만 부엌이 한쪽 구석에 치우친 것이 주거용보다는 업무용에 적합할 듯했다.

신탄진 > 노은 > 황학 > 도안이 유망지역

매그놀리아 분양팀장으로부터 대전 지역에 관한 몇 가지 중요한 사항들을 들을 수 있었다.

첫째, 대전에서 가장 큰 백화점은 '갤러리아'다. 2000년을 기준으로 오피스텔들이 대거 준공됐다. 1호선 정부청사역 인근엔 우림 필유, 태산 시그마빌, 매그놀리아가 있으며, 시세는 평당 500~600만 원선이다. 시그마빌은 입지는 떨어지지만, 복층, 풀옵션으로 내부 구조는 좋은 편이다.

> 한국경제 2011년 10월 6일
> **이랜드, 대전에 대형유통점**
> 5602㎡ 규모 부지 매입,
> 2015년 완공 목표… '직매입 백화점' 유력

둘째, 과학벨트와 세종시의 수혜지역으로 도안 신도시보다 '노은 지역'이 훨씬 낫다. 개인적으로 보기에 10년 장기로 내다볼 때 대전에서 유망지역은 '1. 신탄진 2. 노은 3. 황학 4. 도안'이다.

셋째, 대전 사람들의 투자 성향은 서울과 달리 상당히 보수적이다. 대출을 거의 받지 않고 현금을 가지고 투자한다. 이는 내가 직장인들이 결코 해서는 안 된다고 내가 '주장'하는 투자 패턴 중 하나다. 보수적인 연구원들이 많아서 그렇다고 한다.

넷째, 지하철 2호선은 현재 추진 중이며, 국토해양부에서 용역을 발주했다. 1, 2, 3안이 있는데, 모두 정부청사역을 환승역으로 하고 있다.

이날의 두 번째 목적지는 미분양 잔여세대를 분양중인 모델하우스. 지난 6월에 분양을 시작해 신문 광고도 여러 차례 나온 노은4지구 '한화 꿈에그린'이다. 아직 잔여분이 남은 듯했다. 의외로 가까운 곳에 있었다. 매그놀리아에서 갤러리아백화점 방향으로 700미터만 걸으면 됐다. 대전은 길 찾기가 쉬웠다.

이곳에서도 대전 부동산의 전반적인 특징에 대해 들었다. 이곳 분양팀장도 도안 신도시는 세종시와 과학벨트 수혜지로서 메리트가 별로 없다고 했다. 아직 인프라 형성이 안 돼 있어, 10년은 기다려야 한다는 것이다. 그런데도 가격은 비싸다는 것이 흠이라고 강조했다.

노은4지구 '한화 꿈에그린'은 대전시 최초로 평당 900만 원대를 넘겨 최고가를 기록했다(가장 큰 규모인 35평 저층이 2억 원대 후반이다. 인근 '우미 린'은 기준층이 평당 880만 원에 분양됐다). 하지만 하반기에 분양 예정인 도안 신도시 아파트들의 분양가가 이 선에서 결정될 것이라고 했다. 그럴 바에는 차라리 '노은지구'가 낫다고 했다. 노은지구는 세종시에서 15분, 과학벨트에서 20분 거리에 있어서 세종시 배후단지가 될 만하다고 했다. 또 노은 3지구 5000세대(LH의 보금자리주택지구)에 노은 한화 꿈에그린 2000세대(노은4지구), 총 7000세대의 배후단지가 생긴다고 했다. 지하철 '반석역'에서 도보로 이용 가능하다.

분양사무소 팀장은, 대전은 서울과 달리 오피스텔이 인기가 없다고 했다.

"대전에서 오피스텔은 남아돌아요, 남아돌아."

또 지하철 개통도 큰 호재가 되지 못한다고 했다. 역세권 아파트도 별로 없을 뿐더러 대전 사람들은 지하철보다는 버스를 타는 사람이 더 많다고 했다. 2호선도 언제 뚫릴지 알 수 없으며, 10년이 걸릴 수도 있다고 했다.

분양 예정인 노은 3지구는 한국토지주택공사(LH)의 보금자리주택지구도 임대아파트가 군데군데 섞여 있어 학군이 좋지 않으며, 노은 1지구(노은역 인근) '열매마을'은 상권이 형성돼 있긴 하지만 8~9년은 돼 한번 갈아탈 시기가 됐다는 것이다. 그의 설명을 따라 가자니 숨이 가빴다. 그래도 대충 분위기를 알 것 같았다.

세 번째 목적지를 향해 밖으로 나왔다. 다행히 굵은 비가 그치고 보슬비가 내렸다.

이번에는 지하철을 타고 이동했다. 정부청사역에서 타고 '지족역'으로 갔다. 2번 유찰돼 경매로 나온 주상복합이 지족역 1번 출구에 있었다. 휴일이라 그런지 지하철이 한산했다. 5분여를 기다리자 반석역행 열차가 도착했다. 대전 지하철은 서울 지하철보다 크기가 약간 작아보였다. 지족역 1번 출구로 나오자마자 물건지인 'H주상복합'이 눈에 확 들어왔다.

부동산을 찾아 오피스텔을 지나 위쪽으로 올라갔다. 대단위 아파트단지들이 나왔다. 여기가 '노은 2지구' 같았다.

| 노은 3지구 유성구 지족동 총 5408세대

| H주상복합

반석역 방향으로 아파트단지들이 쭉 들어서 있었다. 그에 반해 상권은 형성되지 않은 상태였다. 비어 있는 1층 상가들이 곳곳에 눈에 띄었다. 아파트 상태가 양호한 것으로 보아 입주한 지 얼마 안 된 새 아파트임에 분명했다.

아무리 뒤져봐도 문을 연 부동산을 찾을 수가 없었다. 연휴까지 낀 일요일이다 보니 다들 휴가를 간 모양이었다. 하는 수 없이 부동산 연락처만 적어 다시 길을 따라 내려왔다.

　H주상복합 맞은편 극동방송 앞 바지락 칼국수집에서 발걸음을 멈췄다. 허기진 배를 채워야겠다는 생각도 있었지만, 이대로 그냥 돌아갈 순 없다는 생각에서였다.

　그 집에서 가장 저렴하다는(ㅠㅠ) 손만두를 하나 시키고, 주인아저씨한테 말을 걸었다.

　"저 오피스텔 살기 어떤가요?"

　생각할 겨를도 없이 속사포처럼 답변을 쏟아냈다.

　"살기에 답답하다던데……. 주상복합이라 앞뒤로 막혔어요. 저긴 안 오를 것 같아요."

　45평에 5억 원이나 하는 오피스텔이다. 가격만 봐선 서울 뺨치는 수준이다. 이제야 두 번이나 유찰된 것도 모자라 한 오피스텔에 여러 채가 경매로 나온 이유를 알겠다.

　오피스텔 안에 들어가볼 마음도 싹 사려졌다. 그냥 만두나 맛있게 먹고 돌아가야겠다고 생각했다. 먹다 남은 만두를 챙겨서 '지족역' 2번 출구 쪽으로 나가봤다. 롯데마트가 있었고, 정부청사 방향으로 대규모 아파트 단지들이 눈에 들어왔다. 인근에 침례대학이 있는 듯했다(2012년 3월 끝내 H주상복합 내부를 살피는 데 성공했다. 내부는 상상했던 대로였다. 직사각형 구조였는데 답답해서 주거도 적합해보이지 않았다).

　마지막으로 신탄진 근처에 떼로 나온 매물이 있어 가보려 했지만, 시간이 애매했다. 7시 40분에 서울로 돌아가는 차를 예매해놓은 탓이다.

　다시 돌아갈 때는 올 때보다 지하철에 사람이 더 없었다. 이렇게 텅텅 비었는데, 2호선은 예산 낭비일 수 있겠다는 생각이 들었다(평일 낮에 와보니 사람들이 많았다). 지방 지하철에 대해서는 의견이 분분하다. 대구, 광주 지역의 지하철 개통은 부동산 시장에 큰 영향을 미치지 못하는 것으로 분석됐다.

첫 방문. 개인적으로 대전이라는 도시가 마음에 들었다. 기회가 된다면 소형 아파트 하나쯤은 투자해도 좋을 듯했다(하지만 8개월 뒤엔 생각이 달라졌다).

반석동 상가, 무더기 경매로

반석동 '노은 2지구'를 다시 찾은 것은 그로부터 한 달 반 뒤였다. 반석역 인근에 대거 매물로 쏟아진 상가를 보기 위해서였다. 전라권을 도는 일정이 있었는데, 첫날 저녁 반석동에 들러 훑어보기로 한 것이다.

금요일 밤 늦게 도착해 부동산에 들르진 못했다. 하지만 신생상권의 분위기는 감지할 수 있었다.

가장 관심을 끈 것은 군수사령부

| 노은 2지구 반석마을 3단지

| 반석동 금관할인마트

가는 길에 위치한 '금관할인마트'였다. 전체의 절반만 경매에 나왔는데, 장사가 꽤 잘 되는 것 같았다. 밤 11시가 다 된 시간까지 장사를 하는 점원에게 "장사가 잘 되느냐"고 물었다. 그는 "그렇다"고 했다.

나머지 상가들은 2층에 위치해 입지가 별로였다. 반석역 상가들은 이제 막 형성되기 시작해 자리를 잡고 있는 듯했다. 곳곳에 '입점 예정'이라는 플래카드가 붙어있었다. 실제로 2012년 2월 군수사령부 취재를 위해 찾았을 때는 보다 활기를 띤 모습이었다. 취재차 만난 군수사령부 관계자는 "반석동 상가가 이제 자리를 잡는 것 같다"며 "처음에 들어온 상가들이 두세 차례 물갈이가 된 것 같다"고 말했다. 원래 초기 상권은 잦은 손바뀜을 통해 자리를 잡는데, 반석동도 예외는 아닌 것이다.

| 반석동 상가의 밤풍경. 신규입점 플래카드가 붙어 있다.

2012년, 세 번째 대전 탐방

대전은 올 때마다 다른 모습, 또 다른 느낌이다. 2012년 초 프로젝트는 끝났지만, 대전 지역에 대해선 못내 아쉬운 점이 많았다. 2012년 4월 주말, 시간을 내 대전을 다시 찾았다. 지난 프로젝트 때 미처 돌지 못했던 '도안 신도시'와 청사 인근 입주 14년차 '샘머리아파트' 그리고 노은 1지

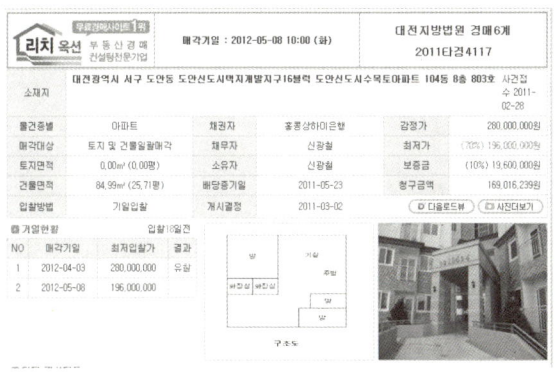

| 도안 신도시 수목토아파트 경매 결과

구 '열매아파트'를 살펴보았다. 대부분 지난 해 처음 들었던 설명과 일치했다.

| 도안 신도시 위치도

먼저 도안 신도시는 노은지구에 비해 확실히 입지가 떨어졌다. 구도심인 정부청사에서 택시를 타고 20분 이상을 가야 했다. 아직까지 대중교통도 불편해 콜택시를 부르거나, 간간이 운행하는 버스를 타야 했다. 아직 주변 인프라가 갖춰지지 않아 휑했다. 벌써부터 경매로 나온 물건이 있어 살펴봤는데, 새로 지은 아파트라 내부 구조는 좋았다. 하지만 이 아파트도 두 번이나 유찰될 정도로 인기가 없었다.

이에 반해, 둔산동 '샘머리아파트'는 정부청사에서 도보로 10분 거리라 위치가 좋았다. 그러나 10년 이상된 아파트라 가격 상승을 기대하기 어려워보였다. 특히 세종시가 분양을 본격적으로 시작하면서 가격이 오

★ 샘머리아파트 매매가 추이

(단위 : 만 원)

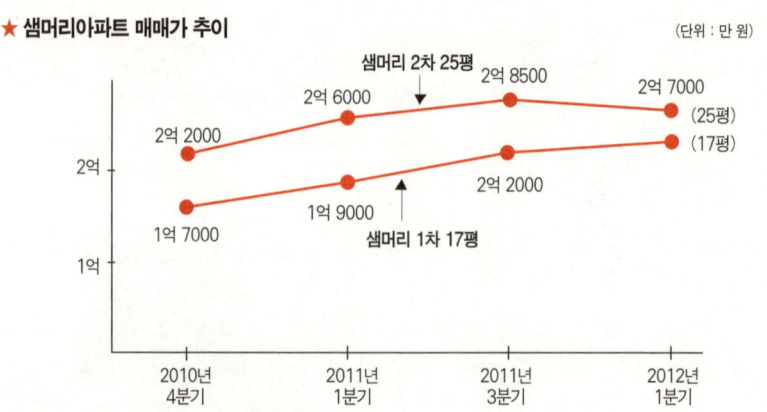

| 샘머리아파트. 정부청사에서 도보로 10분 거리다. | 샘머리아파트 경매 결과

히려 빠지는 상황이었다. 월세 아파트로 임대를 놓으면 공실 걱정은 없어 보였지만, 수익률이 높은 편은 아니었다. 경매로 나온 물건은 시세보다 4000만 원 정도 저렴한 2억 4000만 원선에 낙찰됐다.

샘머리아파트의 가격은 2011년 7월 1억 원대 후반에서 2억 원으로 껑충 뛰어버렸다. 이에 향후 시세차익 가능성이 낮다.

노은1지구 '열매아파트'는 중산층이 살기에 딱 좋은 동네 같았다. 중저가의 상점들이 입점해 있었고, 학원가도 꽤 잘 형성돼 있었다. 열매 4단지는 20평이 인기가 있었다. 소형이지만 전용률이 높아 4인 가족이 살기에도 괜찮았다.

● 성 기자의 발품 포인트

국제과학비즈니스벨트
창조적 연구환경 조성을 통해 세계적 두뇌들을 집약시키고, 기초과학과 비즈니스가 융합된 국가 성장 네트워크를 구축하기 위한 사업
1 | 거점지구 : 대전광역시 유성구 대덕연구개발
    특구
2 | 기능지구 : 천안시, 청원군, 연기군

잠깐! 투자포인트

2012년 부동산 시장의 뜨거운 감자, 세종시

| 동아일보 | 2011년 9월 14일 |

**내년 세종시 이전 4000명,
절반은 살 집 없다**

이전 첫해부터 공무원 주거대란 우려

직접 눈으로 보기 전까지 나도 긴가민가했다. 지난해 입주한 세종시 첫마을에 프리미엄이 붙어 있다는 기사도 부동산 경기가 꽁꽁 얼어붙은 2011년 유일하게 분양되는 곳이란 말도 믿을 수 없었다. 쉽게 뭔가를 믿지 못하는 건 어쩔 수 없는 직업병인가 보다.

2012년 3월 겨울휴가, 드디어 세종시를 찾았다. 좀 더 일찍 왔어야 했는데, 이제야 온 것이 신기할 정도였다. 세종시로 가는 천안에서 직행버스를 탄 지 한 시간만에 첫마을을 알리는 표지판이 나타났다. 허허벌판에 우뚝 솟은 아파트단지들은 인천 송도 신도시를 연상시켰다.

일요일인데도 공인중개사무실들이 활기를 띠었다. 투자자들이 있긴 있는 모양이었다. 첫마을에서 나를 처음 맞은 것은 넓은 주차장. 타지에서 온 사람들이 내려 부동산으로 들어가는 모습이 보였다.

두세 군데 부동산에 들러 상담을 받아봤다. 실제로 첫마을에는 프리미엄이 붙어있었다. 그것도 2000만 원이나!! 물론 거래는 잘 되지 않는 것 같았다. 세종시의 첫 분양단지인 '첫마을'은 입지가 떨어졌다. 세종시의 중심 상업지구와는 거리가 좀 있었다. 세종시에서 가장 좋은 입지는 뭐니뭐니 해도 중심 상업지구와 가까운 곳이다. 아직까지 알짜 분양지가 많이 남아 있는 만큼 관심을 가져볼 만했다.

| 세종시 위치도

첫마을 단지 안으로 들어가봤다. 주말이라 그런지 행인이 없어 썰렁했다. 나처럼 둘러보는 일행이 몇몇 눈에 띄었다. 아직까지 완성되지 않은 느낌. 앞으로 자리를 잡으려면 시간이 꽤 걸릴 것 같다.

이번에는 세종시에 분양하는 모델하우스로 가보기로 했다. 차로 5분 거리였지만, 버스정류장에서 30분을 넘게 기다렸다. 대부분이 차를 타고 왔고, 나처럼 버스를 타고온 사람들은 거의 없었다.

저녁 6시. 문닫기 전에 아슬아슬하게 충남 연기군 금남편 대평리 '모델하우스촌'에 간신히 도착했다. 시간이 없어 간신히 두 군데만 둘러봤다. 모델하우스도 손님이 없으면 저녁 늦게까지 여는데, 6시 정각에 나가라고 독촉을 하는 걸 보니, 배가 부른 모양이다.

인근 부동산에 들렀다. 세종시 투자에 관한 전반적인 얘기를 들었다. 흥

| 집중해서 설명을 듣고 있다.

미로웠던 점은 '분양권 프리미엄' 형성 시스템이다. 이렇게까지 구체적으로 몰랐었는데, 상당히 깊은 속얘기까지 해주었다.

일단 분양권(p 110 참조)도 시장이 존재한다. 하지만 일반인에게 공개된 시장은 아니다. 밤 12시에 당첨자 발표가 나면 분양권을 가진 떴다방들이 '모처'에 모인다.

마치 경매시장 같다고 했다. 이때 형성되는 가격이 바로 '분양권 프리미엄' 시세다. 떴다방 분양업자들도 프리미엄 가격은 알 수 없다. 다만 예상치를 가지고 베팅을 하는 것이다.

하지만 바로 전 당첨자 발표날, '떴다방' 단속이 뜨는 바람에 '시장'에 있던 업자들이 죄다 잡혀갔다고 귀띔했다. 이번에는 절대로 '시장'에 나가면 안 된다며 그들끼리 눈빛을 주고 받았다. 가는 날이 장날이라고 내가 간 그날이 바로 분양권 당첨자 발표날이었다. 그의 예상으로 이날 발표된 분양권에도 프리미엄이 붙었다. 하지만 분양권 투자에 회의적인 나로서는 동요되지 않았다.

세종시는 향후 시세차익을 볼 수 있는 지역 중에 하나라고 본다. 하지만 실거주가 아닌 이상 오랜 시간을 기다려 시세차익을 내기엔 부담스럽기도 하다. 분양권을 사고 파는 시장이 형성되긴 하지만 이것도 전매 제한 기간 1년 전에는 불법이라 선뜻 권유할 수가 없다. 실거주자라면 매입을 추천할 만하다(세종시 분양권 전매 제한 기간은 1년이다).

떴다방이란?

1 | 떴다방 : 거처가 명확하지 않은 이동식 중개업자. 이리저리 돌아다닌다는 의미에서 떴다방으로 이름 붙임. 이들은 분양권을 주로 거래한다. 전국에 돈이 되는 지역이면 어디든 날아간다.

2 | 떴다방 주의보 : 전매제한이 있는 분양권을 주로 취급해 정부 단속의 주요 대상이 된다. 떴다방으로부터의 분양권 매입은 법적인 보호를 받지 못하므로 주의해야 한다.

3 | 분양권 전매 제한 : 투기를 억제하기 위해 일정기간 동안 분양권 매매를 제한하는 것.

■ 충청권
부도 아파트에 투자할 뻔!
공주

- 인구 : 12만 7000여 명
- 교통 : 논산천안고속도로, 당진영덕고속도로, 서천공주고속도로
  2014년 호남고속철도 '남공주역' 개통 예정
- 교육 : 공주교육대, 공주대, 공주고, 공주사대부고, 한일고, 충남과학고

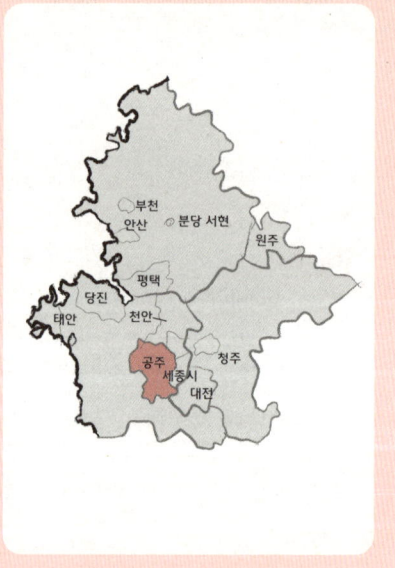

프로젝트를 진행하면서 나는 미처 몰랐을 법한, 우리 사회의 어두운 부분들에 대해 '의도치 않게' 알게 되었다.

주말에는 지방 현장을 뛴다는 원칙을 세웠기에, 이날은 공주를 찾기로 했다. 임대아파트를 일반분양으로 전환한다는 D건설 분양팀과 함께다. D건설 분양사무소를 찾은 것은 신문 광고를 보고서였다. 최근에는 임대사업을 위한 소형 주택 관련 분양 광고가 그야말로 봇물을 이루고 있다.

선릉역 1번 출구 근처 분양사무소에 처음 방문해 찬찬히 설명을 들었었다. 솔직히 임대 아파트를 일반분양한다는 개념이 머릿속에 명확히 들어오지 않았다. 하지만 여러 조건이 나쁘지 않아 보였다. 이들은 가격이 3000만 원대로 저렴하고 대출을 3%대의 저금리로 승계받을 수 있다고 설명했다. 나는 긴 설명은 머리 아프고, 일단 현장을 보고 싶다고 했다.

> 동아일보 2011년 12월 15일
> 로또된 '5년 공공임대'
> 분양전환 43%가 집값 2배로

그들은 계약금 100만 원을 건 사람에 한해서만 갈 수 있다고 했다. 그래야 좋은 동과 호수를 맡아놓는다고 했다. 어느 분양사무소나 그렇듯이, 그들도 빤한 수법을 쓰는 거다. 그래도 교통비를 아끼는 셈치고, 일단 100만 원을 걸었다.

토요일 오전 9시, 선릉역 1번 출구에서 만난 이들은 10년도 넘어 보이는 자동차를 끌고 왔다. 부장이라는 사람과 젊은 직원 둘, 이렇게 넷이서 공주로 출발했다.

옆 좌석에 앉은 젊은 직원이 계속 말을 건넸다. 하지만 나는 그들의 말을 들어주기에는 너무 피곤했다. 서울을 빠져나가기 전에 곯아떨어져 두

| 공주시 신관동

시간 동안 깨지 않았다. 가는 내내 의자가 너무 불편하다고 느꼈다. 오래된 고물된 차의 불쾌한 승차감은 지난 주 내내 쌓인 피로를 더했다.

가다 서다를 반복하며 목이 앞뒤로 오락가락 젖혀지기를 수십 번, 목적지에 도착했다. 출발한 지 두 시간을 훌쩍 넘겨서다.

"와, 시골이네요."

눈을 뜨자마자 내가 말했다. 공주시 신관동은 생각했던 것에 비해 훨씬 더 시골이었다.

"생각보다 시간이 많이 걸렸네요."

"네. 오는 길에 길을 잘못 빠져나와서 조금 더 걸렸어요."

나는 이들이 현장에 많이 와보지 않았다는 사실을 눈치챘다. 고객들과 뻔질나게 현장을 찾았다면 눈 감고도 찾았을 것이다. 뒤집어보면 현장에 와보지도 않고 계약하는 사람들이 많다는 애기다.

사기 분양에 걸려들 뻔하다

차에서 내려 아파트 안으로 들어갔다. 그들이 내 몫으로 맡아놨다는 11층으로 올라갔다.

간혹 열려 있는 문을 통해 집 구조를 들여다볼 수 있었다. 10년이 지난 오래된 집이 그렇듯 구조가 나빴다. 내부도 상당히 지저분했다. 내 일그러진 표정을 읽었는지, 젊은 직원은 현재의 모습을 보지 말고 미래를 보라고 충고했다. '비본질적인!' 겉모습에 치중하지 말라고 덧붙였다.

| G시티빌 전경.

'하하. 비본질적인 부분이라, 과연 뭐가 비본질적인 부분인지.'

나는 엘리베이터에서 '임차인대표회의' 공고를 발견했다. 시청 관계자와의 면담을 알리는 글이었다.

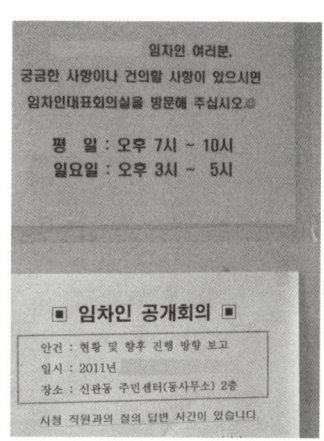
| G시티빌 임차인 공개회의

1층으로 내려와 분양팀들에게 "좀 더 아파트를 살펴보고 혼자 서울로 돌아가겠다"고 했다. 당황한 기색이 역력했다. 하지만 난 두말없이 돌아섰다. 마침 1층에 사람이 보였다. 그를 붙잡고 살기는 좋은지 등을 물었다. 그때 마침 누군가가 말을 걸어왔다.

"여기 왜 오신 거죠?"

목소리가 까칠했다.

"네? 여기 투자하러 왔는데, 조사 좀 하려고요."

그는 "투자요?"라고 반문했다. 정말 어이없다는 표정이었다.

"네, 투자요."

내가 고개를 끄덕이자, 그는 "절대로 안 된다"며 따라오라고 했다.

함께 온 분양팀이 그와 마주쳤다.

"아니, 당신네들이 무슨 권리로 이 아파트를 팝니까?" 그가 삿대질을 했다. 이들은 꿀 먹은 벙어리마냥 아무 말도 하지 못했다.

기어들어가는 목소리로 "회사 측에서 아무 문제가 없다"고만 답했다.

"이왕 이렇게 된 거 더 조사하고 오세요."

이들은 황급히 자리를 떴다.

흥분을 가라앉힌 그는 G시티빌의 상황에 대해 상세히 설명했다. 이 아파트는 D건설이란 민간업체가 지어 분양한 임대아파트다. 원래 임대아파트를 분양한 민간 건설업체는 세입자들을 보호할 수 있는 보증보험에 가입해야 하지만, 대부분의 건설업체들이 비용 문제로 그렇게 하지 않는다. D건설 역시 그렇게 하지 않았다. 이 아파트는 건설사가 <mark>주택기금을 갚지 못해 현재 경매에 들어간 상태</mark>였다. 한마디로 '<mark>부도난 아파트</mark>'라는 것이다.

문제는 <mark>현행법상 소액임차인이 보호를 받을 수 있는 법적 한도가 전세금 2000만 원까지라는 것</mark>. 현재 전세금을 웃도는 금액이다. 이에 입주민들은 하루아침에 내쫓길 위기에 처한 것이다.

정리하자면, <mark>G시티빌은 부도 아파트</mark>이고, <mark>D건설은 등기이전이 되지</mark>

않는 이 아파트를 사기 분양 중인 셈이다. 임차인 대표인 그는 전국적으로 이같은 피해 사례가 상당하며, 몇 해 전 이런 부도 아파트 임차인들 구제를 위한 특별법이 만들어졌다고 했다.

그의 설명을 듣고 있자니, 가슴이 먹먹해져왔다. 입주자들의 사정도 안타까웠고 서울에서 현장에 와보지도 않고 계약하는 사람들도 한심했다.

나 또한 분양사무소의 말만 믿고 직접 현장조사를 해보지도 않았다면? 바로 부도난 아파트에 '피 같은' 돈을 투자했을 것이다. 생각만 해도 아찔했다.

2012년 5월 G시티빌 관리사무소에 전화를 해봤다. '임대분양 중'이라는 안내 멘트가 나왔다. 하지만 인근 부동산에 다시 문의하자, 이 물건은 부도아파트로 매매시 주의가 필요하다고 경고했다. G시티빌 문제는 여전히 진행형인 것이다.

1 | 사기 분양을 경계하라 : 지방 투자는 반드시 현장을 방문하고 자기 눈으로 직접 확인해야 한다.
2 | 현장 방문 시에는 주민들과 얘기를 나눠라 : 겉만 훑고 오는 현장 방문은 아무런 의미가 없다. 현재 살고 있는 사람들과 대화를 나누고 관리사무소에 들러 법적인 문제는 없는지 등등 꼼꼼히 체크하자.

■ 충청권

펜션사업
한번 해볼까?
태안

- 인구 : 6만 3000여 명
- 해수욕장 : 만리포, 꽃지, 어은돌 등 32개
- 관광레저형 기업도시 : 2005년 8월 시범도시 지정
- 태안해안국립공원 : 국내 유일 해안(海岸) 국립공원 태안반도의 가로림만에서 안면도 사이
- 한국서부발전 이전 예정

토요일 아침 9시 47분. R분양대행 팀장으로부터 부재중전화가 와 있었다. 조금전 운동을 하고 나온 터라 전화를 받지 못했다. 서둘러 옷가지를 챙겨 입고 지하철역 쪽으로 걸음을 재촉했다.

나를 본 이 팀장은 살짝 놀라는 눈치였다. 짧은 청바지에 백팩을 둘러맨 폼이 딱 봐도 '사모님'이 아니었다. 지금까지 그렇게 불러대던 '사모님'에 어울리지 않았나 보다.

나는 먼저 선수를 쳤다. "제 나이가 서른셋이에요."

그는 동안이라며 인사치레를 했다.

사실 전날 밤까지도 고민했다. 도대체 내가 뭐하는 건가. 과연 태안까지 내려가야 할까(지방을 갈 때면 항상 그런 회의가 들곤 했다). 사실 R사업지에 대한 정보도 많지 않았다. 일단 태안에 '공짜'로 갈 수 있다는 점과 인근에 또 다른 경매물건이 있어 일석이조라는 단순한 이유였다(이는 대전 매그놀리아와 비슷하다).

두 시간 동안 낯선 이들과의 동행. 낯선 이들과 이 긴 시간 동안 무슨 대화를 해야 할까.

상대방을 안심시키기 위해 임대사업 얘기를 시작했다. 최근 투자한 구산동 빌라와 월세 받는 얘기를 한다. 그는 "젊은 나이에 부동산으로 머리가 일찍 깨인 것 같다"며 놀란 표정을 지었다.

나는 한술 더 떴다. 또래 친구들보다 40~50대 아저씨들과 대화가 더 잘 통한다고 너스레를 떨었다. 또래 여자 친구들은 결혼할 남자를 찾느라 정신이 없는데, 나는 부동산 투자에 더 관심이 많다고 했다. 분위기가 금방 화기애애해졌다.

공통된 화제는 단연 '부동산'이었다. 부동산 15년 경력의 베테랑 본부장이 다양한 얘기들을 쏟아내기 시작했다. 그의 이야기가 흥미로웠다.

확인할 길은 없지만, 과거 우리나라 부동산 황금기의 '전설적인' 얘기들이었다.

예전에 아파트 분양권이 한창 유행이었을 때, 그 역시도 아파트 '분양권 떴다방(p 307 참조)'을 했다. 한날은 아이를 들쳐 업은 한 아주머니가 그를 찾아왔다. 현금이 500만 원이 있는데, 투자할 만한 게 있느냐고 물었다. 그는 청약통장이 없어도 투자할 수 있는 3순위 당첨 가능 지역을 찍어줬다(경쟁이 치열한 1순위는 청약통장이 있어야만 가능하다. 청약통장이 없어도 1순위에서 미달되면 청약할 수 있다). 하늘이 도왔는지 그 아주머니에게서 당첨됐다는 소식이 전해져왔다.

아주머니는 "이제 어떻게 하느냐"고 물었다. "무조건 계약을 하라"고 했다. 아주머니는 주인에게 전세를 월세로 돌려달라고 통사정해 간신히 계약금을 댔다. 하지만 중도금이 없었다. 그는 중도금은 그냥 연체하라고 일러줬다. 어차피 잔금을 치르지 않고 팔 생각이었기 때문이다.

이 현장에서 가장 적은 프리미엄이 1억 원이었다고 한다. 아주머니는 분양권 거래로 10배 이상의 시세차익을 남겼다(이때만 해도 분양권 전매 제한이 없었다). 이를 바탕으로 이 아주머니는 부동산 업계에 입문했고, 엄청난 부를 축적했다. 지금은 부동산을 졸업했지만, 외제차를 타면서 '우아하게' 산다고 했다. 지금도 가끔 연락을 하는데, 그때 그 아주머니가 맞나 하는 생각이 든다고 했다.

믿거나 말거나지만, 과거 이런 '호시절'도 있었다. 하지만 더 이상 그런 시절은 오지 않을 거라는 그의 말에 동의했다.

그는 국제 행사의 이면에 대해서도 언급했다. 지금 인천 사람들은 2014년 인천아시안게임 얘기만 해도 치를 떤다고 했다. 시는 행사준비로 적자에 허덕이는데, 중앙정부는 나몰라라해서다. 평창올림픽도 마찬가지다. 평창에 투자한 사람들은 지금 나와야 한다고 했다(목포에서도 같은 얘길 들었다). 적자 올림픽이 될 것이 뻔하기 때문이다. 호재의 이면은 실상과 다를 수 있다.

또 다른 예로 동탄 신도시를 들었다. 2000년 초반 분양 초창기 돈봉투를 들고 다니며 동탄 신도시 물건을 잡으러 다녔다. 하지만 지금 동탄 신도시는 유령 도시가 돼버렸다. 왜일까? 삼성전자가 들어온다는 것은 분명히 호재였지만, 사람들이 간과한 사실이 하나 있다. 삼성 근로자들은 나와서 돌아다니며 돈을 쓸 시간이 없다는 것이다. 3교대 근무를 하는데, 이들은 기숙사에 틀어박혀 나오질 않는다고 했다(10년이 지난 지금, 동탄 신도시는 자리를 잡았다).

약간 허풍이 센 듯한 그의 얘기를 들으면서, 부동산 호재의 실체를 '꼭' 따져봐야겠다고 생각했다.

잠깐! 투자포인트
진짜 vs 가짜, 부동산 호재 감별법

　부동산 투자에 호재는 많다. 분양업자들은 항상 이 호재를 가지고 투자자들을 '유혹'한다. 하지만 호재라고 해서 다같은 호재가 아니다. 실제로 호재가 되는 게 있는 반면, 뚜껑을 열어봤더니 '허당'인 경우가 많다. 신문 기사에 뜨는 모든 호재가 호재로 작용하는 것은 아니라는 것이다. 진짜와 가짜를 구분하는 것이 결국 '실력'이다.

　그렇다면, 진짜 호재 감별법은 뭘까. 물론 쉬운 일은 아니다. 직접 현장에 가보지 않고서는 답이 나오지 않는다. 나 또한 섣불리 호재라고 '예단'했다가, 현장에 가보고 '가짜'라고 고쳐 생각한 적이 한두 번이 아니다.

　호재가 호재로 작용하려면, 해당 지역민들이 크게 반기고 이를 필요로 하는 것이어야 한다. 예를 들어, 지하철이나 경전철도 인근 주민들이 큰 기대를 하지 않는다면 집값 상승의 호재로 작용할 수 없다. 지역 주민들의 피부에 와닿지 않을 때는 그럴 만한 이유가 있다. 경의선처럼 한 시간에 한 대씩 온다는지, 평소에도 지하철을 이용하지 않는 지역이라든지.

　지방의 경우 특히 신경을 곤두세워야 한다. 서울에서 생각하는 호재가 해당 지역에는 큰 뉴스가 아닐 수 있다. 2011년 8월 개통된 김해 경전철도 집값에 큰 영향을 미치지 못했다. 오히려 세금먹는 '천덕꾸러기'가 됐다.

반면 주민들에게 직접적인 영향을 미친 호재로는 2010년말 개통한 거가대교를 들 수 있다. 거가대교 개통 이후 거제는 2011년 전국 땅값 상승률 1위를 기록했다.

국제 행사 호재 또한 마찬가지다. 큰 행사를 치르는 것이 해당 지역 홍보에 도움이 될 수는 있다. 하지만 실질적으로 돈이 풀려 지역경제에 도움이 되느냐는 또 다른 문제인 것이다.

나아가 행사로 인해 유입되는 인구가 얼마나 되는지에 대해서도 꼼꼼히 따져볼 문제다.

부동산 업계, 봉이 김선달을 만나다

R사업지의 수익구조는 그야말로 기발했다. 먼저 시행사 대표가 싸게 산 땅을 쪼개 개별적으로 분양한다. 그런 다음, 개발분양자들이 공동으로 펜션을 짓는다. 회사 측은 자신들이 건축해 분양하면 마진이 더 많이 남지만 고객들의 부담을 줄이기 위해 '필지(토지등기부상에서 1개의 토지로 치는 것)'로 판매한다고 설명했다. 하지만 얘기를 들어 보니, 공사대금을 분양자들에게 떠넘기려는 것 같았다.

충청도로 오니 비가 그쳤다. 지루한 장맛비에도 현장답사를 요청한 사람은 아마 나밖에 없을 것이다. 어제 상갓집에서 밤을 샌 본부장이 태안군에서 서울로 올라갔고, 이 팀장이 운전대를 넘겨받았다.

R사업지는 태안 고속터미널에서 20분 거리였다.

현장으로 향하며 그는 능수능란하게 운전을 했다. 현장은 파도리 해수욕장 인근의 작은 섬이었다. 지금은 장마로 터파기 공사가 중단된 상태였다. 현장을 잘 설명할 수 있는 지점에 차를 댔다. 물이 빠진 갯벌에 새들이 떼로 모여 있었다. 이 팀장은 만조 때 물이 차면 조망이 훨씬 더 좋다고 했다.

그는 R사업지 근처에 있는 '어은돌 해수욕장'을 보여줬다. 만리포가 유명하긴 하지만 일대를 잘 아는 사람들은 오히려 이런 잘 알려지지 않은 해수욕장을 찾는다고 설명했다. 한적한 바닷가였다. 현장을 보고 나니 '봉이 김선달'이 떠올랐다. '평당 20만 원 정도의 빈땅을 사서 분양받은 사람들의 돈으로 펜션을 짓는다'는 게 봉이 김선달이 공짜인 물을 팔아 돈을 번 것과 같은 느낌이었다. 아무것도 없는 땅에 개발 계획 하나만으로 분양을 하는 것이다(8개월 뒤, 분양 결과가 궁금했다. 다시 전화를 걸어 문의했다. 이미 다 팔리고 좋은 위치는 하나밖에 없다고 했다. 과연 그럴까 하는 생각이 들었다. 물론 그럴 수도 있지만……).

현장 앞에 세워진 작은 컨테이너박스에 앉아 한참을 분양가와 서비스 면적 혜택에 대한 설명을 들었다. 이 팀장의 노력은 눈물겨웠지만, 이미 내 마음은 여기에 없었다.

다른 분양사무소처럼 그 역시도 계약금을 걸라고 독촉했다. 계약을 하지 않을 경우 즉시 돌려준다고 했다. 하지만 믿을 수 없다. 얼마 전 다녀온 P 분양사무소에 걸어둔 200만 원도 아직 못 돌려받고 있다.

"일단 생각해볼게요."

그는 언제까지 생각해볼 거냐고 다그쳤다. 나는 다시 연락하겠다고 했다.

하자 있는 경매물건, 내겐 버겁다

'태안군 ○○펜션.' 이 팀장의 네비게이션이 일러준 곳에서 내렸다. 경매 사이트에서 본 펜션이었다. 안으로 들어갔다. 토요일 오후, 이제 막 도착한 사람들로 분주했다.

2주가 넘게 이어진 장맛비에도 해변가를 거니는 사람들이 꽤 됐다.

해변가 메인도로를 따라 왼편에 횟집과 노래방, 펜션 등 상업 시설들이 늘어서 있었다. 깔끔하고 깨끗한 분위기는 아니었다. 어느 해변이나 그렇듯 약간은 지저분했고, 오래된 느낌이었다. '만리포'라는 유명세에 비해 시설이 열악한 것이 의아했다. 메인도로 뒤편 이면에는 아직 개발이 덜 된 땅들이 놀고 있었다.

투자 때문이긴 하지만, 바닷가를 혼자 걸으니 괜히 센치해졌다. 몇 달 전, 제주도 여행이 떠올랐다.

다시 ○○펜션을 찾았다. 마침 주인아저씨로 보이는 분을 발견했다. "혹시 남아 있는 방이 있느냐"며 말을 붙였다. 그는 하나 남아 있긴 한데, 여자 혼자 쓰기에는 돈이 아까울 것 같다며, 앞쪽 모텔이 어떻겠냐고 했다. 꽤나 양심적이었다.

"사실 펜션 사업을 해볼까 하는데, 이곳이 잘 된다는 얘기를 듣고 왔다"며 긴 대화를 유도했다. 의외로 쉽게 대화가 시작됐다. 마음 좋은 주인아저씨를 만난 것은 행운이었다. 그에게서 펜션 사업에 대한 허심탄회한 얘기들을 들을 수 있었다.

안성 출신인 그는 IMF 때 실직 후, 머리를 식힐 겸 만리포를 찾았다. 이후 한적한 만리포 바닷가에 반해 펜션 사업을 시작했다. 처음엔 작게 시작했지만 손님이 늘면서 규모를 조금씩 늘려왔다.

그의 얘길 들으면서 아이디어가 떠올랐다. 분명히 그가 운영하는 펜션이 경매로 나왔는데, 장사가 잘 된다고 한다. 땅만 낙찰 받아 그에게 대지 사용료를 받거나 비싼 가격으로 되판다는 것.

이날도 손님들이 꽉 차서 방이 없을 정도였다. 그는 이제야 펜션 사업이 자리를 잡아 안정됐다고 했다. 가족들은 여전히 안성에 사는데, 펜션 사업은 주인이 직접 해야 한다고 했다. 남에게 맡겨서는 답이 안 나온다

| 태안의 펜션

| 만리포 바닷가

는 설명이다. 그는 펜션 물건을 직접 주문해서 가져온다고 했다. 노하우가 쌓이다 보니 저렴하게 구입해서 올 수 있다고 했다.

그의 설명에 빠져들면서 혹하긴 했지만, 나중에 낙찰을 받더라도 이 아저씨와 법적 분쟁을 해야 한다고 생각하니 엄두가 나질 않았다. 그것도 지방에, 내가 직접 운영을 할 수도 없는 상황이다. 그냥 마음을 접기로 했다.

서울로 가는 차 시간에 쫓겨 그와 작별인사를 했다. 그는 펜션 사업 얘기를 더 못해주는 것이 못내 아쉬운 듯했다. 나는 속으로 그의 문제가 잘 해결되길 바랐다.

나중에 매각 결과를 확인해보니, 이 물건은 감정가를 훌쩍 넘겨 낙찰됐다. 괜찮은 물건이었던 것이다. 하지만 초보자인

| 태안 펜션 매각 결과

내가 접근하기엔 한계가 있었다.

경매 컨설턴트는 늘 이런 '하자' 있는 물건들을 추천했다. 초짜인 내가 감당하기엔 버거운, 그런 물건들이었다.

R사업지 투자에 대한 답은 이곳에서 찾을 수 있었다. 만리포해수욕장 앞 슈퍼에서 시간을 죽이던 토박이 부동산업자에게 '파도리 투자'에 대해 물었다. 그는 한마디로 잘라 말했다.

"어휴, 거기 개발되려면 한 20년은 기다려야 돼요."

여기서 만난 펜션 사장도 같은 반응을 보였다. 펜션을 광고할 때, 누구나 다 아는 '만리포' 펜션과 아무도 모르는 '파도리' 펜션은 천지차이라는 것이다. 성수기에만 '반짝' 할 거라고 했다. 어차피 많이 고민도 하지 않았지만 R사업지에 대한 마음을 접기로 했다.

안타깝고 미안하게도, 이 팀장은 서울에 잘 돌아왔냐는 문자를 보내왔다. 분양을 한다는 게 참 쉽지 않은 일이라는 생각이 들었다.

잠깐! 투자포인트

하자 있는 경매물건, 할까? 말까?

경매로 한두 번 낙찰을 받아 보면 일반 물건은 이젠 정~~말 재미가 없어졌다는 사실을 깨닫게 된다. 법적 분쟁이 없는 일반 물건은 시세와 맞먹는 가격으로 낙찰되기 일쑤이기 때문이다. 그만큼 경매가 대중화됐다는 의미이기도 하다.

이에 소위 난다 긴다 하는 경매 고수들을 만나면 요새는 "재미가 없어 경매를 하지 않는다"는 말을 한다. 그들이 주로 하는 물건은 각종 법적 문제가 얽힌 '특수 물건'이다. 경매 사이트에서 유치권, 법적지상권 등 '하자물건' 검색해 입찰한다.

나 또한 일반 물건이 재미가 없어지는 순간이 있었다. 그래서 유치권, 법적지상권, 지분 등 특수 물건을 찾아 보기도 했다.

특히 최근 경매 업계에서 유행하고 있는 '지분 투자'에 관심을 가졌었다. 지분 투자란 하나의 물건에 소유주가 여러 명인 경우, 전체가 아닌 특정 지분만 경매로 나온 경우를 말한다. 예를 들어, 아파트 한 채를 상속받았는데, 혼자 단독으로 받은 것이 아니라 형제나 자매가 공동으로 상속받은 경우 등이다. 이럴 때 한 쪽에 문제가 생기면 해당 지분만큼만 경매에 나온다. 이 경우 큰 차익을 남길 수도 있다. 흔한 방법은 일단 지분을 매입한 이후 나머지 지분을 가진 이에게 고가 매입을 요구하는 것이다. 그밖에 다양한 경우의 수가 있다.

여정 언니의 소개로 지분 경매의 달인을 만나기도 했다. 하지만 결론은 전문적인 '꾼'이 아닌 이상, 특수 물건까지 손을 대기엔 골치 아픈 일이 더 많다는 것이다. 돈 몇 푼 더 벌려고 하다가 피곤한 일들이 '훨씬 더' 늘어나게 된다. 게다가 리스크도 크다. 자칫 잘못 하다가는 돈이 묶일 수도 있다.

일반 경매로 하더라도 명도 등 신경쓸 게 많은데, 특수 경매까지 하면 정말 뒷목 잡고 쓰러질지 모른다. 특수 물건은 직업 경매인들의 영역으로 남겨두는 게 좋을 것 같다고 판단했다.

이에 나는 특수 물건은 쳐다도 보지 않는다. 일반 경매도 잘만 찾으면 급매보다 나을 때가 있다. 특히 최대 대출 80%까지 경락대출을 받을 수 있기 때문에 수익률은 높다(p 185 참조).

■ 충청권

아산 신도시와 시너지
천안

- 인구 : 58만여 명
- 교통 : 천안아산역 KTX, 수도권 1호선 천안역, 천안경전철 계획 중
- 교육 : 순천향대, 단국대 천안캠퍼스, 남서울대 등 13개 대학
- 산업 : 천안 산업단지 천안 제2산업단지, 천안 천흥산업지 등 3개로 구성
- 국제과학비즈니스벨트 기능지구

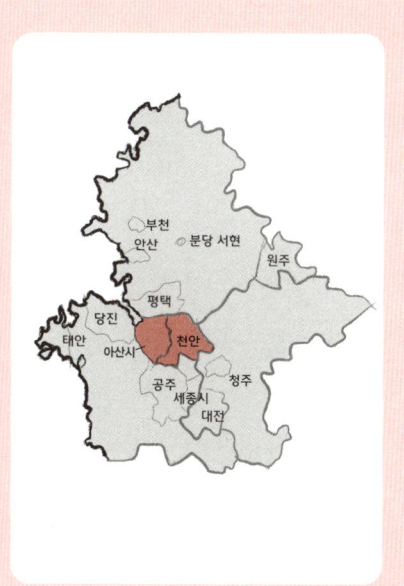

> 동아일보　　　　　　　　2011년 9월 27일
> **불법 고시원들 합법화 길 열렸다**
> 불법 시설로 분류됐던 고시원의
> 인허가가 쉬워질 전망이다.

'상가 경매 무료특강'

신문 광고가 눈에 확 들어왔다. 공짜라는데, 한번 가보자. 퇴근 후 한 시간이나 늦게 강의 장소에 간신히 도착했다. 그런데 피곤이 몰려와 너무나 졸렸다. 눈이 스르르 감겼다. 강사의 목소리가 달콤한 자장가로 들리는데, 잠이 확 깨는 얘기가 들렸다.

'불당동 고시원.' 천안 불당동에 텅텅 빈 상가들이 많이 있는데, 이를 용도 변경해 고시원을 하면 굉장히 잘 된다는 것!

핵심은, 빈 상가를 잡아 용도를 변경해 수익률을 높이는 것이다. 고시원은 강사의 대표적 추천상품이다. 부동산부에 있을 때도 고수익 상품으로 고시원을 취재한 적이 있다. 천안 불당동에 나온 경매물건을 알아봐야겠다고 생각했다.

집으로 와 경매사이트에 접속했다.

'전용 80평이 2억?!'

그가 추천한 천안 불당동에 빌딩의 한 층(80평)이 경매로 나와 있었다. 최저입찰가도 세 번이나 유찰돼 6억 원짜리가 2억 원대로 떨어진 상태였다.

목표가 정해졌으니 당장 행동에 들어갔다. 네이버 길찾기에서 물건지를 검색했다. 천안은 의외로 가까웠다. 반포 고속버스터미널에서 1시간 만에 도착했다. 부담 없이 다녀올 만한 거리였다.

천안, 젊음의 활기

깜빡 졸고 났더니 천안에 도착했다. 천안은 한마디로 '놀라움' 그 자체였다. 버스에서 내려 터미널을 빠져나왔는데, 인파에서 젊음의 활기가 느껴졌다. 신세계백화점 앞에서 버스를 기다리는데 '학생 무리'에 떠밀려 서있기가 힘들 정도였다. 도대체 이 많

| 천안 고속터미널

은 학생들은 어디서 왔을까. 그들이 사는 곳은 어딜까 궁금했다(나중에 알아보니 천안에는 서울의 중하위권 대학 캠퍼스들이 많았다).

신선한 충격은 금세 당혹감으로 바뀌었다. 문제는 주소였다. 급하게 오느라 물건지의 상세주소를 적어 오지 못했다. 스마트폰으로 경매 사이트에 접속해 주소를 다시 확인하는데, 인터넷이 너무 느렸다.

간신히 불당동으로 가는 버스(990번)를 알아냈는데, 버스 전광판에 번호가 보이질 않았다. 열심히 버스노선표를 살피다가 표 파는 아저씨에게 물었다.

"아저씨, 990번 버스 어디서 타나요?"

"저기요."

무성의한 고갯짓을 했다.

"네? 어디요?"

"저기요."

이번엔 쳐다보지도 않았다.

"저기라고요?"

묵묵부답이다. 뭐 저런 사람이 있나 싶었다. 하는 수 없이 버스를 기다리던 학생에게 "불당동으로 가려는데, 990번 버스를 어디서 타냐"고 물었다. 그는 불당동 가려면 여기서 타는 게 맞는데, 아래쪽 롯데리아 앞에 버스정류장이 하나 더 있으니 거기로 가보라고 했다. 하지만 헛수고였다.

'아, 뭐야. 택시를 타야 되나. 돈 아까운데.'

다시 신세계백화점 앞쪽 버스정류장으로 왔는데, 마침 990번 버스가 보였다(알고 봤더니 990번 버스는 거의 30분에 한 대씩 다녔다. 돌아올 때도 30분 가까이 버스를 기다려야 했다. 불당동에 대해 회의적인 사람들은 천안의 중심에서 벗어나 한쪽으로 치우쳐 있고, 교통이 불편하다고 지적한다).

100미터 전력 질주를 하듯 버스에 올라탔건만, 이번엔 교통카드가 문제였다. 서울 카드가 먹히질 않았다. 버스기사 아저씨에게 물었더니, 버스표 사는 곳을 가리켰다. 아까 그 불친절한 아저씨에게 다시 가 버스표를 달라고 했다.

"아저씨, 버스표 한 장이요."

"버스표 안 팔아요."

"네? 버스표를 안 판다고요? 그럼 어떻게 해요?"

내 알 바 아니라는 듯 또 딴청을 피웠다.

"그럼, 잔돈 좀 바꿔주세요. 급해요. 앞에 버스 기다리고 있다고요."

"아줌마! 버스표 안 판다고요. 다른 데 가서 교환하세요."

'뭐? 아줌마!!!'

속으로 울화통이 치밀어 올랐지만, 다시 물었다.

"그럼, 교통카드는요?"

갑자기 다른 손님이 새치기를 했다.

"아저씨, 급해요. 교통카드는요?"

"5000원이요."

간신히 버스를 탔지만, 분이 풀리지 않았다. 씩씩거리며 흥분을 가라앉히는 사이, 버스는 물건지 인근 '퀸스웨딩홀' 버스정류장에 도착했다.

차에서 내리자 8차선 대로 위 차들이 무서울 정도로 쌩쌩 달렸다. '다음 지도'에서 물건지를 다시 한 번 확인했다. 버스를 한 번 더 타라고 돼 있었지만, 지도를 보니 걸어갈 수 있는 거리였다.

대로 건너 왼편으로 불당동 '아이파크' 아파트가 보였다. 일단 아파트 단지 쪽으로 횡단보도를 건넜다. 한적한 동네였다. 실개천 같은 냇가가 보였고 학교들이 눈에 띄었다. 사람들이 즐길 수 있는 자연이 있다는 것만으로도 이 동네가 '괜찮은' 동네라고 생각했다. 밤이 더 늦기 전에 불이 켜진 공인중개사무실에 들르기로 했다.

불당, 천안의 강남학군

"서울에서 투자하러 왔는데요."

까무잡잡한 얼굴의 아저씨는 대뜸 인근에 학교가 네 개나 있는데, 천

> 부동산면　　　　　　　　　　2011년 9월 30일
>
> **주변 배후수요 탄탄, 첨단도시 꿈꿔**
> 지역현장 리포트 / 아산테크노밸리

> 부동산면　　　　　　　　　　2011년 12월 19일
>
> **아산테크노밸리 '시동'**
> 내년부터 아파트 분양,
> 7820가구 미니도시로

안 불당중학교*가 전국 랭킹 2위일 정도로 교육열이 뛰어나다고 말했다.

"불당중 학생들이 월봉고로 가는데, 워낙 고득점 여학생들이 많아서 남학생들은 잘 안 가려고 하고요."

"여기 지도를 보시면 알겠지만, 바로 맞은편에 갤러리아백화점이 있고요. 66층짜리 펜타포트 주상복합이 저~~기 보이죠?"

실제로 높은 초고층 빌딩이 시야에 들어왔다. 펜타포트 3개동은 2011년 10월에 입주라고 했다.

운 좋게도 소 뒷걸음치듯 '아산 신도시(아산배방지구 택지개발사업)'를 제대로 찾아온 셈이었다. 그는 "불당동은 천안의 강남"이라고 강조했다. 인근에 바로 아산 신도시가 있어 입지도 좋고, 천안에선 땅값이 제일 비싸다고 했다.

그는 임대 수익을 목표로 한다면 '소형 아파트'에 투자하라고 추천했다. 24평(방 2개)이 1억 8000만 원선인데, 보증금 2000만 원에 월세 80만 원 정도 나온다고 했다. 수익률을 대충 따져보니, 대출과 보증금을 합쳐 내 돈 6000만 원 정도를 투자해 월 30만 원을 남기는 구조였다(연투자수익률 6%).

수익률이 낮아 구미가 당기지 않았다. 하지만 그는 소형 아파트의 인기

★ 천안 불당중학교 : 2004년 개교, 남녀공학, 공립. 천안시 서북구 불당동 830. 충남 교육청 주관 도내 학업성취도평가 수석 유지. 2008년 전국 중학교 1학년 대상 국가수준 학업성취도 평가 전국 2위

는 꾸준하다며, 앞으로 2000만 원은 더 오를 것 같다고 했다.

그는 천안 KTX역 앞에 분양 중인 오피스텔이 있긴 한데, 손님들에게 추천도 하지 않는다고 했다. 전용면적 13평의 원룸인데, 월세가 1000에 50밖에는 나오지 않아 수익률이 낮다고 했다. 게다가 관리비가 월 6~7만 원으로 비싸, 한 달에 3만 원 정도밖에 나오지 않는 아파트와는 경쟁이 되지 않는다고 했다.

그의 설명을 찬찬히 들은 나는, 수익률이 좀 더 높은 원룸 같은 건 없냐고 물었다.

"여기는 다세대가 없고 전부 통으로 파는 다가구(주인이 하나인 통건물)에요. 총 투자금 7억 8000만 원에서 9억 원 정도 투자하면 임대수익률 9%대는 나옵니다."

슬슬 본론으로 들어가야겠다고 생각했다.

"그런데, 고시원은 어떤가요?"

"고시원, 괜찮죠. 여기 고시원은 없어서 못 줍니다. 불당동에 있는 건 예약하고 들어갈 정도예요."

오호. 예상이 맞아떨어지고 있는 것이다.

"여기 근처에 상가 경매 나왔던데, 거기 용도 변경해서 고시원으로 할 수 있을까요?"

헌데, 그의 표정이 내가 말한 물건을 아는 표정이 아니었다. 갸우뚱했다. 인기가 많은 물건지는 대부분 인근 부동산들이 이름만 들으면 알 정도로 꿰고 있는데도 말이다.

잠시 뜸을 들이더니 그가 말했다.

"괜찮죠. 올해까지만 고시원으로 용도 변경 해주니까요."

그에게 물건번호를 알려줬다.

방금 손님 상담을 마치고 온 부동산 아주머니 신세계 공인 041-555-4980 천안시 서북구 불당동 1124 에게 경매 사이트 확인을 요청했다. 물건지를 확인한 아주머니는, 쉽지 않겠다는 표정을 지었다.

"D종합건설이 유치권*(타인의 부동산에 대해 자신의 기여 부분을 주장할 수 있는 권리)을 걸어놨네요. 가압류도 있고요. 여긴 '건달'들이 많이 올라와 있는데, 아무래도 건달들이 자기네들끼리 짜고 치는 고스톱이 아닐까 하네요. 일단 유치권 금액이 7억 원이면, 3억 원에 낙찰받아도 배보다 배꼽이 더 커지는 상황이니까요."

난 최근에 《송사무장의 실전경매》에서 읽은 지식을 바탕으로 유치권자가 점유를 하지 않으면 유치권이 성립하지 않는다고 우겼다. 하지만 그는 점유를 하지 않아도 유치권이 성립한다고 했다.

"아무리 봐도, 개인이 잡기에는 힘들 것 같은데요. 지금 불당동은 전국구에요. 고시원하려고 전국에서 와서 탐내는 자리죠. 그런데 3회나 유찰됐다는 것이 영~~."

찜찜하다며 고개를 갸우뚱했다.

한껏 부푼 기대에 찬물을 끼얹는 표정이었다.

그래도 포기하고 싶지 않았다. 혹시나 모르니 유치권이 성립되는지 알아봐달라고 부탁했다.

★ 유치권 : 타인의 물건이나 유가증권을 점유한 자가 그 물건이나 유가증권에 관하여 생긴 채권이 변제기에 있는 경우에 그 채권을 변제받을 때까지 그 물건이나 유가증권을 유치할 수 있는 권리. 하지만 유치권이 성립되지 않는 가짜 유치권이 많다.

"주변에서 장사하는 사람들한테 물어보면 제일 잘 알아요. 한번 물어볼게요."

내가 조사해온 경매물건 중엔 괜찮은 게 없다고 했다. 대신 그는 천안에서 임대가 제일 잘 되는 아파트 네 군데를 찍어주었다. 여기에 경매물건이 나오면 무조건 들어가라고 일러주었다.

신방동 '초원아파트' 17평, 쌍용동 '청송아파트' 20평, '한라동백C' 24평, 봉명동 '청송아파트' 20평이라고 했다(이들 아파트는 프로젝트 후 2012년 3월 겨울휴가 때 둘러봤다).

'와우. 이런 고급 정보를!'
"아앗, 감사합니다."

방긋 웃어보였다. 친절한 이들 부부는 천안역까지 태워주겠다고 했지만, 나는 물건지를 한번 보고 가겠다며 정중히 거절했다.

깨져버린 허황된 꿈

물건지를 내 눈으로 보기 전까지, 머릿속엔 벌써 고시원을 몇 채나 짓고 있었다. 조금 전 만난 부동산 아저씨는 80평이면 아홉 채까지 지을 수 있겠다고 했다. 한 달에 30만 원 정도 받는다면, 월 300~350만 원의 임대수입이 가능했다. 고시원을 전문으로 투자하는 지인에게 도움을 요청하고, 강사에게도 자문해야겠다고 생각했다.

분명 이 근처인데, 찾을 수가 없었다. 주변을 빙빙 돌기를 수차례. 물어 물어 간신히 물건지를 찾았다. 엘리베이터를 타고 8층으로 갔다.

문이 열리는데 분위기가 묘했다. 남성전용 안마시술소였다. 빨간 불빛이 흐릿하게 켜져 있었지만, 인기척은 없었다. 덜컥 겁이 났다. 영화에서나 봄직한 공포스런 분위기였다.

'앗, 여기는 안 되겠다.'

재빨리 카메라 셔터를 누른 뒤, 황급히 건물을 빠져나왔다.

'휴~~, 완전 무섭다.' 안도의 한숨을 내쉬었다.

건물 밖으로 나와 이제 서울로 올라간다는 문자를 보내는 순간, 낯선 남자가 내 앞을 막아섰다.

"사진은 왜 찍으신 거죠?"

심장이 벌렁거렸다. 온몸이 얼어붙는 것 같았다. 하지만 차분해야 한다.

"네? 뭐요?"

태연한 듯 보내던 문자메시지를 마저 보냈다.

"아까 거기서 사진 찍는 거 다 봤어요. 뭐하는 거예요?"

약간 마른 체구의 그 남자는 험악한 표정으로 버럭 소리를 질렀다.

'별거 아냐. 당황하지마.'

놀란 마음을 다스렸다.

"뭐요? 아무 것도 아닌대요?"

태연한 척, 정말 아무 것도 아니라는 척, 그를 뒤로 한 채 가던

길을 갔다.

혹시라도 그 남자가 쫓아와 해코지라도 하는 게 아닌가 가슴이 쿵쾅쿵쾅 뛰었다. 하지만 다행히 그런 일은 일어나지 않았다.

천안에서 서울로 올라오는 내내, 제정신이 아니었다. 어떻게 집에 왔는지도 모를 정도였다. 세상이 만만치 않다고 다시 한 번 느꼈다.

| 불당동 경매 결과

1 | 용도 변경으로 시세차익 : 용도 변경은 부동산의 수익률을 높이는 방법 중 하나다.
2 | 상권이 쇠퇴한 곳에 입지한 상가는 용도를 변경해 고시원, 다가구주택으로 전환하는 것을 검토해 보자.
3 | 상권이 점차 확대되는 곳에는 주택을 상가주택으로 용도 변경하는 것도 방법이다.

■ 충청권

세종시와
오송 의료복합단지로
분위기 반전
청주

- ■ 충청북도청 소재지
- ■ 행정구역 : 2012년 6월 말 청원군과의 통합 여부 결정(주민투표)
- ■ 총인구 : 66만여 명
- ■ 교통 : 청주국제공항. 철도교통 취약. 청주역보다 충남 연기군 조치원역이 가까움
- ■ 교육 : 공군사관학교, 충북대, 청주대, 서원대

청주 사직동 사직오피스텔. 전국의 최저입찰가 5000만 원 이하 오피스텔을 검색한 결과, 청주 지역에서 나온 유일한 오피스텔이다. 무려 4회나 유찰돼 2000만 원대로 떨어졌다. 매입가격이 전세가 수준이다. 게다가 며칠 전 '롯데아울렛이 청주 터미널에 들어선다'는 기사를 봤다.

솔직히 청주는 충주랑 헷갈릴 정도로 관심이 없던 도시였다. 이번에는 사전에 정보를 입수해 내려가기로 했다. 철저한 사전조사의 필요성을 느꼈다. 퇴근 후 번갯불에 콩 튀기듯 다녀와야 하는데, 무작정 내려갔다가는 낭패를 볼 게 뻔했다.

청주는 세종시와 오송 의료복합단지 등의 수혜지였다. 2011년 초만 해도 분양이 되지 않아 분양가를 낮출 정도였지만, 5월부터 분위기가 반전됐다.

경매물건 검색 결과, 청주 지역에서 둘러볼 만한 물건은 다섯 개 정도 됐다. 이중 세 건이 청주 고속버스터미널 인근에 몰려 있었다.

저녁 8시 40분. 퇴근 후 서둘러 버스를 탄 덕분에 예정 시간보다 20분 일찍 청주 시외버스터미널에 도착했다. 청주는 의외로 가까웠다. 1시간 30분. 시간상으로는 원주와 같았다. 신나게 졸다가 청주 터미널이 보일 때쯤 부스스 일어났다.

휘황찬란한 네온사인 불빛들이 번쩍거렸다. 무슨무슨 모텔, 나이트 등 등 유흥가 간판들이었다.

첫 번째 물건지인 '드림플러스'는 롯데마트와 내부적으로 연결이 돼 있었다(롯데아울렛은 롯데마

지역르포	2011년 7월 18일
오송단지 · 세종시 등 호재에 수요 고개 들어	
청주	

| 드림플러스 1층 옷가게

트와 연계돼 들어올 예정이다). 고속터미널과 이어진 드림플러스 1층으로 갔다. 한두 평짜리 옷가게들이 빼곡히 들어찼다. 대부분 여성 의류다. 신기했다. 서울 동대문시장을 옮겨 놓은 듯했다. 저녁 늦은 시간이라 그런지, 손님은 없고 분위기가 썰렁했다.

이 많은 가게들 중에서 어떻게 물건지를 찾지? 경매 정보지에 나온 상호는 'H'. 1층 안내도에도 상호는 없었다. 1층을 두어 차례 돌고 나서야, H라는 가게를 찾을 수 있었다.

2층으로 올라가는 엘리베이터 맞은 편이었다. 괜찮은 위치라고 생각했다. 마치 손님인 것처럼 옷구경을 했다. 디자인이 예뻤다. 사고 싶은 옷도 있었다. 옷걸이를 만지작거리자, 맞은편에 있던 주인이 나왔다.

"마음에 드는 거 있으세요?"

"이거 얼마예요?"

"3만 2000원인데, 세일해서 2만 2000원이에요."

"흠, 조금 비싼 것 같네요……."

(어차피 돈도 없었다)

옷은 예쁜데 비싸서 살 수가 없다는 표정을 지었다.

"근데 여기 몇 시까지 하나요?"

"9시 반이요."

"흠, 다른 데 좀 둘러보고 올게요."

"네, 그러세요."

뒤돌아서는데 그의 긴 한숨소리가 뒤통수까지 들려왔다.

드림플러스는 버스터미널과 연결돼 C급 상권은 아니었지만, 군데군데 공실이 있어 A급 같지도 않았다. 더군다나 경매로 나온 구분상가는 주인이 바로 옆에 다른 옷가게를 갖고 있어 재계약을 하지 않고 물건을 정리할 수도 있었다(처음엔 이런 구분상가들도 돌아봤지만, 나중엔 쳐다도 보지 않게 됐다).

두 번째 물건지는 파라지오 오피스텔 3층. 드림플러스 뒤편 이면도로였다. 롯데마트 뒤편 먹거리 상권을 따라 올라가자 모텔촌이 나왔다. 1층에 음식점이 있었고, 물건지는 3층. 간판을 확인했다. 아뿔사. ○○안마. 불당동처럼 이곳 역시 안마소였다. 아니나 다를까 유치권이 있었다. 여기도 후회없이 돌아섰다. 이런 골치 아픈 물건은 건드리지 않는 게 상책이다.

세 번째 물건지는 H오피스텔. 7000만 원짜리가 1번 유찰돼 5000만 원까지 떨어져 있었다. 가까운 거리지만, 택시를 탔다. 시간이 촉박했다. 20대로 보이는 젊은 택시기사였다.

"H오피스텔이요. 이 근방인 듯해요."

"네, 저기 보이는 모텔 뒤에요."

뭔가 불안했다. 모텔 뒤에 오피스텔이? 주변을 둘러보니, 죄다 나이트, 모텔 등등 유흥업소였다.

"여기에요. 다 왔습니다."

늘 그렇듯 교통카드 기능이 되는 카드를 내밀었다.

"카드는 안 되는데요. 청주는 카드 택시가 거의 없어요. 문화택시라고 있는데, 전화해서 콜 부르셔야 해요."

"아, 네."

기본요금 2200원을 냈다.

물건지는 6층. 오피스텔 입구로 들어서는데, 젊은 남녀가 나왔다. 분명히 유흥업소 종사자들이 많을 텐데, 그들의 모양새는 의외로 멀쩡(?)해 보였다.

6층으로 올라갔다. 방향을 확인하니 남향이었다. 복도 끝 창문으로 '돈텔마마' 라는 나이트 간판이 보였다. 다시 1층으로 내려와 편의점에 들렀다.

| H오피스텔 인근 유흥가

"근처에 버스정류장은 어디 있나요? 그런데 여기 오피스텔은 어떤 사람들이 많이 사나요? 유흥업소 분들이 많을 것 같은데요."

"주변에 유흥업소가 많다 보니, 아무래도 밤에 일하시는 분들이 많이 사시는 편이죠. 버스정류장은 여기서 좀 멀어요. 아래로 쭉 내려가서 큰길로 나가야 해요."

버스정류장으로 가는 길에 술 취한 회사원들이 나이트를 찾아 방황하는 모습이 보였다. 가로등이 없는 밤길을 혼자 걷는 게 무서웠다. 헐벗은 여성들이 남성 고객을 유혹하는 전단지도 눈살을 찌푸리게 했다(나중에 만난 택시기사는 예상대로 이곳이 살기에 나쁘다고 말해주었다. 유흥가 근처라 밤이 되면 시끄러운데, 거의 매일 경찰이 출동한다고 했다. 그나마 월세는 센 편이었다. 보증금

1000만 원에 50만 원선이었다. 하지만 세입자들이 자주 바뀌면 신경쓸 일이 많을 것 같았다).

다행히 기다리던 버스가 빨리 왔다. 저상버스로 서울 교통카드도 되고, 타본 지방버스 중엔 꽤 좋은 편이었다.

다음 물건지는 개신동 상가빌딩(효림 메디컬센터). 다섯 개의 정류장을 지나 개신동 서경중학교 정류장에서 내렸다. 이곳은 분위기가 또 달랐다. 교복을 입은 학생들의 무리가 보였다.

물건지는 개신동 푸르지오 단지 근처였다. 상권이 괜찮아보였다.

주위를 둘러보니 대치동의 축소판 같았다. 서울에서 내로라하는 학원들이 거의 다 입점해 있었다. 게다가 주변에는 병원이 대부분이었다. 빌딩 이름에서도 알 수 있듯이 '효림 메디컬센터'다. 하지만 무슨 이유에서인지 주변 빌딩들에 비해 유독 이 빌딩만 임차가 잘 안 되고 있었다. 1층에 들어온 '햇빛한의원'도 올 3월 입점해 그리 오래되지 않은 듯했다.

경매로 나온 1층 충무횟집은 안을 자세히 들여다보니, 장사를 안 한 지가 꽤 오래된 듯했다. 안에 식기 자재들이 널브러져 있었고, 경매를 알리는 우편물들이 앞쪽에 쌓여있었다. 7층에 골프연습장이 있었다. 밤늦게 골프 연습을 하러 가는 아주머니들이 보였다.

"딱. 딱."

골프공 치는 소리가 바깥까지 들렸다. 꽤 잘 되는 듯했다. 이렇게 좋은 상권에 망가진 빌딩은 이유가 있을 것 같았다(좋은 상권에 망한 상가는 반드시 이유가 있다. 싼 물건은 원인을 꼭 살펴봐야 한다). 그래도 아직 입찰까진 시간이 좀 있으니, 나중에 차근차근 알아봐야겠다고 생각했다.

자, 이제 오늘의 마지막이자 최대 관심 물건지인 '사직오피스텔'만 보면 된다.

버스정류장으로 갔다. 밤 10시 22분. 버스가 끊기지 않았으면 하는 실낱같은 기대가 있었지만, 아쉽게도 버스는 10시에 끊겨버렸다. 하는 수 없이 택시를 타야 했다. 도로 앞으로 조금 나가 주위를 두리번거렸다.

반대편 차선에 있던 택시 한 대가 유턴을 해 내 앞으로 왔다.

"어디로 모실까요?"

"사직동 사직오피스텔이요."

"거기가 어디죠? 주변에 다른 건 없나요?"

스마트폰에서 사직오피스텔을 찾아 지도를 보여줬다. 그제야 아는 체를 했다.

"아~~~, 거기 가본 것 같아요."

"네. 이 동네는 어떤가요?"

"왜요?"

"집 좀 알아보려고요."

"아휴, 거긴 죽어가는 동네에요. 서울로 치면 가리봉동 쯤? 길도 어두컴컴하고, 버스도 자주 안 다녀요."

"청주에 사시게요? 거기보다는 사창동 '월드피아' 오피스텔이 훨씬 낫죠."

| 사창동 월드피아 위치도

(사창동 월드피아 오피스텔은 처음 만난 젊은 택시기사도 추천했던 곳이었다)

그는 외국인들도 많이 살고 마트도 없고 살기에 영 나쁘다고, 가는 내내 설명했다. 그래도 직접 보고 싶다고 했다.

"여기에요. 사직오피스텔."

부정적인 설명을 들어서인지 왠지 무섭게 느껴졌다.

"아저씨, 잠깐만 기다려주실래요? 금방 보고 올게요."

"네~, 그러세요. 앞쪽에서 담배 한 대 피고 있을게요."

몇 집에 불이 켜져 있었지만, 오피스텔은 전반적으로 어두웠다. 신축인데 유치권이 있었다('유치권 행사중'이란 플래카드가 붙어 있었다. 이는 '가짜 유치권' 행사자들이 주로 쓰는 수법이다).

복도식 오피스텔인 사직 오피스텔의 압권은 '복도등'이었다. 사람의 인기척이 나야 불이 켜졌다. 무서워서 올라가기도 싫었다(나중에 거제에서 본 H오피스텔과 분위기가 비슷했다. p. 389 참조).

대충 훑어보고 재빨리 내려왔다.

"아저씨 말씀대로 이 오피스텔은 진짜 별로네요. 터미널로 좀 가주세요."

"그쵸. 아까 택시 탔던 개신동이나 가경동, 비흥동 하나병원 뒤편 등이 훨씬 나아요."

그는 청주시에 대해 이런저런 설명을 해주었다. 그러면서 1만 원 받을 테니 추천할 만한 원룸촌을 보여주겠다고 했다. 맛난 곱창집이 있어 자주 가는데, 살기에 괜찮다고 했다.

그가 추천한 곳은 강서택지개발지구였다. 신축 원룸들이 이제 막 들어선 모양새였다. 월세는 보증금 500만 원에 월세 30만 원으로 저렴한 편이었다. 투룸에 방 두 개짜리라고 했다.

"차라리 이런 데가 낫겠네요."

"터미널도 가깝고 상권이 좋아서 없는 게 없어요."

그는 부동산 앞에 세워주며 시세를 확인해보라고 했다. 잽싸게 시세를 확인한 뒤, 번호를 메모했다.

"아~, 감사합니다."

그는 진짜 1만 원만 받았다. 서울에서 전문대를 나왔다는 그는 청주가 고향이라고 했다.

"지금 서울 올라가려고요? 빨리 가야 돼요. 시외버스는 끊겼고, 고속버스를 타야 돼요. 11시 20분 차가 막차예요."

"아, 그래요? 빨리 좀 가주세요."

시계는 벌써 11시 10분을 가리키고 있었다.

간신히 5분 전에 터미널에 도착했다.

"아~, 정말 감사합니다."

급하게 내리는데 그가 명함을 건넸다.

"담에 청주 오면 콜 해요. 커피도 한 잔 사고요."

"하하. 네, 알겠습니다. 연락드릴께요."

친절한 택시아저씨 덕분에 무사히 막차를 탈 수 있었다. 서울 남부터미널에 도착한 시각은 밤 1시. 버스를 타자마자 곯아떨어졌다. 짧지만 알찬 청주 투어였다.

● 성 기자의 발품 포인트

청주 강서택지개발지구
- 위치 : 흥덕구 가경동, 강서동 일대 19만 7792평
- 특징 : 교육, 쇼핑 등 편의시설. 연기, 공주 일대 조성 중인 행정중심복합도시 배후 여학 기조
- 교통 : 경부고속도로 청주IC와 15분 중부고속도로 서청주IC와 20분 경부고속철도 오송역 8킬로미터

1 | 나침반은 필수 : 물건지를 볼 때 향을 반드시 확인하는 게 좋다. 남향은 북향에 비해 임대가 잘 된다. 요새는 스마트폰에 나침반 앱이 있으므로 이를 잘 활용하자. 특히 위치 저장 기능을 쓰면 편리하다.

2 | 청주의 추천 오피스텔 : 사창동 '월드피아', 강서지구 원룸촌도 괜찮다.

3 | 지방 탐방의 파트너, 택시기사 아저씨 : 서울에선 택시기사 아저씨와 대화를 하는 경우가 거의 없다. 하지만 지방으로 가면 얘기가 달라진다. 프로젝트 기간 동안 지방의 택시기사 아저씨들은 고급 정보원이었다.

■ 경상권

화려한
부활을 꿈꾸는
대구

- 인구 : 약 252만 명
- 교통 : 대구국제공항, 대구역, 동대구역(동대구복합환승센터 예정)
  1, 2호선 지하철 운행 중. 3호선 2014년 개통 예정
- 교육 : 경북대, 계명대, 대구가톨릭대
- 2010년 지역내 총생산(명목) 36.3조 원(전국 비중 3.1%)
- 산업 : 대구사이언스파크(2009년 9월 국가산단 지정)
  대구경북경제자유구역(2008년 지정) : 대구혁신지구, 국제문화산업지구, 국제패션디자인지구, 대구 테크노폴리스지구, 성서5차 첨단산업지구, 수성의료지구 등

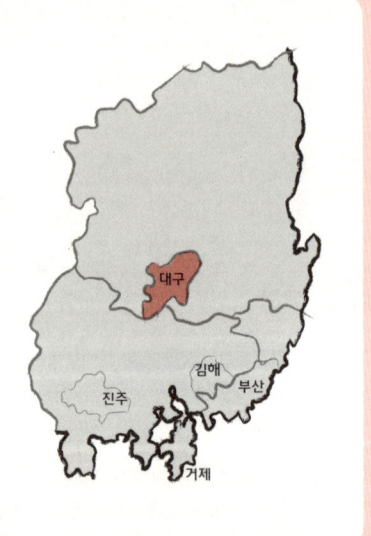

고향이며 연고지인 경상권. 그런데도 경상권을 많이 돌지 못했다. 고향인 울산을 이번 프로젝트 탐방지에서 빠뜨릴 정도였다. 물건 검색 결과 가격대가 너무 높아 수익률에 맞는 게 없었기 때문이다. 지방 투자의 경쟁력은 뭐니 뭐니 해도 가격이다. 부산, 울산, 대구, 창원 등은 솔직히 이미 가격이 많이 올라 투자 메리트가 떨어졌다. 해운대가 본격적으로 개발되기 시작한 부산은 서울과 맞먹는 수준까지 올라있었다. 경상권에서 그나마 저평가됐다고 생각된 지역은 경전철이 뚫린 김해와 거가대교 수혜지역인 거제, 대기업 공단이 집중된 구미 인근 지역 등이었다.

대구가 지는 해라면 부산은 '다시' 뜨는 해다. 대구는 삼성 등 기존의 공장들이 빠져나가면서 지역 경제에 먹구름이 끼고 있는 반면, 부산은 중국인 관광객과 일본 기업 등의 수혜를 입어 활기를 띠고 있다. 대구에서 만난 한 택시 아저씨는 "큰 공장들이 다 빠져나가면서 똑똑한 젊은이들이 일자리를 찾아 대도시로 떠나고 있다"며 걱정을 했다.

대구는 전통적인 유지들이 많은 도시지만, 향후 시세차익을 노리고 들어가기엔 리스크가 있어 보였다. 대신 서민들이 많이 사는 범물동, 지산동 소형 아파트들은 임대용으로 노려볼 만했다. 그에 비해 부산은 이미 가격대가 많이 올라버렸다. 그래도 수영구 등 임대가 잘 되는 지역엔 들어가볼 만할 것 같았다.

영남권 양대산맥 대구와 부산의 공통점은 '신도심의 안정화'다.

도시는 끊임없이 변하는 유기체다. 구도심과 경쟁하는 신도심이 생기면서 도시의 외연이 넓어진다. 서울의 경우 1970년대 강남이 개발되면서 새로운 중심으로 부상했다. 강남에서도 개발과 동시에 생긴 압구정동을

동아일보	2011년 12월 23일

대구 1인당 총생산 18년째 꼴찌…
"내일은 달라"

조선일보	2011년 10월 18일

中·韓 관광객들 발길 몰리며 부산 명물로
부산 부평·국제시장

중심으로 부촌이 형성됐다가 삼성동, 도곡동 등이 새롭게 부상했다. 최근엔 반포와 잠실이 재건축 단지 신축으로 주목받고 있다. 부동산을 볼 때도 이같은 흐름을 파악하며 중심 이동을 추적해보는 것도 흥미로운 일이다.

대구, 꾼들은 많지만 수익률은 글쎄…

아침부터 바쁜 하루였다. 네 번째 '빌딩부자' 모임이 로이코빌딩에서 있었다. 《빌딩부자들》의 주인공들이 두 달에 한 번씩 모여 친목도모의 시간을 가졌다. 오전 11시에 시작된 모임은 오후 4시까지 이어졌다.

원래 계획은 오후 2시쯤 끝나면 '우이-신설 경전철' 수혜지로 꼽히는 강북구 수유동 '빌라'를 보고 8시 차로 대구에 내려갈 생각이었다. 하지만 시간이 애매해 고민에 빠졌다.

일단 집으로 돌아와 짐을 쌌다. 저녁 8시 정각에 출발하는 기차였다. 지금은 오후 5시 반. 이리저리 머리를 굴리다 차를 가지고 나가 현장을 본 후 회사에 차를 대놓고 대구로 내려갔다오는 전략을 짰다.

하지만 토요일 오후 옥수동에서 성북구 수유동으로 가는 도로는 꼬리에 꼬리를 물고 정체 상태였다. 미아삼거리를 지나 간신히 1시간 반 만에 목적지에 도착했다. '우이-신설 경전철' 예정지(2014년 말 완공 예정) 근처 빌라 두 개를 보고, 신축 분양 빌라도 봤다. 경전철 호재가 반영돼 신축 빌라의 가격이 생각보다 비쌌다. 차라리 구산동 빌라가 훨씬 낫다고 생각했다(경전철의 효용성에 대해서는 지역 부동산들 사이에서도 찬반 양론이 팽팽했다).

밤 8시. 간신히 동대구로 향하는 기차에 몸을 실었다. 원래는 아버지가 입원해 계신 병원에 머무를 생각이었지만, 상황이 여의치 않았다(구미에서 공장을 운영하는 아버지는 당시 팔 수술 때문에 대구에 있는 병원에 계셨다). 하는 수 없이 근처에 눈 붙일 곳을 찾아헤맸다. 순간 떠오른 것이 찜질방'. 마침 병원 1층에서 수납하는 사람들에게 근처 찜질방을 물었더니, 친절하게도 직접 근처 찜질방까지 차를 태워다줬다. 역시 지방은 아직 사람 사는 정이 남아 있는 듯했다.

12시가 다 된 시각. 따뜻한 탕 속에 몸을 담그자 하루의 피로가 씻은 듯 가셨다. 찜질방 구석구석엔 잠을 청하는 사람들이 꽤 많았다. 나도 한 자리를 차지하려 이곳저곳을 기웃거렸다. 그러다 TV 앞 소파를 발견했다. 약간 시끄럽긴 했지만, 바닥보다는 푹신할 것 같았다. 피곤한 탓인지 그 불편한 자리에서도 세상 모르게 잠이 들었다(이때 이후 지방 탐방 때 찜질방을 주로 애용하게 됐다).

아침 8시. 아버지에게 걸려온 전화에 잠이 깼다. 한쪽 어깨가 뭉쳐 뻐근했다. 어깨를 크게 한 번 돌리고, 오늘 일정을 확인했다. 대구에서 가장 잘 나간다는 수성구 황금동에서 시작해 지족동, 범어동 순으로 돌아볼 계획이었다. 첫 탐방지는 최근 오픈한 반월당역(지하철 1, 2호선 환승역) '현대백화점'으로 정했다. 국내 최대 규모로 오픈 전부터 이슈가 된 백화점이 궁금했다.

일요일 오전인데도 백화점은 사람들로 북적였다. 재미있는 점은 서울에선 대표적 길거리 푸드 브랜드인 '스쿨푸드'가 입점한 것이다. 대구지역에 맞는 상품 구성에 신경을 많이 쓴 듯했다(2012년 5월 현재 대구 현대백화점은 전반적인 업계 불황에도 불구, 오픈 8개월 만에 전체 매출 비중의 5%를 넘길 정도로 급성장했다).

인근에 경매로 나온 범어동 '코아시스' 오피스텔까지 걷기로 했다. 반월당역을 빠져나와 지상으로 올라왔다. 대구의 최고급 주상복합아파트인 '두산 위브더제니스'의 모습이 보였다. 의사, 변호사 등 대구의 신흥 부자들이 많이 사는 곳이다. 범어동 코아시스는 '대구 과학고' 맞은편에 있었는데, 위치가 마음에 들지 않았다.

또다시 걸어 황금동으로 향했다. 롯데 '캐슬골드파크' 아파트 뒤편 빌라가 경매로 나왔다. 머리위로 공사가 한창인 지하철 3호선이 보였다. 신분당선처럼 무인시스템으로 운영될 예정이라고 했다.

요새는 지방도 대중교통이 꽤 잘 돼 있다는 느낌이다. 특히 대도시는 서울이나 지방이나 큰 차이가 없어지는 듯했다. 오히려 지방 중심가가 더 깔끔하고 깨끗해보였다.

건당 150만 원, 지방 경매 업체의 횡포

대구를 돌면서 시선을 사로잡은 것은 '경매 입찰 대행'을 알리는 광고 전단지였다. 가는 곳마다 전봇대에 사건번호와 연락처가 붙어 있었다.

'저런 건 누가 붙일까?'

호기심이 발동했다. 적힌 번호로 전화를 했다.

"여보세요? 전단지 보고 연락드렸는데요."

반가움이 역력한 목소리였다.

"네, 네, 지금 어디세요?"

"대구에 있어요."

서울로 올라가기 전, 그와 간단한 미팅을 갖기로 했다. 잘 하면 마음맞는 대리인을 만날 수도 있을 듯했다. 눈치가 빨라 보이는 그는, 물건 정보를 수십 장 들고 나왔다. 커피 한 잔을 시켜 놓고, 그의 설명을 찬찬히 들었다. 아까 다녀온 황금동 빌라도 그가 찍은 물건이었다. 그와의 미팅은 꽤나 유익했다. 대구의 각 지역별 정보에 대해 알게 됐다.

문제는 비용이었다. 그는 한 물건당 150만 원이란 거액을 요구했다. 입찰 대리와 물건분석 비용만 포함됐고, 명도비는 별도였다. 터무니없이 비싸다고 생각했다. 이미 물건을 볼줄 아는 사람에겐 입찰 대리인이 필요할 뿐이다. 이런 값비싼 수업료를 치르고 경매를 배우기엔 이미 훌쩍 커버렸다.

조금 일찍 그와의 작별의 고한 뒤, 동대구역 인근에서 분양 중인 도시형 생활주택에 들렀다. 1차분 162채를 분양 중이었다. G타입의 분양가는 7700만 원. 대출은 수협에서 40%까지 가능했다. 금리는 6% 선이고, 이자 후불제였다. 동대구 역은 돌아가신 할아버지께서 입원해계셨던 '파티마 병원' 인근이라 위치가 익숙했다. 일대는 꽤 낙후된 편이었지만, 신세계가 부산 센텀시티를 능가하는 규모의 '동대구 복합환승센터(KTX, 고속·시외버스, 시내버스, 택시 등 모든 대중교통으로 환승할 수 있다'로 꾸밀 예정이었다. 주

| 국내 최초 광역복합센터로 변모할 동대구역 인근

| 동대구 복합환승센터 조감도

변 낙후 지역도 재개발의 여지가 컸다.

동대구 복합환승센터 인근에 분양하는 오피스텔은 이미 가격이 훌쩍 뛰어버렸다. 2012년 5월 현재 분양 중인 대구 유성푸르나임은 17평(전용 8평)의 평당 가격이 700만 원선이다. 현재 동대구역 일대 월세시세는 보증금 500에 40만 원 수준이지만, 2014년 완공시점의 예상 임대료는 보증금 1000만 원에 월 60만 원이라고 광고했다.

지산동, 임대는 잘 되는 서민아파트

두 번째 찾은 대구. 이번에는 범물네거리 '동아백화점'에서 시작키로 했다. 대구의 남동쪽에 자리 잡은 지산동은 20년이 다 된 아파트들이 많은 대표적인 서민 동네다. 특히 가격이 저렴하고 서민 임대 수요가 풍부해 임대업자들이 선호하는 지역이기도 하다. 세대수가 많다보니 경매물건들도 자주 나온다. 하지만 소형 아파트가 나오면 감정가의 100%를 넘겨 낙찰되기 일쑤다.

| 1972년 개점해 40년의 역사를 자랑하는 대구 동아백화점 | 범물네거리에 위치한 '대구 동아백화점' 수성점

    시세차익은 남기기 힘들어보였다. 이 지역 아파트 가격은 하락세에 있있어서다. 국토해양부 실거래가를 보면 25평형 아파트 가격이 비슷하거나 오히려 떨어졌다.

    오래된 아파트인 만큼 내부가 깨끗한 편은 아니었다. 10평형대는 안방 겸 거실이 크고 부엌과 미닫이문으로 분리된 구조였다. 추천할 만한 단지는 범물네거리와 지산네거리에 이르는 대로변 아파트단지들이다.

    추천 단지 중 하나인 '우방타운' 아파트의 수익률은 최대한 보수적(대출 40%, 금리 5.5%)으로 잡았을 때 4.6% 정도로 낮은 편이다.

    매매가 1억 7000만 원에서 6800만 원이 대출금이고, 한 달 이자가 31만 원 정도다. 월세가 58만 원이므로 월 27만 원의 순익이 남고 1년으로 치면 324만 원이다.

    총비용은 매매가에 대출금을 뺀 1억 200만 원에 취등록세(748만 원) 등 기타비용을 더한 900만 원을 합한 1억 1000만 원 정도다. 여기에 보증금 4000만 원을 빼면 결국 내 돈 7000만 원 정도를 투자해 1년에 324만 원을 건지는 것이다. 이처럼 보수적으로 잡은 수익률은 최대 5%에 불과했다.

★ 지산동 소형 아파트 매매가 추이 (단위 : 만 원)

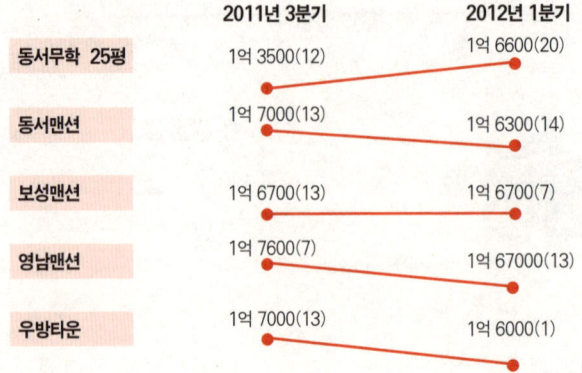

(출처 : 국토해양부 실거래가)

★ 지산동 우방타운 예상 수익률표 (매입 기준)

			지출	수입
매매가격			1억 7000만 원	
현재시세				
대출	대출금			6800만 원
	금리			
	월이자		31만 원	
임대료	보증금			
	월세수입			58만 원
	월순익			27만 원
기타비용	각종 세금		748만 원	
	법무비용			
	중개수수료			
	도배 등 수리비			
총계				
			실제 들어간 내 돈	실제 들어오는 돈(1년)
			7000만 원	324만 원
연수익률			4.6%	

소형 월세 아파트가 1억 원 후반대로 넘어가면 투자수익률을 끌어올리는 데 한계가 있을 수밖에 없다.

거꾸로 보증금과 월세 수준으로 투자 가능한 아파트 가격을 역산해볼 수도 있다. 국토해양부 실거래가에 신고된 동서무학아파트(전용 25평)의 보증금과 월세는 1000/80이다. 이 정도 수준이라면 1억 원이나 1억 원 초반까지도 괜찮은 수익률을 기대해볼 수 있다. 특히 경매로 잡는다면 대출을 80%까지 받을 수 있기 때문에 더더욱 그렇다. 하지만 1억 원 후반대로 넘어가면 5% 미만의 낮은 수익률을 기록하게 된다.

이를 찬찬히 계산해보자. 같은 시기 신고된 동서무학 25평의 실거래가는 1억 3000만 원선이다. 실거래가를 넘겨 낙찰받은 케이스가 있다. 2011년 말 거의 1억 5000만 원에 낙찰받은 이 아파트의 수익률을 계산해보자. 최대 80%까지 대출이 가능하므로 대출금은 1억 2000만 원이다. 금리를 5.5%로 칠 때 한 달 이자는 55만 원이다. 한 달에 25만 원의 순수 월세 수입이 생긴다. 1년이면 300만 원이다(보증금 1000만 원, 월세 80만 원).

여기에 투입된 내 돈은 3000만 원(낙찰가-대출금) + 660만 원(취등록세) + 200만 원(법무비 등 기타비용)에 보증금 1000만 원을 제하면 총 2860만 원(3860-보증금) 정도다. 결국 3800만 원 정도의 내 돈을 들여 1년에 300만 원의 수익을 남기게 된다. 실질 투자 대비 수익률이 10.4%가 나온다. 이 정도 수익률이면 은행 이자보다 높다는데 위안을 삼는 이가 들어갈 만하다. 하지만 나라면 입찰하지 않는다. 개인적인 투자 마지노선은 12%이기 때문이다.

서남쪽의 '지산 목련아파트'는 재건축 대상 아파트로 소형(12평)에도

★ **동서무학 예상 수익률표** (매입 기준)

		지출	수입
매매가격		1억 5000만 원	
현재시세			
대출	대출금		1억 2000만 원
	금리	5.5%	
	월이자	55만 원	
임대료	보증금		1000만 원
	월세수입		80만 원
	월순익		25만 원
기타비용	각종 세금	660만 원	
	법무비용	150만 원	
	중개수수료	50만 원	
	도배 등 수리비		
총계		실제 들어간 내 돈	실제 들어오는 돈(1년)
		2860만 원	300만 원
연수익률		**10.4%**	

불구하고 몸값이 8000만 원을 훌쩍 넘었다. 월세도 500/30 정도라 수익률은 3.6% 정도에 불과하다.

   절반의 대출을 받는다면 한 달 이자(금리 5.5% 가정)가 18만 원 정도다. 대출이자를 내고 월 12만 원 정도가 남는다. 1년이면 144만 원이다. 취등록세(352만 원) 등 각종 세금 및 기타비용을 포함해 4500만 원의 총 비용이 드는데 보증금 500만 원을 빼면 순수 투자 비용은 4000만 원 정도가 된다. 내돈 4000만 원을 들여 1년에 144만 원이 남는 꼴이니, 수익률은 은행이자 정도에 불과하다. 그래도 경매에 나오면 감정가를 넘겨 실거래가로 낙찰된다.

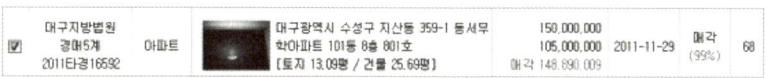

| 동서무학아파트 입찰 결과

● 성 기자의 발품 포인트
  추천 아파트단지 : 우방, 영남, 청구, 동서
  비추천 아파트단지 : 동서무학. 25평. 산기슭에 위치해 인기 없음
  - 지산동서맨션 32평(전용 25평) 보증금 1000/70~75
  - 우방아파트 23평 1억 1000만 원
              25평 1억 7000만 원 , 4000/58
              32평 1억 7000만 원~1억7500만 원 , 1000/75
              43평 2억 원 ~2억 3000만 원, 1000/85
              49평 2억 3000만 원~3억 원, 1000/100
              55평 2억 7000만 원~3억 원, 1000/120

지산동 '목련아파트'와 지산 '시영아파트' 사잇길에는 서민들이 저렴하게 장을 볼 수 있는 시장이 형성돼 있다. 꽃빵, 쑥떡 등 군것질거리에서부터 밥상에 올릴 찬거리 등이 다양하다. 늘 사람들로 북적이는 길을 지나다 보면 사람 냄새를 느낄 수 있다.

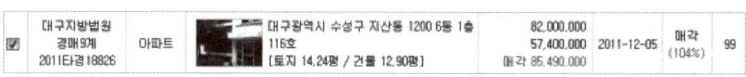

| 지산동 소형 아파트 입찰 결과

지산동에서도 3호선 지하철 공사가 한창이었다. 하지만 가격에 이미

호재가 반영돼 추가 상승 여지는 적다는 것이 지역 부동산들의 공통된 의견이었다. 한 택시기사는 "지상철로 느리게 운행되는 탓에 김해–부산 경전철처럼 노인들의 놀이터"로 전락할 것이란 악평을 내놓기도 했다.

황금동 롯데 캐슬골드파크
– 월세 100만 원 넘는 '대구의 송파'

| 대구 3호선 공사현장

| 대구 황금동 롯데 캐슬골드파크

지방을 돌며 놀라웠던 점은 보증금 1000만 원에 월세 100만 원이 넘는 아파트가 있다는 것이다(서울에선 회현동 SK뷰가 보증금 1억에 월세 330만 원으로 고가 월세 아파트에 속한다). 입주 5년차인 황금동 롯데 캐슬골드파크는 '대구의 송파' 정도 되는 곳이다. 대구의 강남인 범어동에는 못 미치지만 주거나 학군 면에서 빠지지 않는 지역이다. 재건축 아파트단지라는 점도 송파구 잠실 주공아파트와 닮았다. 지난번 일요일에 왔던 탓에 보지 못했던 이 아파트를 이번에는 꼭 봐야겠다고 생각했다.

황금동 롯데 캐슬골드파크는 단지 분위기부터가 지산동과 달랐다. 대

규모 단지에 잘 정비된 조경과 커뮤니티 등이 고가 아파트임을 알려줬다. 가장 인기 있는 평형인 21평과 25평은 매매나 전세물건이 귀했다. 2012년 5월 현재 21평의 매매가는 2억 원대 초반, 25평은 2억 원대 후반이다. 21평은 전세가가 2억 원선이다. 25평은 2억 3000만 원 정도며, 월세는 1000/110선이다.

급매로 2억 6000만 원인 25평형을 매입했을 때 수익률은 얼마일까. 40%의 대출을 5.5% 금리로 받는다고 쳤을 때 한 달 이자가 47만 원(연 572만 원)이다. 한 달 63만 원, 1년에 756만 원의 순익이 생긴다.

관건은 실제 투입되는 내 돈이다. 일단 대출금을 제외한 1억 5600만 원의 현금이 필요하다. 취등록세만 1000만 원이 넘는 1144만 원이다. 각종 비용을 추가하면 1억 7000만 원 정도의 내 돈이 든다.

계산 결과, 수익률은 4.4% 선에 불과했다. 특히 이런 아파트의 경우 경매로 나오는 경우가 거의 없다. 대출을 최대 60% 이상 받을 수 없는 만큼, 큰 수익률보다는 시세차익을 노려야 하지만 이 또한 쉽지는 않아 보인다. 2011년 초에 비해 아파트 가격은 오히려 떨어진 상태다. 실거주용으로는 괜찮을 수 있지만, 투자용으로는 고개가 갸우뚱해지는 부분이다.

대구 부동산 시장을 요약하자면,
❶ 대구 지역 경제의 향후 전망이 밝지 않다.
❷ 대체적으로 대형 평형의 거래가 거의 없다.
❸ 특히 고가 새 아파트들은 거래에 부담이 크다.
❹ 그마나 서민 대상 저가 아파트들의 환금성이 높을 수 있다.

대구에서 느낀 또 다른 특징은 공인중개사무실이 굉장히 많다는 것이다. 아파트단지 1층에 줄줄이 사탕처럼 늘어선 것이 죄다 부동산이다. 이 많은 부동산들이 여수처럼 공인중개사무실이 귀한 동네로 옮겨갔으면 하는 생각마저 들었다.

대구 지하철 3호선 : 이미 아파트 가격에 반영돼 개통 시점에 호재로 작용하지 않을 수 있다.

■ 경상권

다시 뜨는 해,
집값은 더 뛰었다
부산

- **인구** : 약 358만 명
- **교통** : 김해국제공항.
  5개의 도시철도(지하철 1~4호선, 김해경전철),
  동해남부선 2015년 개통 예정(부산~울산)
  국제여객터미널, 연안여객터미널
- **교육** : 부산대, 한국해양대, 부경대, 동아대,
  고신대
- **산업** : 주력 제조업은 조선, 철강, 기계
  서비스산업이 지역내총생산의 72.9% 차지
  (2009년 기준)
  녹산국가산업단지(르노삼성자동차 등)
- 2010년 지역내 총생산(명목) 60.8조 원(전국
  비중 5.2%)

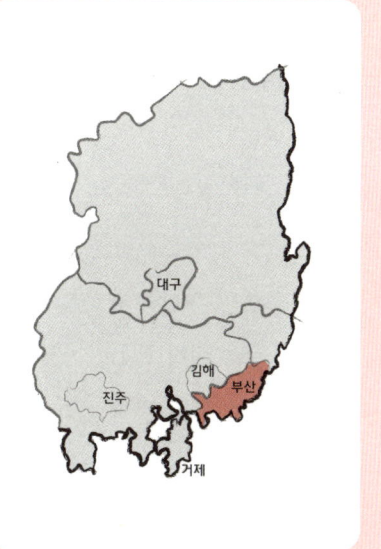

부산은 '시골'이 아니었다.

고향이 울산으로 '경상도' 출신인 내가, 부산을 제대로 찾은 것은 2011년이었다. 대학생 때도, 입사해서도 부산을 '제대로' 다녀온 적이 없었다.

"선배, 명절 때 시골 잘 다녀오셨어요?"

고향이 부산인 회사 선배에게 항상 이런 '무식한' 인사를 건네곤 했었다.

내 나이 서른 셋이 돼서야 부산이 '시골'이 아니라는 사실을 '제대로, 확실히' 안 것이다.

지난해 부산에서《빌딩부자들》강연회가 있었다. 하루 동안 무려 세 군데를 돌았다. 오전 11시 부산 롯데백화점 센텀시티점, 오후 2시 동래점, 저녁 7시 광복점. 이날 나의 '강연회 메이트'인 박종만 사장님(《빌딩부자들》주인공 중 한 분)과 함께 했는데, 그는 핀셋으로 집은 듯이 빡빡한 일정을 소화했다고 회상했다.

새벽 5시 반 사장님의 차를 타고 부산으로 출발했다. 오전 11시 간신히 도착한 **부산은 '부산'이 아니라 '서울'이었다.** 롯데백화점 센텀시티점은 서울 어느 백화점과 견줘도 뒤지지 않았다. 아니 오히려 더 나았다. 강연회 시간에 쫓겨 정신없는 와중에도 '서울 같은 부산'의 모습에 내심 놀랐다. 내가 그동안 부산을 몰라도 너무 몰랐다고 생각했다.

강연회 전날 새벽 2시 반까지 경매물건을 검색했다. 이번에는 박 사장님을 위한 물건들도 함께 봤다. 부산은 생각보다 다양한 물건들이 많았다. 주유소, 여관, 1층 상가, 역세권 오피스텔 등등. 부산 시장에 대한 자세한 조사는 못했지만 '수영구'와 '부산진구' 물건들이 괜찮아 보였다.

다음 강연회 장소로 이동하면서 간간히 경매물건들을 살펴봤다. 하지만 부산 시장에 대해 잘 알지 못했기에 어떤 물건이 괜찮은지 도통 감이 오질 않았다. 이중 기억에 남았던 오피스텔은 수영역 인근의 '롯데 골드로즈'와 '화목 오피스텔' 등이었다. 간간히 상가와 여관 등도 봤지만, 딱히 투자할만한 물건 같진 않았다. 박 사장님도 같은 의견이었다.

이날의 하이라이트는 《빌딩부자들》 독자들과의 '깜짝 만남'이 있었다. 이근춘 부산경남 빌딩오너스그룹 대표가 주선한 자리였다(그는 책 출간 후 페이스북을 통해 알게 된 '페친'이다). 이들과 함께 말로만 듣던 광안리해수욕장에서 잎새주와 광어회에 취했다. 더 큰 행운은 이날 강연회에서 만난 한 독자분의 선처로, 박 사장님과 함께 그의 집에서 신세를 졌다는 것. 해운대구에 사시는 이 아주머니는 흔쾌히 나와 박 사장님을 집으로 초청했고, 잠자리를 제공했다. '아! 부산 인심이란 이런 거구나' 싶었다.

해운대 '마린시티', 임대수익률 1%대

이튿날 아침, 박 사장님과 함께 해운대구의 새로운 랜드마크 '해운대 두산 위브더제니스'와 '해운대 아이파크'를 찾았다. 일명 해운대 '마린시티'다. 연말 입주를 앞둔 상태였지만 공사가 한창이었다. 신문 지면에서만 보던 이들 주상복합을 직접 보니, 외국에 온 듯한 착각이 들 정도였다. 2012년 2월, 해운대 두산 위브더제니스는 국내 최고층 건물로 조사됐다. 101동이 80층으로 국내에서 가장 높았다. 2010년까지는 서울 양천구 목동 현대 하이페리온과 강남구 도곡동 타워팰리스 G동이 69층으로 가장

★ 부산 아파트 매개가

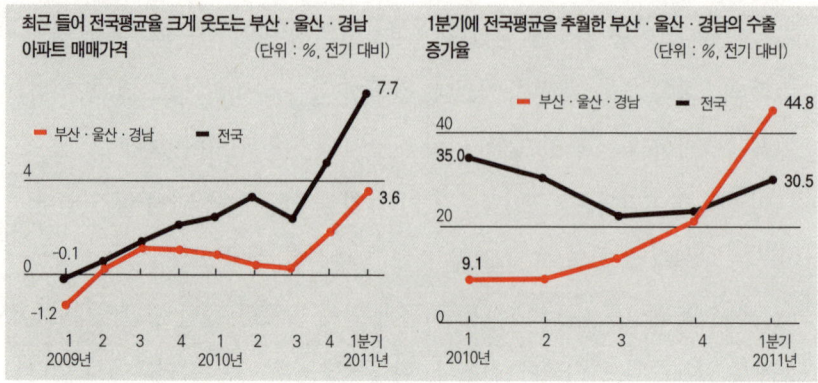

높았지만, 2011년 12월 해운대 위브더제니스가 입주하면서 이를 앞지른 것이다.

박 사장님은 "앞으로 이곳이 천지개벽할 것"이라며 "도곡동 타워팰리스도 처음엔 미분양이었다"고 했다. 이날 찾은 부동산에는 미분양 물건이 나와 있었다. 하지만 바다 조망이 보이는 로열층의 경우 최고 3억까지도 프리미엄이 붙어있었다. 박 사장님은 "싼 게 비지떡"이라며 "비싸더라도 무조건 바다 조망의 로열층에 투자해야 한다"고 조언했다.

2012년 5월 현재, 해운대 아이파크 전용 25평의 임대수익률은 1.4%에 불과하다. 20평형대의 가격이 4억을 넘긴 반면 월세 수준은 이에 미치지 못하고 있기 때문이다. 전세도 2억원으로 매매가의 절반 정도에 그쳐 수익률로만 따지면 투자 가치가 전혀 없다는 결론이 났다. 매매가가 지나치게 비싸기 때문이다.

매매가가 지나치게 높아 수익률이 안 나오기는 5년 전 입주한 '센텀시

★ **2012년 1분기 해운대 아이파크 전용 25평(83㎡) 수익률표**　　　　　(매매 기준)

		지출	수입
매매가격		4억 1640만 원	
현재시세			
대출	대출금		1억 6656만 원
	금리	5.5%	
	월이자	76만 원	
임대료	보증금		2000만 원
	월세수입		100만 원
	월순익		24만 원
기타비용	각종 세금	1832만 원	
	법무비용		
	중개수수료	360만 원	
	도배 등 수리비		
총계			
		실제 들어간 내 돈	실제 들어오는 돈(1년)
		2억 5176만 원	288만 원
연수익률		1.14%	

티역' 인근도 마찬가지였다. '부산의 강남'이라 불리는 초고가 아파트단지들이다. 이들의 임대수익률도 1%대에 그쳤다. 2012년 3월 겨울휴가, 한화 꿈에그린 센텀, 롯데 갤러리움 센텀 등을 탐방했다. 이들 단지엔 20평형대가 아예 없었다. 오피스텔인 '한화 꿈에그린 센텀'은 47평이지만 전용률이 낮아 아파트 34평과 크기가 동일했다. 빌트인가구와 구조가 마음에 들었다. 현관으로 들어서자마자 주방과 맞딱뜨렸다. 투명한 벽면으로 공간이 분리됐다. 부엌과 벽으로 구분된 거실은 직사각형이다. 안방의 수납공간이 잘 돼 있었고, 빌트인가구들도 고급스러웠다. 전반적인 화이

★ **2012년 상반기 한화 꿈에그린 센텀 47평(158㎡) 수익률표**　　　　　(매매 기준)

		지출	수입
매매가격		4억 4000만 원	
현재시세			
대출	대출금		1억 7600만 원
	금리		
	월이자	80만 원	
임대료	보증금		5000만 원
	월세수입		100만 원
	월순익		20만 원
기타비용	각종 세금	1936만 원	
	법무비용		
	중개수수료		
	도배 등 수리비		
총계			
		실제 들어간 내 돈	실제 들어오는 돈(1년)
		2억 3536만 원	240만 원
연수익률		1.01%	

튼튼 인테리어도 좋았다. 하지만 지난 5년간 월세는 오르지 않고 그대로였다. 매매와 전세만 올랐다. 월세는 보증금 5000에 월 100~150만 원 수준으로 변동이 없었다. 전세만 2억에서 2억 5000만 원으로 뛰었다. 현시세로 매매할 경우 임대수익률은 1%에 불과했다.

　인근의 '롯데 갤러리움 센텀' 오피스텔도 봤다. 이곳은 보안이 철저했다. 개인적으로 가장 마음에 드는 구조였다. 현관을 중심을 양쪽으로 완벽히 양분된 공간 구조였다. 오른편에 작은 방이 있었는데, 옷방으로 쓸만했다. 왼편에는 거실, 부엌, 안방 등이 이어졌다. 월세시세는 보증금 2000만 원에 월 120만 원선. 수익률은 역시 낮았다.

해운대구 좌동, 중산층 거주지

해운대구 우동이 신시가지라면, 지하철 2호선 '장산역' 인근 좌동은 구시가지였다. 땅거미가 질 무렵 장산역을 중심으로 형성된 해운대 구시가지를 찾았다. 해운대 상록아파트가 경매로 나와서였다. 이 아파트는 공무원 아파트가 바뀐 것이라고 했다. 이 일대 아파트들은 입주한 지 15년이 다 돼 가는 오래된 아파트들이다. 당시 한꺼번에 분양되고 입주해, 이들의 '나이'는 동갑이다.

장산역 3번 출구를 나와 멀리 아파트가 보이는 길을 따라 올라갔다. 산언덕에 빼곡이 들어서 아파트들이 등대 역할을 했다. 아파트단지 규모가 꽤 컸다. 언덕배기에 위치가 보일 듯 말 듯한 상록아파트를 찾아 올라가는 길. 아파트단지 상가가 나왔다. 서민들의 먹거리를 파는 마트와 중고교 학생들이 다니는 학원들이 밀집해 있었다. 어린아이를 데리고 산책 나온 젊은 엄마와 교복을 입은 학생들의 무리가 보였다. 입주민들을 대충 짐작케 했다(인근에 신곡 초중고, 좌산초등학교, 해송초등학교, 동백초등학교 등이 몰려있다).

지하철 2호선 '센텀시티역' 인근이 부산의 최상위 계층들의 거주지라면, 이곳은 중산층이 모여 사는 곳 같았다. 집만 봐도 그랬다. 서민적인 느낌이 물씬 풍겼다.

이곳은 집값이 많이 떨어진 듯했다. 20평형대가 1억 후반에서 2억 원

★ 해운대 좌동 현대아파트 59㎡ 수익률표 (매매 기준)

			지출	수입
매매가격			2억 1500만 원	
현재시세				
대출	대출금			8600만 원
	금리			
	월이자		39만 원	
임대료	보증금			1000만 원
	월세수입			60만 원
	월순익			21만 원
기타비용	각종 세금		946만 원	
	법무비용			
	중개수수료		80만 원	
	도배 등 수리비			
총계				
			실제 들어간 내 돈	실제 들어오는 돈(1년)
			1억 2926만 원	252만 원
연수익률			1.9%	

초반대를 왔다갔다 하고 있었다. 경매로 나온 상록아파트는 구조가 별로였고, 대우아파트가 탁 트인 구조를 자랑했다. 길 건너편의 현대아파트도 거실이 좁아 답답한 느낌이었다.

전세는 6000~7000만 원선으로 크게 높지 않았다. 월세시세는 보증금 1000만 원에 월세 60만 원선으로 수익률이 낮았다. 그럼에도 부동산 아저씨는 전세보다는 매매를 권유했다. 2013년 말 입주 예정인 아파트(달맞이고개 뒤편 주공아파트 재건축 단지인 '해운대 힐스테이트 위브')들의 분양가가 높기 때문이라고 했다. 기존 아파트들의 가격도 덩달아 오를 수밖에 없다는 것이다. 무엇보다 20평형대 소형은 공급이 적다고 했다. 하지만 시장 상황은 그 시점이 돼봐야 아는 것이다. 나는 이곳 투자에 관해 물음표를 찍었다.

수영역 오피스텔, 수익률 10%

부산에 처음 왔을 때 수영역 17번 입구와 바로 이어지는 '롯데 골드로즈' 오피스텔을 봤었다. 주말이라 집 내부를 보진 못했지만, 위치가 괜찮다고 느꼈었다. 당시 1층 부동산에 보증금 2000만 원에 월세 60만 원이라고 적혀 있었는데, 이대로라면 수익률도 꽤 높다고 생각했었다. 하지만 부산 지역 시장에 대한 확신이 없었기에 투자에 적극적이진 않았다.

이 오피스텔에 다시 관심을 가진 것은 이듬해 겨울휴가 때였다. 8개월 전 기억을 더듬어 광안동 롯데골드로즈 오피스텔을 다시 찾았다. 그냥 '그때 그 오피스텔에 투자했으면 어땠을까?' 하는 호기심 때문이었다. 위치가 정확히 기억이 나지 않아 수영역 일대를 한참 헤맨 후에야 오피스텔을 찾을 수 있었다. 수영역의 출구는 열 개가 넘었다. 게다가 이 오피스텔은 17번 출구와 연결돼 있었다.

집을 구하는 척하고 구조를 한번 봤다. 서울에 있는 골드로즈 오피스텔들과 다르지 않았다. 1층 부동산 관계자는 "임대가 굉장히 잘 된다"고 했다. 특히 위치가 좋고 시설이 최신식이라 부산 젊은이들에게 인기가 좋다는 것이다. 가격도 몇 개월 새 3000만 원 정도 올라 있었다. 이전 경매 결과를 보니 감정가를 넘겨(102%) 낙찰됐다. 상당히 괜찮은 물건을 봤지만

★ 광안동 롯데 골드로즈 오피스텔 수익률표   (경매 기준)

		지출	수입
매매가격		1억 1300만 원	
현재시세			
대출	대출금		9096만 원
	금리		
	월이자	41만 원	
임대료	보증금		500만 원
	월세수입		60만 원
	월순익		19만 원
기타비용	각종 세금	500만 원	
	법무비용		
	중개수수료	50만 원	
	도배 등 수리비		
총계			
		실제 들어간 내 돈	실제 들어오는 돈(1년)
		2324만 원	228만 원
연수익률		9.8%	

잘 모르고 지나쳤던 것이다. 다음에 다시 경매물건이 나오면 관심을 가져야겠다고 생각했다.

하지만 이 물건의 경우, 경쟁이 워낙 치열해 수익률이 생각만큼 높지 않았다. 내 돈 2300만 원을 들여 1년에 300만 원을 버는 정도였다. 연간 투자수익률은 약 10%. 지방 투자치곤 낮은 수익률이었지만, 서울 오피스텔과 비교하면 높은 수익률이었다. 만약 서울 강남의 골드로즈 오피스텔에 투자한다면 연평균수익률은 5% 미만으로 떨어진다. 게다가 수요층이 풍부하고 매매가 잘 된다는 점은 큰 장점 같았다.

■ 경상권

경상권 숙원사업
'김해-부산 경전철'
개통

김해

- **인구** : 50만여 명. 지자체 중 15번째로 인구 50만 명 돌파
- **장유신도시(김해장유지구)** : 3만 세대 전국 면 단위 중 최대
- **교통** : 김해공항
  진영역(KTX역), 부산-김해 경전철
- **교육** : 가야대, 인제대, 부산장신대, 김해대
- **산업** : 6개 농공단지
  1개 산업단지
  근로자 8만여 명

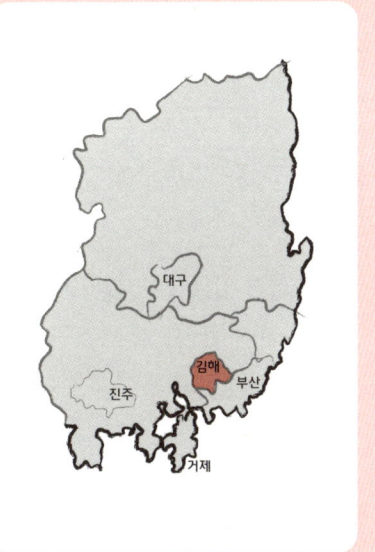

김해의 급반전 '그래, 바로 여기야!'

지방 소액 투자처를 반드시 찾아야겠다고 결심한 뒤, 경매 사이트에서 최저입찰가가 5000만 원 이하인 전국의 아파트와 오피스텔을 검색했다. 몇몇 군데가 눈에 띄었지만, 그중에서도 김해시 삼계동의 한 빌딩에 주목했다. 세 개 층이 한꺼번에 경매로 나왔다. 감정가 4000만 원 초반대가 두 번 유찰돼 2000만 원대로 떨어졌다. 이 물건이 눈길을 끈 것은 전세가와 최저입찰가가 비슷해, 큰 차이가 없었기 때문이다.

지방 투자를 결심하면서 세웠던 원칙은 두 가지다.

첫째, 한 채 이상 여러 채를 잡아 '규모의 경제'를 적극 활용한다. 한 채 관리하자고 지방까지 왔다 갔다 하기에는 교통비가 더 나온다. 그러니 적어도 두 채 이상, 많게는 다섯 채 정도 잡도록 하자(실제로 원주 아파트는 세 채를 한꺼번에 잡았다).

둘째, 입찰금 5000만 원 미만이어야 한다. 입찰보증금은 500만 원 미만이다. 그렇게 되면 500만 원으로 아파트 한 채 매입에 도전해 볼 수 있는 것이다. 수익률은 투자금이 적으면 적을수록 높다. 철저히 소액으로 접근해 최저 입찰금이 5000만 원인 물건만 들어가기로 했다.

이번 김해 물건은 이 두 가지 조건을 모두 충족시켰다. 이에 과감히 '김해행'을 택했다.

무엇보다 김해는 최근 10년 만에 교통 호재가 생겼다. 불과 며칠 전, 김해 사람들의 숙원사업이었던 '김해-부산 경전철'이 개통된 것이다. 억세게 운이 좋게도, 내가 김해로 내려가기로 한 날까지 김해-부산 경전철이 무료시승 행사를 했다.

'오호. 이게 웬 떡! 공짜로 경전철도 타보게 됐네. 자, 이제 김해로 가 보자.'

KTX 노선을 검색해보니, 김해역은 없었고, 진영역이 있었다. 원하는 시간대에는 직행이 없어 밀양에서 새마을호를 갈아타야 했다. 기차값이 무려 4만 4000원. 코레일 회원에 가입하고 할인 신용카드를 발급받아 15% 할인을 받았다.

당일치기로 김해만 보고 오는 것은 돈이 너무 아까웠다. 김해에서 부산으로 이동한 뒤, 찜질방에서 자고 다음날 새벽차로 출근하는 일정을 정했다. 무리한 일정이지만, 찜질방 신세도 이젠 익숙해졌다.

푹푹 찌는 한여름 폭염주의보가 내렸다. 진영역에 내리니 지열이 온몸을 감싸 안았다. 네이버 길찾기는 물건지로 가려면 진영역에서 14번 버스를 타고 '동신아파트'에서 내려야 한다고 안내했다. 조금 있으니 14번 버스가 왔다. 별 생각없이 버스에 올라탔다.

창밖으로 펼쳐지는 김해는 그야말로 '충격'이었다. 정말이지 이렇게까지 시골일 줄은 몰랐다. 어릴 적 추억이 떠올랐다. 방학이면 놀러 갔던 외할머니댁과 비슷한 풍경이었다. 좁은 길과 낡은 기와집, 집집마다 키우는 감나무. 오래전 방영됐던 TV 드라마 '전원일기' 속 한 장면이었다.

버스는 시골길을 따라 어디론가 계속 가는데, 동신아파트는 도대체 보이질 않았다. 분명 열두 정류장을 넘게 지나온 것 같았다.

급기야 버스는 종점에 도착해버렸다. 어리둥절한 표정으로 버스 아저씨께 물었다. 그는 친절하게 반대방향으로 탔다고 알려줬다. 결국 10분을 기다려 진영역으로 다시 돌아왔다. 앞으로는 방향을 꼭 확인하고 타야겠다고, 다짐하고 또 다짐했다.

삼계동으로 가는 버스는 택시처럼 쌩쌩 달렸다. 맨 뒷좌석에 앉았는데 엉덩이가 들썩거렸다. 놀이기구라도 타는 기분이다.

뒤에서 바라본 버스안. 백발 성성한 노인이 절반이다. 괜히 왔나 싶은 생각이 들었다. 왠지 잘못 내려온 것 같은 불안감이 들었다. 이런 때일수록 판단이 빨라야 한다. 여차하면 물건지만 보고 재빨리 부산으로 넘어가야 한다.

버스는 서서히 동신아파트를 향해 가고 있었다. 창밖으로 거대한 아파트단지들이 보이기 시작했다. 분위기의 급반전이다.

동신아파트 버스정류장에 내렸다. 그런데 또 스마트폰 위치 검색서비스가 말썽이다.

주변에 개발 안 된 구옥들이 보인다. 멀리 보이는 대규모 아파트단지들은 이런 구옥들을 다 밀어내고 재건축한 게 분명했다.

일단 아파트단지 쪽으로 가보기로 했다. 조금 밑으로 내려가니 서울에서나 봄직한 천변이 나왔다. 양재천에 있는 듯한 상상에 빠졌다. 폭염을 피해 냇가에서 더위를 식히는 아이들이 보였다. 김해의 양재천이라……. 이 지역 역시 김해에서 '괜찮은 주거 지역'임에 분명하다. 삼계초등학교 옆에는 김해 삼계중학교도 있었다. 아파트단지와 학군은 언제나 같이 간다. 저멀리 대학교 간판도 보였다. 자연을 만끽하며 냇가를 따라 걸었다. 34도를 웃도는 무더운 날씨였지만, 시원한 냇물을 보니 기분만큼은 날아갈 듯했다.

15분쯤 내려갔을까. 머리위로 떠다니는 '물체'를 발견했다. 그것이 바로 '경전철'이었다. 소 뒷걸음질 치다 발견한 횡재다. '장신대역' 표시가 보였다. 느낌이 왔다.

'그래, 여기야.'

다시 한 번 물건지를 확인했다. 김해 경전철 역세권 오피스텔이 분명했다. 등에 맨 돌덩이 같은 가방이 어깨를 짓눌렀지만, 발걸음을 재촉했다. 신생 상권의 모습이 들어왔다. 반듯하게 정리된 도로에 각종 은행과 프랜차이즈 업체들이 보이는 걸로 봐서 물건지가 가까이 있음을 느낄 수 있었다.

| 김해 삼계중학교

땡볕에 오래 걸었더니 땀이 등줄기로 흘러내렸다. 가방을 내동댕이치고, 쉬고 싶은 생각이 굴뚝 같았다. 마침 수협 간판이 눈에 띄었다. 며칠 전 신문

| 김해 경전철

기사에서 읽은 수협 특판상품이 떠올랐다.

'아, 잘 됐다. 적금이나 하나 들고, 쉬었다 가야겠다.'

앳된 얼굴의 언니가 상냥한 얼굴로 인사를 했다.

"신문에서 보니, 특판상품이 나왔다고 해서요."

"아 네, 더플러스 정기적금이에요."

나는 수첩에 메모해놓은 상품명을 다시 한 번 확인했다.

"네, 그거 맞네요." 반가운 미소를 띠었다.

3년 만기 상품의 최고 금리가 6%였다. 최고 금리 혜택을 받기 위해선 신규 가입, 인터넷 가입 등 몇 가지 조건이 있었지만, 친절한 언니 덕에 쉽게 가입할 수 있었다. 한 달에 30만 원씩 넣기로 했다. 비과세 혜택도 받았다. 이건 3년 뒤 결혼자금으로 써야겠다고 생각했다.

에어콘이 빵빵하게 나오는 은행에서 30분이나 쉬었더니, 다시 힘이 불끈 솟았다. 이제 정말 물건지가 코 앞이다. 스마트폰이 알려주는 방향으로 두 블록 올라갔다. 한적한 도로가 나왔다. 우뚝 솟은 빌딩 하나가 보였다. '저 빌딩'이라는 느낌이 왔다. 장신대역에서 도보로 10~15분 거리였다. 1층에 'D빌딩'이라고 쓰여 있었다.

저층에는 상가가 있었고, 6~8층이 오피스텔이었다. 엘리베이터를 타고 올라가 물건지를 살폈다. 낮이라 그런지 쥐죽은 듯 조용했다. 이때 눈에 띈 것이 '오피스텔 경매 문의, ×××-××××.' 그 자리에서 적힌 번호로 전화했다.

| 삼계동 D빌딩

"지금은 좀 곤란하고요. 30분 정도 있다가 연락주세요."

건물을 나오는데, 외지인으로 보이는 남성이 한 여성과 오피스텔로 올라가는 게 보였다. 경매물건을 보러온 이들 같았다.

한 시간쯤 뒤 다시 전화를 했다. 그는 "왜 이제야 전화를 했냐"며 농을 쳤다.

D빌딩 앞으로 가니 용하게 알아보고 손짓을 했다. 그는 "딱 보면 안다"고 했다.

"어디서 왔는교?"

"서울이요."

"하하. 그럼 나도 서울말 써야겠네. 난 상수동에 살았어요."

그는 유쾌한 캐릭터였다.

고수들과 어깨를 견주다

솔직히 '누가 김해까지 물건을 보러 오겠냐' 라는 생각도 없지 않았다. 나야 책 때문에 경험 삼아 와볼 만하다고 생각했지만, 일반인들이 김해까지 내려오기란 쉽지 않을 거라 짐작했다. 그것도 이 작은 물건 때문에! 하지만 그것은 안일한 착각이었다.

"1차 경매 때 70팀이 왔고예~. 2차 때 3300만 원에 가져갔다 아입니꺼. 그렇게 받아가지곤 남는 거 하나 없심더."

걸죽한 사투리로 그가 말했다.

"이 빌딩에 대해선 몇 호에 밥 숟가락이 몇 개인지 알 정도로 훤~합니다. 자, 내 말 좀 들어보이소."

그의 브리핑이 시작됐다.

"솔직히 이 건물이 오피스텔이 아니라, 빌딩인 건 알고 있지예. 10년 전에 지어졌는데 처음부터 분양할 요량으로 대충 지어서 하자가 많습니

★ 김해 삼계동 D빌딩 전용 10평 예상 수익률표   (경매 기준)

			지출	수입
매매가격(낙찰가)			3000만 원	
현재시세				
대출	대출금			2400만 원
	금리		5.5%	
	월이자		55만 원	
임대료	보증금			500만 원
	월세수입			30만 원
	월순익			19만 원
기타비용	각종 세금		132만 원	
	법무비용			
	중개수수료		30만 원	
	도배 등 수리비			
총계				
			실제 들어간 내 돈	실제 들어오는 돈(1년)
			262만 원	228만 원
연수익률			87%	

데이. 특히 오피스텔로 지어진 게 아니라 난방비가 많이 나옵니다. 겨울에는 관리비만 40만 원까지도 나오고예. 주인이 관리비를 내줘야 세입자가 들어옵니다. 보증금 500만 원에 월세 30만 원이라도 결국 25만 원 정도가 순익입니데이."

두 눈에서 레이저를 뿜으며, 그의 말에 집중했다. 머리로는 재빨리 수익률을 계산했다. 아무리 못해도 연수익률 20%는 나올 것 같았다. 수익률만 나온다면 무조건 들이대야 한다!

"낙찰 받으면 여기 관리를 좀 맡아주실 수 있으신가요?"

나의 제안에 그의 눈빛이 달라졌다. 허리를 곧추세우고 본격적인 설명에 돌입했다. 그는 6층을 '강추(강력 추천)' 했다. 구체적인 호수까지 찍어줬다. 구체적인 가격 정보는 바로 전날 알려주겠다고 했다. 그를 믿어보기로 했다. 밑져야 본전이었다(김해 물건은 만발의 준비 끝에 입찰을 시도했지만, 간발의 차로 서류도 내보지 못하고 좌절해야만 했다 ㅠㅠ).

"근데 여기만 보러온 건 아니지예? 거제 쪽에도 물건 하나 있는 것 같던데. 바로 전 팀은 이거 보고 거제로 넘어가던데예."

귀가 솔깃했다.

"거기가 어딘가요?"

"검색해보면 금방 나오잖아요."

선수답게 그는 정확한 정보를 알려주지 않았다.

월세여왕의 투자 다이어리

허망한 입찰 실패,
욕심이 화를 부른다

한동안 넋 나간 사람마냥 멍하니, 그렇게 앉아 있었다. '어떻게 내려왔는데…….' 눈앞에서 입찰대의 자물쇠가 채워졌다. 여긴 창원 지방법원(김해는 지방법원이 없어 창원지법에서 경매를 진행한다)! 서울과 달랐다. 서울은 입찰 마감 시간에 조금 늦더라도 기다려줬다. 융통성이 있었다. 그러나 여긴 창원! 단 1초의 기다림도 허락하지 않았다. 허망하고, 허무하고, 또 허탈했다.

"잠시만요, 잠시만요. 이것만 넣을게요."
"제가 얼마나 힘들게 내려왔는데요. 제발 이번 한 번만 받아주세요."
아무리 애원해도 소용이 없었다.
멍한 표정의 나를 그가 위로했다. 아침까지 급박한 통화로 입찰가를 알려줬다. D빌딩 관리인 아저씨다.

"아가씨. 정신 차리세요. 그냥 잊어버리고, 내 물건이 아니었다고 생각해요."

아~! 이~ 어이없음. 심야버스를 타고 힘들게 내려와, 찜질방에서 새우잠을 자고, 아침에 은행을 찾아 헤매다, 간신히 수표를 찾았다. 정신나간 사람처럼 미친듯이 택시를 낚아채 법원으로 냅다 달렸다. 고생. 고생. 개고생. 이런 고생이 없었다. 갑자기 목이 아파왔다. 아무래도 목감기가 오려나 보다. 의욕 상실이다. 그냥 다 때려치우고 싶다. 몸을 이토록 부려먹는데, 아프지 않은 것도 이상하다.

모든 게 '욕심' 때문이다. 여섯 개나 되는 물건을 다 잡겠다고 과욕을 부린 게 화근이었다. 한두 물건에만 집중했다면, 은행에서 수표를 찾는 데 그렇게 오래 걸리지도 않았을 것이며, 입찰서를 쓰는 데 시간 끌 일도 없었을 것이다. 조금만, 버리면 됐을 일을. 욕심 때문에 일을 그르치고 만 것이다.

사실 난 어릴 적부터 욕심이 많았다. 남들한테 지기 싫어했고, 뭐를 해도 잘하고 싶었다. 그런 완벽주의적 성향이 오히려 내게 '독'이 돼 왔던 것이다. 앞으로 욕심을 좀 버려야겠다고 결심했다.

입찰보증금 수표는 경매 입찰 하루 전에 찾아놓자. 대리인에 맡길 때는 수표 번호를 적어놓자.

신포도의 주문 – '그때 낙찰 받았어도 잘 안 됐을 거야'

또 다시 찾은 김해. 허망했던 그때가 떠올랐다. 부산 '사상역'에 내려 또 다시 김해 경전철을 탔다. 감회가 새로웠다. 개통 첫 날 타보고 6개월 만이었다. 당시 사람들로 붐볐던 경전철은 텅텅 비어 있었다. 한 칸에 두세 명씩 앉아 한가로이 창밖을 바라보고 있었다. 나도 바깥 풍경을 바라보며 여유를 만끽했다(타는 사람 입장에선 텅텅 빈 경전철이 더할 나위 없이 좋은 놀이터지만, 사업성 논란을 피할 순 없다).

| 부산 사상역

30여 분 뒤 장신대역에 내렸다. 8개월 전 기억들이 새록새록 떠오른다.

장신대역 일대는 그때보다 더 번창해 있었다. 비었던 건물에 가게들이 들어찼고, 위쪽까지 상권이 확대됐다. D빌딩으로 '궁금한 발걸음'을 재촉했다. '아! 반갑다.' D빌딩은 그대로였다.

인근 부동산에 전화를 걸어 D빌딩에 방을 구할 수 있느냐고 물었다. 그는 "당장이라도 구할 수 있다"고 했다. 임대가 잘 나가지 않는 눈치였다. 주변에 더 좋은 원룸들이 수두룩했다.

'어차피 낙찰 받았어도 임대가 안 됐을거야' 이솝우화의 '신포도'처럼 스스로를 위로했다.

이날 방문한 삼계동 부동산에선 투자물건으로 원룸보다는 아파트 분양권을 권유받았다. 인근에 새 아파트들이 입주를 앞두고 있는데, 이렇게 되면 기존 아파트들의 가격은 2000만 원 정도 내릴 수 있다는 것이다. 현재 '한일 유앤아이' 21평의 매매가가 1억 6000만 원이고, '동원아파트' 21평은 1억 3000만 원선이었다. 2013년 6월 입주를 앞둔 새 아파트들에는 적게는 300만 원에서 많게는 2500만 원까지 프리미엄이 붙어있다고 했다. 하지만 가산 램킨푸르지오시티 투자 이후, 다시는 분양권 투자를 하지 않겠다고 결심했기에 마음을 접었다.

■ 경상권

두 조선소의
도시
거제

- 경상남도 최남단, 제주도 다음으로 큰 섬
- 인구 : 24만 명
- 산업 : 대우조선해양(옥포, 81년 준공)
  삼성중공업(신현, 79년 준공)
- 교통 : 거가대교 개통 2010년 12월
  고현시외버스터미널
- 교육 : 거제대학(국내 유일 조선해양 특성화 대학)

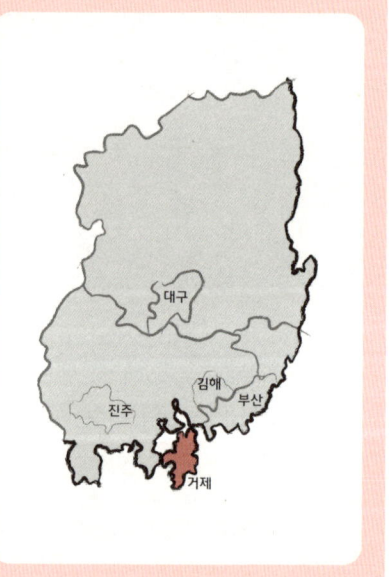

삼계동 D빌딩을 보고난 뒤, 김해에서 거제로 급하게 방향타를 돌렸다. 원래는 경전철을 타고 부산으로 넘어갈 생각이었지만, D빌딩 관리인 아저씨로부터 거제 얘기를 들은 후 거제로 가기로 했다. 저녁 6시, 시간이 촉박했다. PC방으로 달려가 빛의 속도로 검색을 했다. 그의 말대로 어렵지 않게 '거제 물건'을 찾을 수 있었다.

문제는 김해에서 거제로 가는 길이었다. 길이 여간 불편한 게 아니었다. 일단 부산으로 가서, 다시 거제로 가는 고속버스를 타야 했다. 그러려면 경전철을 타고 사상역까지 가서, 부산 서부 시외버스터미널에서 '고현행' 버스를 타야 했다.

저녁 7시. 어둑어둑 땅거미가 깔렸다. 김해-부산 경전철 '장신대역'으로 발길을 옮겼다. 운 좋게도 도착하자마자 전철이 왔다.

경전철은 색다른 경험이었다. 개통 특수라 그런지 온동네 사람들이 다 모인듯 했다. 어른, 아이 할 것 없이 상기된 모습이었다.

"우와! 저기 봐라, 저기! 홈플러스 아이가! 아이고, 홈플러스가 보이네!"

"아따, 공항이네. 저기 차 많은 거 봐라!"

시커먼 바깥 풍경에도 눈을 떼지 못했다. 무인으로 운영되는 경전철은 케이블처럼 앞뒤가 뚫렸다.

일본 도쿄 여행이 생각났다. 일본의 경전철은 초고층 건물 사이를 신나게 달렸었다. 전철은 40분만에 부산 사상역에 도착했다. 임시공사중인 서부시외버스터미널로 재빨리 달려갔다.

거제 '고현행' 버스표를 샀다. 표를 들고 승차홈으로 가니 긴 줄이 보였다. 설마 이 긴 줄이……. 맨 앞으로 가 '고현'이라는 표지를 확인했다. 뒷줄에 선 사람에게도 재차 물었다.

"고현 가는 버스 맞나요?"

그렇다고 했다.

조금 있으니 버스가 도착했다. 사람들이 한 명씩 버스에 올라탔다.

| 고현터미널 인근 버스정류장

'제발! 안 돼! 내 앞에서 끊기면 안 돼!'

속으로 되뇌었다. 허걱, 그런데 내 바로 앞에서 줄이 끊겨버렸다. 이 버스를 타야 서울로 가는 밤 10시 차를 탈 수 있었다. 속이 시커멓게 타들어갔다.

이때 마침 노부부가 버스에서 내려왔다. 표를 반환했다. 무슨 사정이 생긴 모양이었다.

'오, 와우! 대박!'

고현행 버스의 마지막 탑승자가 된 것이다.

| 거가대교. 부산-거제간 통행거리가 기존 140km에서 60km로 단축

버스에 탄 지 1시간 만에 고현 시외버스터미널에 도착했다. 부산과 거제를 잇는 거가대교 개통 덕분이었다. 물건지는 버스로 두 정거장이었다.

터미널을 나와 버스정류장을 찾아헤맸다. 간신히 정류장을 찾았건만 아무리 기다려도 버스가 오질 않았다. 대신 아파트 단지별로 서틀버스가 다녔다. 거제에서만 볼 수 있는 진풍경이었다.

30분을 기다린 끝에 간신히 물건지로 갈 수 있었다. 하지만 H오피스텔을 본 순간, 한껏 부풀었던 기대감은 풍선처럼 꺼져버렸다. 낡고 지저분한 심지어 무섭기까지 한, 그런 오피스텔이었다. 10층 이상 고층 오피스텔에 엘리베이터조차 없었다. 게다가 바로 옆에 신축 오피스텔들이 들어서고 있었다. 1초도 더 생각할 필요가 없었다. 냉정하게 돌아섰다. 처음 걱정과 달리 이젠 시간이 남아버렸다. 터미널 근처에서 사우나를 하고 나니 버스 시간이 딱 맞았다.

| 거제 H오피스텔 낙찰결과

재미있는 것은 이 '유령집' 같은 오피스텔이 고가(낙찰가율 96%)에 낙찰됐다는 사실이다(전용 8평, 감정가 4400만 원, 낙찰가 4254만 원). 당시로선 이해가 되질 않았다.

월세, 전국 최고 수준

첫 번째 거제 방문이 그리 유쾌했던 건 아니다. 거제를 다시 찾은 것은 그로부터 8개월 후다. 이번에는 부산 노포동 고속터미널에서 거제 고현행 시외버스를 탔다. 아침 7시 반. 아침 출근시간. 부산을 빠져나가는 데만 1

시간이 넘게 걸렸다. 오전 9시가 돼서야 거가대교를 통과했다.

낮에 본 거가대교는 곱게 화장을 하고 있었다. 창밖으로 잔잔한 은빛 바다가 펼쳐졌다. 30여 분은 원없이 바다풍경에 취했다. 오전 9시 40분. 고현 터미널을 다시 찾았다. 6개월 전 검은 도화지에 파스텔톤 물감을 덧칠한 느낌이다. 사람들로 북적이는 거리엔 생동감이 넘쳐났다. 중저가 브랜드의 옷가게와 신발가게 등이 입점해 있었고, 길거리에는 노점상이 즐비했다. '고현중앙시장'이라는 재래시장도 건재했다.

나중에 만난 부동산 아주머니는 고현이 거제의 중심이라며, 옥포보다 생활하기가 낫다고 했다. 하지만 주위를 아무리 둘러봐도 제대로 된 아파트나 오피스텔이 보이질 않았다. 이제야 지난번 그 '유령 오피스텔'에 사람들이 몰린 이유를 알겠다.

원룸의 경우 보증금 500만 원에 월 45만 원이라고 했다. 거제에서는 '월세 45만 원'이 고정된 시세라고 했다. 지방권에서 이 정도 월세는 거제가 유일했다. 엑스포 특수를 누리는 여수도 투룸이 45만 원 정도였다. 거제에서 투룸은 이보다 비싼 보증금 4000만 원에 월세 35~40만 원 또는 보증금 1000만 원에 월세 60만 원이라고 했다(전용 10평 이하 아파트는 1억 미만으로, 경매로 낙찰받을 경우 연수익률 11% 정도 나왔다). 아파트는 16평이 1억 2000만 원 정도가 시세라고 했다.

하지만 고현에서 조금 벗어난 곳에 앞으로 8000세대 정도 공급 예정인 아파트가 들어선다고 했다. 거제에서 가장 비싼 아파트 수월동 '거제 자이'였다. 수월동 아파트들은 평당 1300만 원선(전용 기준)의 고가 아파트들이다(25평 보증금이 1억 원에 월세 50만 원, 매매가는 3억 4000만 원).

★ 거제 고현동 아파트 가격 추이

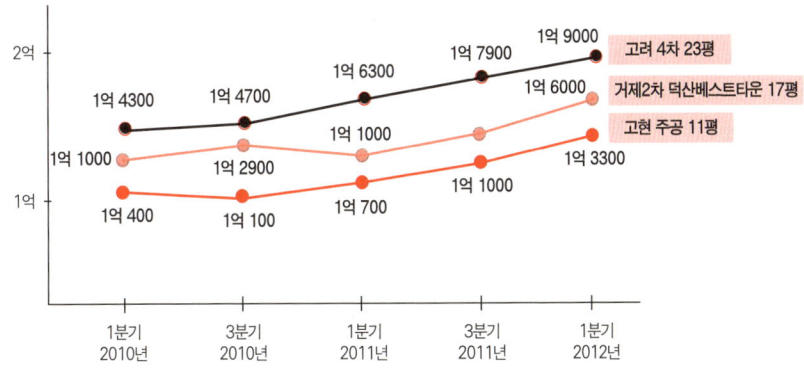

(단위 : 만 원)

(출처 : 국토해양부 실거래가)

★ 거제 2차 덕산베스트타운 전용 8평 수익률표

(경매 기준)

		지출	수입
낙찰가		7500만 원	
현재시세			
대출	대출금		6000만 원
	금리	5.5%	
	월이자	27만 원	
임대료	보증금		500만 원
	월세수입		40만 원
	월순익		13만 원
기타비용	각종 세금	330만 원	
	법무비용		
	중개수수료		
	도배 등 수리비		
총계			
		실제 들어간 내 돈	실제 들어오는 돈(1년)
		1360만 원	156만 원
연수익률		11.4%	

고현 중심가에서 차로 5분 정도 거리에 있는 '중곡동'은 원룸촌이다. 월세시세는 보증금 6000만 원에 월세 80만 원에서 보증금 2000만 원에 월세 60만 원 정도였다. 월세가 보증금 2000만 원에 월세 60만 원선인 투룸을 봤는데, 집은 넓었지만 구조가 별로였다. 중곡동 아파트들은 이미 임대업자들이 많이 매입해 월세가 많다고 했다.

통영에 가까운 구중심가 '옥포'로 넘어가보기로 했다. 시간이 촉박해 택시를 탔다. 20여 분의 짧은 거리에도 만 원이 넘는 택시비가 나왔다. 택시 아저씨는 '구간 할증'이 붙어서 그렇다고 설명했다. 무슨 말인지 통 이해가 안 됐다. 웬만하면 (택시비 절약을 위해서라도) 직장 근처에 사는 게 좋을 듯했다.

거제의 경제는 '두 조선소'를 중심으로 돌아간다. 먼저 들어선 것은 옥포 대우조선소. 최근 대우조선소는 사무직 직원용 신사옥을 지었다. 이 사옥 근처 10여 분 거리에 경매로 나온 소형 아파트가 있었다. 석천 아트타운 2차(18평)였다.

아파트단지는 한적하고 조용했다. 바로 옆 주공아파트단지보다 상대적으로 깨끗해 보였다.

인근 부동산에 들어가 시세조사를 했다. 역시 월세가 꽤 비쌌다. 보증금 3000만 원에 45만 원이었다. 전월세, 매매 매물 자체가 잘 나오지 않는다고 했다. 바로 옆 주공아파트는 27년차 아파트로 재건축 대상이다. 투자 목적으로 투자해놓은 사람들이 많아 매물이 나온다고 했다.

석천 아트타운의 수익률은 꽤 높게 나왔다. 입찰해볼 만하다고 느꼈다. 실제로 내 돈은 하나도 들이지 않고 '연간 48만 원'을 벌 수 있다(보증금을 받아 오히려 223만 원의 현금을 쥘 수 있다).

★ **거제 옥포동 석천 아트타운 공급 18평 수익률표**

(경매 기준)

		지출	수입
낙찰가		1억 1200만 원	
현재시세			
대출	대출금		8960만 원
	금리		
	월이자	41만 원	
임대료	보증금		3000만 원
	월세수입		45만 원
	월순익		
기타비용	각종 세금	492만 원	
	법무비용		
	중개수수료		
	도배 등 수리비		
총계			
		실제 들어간 내 돈	실제 들어오는 돈(1년)
		-223만 원	48만 원
연수익률		48%	

■ 전라권
새만금 수혜지?
아니다!
군산

- **인구** : 27만 명
- **교통** : 군산공항
  서해안고속도로, 새만금–포항간고속도로 건설 중
- **교육** : 군산대, 호원대, 군산간호대
- **새만금개발사업** : 군산~부안을 연결하는 세계 최장의 방조제. 33.9km를 축조. 세종시 (72km²)의 다섯 배인 401km²
- **군산산업단지** : 현대중공업, OCI 등 158개 업체 근로자수 5113명. 연간 생산액 4만 6000억 원

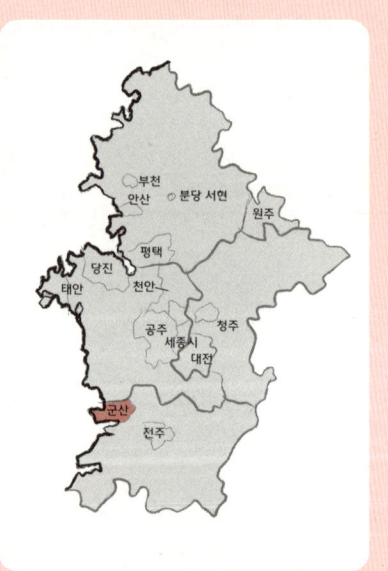

의도하진 않았지만 전라권을 많이 돌았다. 아무래도 타지방에 비해 저평가 돼 있어서일 것이다. 5대 광역시 중에서 유일하게 1억 원 미만의 중심가 아파트를 잡을 수 있는 곳이 광주였다. 광주 봉선동은 8000만 원대 오래된 소형 아파트들이 꽤 많았다.

이밖에 군산, 전주, 목포, 여수 등에서도 최근에야 신도심이 자리를 잡아가고 있다. 경상권에 비해선 개발 가능성이 크다고 본다. 아직까지도 향후 발전이 가능한 '옥토'라는 판단이다. 전라권에 연고가 있다면, '알짜 물건'을 잘 찾아보길 권한다(연고가 있으면 물건 관리가 쉬워서다). 물론 없어도 상관은 없다.

군산, 전라권 첫 탐방지

아직도 주말 답사 일정을 정하지 못해 고민 중이었다. 청주를 갔다가 전주를 찍는 일정을 할까. 아니면 전주로 바로 내려가 군산을 찍고 올라올까. 차라리 목포에 들러볼까. 이런저런 생각들이 떠올랐다.

프로젝트 막바지라 마음이 급했다. 궁리 끝에 군산을 먼저 찍고, 전주에 들른 뒤 광주를 돌아보기로 했다.

군산을 첫 목적지로 정한 이유는 새만금사업의 수혜지로 여러 전문가들로부터 추천을 받아서다. 일정을 확정짓고 버스 시간을 확인했다. 마침 30분 뒤 출발하는 버스가 있었다. 서둘러 집을 나섰다.

그런데 어머니께서 전라도는 위험하다며 따라나서겠다고 했다(경상도 출신인 어머니의 생각이다).

"안 돼, 엄마! 내가 얼마나 빡빡한 스케줄로 이동하는지 알잖아. 전에 당진 때도 힘들어 거의 죽을 뻔한 것 기억 안 나? 이번에는 더 힘든 스케줄이라고."

하지만 어머니께서는 쉽게 포기하지 않으셨다.

"그럼, 빨리 와요. 30분 뒤에 일반버스가 있어요. 20분 뒤에 있는 건 우등이라 비싸다고요."

이렇게 모녀는 전라권 답사의 한 배를 탔다.

지방은 주로 '통건물'로 분양

강남 센트럴시티 터미널에서 두 시간 만에 군산터미널에 도착했다. 자연스럽게 버스를 타려는데 어머니께서 "힘들다"며 택시를 타자고 하셨다. '오호, 이게 웬 횡재냐' 싶었다.

택시기사 아저씨에게 산북동 '시영아파트 1차'로 가달라고 했다.

"아저씨, 삼성이 새만금에 진출한다던대요. 달라진 게 있나요?"

그를 대상으로 1차 취재에 나섰다(2011년 국감에서 삼성의 새만금사업 진출이 정부의 압박에 급조한 발표였다는 논란이 있었다).

"그거 확정됐나요? 아직 안 된 걸로 알고 있는데, 뭐 된다고만 하면 인구가 늘어나니까 좋겠죠. 근데 투자에 관심이 없어서 잘 몰라요."

"아 네. 그럼 군산에서 제일 잘나가는 동네가 어딘가요?"

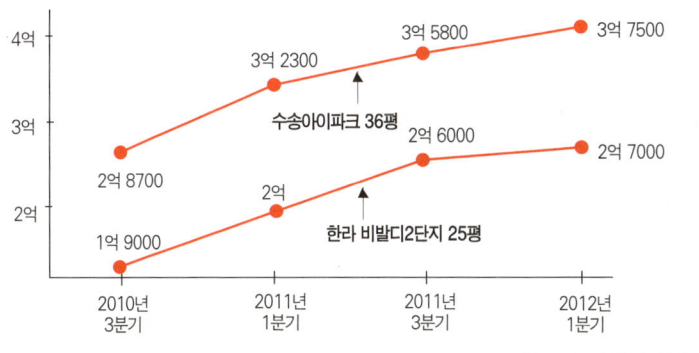

★ 군산 수송동 아파트 가격 추이 (단위 : 만 원)

(출처 : 국토해양부 실거래가)

"요새는 수송동 집값이 제일 비싸요. 32평 아파트 사려면 2억 원은 줘야 해요. 서울은 더 비싸지요? 특히 롯데마트 앞에는 택지 개발하고 난리에요."

"군산도 집값이 꽤 비싸네요. 여기도 월세로 많이 사나요?"

"새만금 앞에 오식도동이라고 있어요. 거긴 완전 원룸촌이에요. 터미널에서 기다리다 보면 오식도동으로 가자는 손님들이 많아요. 외국인 바이어도 꽤 있고요."

그의 한마디 한마디가 '살아 있는' 정보였다. 수송동이 '군산의 강남'이라는 것. 오식도동은 원룸촌이라는 것. 이 두 가지만으로도 큰 수확이다.

10여 분을 가자, 희뿌연 연기를 내뿜는 공장들이 보였다.

"옆에 보이는 게 OCI(세계 2위 폴리실리콘 생산업체) 제1공장이에요. 지금 제3공장을 짓고 있는데, 제4공장도 짓는 거 같아요."(하지만 OCI는 2012년 5월 제4공장, 5공장 건설을 잠정 연기했다.)

석양과 어우러진 공장 풍경이 이색적인 아름다움을 연출했다. 시영아

| 석양과 어우러진 OCI 공장풍경

| 시영아파트에서 본 낙조

파트 1차는 OCI 제1공장이 보이는 곳에 있었다. 낡은 아파트였지만 금빛 낙조를 정면으로 받아 운치를 더했다. 서울에서의 근심과 걱정을 잊게 할 정도였다. 아파트 인근 오렌지부동산에 들렀다.

"서울에서 경매 때문에 내려왔는대요. 시영아파트 낙찰 받으면 세를 얼마나 받을 수 있을까요?"

그는 어디론가 전화를 했다.

"여기 시영아파트 월세 물어보는 손님이 와서요. 월세가 얼마예요? 보증금 200만 원에 월 30만 원이요?"

"시세도 물어봐주세요. 시세."

나지막한 목소리로 속삭였다.

그는 아예 전화기를 넘겨줬다.

"아 네. 3000만 원이요."

감정가가 3300만 원 정도였는데, 시세보다 높았다. 오래된 아파트이긴 하지만 임대수요가 많다고 했다. 특히 1층은 노인들이 선호한다고 했다. 한 번 더 유찰된다면 입찰해볼 만할 것 같았다(하지만 이 아파트는 감정가를 넘겨 3400만 원에 낙찰됐다).

전화를 끊고 그에게 "여기서 근무하시는 분이 아니냐"고 물었다. 그는

★ **산북동 시영아파트 전용 13평 수익률표**

(경매 기준)

		지출	수입
낙찰가		3400만 원	
현재시세		3000만 원	
대출	대출금		2720만 원
	금리	5.5%	
	월이자	12만 원	
임대료	보증금		200만 원
	월세수입		30만 원
	월순익		8만 원
기타비용	각종 세금	149만 원	
	법무비용		
	중개수수료		
	도배 등 수리비		
총계			
		실제 들어간 내 돈	실제 들어오는 돈(1년)
		659만 원	96만 원
연수익률		14.5%	

부동산 담당이 아니라 건축 담당이기 때문에 시세에 대해선 잘 모른다고 답했다.

그는 인천에서 내려온 건설사 대표다. 그가 처음 내려왔을 때만해도 이곳은 허허벌판이었다. 근처에 원룸 하나 없었다고 했다. 그가 처음으로 다세대 원룸(통건물)을 짓자 동네 사람들이 물었다.

"그런 걸 왜 지어요?"

"분양이 되겠어요?"

하지만 지금은 '거대한 원룸촌'으로 탈바꿈했다. 곳곳에 다세대 원룸들이 들어서고 있었다.

"신축 빌라 분양가는 얼마쯤 하나요?"

(이때만 해도 지방의 빌라 분양 시스템을 잘 몰랐다)

"하나요? 저희는 하나는 안 팝니다. 건물을 통으로 팔아요."

"아, 다가구(주인이 한 명)인가요?"

"아뇨, 다세대(주인이 여러 명, 구분등기)인데, 건물 한 채를 '통'으로 팔아요."

수익률 때문이라고 했다. 낱개로 분양하는 것보단 건물을 통으로 파는 게 많이 남는다는 설명이다. 산북동 일대 수익률은 12%선. 내 돈이 1억~2억 원 정도만 있어도 4억~7억 원짜리 건물 매입이 가능했다. 실투자금이 생각보다 적어 내심 놀랐다. 투자금이 많이 없는 사람은 월세보증금을 많이 받고, 여윳돈이 생기면 하나씩 전세보증금을 빼고 월세로 전환하는 방식으로 하면 된다고 했다.

물건을 직접 보기로 했다. A신축 빌라였다. 매매가는 4억 5000만 원이지만 실투자금은 1억 원이 조금 넘었다. 현금 1억 3000만 원으로 살 수 있는 빌라를 두 개 더 봤다.

특히 이 지역 신축 빌라의 특징은 100평에 달하는 '주인층'이 있다는 것이다(지방 다세대 원룸의 특징이다). 은퇴세대를 위한 전형적인 수익형 부동산 상품이다. 은퇴 후에 여윳돈 1억~2억 원 정도 있는 부부가 내려와 한 달에 200만~300만 원 월세를 받으며 여유롭게 살 수 있다. 주인 세대의 구조는 아파트와 비슷했다.

저녁 8시가 다 된 시각. 택시를 타고 군산의 '뜨는 해' 수송동으로 이동했다. 낮에 택시기사가 알려준 롯데마트 인근 아파트들이 궁금했다. 밤이라 제대로 된 답사가 어려웠지만, 수송동의 분위기는 느낄 수 있었다.

인근 부동산 연락처를 적어뒀다. 롯데마트에서 간단히 허기를 채우고, 전주로 이동했다.

오식도, 통건물 수익률 연11%

전라권을 다시 찾은 것은 이듬해 초 겨울휴가 때였다. 빡빡한 일정상 군산에서 할애한 시간은 두 시간. 시외버스터미널에 내리자마자 택시를 탔다.

"오식도동으로 가주세요."

지난해 보지 못한 오식도동으로 향했다. 이번에도 택시 아저씨와 이런저런 얘기를 나눴다.

"새만금이요? 그거 빛 보려면, 제 자식도 아니고 손자 때나 돼야 할 걸

| 군산 오식도동 원룸촌

| 군산 오식도동 중심가

요?"(호재는 지역 주민들의 의견이 중요하다)

새만금에 대해 묻자 역시나 회의적인 대답이 돌아왔다. 그래도 예전에 오식도는 배를 타야만 갈 수 있는 곳이었지만, 바다를 메우면서 땅으로 변했다고 설명했다.

"옆에 있는 공장 부지들도 예전에는 바다였어요."

오식도동으로 가는 30여 분. OCI, 대우타타상용차, 현대지엠, 세아베스틸 등 이름만 들으면 알 만한 기업의 공장들이 꼬리에 꼬리를 물었다. 아저씨는 "여기가 오식도동의 번화가"라며 우리은행 맞은편에 내려줬다. 유난히 길었던 2012년 겨울의 초봄. 오식도동의 모습은 황량하기 그지없었다.

부동산에 들러 대충의 상황을 '스캔' 했다. 통건물 한 채의 시세는 4억 원 초반에서 7억 원선. 인근의 산북동과 비슷했다.

하지만 산북동과 달리 주인세대가 없었다. 이곳은 전문관리인에게 맡기는 게 '대세'였다. 전문관리비용은 월 20~30만 원선. 이중에서도 괜찮다는 물건을 추천받았다. 내 돈 3억 원을 투자해 월 300만 원씩 받을 수 있는 12세대 다가구원룸이다. 대출이자와 관리비용을 제외한 순수익률은 연 11% 정도. 최대 장점은 한 회사가 직원 숙소로 사용 중이라는 것이다. 일단 공실의 염려가 없었다. 원래 회사 대표가 직원 숙소로 매입한 건물인데, 1년 정도 더 쓰고 팔기를 원했다.

그와 함께 집을 보기로 했다. 도보로 5분 거리였지만, 그는 차를 탔다. 총무라는 분이 내려와 설명을 했다. 총 12세대로 투룸과 원룸이 각각 여섯 개씩이었다(평균 방 개수는 11개지만, 최근 15~20개로 늘고 있는 추세다). 방 앞에는

★ 오식도동 월세시세

(2012년 3월 기준)

보증금 100만 원	원룸 30만 원
	투룸 40만 원
	쓰리룸 60만 원

직원들의 이름표가 붙어 있었다. 남자들이 쓰는 방이라 퀴퀴한 냄새가 진동을 했다.

오식도동에는 원룸이 총 300여 개 정도가 있다고 했다. 앞으로도 계속 공급될 예정이란다. 월세는 보증금 100만 원에 월 30만 원이었다. 게다가 세입자한테는 중개수수료도 받지 않는다고 했다. 이곳에선 세입자의 수수료를 집주인이 내주는 게 불문율이라는 것이다.

오식도동은 산북동과 비교할 때, 확실히 수익률이 낮았다. 부동산 아주머니는 예전에는 군산산업단지 근로자들이 산북동에 많이 살았지만 현재는 오식도동으로 이동하는 추세라고 했다. 오식도동에도 학교, 아파트 등이 생겨 생활 여건이 나아지고 있어서란다. 40분 가까이 되는 출퇴근 시간을 고려할 때 산업단지에 가까운 오식도동이 더 낫다는 설명이다.

건물을 나서며 시계를 봤다. 3시를 조금 넘고 있었다. 빨리 판단을 해야 했다. 급하게라도 수송동에 들러 잠깐 보고 갈 것인지 아닌지, 아니면 오식도동에서 원룸을 더 둘러보고 갈 것인지. 여기서 더 있어봤자 비슷할 것 같았다. 급하게 아주머니에게 인사를 하고 택시를 탔다.

"아저씨 수송동 롯데마트요. 시간이 없는데 최대한 빨리 가주세요."

그는 20분만에 갈 수 있다고 했다. 신호가 없는 자유로를 타기 때문이라고 했다. 실제로 3시 30분에 수송동에 도착했다. 인근 부동산을 찾아헤맸다. 간신히 찾은 부동산. 손님이 와 있었다. 시외버스터미널까지는 10분 거리. 마음이 급했다. 20평형대 아파트를 찾았다. 그는 매물이 없다고 했다. 월세만 보증금 3000만 원에 월세 80만 원짜리가 있단다. 전세가격은 1억 9000만 원대라고 했다. 역시 예상대로 가격이 많이 올라 있었다. 이것저것 더 물어보고 싶었지만, 다른 손님에 정신이 팔린 그는 나를 본체만체했다. 밖으로 나와 택시를 타며, 부동산 연락처를 메모했다. 역시 20평형대는 '귀한신 몸'이라고 다시 한 번 느꼈다.

실제로 군산 수송동의 아파트들은 경매로 나오는 족족 낙찰된다. 그것도 100%에!

2012년 상반기 한라 비발디 40평과 수송아이파크 31평이 경매로 나왔다. 이 둘도 단 한 번의 유찰도 없이 신건으로 최초 감정가를 넘겨 낙찰됐다.

1 | 지방에선 주로 다세대원룸을 구분등기 된 낱개가 아닌 '통건물'로 분양한다.
2 | 지방 다세대원룸에는 주인 세대가 있어 은퇴부부들이 관리하기 좋다.

■ 전라권

재건축 아파트를 주목하라
전주

- ■ 전라북도청 소재지
- ■ 인구 : 약 65만 명
- ■ 교통 : 호남고속도로, 전라선 KTX(전주역)
- ■ 공공기관 : 전라북도 교육청, 전북지방 경찰청, 전북지방 조달청
- ■ 교육 : 전북대, 전주교육대, 전주대, 상산고
- ■ 전주 한옥마을 : 단산구 풍남동, 교통 일원, 세대수 995, 한옥 543동

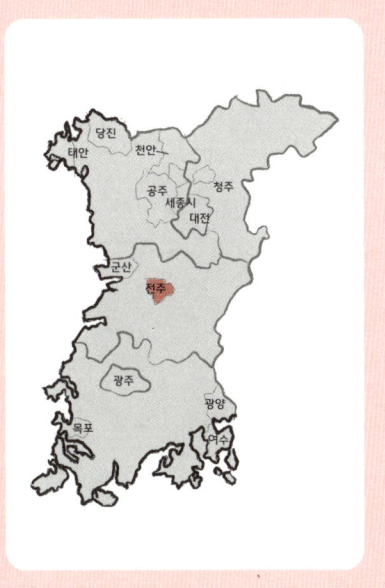

전주는 언젠간 꼭 한번 내려와보고 싶은 도시였다. 2010년 9월부터 지금까지 꽤 오랜 기간 동안 해온 '라디오 방송'의 도시였다. 일주일에 한 번 10분이란 짧은 시간이지만 '내 방송'을 듣는 청취자들이 사는 곳이 궁금했다. 어머니께선 전주가 전통이 있는 도시로 꽤 크다고 하셨다. 하지만 전날밤에 도착한 시외버스터미널은 대도시와는 거리가 멀어보였다.

아침 9시 반, 상쾌하게 사우나를 했다. 전주비빔밥 한 그릇을 뚝딱 비우고 전주 답사를 시작했다. 따가운 아침 햇살을 받은 전주는 이제 막 기지개를 켜고 잠에서 깨어나는 듯했다.

삼천동 1가, 재건축 월세 아파트 수익률 연 28%

어젯밤 늦게까지 경매물건을 검색하면서 완산구 삼천동 1가 인근에 1억 원 미만의 저렴한 아파트들을 대량으로 발견했다. 쌍용주공아파트 3단지엔 두 번 유찰돼 5000만 원대로 떨어진 물건이 두 개나 나와 있었다. 이에 첫 번째 목적지로 삼은 곳은 '주공아파트(전주시 완산구 삼천동1가 삼천주공아파트 감정가 5700만 원. 낙찰가 5700만 원)'. 11평짜리 아파트가 감정가 5700만 원에 나와 있었다.

택시를 타고 '삼천주공 3단지'에 내렸다. 전형적인 주공아파트였다. 경매로 나온 3동으로 올라갔다. 문 앞에는 경매를 알리는 '쪽지'들이 더덕더덕 붙어 있었다. 1층에서 우편함을 살펴봤다. 소유자이자 채무자 앞으로 온 각종 고지서들이 꽂혀있었다. 집이 경매로 넘어간 이후 방치된 듯

| 전주 삼천주공 3단지 | 법원에서 온 고지서들 | 우편함

했다. 이처럼 집에 아무도 살지 않는 경우 명도가 쉬워진다(업계에선 '무혈입성'이라 부른다). 바로 옆에 삼천주공 1단지 재건축(삼천엘드수목토) 공사가 한창이다. 시공사 부도로 중단됐던 인근 삼천주공 2단지 재건축이 2012년 10월 재개될 예정이다(우림건설 수주). 언젠간 삼천주공 3단지도 재건축에 들어갈 것 같았다. 아파트 관리실에 들러 재건축 여부를 문의했다. 그는 "된다, 된다, 하는데 언제 될지 모르겠다"는 애매한 말을 했다.

맞은 편에 쌍용아파트단지가 보였다. 두 번째 물건지다. 인근 부동산에 들렀다. 처음부터 솔직하게 경매 건으로 왔다고 말했다. 인심 좋은 아주머니는 시장 상황에 대해 자세하게 알려줬다. 경매로 나온 삼천주공 3단지는 12월(2011년) 조합 설립 얘기가 나오지만 확실하지 않고, 쌍용아파트는 대지지분이 적어 투자 메리트가 떨어진다고 했다. 그에 비해 개나리아파트는 지분이 많아 투자할 만하다고 했다.

그는 핵심만 간단히 삼천동 1가를 간단명료하게 정리했다. 서민아파트 밀집 지역으로 젊은 신혼부부들이 많이 살고 있다. 도깨비시장도 있고 유

★ 전주 삼천주공 3단지 11평 수익률표   (경매 기준)

		지출	수입
낙찰가		5700만 원	
현재시세		6500만 원	700만 원(시세차익)
대출	대출금		4560만 원
	금리	5.5%	
	월이자	20만 원	
임대료	보증금		
	월세수입		1000만 원
	월순익		20만 원
기타비용	각종 세금	250만 원	
	법무비용		
	중개수수료	30만 원	
	도배 등 수리비		
총계			
		실제 들어간 내 돈	실제 들어오는 돈(1년)
		420만 원	120만 원
연수익률		28% + 시세차익 700만 원(9개월)	

동인구도 많아 상권은 좋은 편이다. 보증금과 월세는 1000/45, 2000/40 선에 형성돼 있다(하지만 2012년 초 재확인 결과, 1000/30~300/35로 나타났다). 공실이 거의 없어 싸게 놓으면 잘 나가는 편이다. 전세는 물건이 귀하고 4500만~5000만 원선에 시세가 형성돼 있다. 삼천주공 3단지의 매매가는 6000만 원선. 감정가 5700만 원은 시세보다 싼 편이었다(2012년 초 매매가는 올라 6500만 원선이다).

그의 말 대로라면 수익률도 괜찮은 편이다. 입찰 의욕이 솟구쳤다(안타깝게도 바쁜 회사일 때문에 일정을 놓치고 말았다. 이 물건은 감정가 5700만 원에 낙찰됐다).

이 지역을 다시 보게 된 것은 이듬해를 두 번째 탐방 때였다. 당시는 몰랐었지만 삼천동 1가는 전국 최고 경쟁률을 자랑하는 명문 '상산고' 인근이었다. 게다가 전주의 신주거중심지인 효자동, 중화산동, 신서동으로 가는 길목으로 거리상 가까웠다. 효자동 서부 신시가지택지개발지구로 가는 입구이기도 했다. 서울로 치면 '강남 입성'이 좌절된 준강남급의 옥수동, 성수동쯤이라 할 수 있었다.

효자4동, 관공서 이전으로 새롭게 뜨는 지역

전주에서 마지막으로 들른 곳은 완산구 효자동 '서부 신가지택지지구'였다. 최근 전주에서 한창 개발되는 곳으로 추천을 받았다. 실제로 가보니, 허허벌판에 관공서 몇 개가 이전해왔고 거대한 원룸촌이 형성되고 있었다. 마치 7년 전 광주 상무지구를 연상시켰다. 텅텅 빈 공간에 건물이 꽉찬 모습을 상상해봤다. 효자 4동 주민센터 앞에선 인구 증가를 축하하는 플래카드가 붙어있었다.

시세를 알아봤다. 통건물이 5억 5000만 원에서 최대 7억 원선에 나와 있었다. 보증금을 빼면 현금 2억 5000만 원에서 3억 원에 살 수 있다고 했다. 전세는 원룸 기준 3500만 원선이고, 보증금과 월세는 500/30~200/25라고 했다. 군산에 비하면 1억 원 정도 비싸다. 다가구주택인 통건물에는 평균 10~12개의 방이 있다고 했다.

한번 보기로 했다. 현재는 공실 없이 임대가 다 돼 있는 상태고, 연수익률이 12%에 달했다. 매매가는 5억 5000만 원인데 보증금(1억 6200만 원)과 대출(1억 4000만 원)을 빼면 실제 투자금액은 2억 4800만 원이다. 다시 말해 1년에 2억 4800만 원을 투자해 순수익 3182만 원을 올릴 수 있다. 월별로 계산하면 한 달 월세 수입은 265만 원이다. 수익률이 괜찮긴 했지만, 리스크도 있었다. 1층과 2층이 곧 방을 뺄 예정이었기 때문이다.

상산고 하나만으로 투자가치 충분한 효자동

아침 일찍 들른 곳은 전북대였다. 지난해엔 못 와봤던 곳이다. 택시를 타고 전북대 앞 원룸촌으로 가자고 했더니, 아저씨가 물었다.

"구문이요? 신문이요?"

"흠……, 잘 모르겠는데요. 어쨌든 원룸이 많은 데요."

그는 고개를 가우뚱했다(잘 모르는 곳을 다니다 보면 위치를 설명하기가 참 애매할 때가 있다. 그때마다 택시 아저씨들은 구체적인 질문을 해대며 범위를 좁혀오지만 위치를 잘 알지 못하는 나로써도 어쩔 수 없는 노릇이다). 그래도 친절한 아저씨는 신문 쪽에 깨끗한 원룸이 많다고 알려주셨다. 그중에서도 '학사원룸'이 깨끗하다며, 바로 앞에 내려주셨다.

오전 9시, 대학가는 활기찼다. 생기발랄한 대학생들이 서둘러 등교를 한다. 학사원룸 인근에는 다가구주택처럼 보이는 원룸촌이 형성돼 있었다. 이른 아침이라 부동산 문은 닫혀 있었다. 교육담당 시절 취재로 알게 된 경남 씨에게 문자를 보냈다.

'경남 씨. 지금 전북대 앞이에요. 학교 다닐 때 어디 계셨어요?^^'

그는 전북대 출신으로 학교에서 가까운 금암동에 살았다는 메시지가 왔다.

'아침맞이'에 분주한 상권을 빠져나와 대로변에서 효자동 웨딩캐슬 맞은편으로 가는 택시를 탔다. 노트북 충전기를 사기 위해서다.

또 효자동으로 가는 길. 전날밤에 중화산동으로 가는 길에서 봤던 재규어 매장이 보였다. 전주에 재규어 매장이라……. 이 동네는 전주에선 나름 잘 사는 동네일 것이라 짐작했다. 목적지가 가까워온 듯했다. 홈플러스 매장이 보였다. 대단위 아파트단지들도 눈에 들어왔다. 괜찮은 동네라는 느낌이 왔다.

오전 10시. 홈플러스 맞은편 아파트단지 쪽으로 들어갔다. 문을 연 부동산이 보였다. 이제 막 출근한 듯한 아주머니께서 화장을 하고 계셨다.

"집 좀 보러 왔는데요. 남편이 발령을 받아 전주로 내려오는데요. 신혼부부들이 살 만한 20평대 아파트가 있을까요?"

어설프게 둘러댔다. 아침 댓바람부터 투자물건 보러 왔다고 하기엔 좀 많이 미안했다.

아주머니는 반색했다. 매물이 있다며 '상산타운 25평(1억 3500

> 중앙일보 2012년 3월 13일
> **SKY 200클럽에**
> **대원외고·고양외고·상산고·용인외고**
> 〈서울대·고대·연대 200명 넘게 보낸 곳〉

> 중앙일보 2012년 3월 13일
> **외고 출신 작년보다 줄고 자율고 늘어**
> 합격자는 대원외고가 가장 많았고 고양외고, 상산고, 용인외고 순이었다. 합격자 수 10위권 이내 학교 중 외고가 아닌 곳은 상산고가 유일했다.

만 원)'과 '삼성타운 22평(1억 2000만 원)'을 추천했다. 큰 관심없이 전주시 지도를 응시했다.

하지만 그때까지만 해도 몰랐다. 그 유명한 상산고가 바로 옆에 있다는 사실을!

"3년 정도 살다가 다시 서울로 올라가거든요. 임대가 잘 되는 아파트로 추천해주세요."

그렇다면 '상산타운 아파트'가 제격이라고 적극 추천했다.

"그러면 상산타운이 딱이네요. 바로 옆에 상산고가 있어서 월세가 잘 나가요."

그제야 아차 싶었다. 상산고! 전국에서도 명문고로 꼽히는 그 유명한 상산고가 전주 효자동에 있다니. 교육담당 기자 출신이면서 그렇게 중요한 걸 미처 몰랐던 사실에 부끄러웠다. 상산고라면 충분히 투자가치가 있을 것 같았다.

월세시세는 2000만 원에 50만 원으로 일률적이라고 했다. 집을 보고 싶다고 했다. 아침이라 집을 보는 게 쉽지 않았다. 마침 14층에 빈집이 하나 있었다. 상산타운아파트는 전 세대가 남향으로 1200세대였다. 실제로 집을 보니 구조가 넓게 잘 빠졌다. 현관 옆 오른편에 싱크대와 거실이 이어져 있어 넓게 쓸 수 있었다. 화장실도 집주인이 최근에 수리한 듯했다. 집 상태도 좋아 보증금 3000만 원에 50만 원까지도 받을 수 있다고 했다. 바로 옆 삼성타운은 '비추'라고 했다. 세대수도 적고 향이 좋지 않기 때문이란다. 그나마 장점은 상산고와 바로 이어진다는 것. 1분 1초가 바쁜 상산고 학생들도 길 건너 아파트도 꺼려 한다고 했다.

★ 전주 효자동 상산타운 25평 수익률표 (매매 기준)

		지출	수입
매매가격		1억 3500만 원	
현재시세			
대출	대출금		5400만 원
	금리		
	월이자	24만 원	
임대료	보증금		2000만 원
	월세수입		50만 원
	월순익		26만 원
기타비용	각종 세금	594만 원	
	법무비용		
	중개수수료	50만 원	
	도배 등 수리비		
총계		실제 들어간 내 돈	실제 들어오는 돈(1년)
		6744만 원	312만 원
연수익률		4.6%	

사거리 코너에 전주마트가 있었는데 아마 백화점으로 바뀔 가능성이 있다고 했다. 홈플러스가 생기고 난 뒤부터 상가가 많이 죽었기 때문에 다른 게 들어설 수 있다고 했다. 그는 홈플러스 등 각종 편의시설이 있어 살기가 편하다고 했다.

전주에서 주거로 괜찮은 곳을 꼽자면 서신동〉중화산동〉효자동 순인데, 이중에선 그나마 효자동이 가격대가 상대적으로 저렴한 편이라고 했다. 게다가 최근엔 1000만 원 정도 떨어졌다고 했다. 특히 20평형대가 귀하기 때문에 투자 메리트는 충분하다는 설명이다. 전주 혁신도시에도 분양을 하지만, 대부분이 30평형대이기 때문이다.

서부 신시가지, 난개발로 투자 매력 떨어져

지난해 둘러봤던 효자동 서부 신시가지를 다시 둘러보기로 했다. 택시를 타고 전주 KBS 인근으로 가자고 했다. 5분 여만에 낯익은 모습들이 나타났다. 그때는 미처 몰랐는데, 다시 와보니 원룸이 '무지하게' 많다는 생각이 들었다. 가도가도 끝이 없는 원룸촌이었다.

'이건 아니다' 싶었다. 난개발이었다. 공급이 너무 많다고 느껴졌다. 신축 원룸 곳곳에 임대 플래카드가 붙어있었다. 공실이 많을 게 뻔했다. 1층을 상가로 개조한 것들이 곳곳에 눈에 들어왔다. 주거용이지만 수익률이 안나오자, 상가주택으로 용도를 변경한 듯했다. 이 금싸라기 땅에 '땅콩 원룸촌' 이라니! 주먹구구식 택지 개발에 화가 날 정도였다.

가까운 부동산에 들러 집을 구한다고 했다. 그는 전북대 학생이냐고 했다. 그냥 '그렇다' 고 했다. 시세를 물으니, 보증금 300만 원에 월세 30만 원이라고 했다. 집을 보여달라고 했다. 한 아주머니가 나타났다.

"원룸은 버스정류장에서 가깝고, 무엇보다 집주인이 좋아야 해요."

그를 따라 나섰다. 전북대로 향하는 길이 죄다 원룸촌이었다. 가도가도 끝이 안 보일 정도였다. 그도 간신히 원룸을 찾았다. 실평수 3~4평 정도 보이는 원룸은 풀옵션으로 그냥 깔끔했다. 지은 지 얼마 되지 않은 티가 많이 났다. 싱크대는 비닐조차 떼지 않은 상태였다.

"여기 원룸은 거기서 거기예요. 더 볼 필요도 없어요."

정말 그럴 것 같았다. 공장에서 찍어 낸 듯한 원룸촌. 이곳의 원룸은 경쟁력이 뭘까. 가격을 싸게 해주지 않는 이상, 남들보다 세를 먼저 뺄 묘책이 떠오르지 않았다. "생각해보겠다"는 말을 남기고 시외버스터미널로 향했다.

1 | 지방 수익형 부동산 투자는 명문학군 지역을 우선 고려하자.
2 | 지역의 명문고를 찾아서 인근 월세 아파트에 투자하는 것도 한 방법이다.

■ 전라권

5대 광역시 중 가장 저평가된 도시
광주

- **인구** : 146만 명
- **2010년 지역내 총생산(명목)** : 24.4조 원(전국 비중 2.1%)
- **교통** : 호남고속도로, 광주송정역, 광주역(두 역 모두 KTX운행)
  지하철 1호선 개통, 2호선 개통 예정
  광주공항
- **교육** : 전남대, 조선대, 광주대 등 8개 4년제 대학
- **산업** : 광주첨단산업단지(1990년 지정)
  빛그림산업단지(2009년 지정)

명실상부한 광주 최고의 명당, 상무지구

전주에서 고속버스를 타고 광주로 도착한 시각은 벌써 오후 3시를 가리켰다. 광주 터미널에 도착하자 5년 전 추억이 떠올랐다. 갓 입사해서 부서 배치 받기 전 '상권 대분석'이란 기획팀에 투입됐다. 서울을 포함해 전국의 상권을 분석하는 작업이었다. 선배들과 함께 광주에 왔었다. 2007년 3월 그때 돌았던 지역이 바로 서구 '상무지구'다. 상무지구 모텔촌에 방을 잡고, 밤늦게까지 술집을 전전하며 취재했던 기억이 아직도 생생하다. 당시 쓴 기사 제목이 '광주 상무지구, 밤이 되면 깨어나는 도깨비 상권'이었다. 낮에는 썰렁하다가, 밤이면 네온사인에 불이 켜지며 깨어난다는 의미였다. 2011년 다시 찾은 상무지구는 어떤 모습으로 변했을까.

상무지구에 가까워질수록 익숙한 풍경들이 보이기 시작했다. 걸쭉한 전라도 말투의 택시 아저씨는 어머니와 내게 쉬지 않고 말을 걸어 왔다.

"아따~ 저기 갈대밭이 예쁘고마잉~~. 내려서 사진 한 장 찍고 갔으면 좋겠네잉~."

"아저씨. 광주에서 부동산 값이 제일 비싼 데가 어디예요?"

늘 그렇듯 택시 아저씨를 대상으로 한 취재가 시작됐다.

"풍암동이죠잉~. 일단 공기가 좋고요. 근처에 수영장, 스케이트장, 축구장, 농구장, 승마장 등등 없는 게 없어요."

하지만 풍암동은 예정된 답사 지역이 아니었다. 경매물건이 몇 개 나와 있긴 했지만 남쪽으로 치우쳐 당초 계획에선 제외했었다. 하지만 그의 '극찬'을 듣는 순간, 계획을 급수정해 풍암동에 들러야겠다고 생각했다.

부동산 관련 질문들을 이것저것 하자 그는, "부동산 투자하러 왔는 갑쏘, 아따. 나도 안산에 투자 하나 한 거 있는디……."라고 했다.

"뭔지 아소?"

아무런 대답이 없자, 그는 못 참겠다는 듯 답했다.

"안 산 땅이여."

두 모녀가 또 다시 못 알아듣고 가만 있자, "아따 못 알아듣는교. 안 산 땅이라고잉~."

"아~~~,하하하."

그때서야 웃음을 터뜨리자, 그는 자신의 '하이개그'를 잘 알아 듣지 못한다며 핀잔을 줬다.

유쾌한 그 덕분에 지루하지 않게 상무지구 도착했다. 첫 번째 물건지로 정한 '랜드피아' 오피스텔 앞은 불과 5년만에 몰라보게 달라져 있었다. 텅 텅 비었던 나대지에 건물들이 빼곡하게 들어차 빈 땅이 없었다. 안정된 성장 상권의 모습이었다. '랜드피아' 오피스텔은 5년전 사우나를 했던 '스타박스' 건물 바로 옆에 옆에 있었다. '그때 이런 높은 건물이 있었었나' 고개를 갸우뚱하며 안으로 들어갔다. 경매물건으로 나온 곳은 6층과 15층, 두 군데였다.

일단 엘리베이터를 타고 올라가 건물 상태를 살폈다. 조용한데다 관리가 잘 되는 느낌이었다. 주거용과 사무용이 혼재되어 쓰이고 있는 듯했다. 마침 15층 물건이 문을 열어놓고 있었다. 복도를 왔다갔다 하며 내부를 엿봤다. 전용 9평 치곤 꽤 넓어보였다. 복층 구조인 듯했다. 복층이면 전용률이 높아진다. 나침반으로 방향을 살폈다. 그다지 좋지 않은 서향이었다.

1층 굿모닝부동산 앞에 섰다. 시세표를 훑어봤다.

'15평 1000/35, 500/40'

'21평 1000/55'

'29평 500/75'

"저, 월세를 구하러 왔는데요."

거짓말을 했다.

웬만하면 경매 때문에 왔다고 말하는데, 이런 대형 오피스텔은 집을 구한다고 해야 집 내부를 볼 수 있다. 그는 15평과 29평을 보여주겠다고 했다. 29평은 먼저 봤다. 조금은 큰 감이 있었다. 구조도 약간은 비스듬해 일반적인 원룸 구조와는 약간 차이가 컸다. 차라리 두 번째로 본 15평이 나았다. 일반적인 복층 원룸 구조에 가격도 저렴했다.

"교통은 어떤가요?"

"버스정류장이 바로 앞에 있고요. 지하철은 상무역까지 버스타고 5분 거리예요. 걸어가면 20~30분 정도 걸려요."

"관리비는요?"

"평당 3500원 정도 나와요."

"주로 어떤 사람들이 많이 사나요?"

"인근에 직장 있으신 분들이 많으시죠."

"살기는 편한가요?"

"그럼요. 1인 기업인들도 많이 찾아요. 주변에 대우 디오빌 오피스텔이 있긴한데 이름값 때문에 더 비싸고요."

| 광주 상무지구 랜드피아 오피스텔 | 광주 상무지구 랜드피아 15평 내부

15층은 전망이 괜찮았다. 광주시청 일대가 한눈에 들어왔다.

은근슬쩍 다른 경매물건에 대해서도 물었다.

"인근에 라인대주아파트는 어떤가요? 거기도 추천을 받아서요."

"전월세는 없고, 매매물건은 있어요."

"시세는 얼마인가요?"

"1억 3500만 원이요."

시세가 감정가(1억 4000만 원)보다 쌌다. 비싸게 감정된 것이다(하지만 광주지역 아파트 가격이 오르면서 8개월 후 가격은 1억 5000만 원을 훌쩍 넘겼다).

"근데, 이 동네는 대충 아파트 가격이 다 비슷해요."(하지만 상무역에서 가까운 라인대주아파트의 선호도가 가장 높았다)

나중에 집으로 돌아와 랜드피아 수익률을 계산해보니, 연 38%에 달했다. 내 돈 450만 원으로 1년간 176만 원의 순익을 남길 수 있었다. 인근 낙찰결과를 살펴보니 꾼들이 올초부터 신건들을 잡아가기 시작한 것으로 나타났다. 감정가에서 몇십만 원씩 더 써서 낙찰 받는 식이었다. 이에 나 또한 신건 때 들어가기로 했다. 입찰가는 5550만 원으로 정했다(하지만 마땅한 입찰대리인을 찾지 못해 입찰 시기를 놓치고 말았다. 이 물건은 1회

| 광주 상무지구 휴먼빌딩

★ 상무지구 랜드피아 9평 수익률표 (경매 기준)

		지출	수입
낙찰가		5550만 원	
현재시세			
대출	대출금		4440만 원
	금리		
	월이자		
임대료	보증금		1000만 원
	월세수입		35만 원
	월순익		14만 원
기타비용	각종 세금	250만 원	
	법무비용	100만 원	
	중개수수료		
	도배 등 수리비		
총계			
		실제 들어간 내 돈	실제 들어오는 돈(1년)
		460만 원	176만 원
연수익률		38%	

유찰 됐다가 감정가인 5500만 원에 낙찰됐다).

물건지를 돌아보는 동안, 어머니께선 커피숍에 앉아 책을 읽고 계셨다.

다음 물건지는 맞은편에 있었다. 지하 1층, 지상 7층짜리 '휴먼빌딩*', 2회나 유찰됐다. 유찰 횟수가 많을수록 의심을 해봐야 한다. 1층에 붙은 빌딩 안내도를 보니 주거용보다는 상업용 빌딩 같았다. 무엇보다 구조가 'ㄷ'형으로 독특했다. 엘리베이터를 타고 물건지로 갔더니, 중국집에서 음식을 시켜먹고 곱게 싸 놓은 빈 그릇이 눈에 들어왔다.

'흠. 임차인이 살고 있구나. 근데 왜 이렇게 많이 떨어졌지?'

부동산에 들러 시세 등 몇 가지를 확인하고 싶었지만, 주변을 둘러봐도 부동산이 없었다. 그만큼 주거용 임대 수요가 없다는 의미이기도 했다. 대신 문 앞에 '매매, 전세, 월세 구합니다'라고 붙은 부동산 광고 쪽지를 떼어왔다. 그에게 전화를 걸어 시세를 확인했다. 보증금 500만 원에 월세 40만 원이라고 했다. 그는 랜드피아보다는 휴먼빌딩이 더 낫다고 했다. 수익률도 연 19%로 괜찮았다. 하지만 입찰 날짜가 맞지 않아 포기했다.

원래 둘러보기로 했던 인근 아파트단지들은 그냥 건너뛰기로 했다(하지만 이것은 오판이었다. 나중에 안 사실이지만 라인대주 아파트는 상무지구에서도 유일하게 소형 평형이 있어 노려볼 만했다).

서둘러 다음 물건지로 향했다. 이번에는 무더기로 나온 '대주파크빌**' 임대 아파트였다. 상무역에서 두 정거장 거리인 공항역 인근에 있었다. 5

★ 광주 서구 치평동 1185-6, 휴먼빌딩 512호, 16평, 감정가 1억 600. 2회 유찰. 최저가 5900만 원. 낙찰 7215만 원.
★★ 대주파크빌, 광주 광산구 신촌동 826-1, 18평, 감정가 7250만 원. 최저가 4060만 원.

년 전만 해도 광주엔 지하철이 없었다. 공항역에서 내려 5번 출구로 나오니, 대주파크빌 아파트가 보였다. 왼편에는 광주공항으로 가는 길이 있었다. 부근에는 아파트가 거의 없었다. 나중에 택시기사한테 들은 얘기로는 비행기 소음 때문에 시끄러운 동네라고 했다. '그러니까 임대 아파트가 있겠지'라고 생각했다.

아파트단지 입구에 들어서자 〈광주지법 2010타경 457720호로 경매진행 중인 신촌대주파크빌 373세대는 '부도특별법'에 따라 한국토지주택공사에 우선매수권이 있습니다〉라는 플래카드가 크게 걸려 있었다.

여기도 LH 우선매수권이 있는 지역이군(이럴 경우 일반인은 경매에 참여하지 못한다). 먼걸음 했건만 헛탕이었다. 플래카드 밑에 적힌 전화번호만 메모하고 재빨리 등을 돌렸다. 단지 안에는 들어가 보지도 않았다.

아침 일찍부터 시작된 강행군 탓에 서서히 지쳐가기 시작했다. 엄마와 나는 말수가 점점 줄어들기 시작했다.

"이제, 두 군데만 가보면 돼. 완전 힘들다. 에휴."

그래도 어머니는 힘든 내색을 하지 않으셨다.

이번엔 여성 택시운전사였다.

"광주에서 가장 비싼 동네가 풍암동인가 봐요."

"아니에요. 상무지구랑 봉선동이 젤 비싸요."

그녀는 또 다른 얘길 했다.

"최근 김대중 컨벤션센터 맞은편에 아파트 분양을 많이 했고요. 봉선동에 비싼 아파트가 많아요. 평수도 70~80평으로 크고, 부촌이에요. 쌍용, 포스코 이런 아파트엔 의사, 판검사들이 많이 살아요."

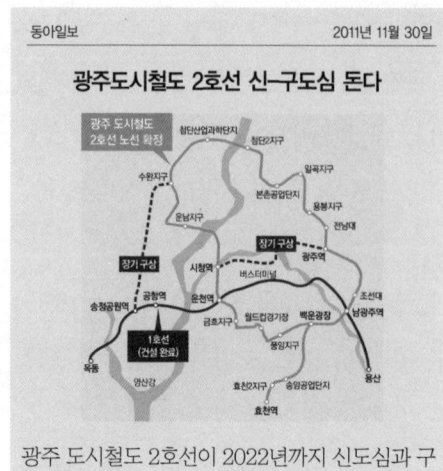

광주 도시철도 2호선이 2022년까지 신도심과 구도심을 아우르는 확대 순환선으로 건설된다.

구체적인 그녀의 설명을 들으니, 왠지 믿음이 갔다.

"근데 풍암동은 교통이 불편한 것 같아요. 지하철이 없던데요."

"그죠, 근데 2호선 뚫리면 괜찮을 거예요"

"아, 그래요?"

"6년 뒤에 광주 외관을 빙 도는 2호선이 생긴대요."

"그럼, 봉선동에도 지하철이 뚫리나요?"

"네. 풍암동, 봉선동도 다 뚫려요."

풍암동에 바로 코앞인데, 길이 막히기 시작했다. 교통체증은 풍암동의 단점이다.

"풍암지구는 길이 막혀요. 이 짧은 거리를 가는 데도 30분 넘게 걸리기도 해요."

어둑어둑 땅거미가 깔리기 시작한 시각. 풍암동 아파트단지 입구에 도착했다. 도로 양 옆으로 아파트단지들이 들어서 있었다. 급하게 스마트폰으로 풍암동 경매물건을 검색했다. 대부분 신건이었다. 가격은 1억 원대 초반선이었다. 부동산에 들러 시세조사를 하고 싶었지만 저녁이라 문이 굳게 닫혀 있었다. 부동산 앞에 붙여 놓은 시세표를 확인했다. 감정가는 시세대로 나온 듯했다.

긴장이 풀리면서 오른쪽 새끼발가락에 잡힌 물집이 욱신거렸다. 배도 고프고, 힘도 없었다.

"엄마, 이제 한 군데만 더 보고 가자."

지친 기색이 역력했던 어머니도 '급화색'을 띠며 "그러자"고 하셨다.

봉선동, 광주의 대치동?

광주의 마지막 목적지는 봉선동이었다. 택시기사가 강력 추천한 부촌이다. 봉선동으로 가는 길도 꽤 막혔다. 조금 전까지 쨍쨍했던 날씨가 갑자기 흐려지며 빗방울이 떨어지기 시작했다. 거북이 걸음으로 가는 택시 안에서 밖을 내다봤다. 봉선동이 점점 더 가까워오는데도 부촌의 흔적은 찾을 수가 없었다. 과연 여기가 부촌이 맞나 싶었다. 주변에 죄다 낡고 오래된 아파트뿐이었다. 의심이 되기 시작했다.

택시기사가 봉선동이라며 내려준 곳도 거의 임대아파트 수준이었다.

"엄마, 여기가 부촌 맞을까?"

"저기, 포스코 아파트가 보이네."

엄마는 저 멀리 보이는 아파트를 가리켰다. 일단 그쪽으로 걸어가보기로 했다. 터벅터벅 말없이 걷는데, 이날따라 부동산이 도통 보이질 않았다.

'이게 무슨 고생인가' 싶어서 짜증이 나려는 찰나, 불 켜진 부동산이 보였다.

반가운 마음에 얼른 문을 열고 들어갔다.

"어떻게 오셨나요?"

덩치 좋은 아저씨가 웃으며 맞았다.

"서울에서 왔는데요. 여기가 부촌이라던데, 맞나요?"

"하하하. 맞습니다."

"그렇군요. 지나오면서 봤는데 부촌 같아 보이진 않아서요."

"사실 여기 아파트들은 대부분 오래된 아파트죠. 근데 여기가 학군이 좋습니다. 서울에서 유명한 학원들도 거의 다 들어와 있고요."

그는 지도를 보여주며 설명을 시작했다.

"숭의, 동아, 설월, 정산초, 삼육초, 광주과학고 등등 여기가 다 사립학교죠."

집을 보여주러 갔던 아주머니가 돌아오셨다.

"사실, 아파트에 대해선 저보다 집 사람이 더 잘 알아요."

그는 바통을 넘겼다.

아주머니의 설명에 따르면 봉선동은 '광주의 대치동'이었다. 광주시의 첫 번째 택지개발 지구로, 아파트는 오래 됐지만 학군 때문에 월세 수요가 넘쳐난다고 했다. 봉선동을 '상중하'로 구분하자면 포스코, 쌍용, 아델리움 등 6년차 아파트단지가 상급에 속한다. 그 다음으로 무등아파트단지 등 10년~18년 된 아파트단지들이 중급이며, 20년이 넘은 아파트단지들은 하급이다. 봉선동의 중심은 '삼익아파트', 그 주변으로 학원들이 몰려 있다고 했다. 경매로 나온 '명지맨션'과 '라인광장' 등도 추천 물건에 속했다.

| 광주 봉선동 라인광장아파트

그의 설명을 듣고 나서야 '봉선동 미스테리'가 해결됐다. 주말 저녁 늦은 시각이라 미안한 감은 있었지만, 집을 좀 보여달라고 했다. 그는 급하게 전화를 돌렸다. 명지맨션은 현재 볼 수가 없고, 대신 '모아아파트'와 '라인광장'을 보자고 했다.

"요새 서울에서 지방 아파트 사는 게 유행이죠?"

"네, 그렇죠."

"최근에 서울 투자자들이 진짜 많이 내려와요. 사실 광주가 5대광역시 중에서는 제일 저평가돼 있긴 하죠. 지난 몇 년 동안 거의 안 올랐어요. 뭐 특별한 개발호재가 없었으니까요. 그래도 2015년에 광주 유니버시아드대회가 있으니까, 좀 나아지지 않을까 싶어요."

이날 둘러본 아파트 두 곳은 큰 차이가 없었다. 출입문의 방충망, 나무로 된 문지방, 베란다와 거실 사이의 높은 턱까지 20년 이상 된 아파트에서 흔히 볼 수 있는 구조였다. 그냥그냥 살 만해보였다. 상태가 정말 안 좋은 아파트라면 화장실, 싱크대 정도는 갈아줘야 할 것 같았다(교체 비용은 싱크대가 가장 비싸다). 그래도 수익률은 높은 편이었다(그러나 이는 철저히 잘못된 판단이었다는 것이 이후 방문에서 드러났다).

저녁 9시 20분. 용산행 KTX 안. 목베개를 했다(지방여행을 편하게 다니는 나만의 노하우다).

'군산 → 전주 → 광주' 쉴 틈 없는 강행군을 마쳤다. 지난 이틀간 쉰이 넘은 어머니와 함께 본 물건만 20개가 넘었다.

내 나이 서른 셋.

이제야 어머니가 나를 '어떻게' 키웠는지 알 것 같다. 부끄럽게도 지금껏 난 혼자 컸다고 생각했지만, 그것은 착각이다.

지금과 같은 어머니의 지원없이, 오늘의 나는 불가능했다. 나 혼자서 갔다면 고생고생하며 어렵게 갔을 그 길을, 부모님의 도움으로 그나마 쉽고 편하게 올 수 있었던 것이다. 평소 막연했던 깨달음이 선명해지는 느낌이다.

나는 지금 이 순간, 어머니와 함께한 이 '개고생'을 절대 잊지 않겠다고 다짐했다. 사람들이 누군가에 대해 시기하고 질투하는 것은, 그 자리에까지 가기 위해, 얼마나 '숨은 피눈물'을 흘렸는지 모르기 때문일 것이다.

다시 찾은 광주, 풍암동의 진가를 알다

범인은 범죄의 현장을 반드시 다시 찾는다. 수습기자 시절, 교육 담당

부국장으로부터 들었던 조언이다. 마치 범죄 현장을 나중에 다시 찾는 범인처럼 기자 역시 자신이 취재한 현장은 나중에 반드시 다시 찾아야 한다고 배웠다. 시간이 흐른 뒤에도 '팩트가 맞는 기사'를 써야 한다고 훈련받았다. 이는 부동산 투자에도 그대로 적용된다고 확신한다. 8개월 만에 다시 찾은 광주는 '시간차 검증'의 중요성을 다시 한 번 일깨워줬다.

| 광주 풍암지구 우미광장아파트

이번 방문의 첫 번째 목적지는 '풍암지구'였다. 지난해 시간에 쫓겨 돌아보지 못한 탓이다.

지난해 풍암지구를 찾았을 땐 심각한 교통체증을 경험했다. 하지만 이번엔 광주 종합터미널에서 풍암지구까지 30분도 채 걸리지 않았다. 3월의 쌀쌀한 햇살이 아파트단지를 비췄다. 왠지 끌리는 부동산으로 들어갔다.

"집 좀 보러왔는대요. 신랑이 서울에서 광주로 발령받아 전세금 빼서 이사오려고 해요."

늘 써먹는 수법이다. 실수요자인 것처럼 말을 건넸다. 하지만 매매물건이 없다고 했다. 특히 20평형대는 귀하다고 했다.

"풍암지구가 살기 좋다고 하는데 이유가 뭔가요?"

"그라재. 뒤로 금당산이 있어서 녹지가 많고 바로 앞에 공원이 있고,

월드컵경기장에 마트가 있고, 골프장도 두 개나 있재. 주거단지로는 괜찮재."

그는 흡족한 표정을 지었다.

"상무지구랑 비교하면 어떤가요?"

"상무지구도 좋재. 근데 거기는 업무단지로 개발된 기라. 여기는 주거단지로 개발된 거고. 내가 여기서 부동산을 해서 그런 게 아니라 주거로 할 거면 상무지구보다 풍암지구가 낫다고 볼 수 있재."

재미있는 것은 부동산 사람들의 한결 같은 멘트가 있다는 것이다.

'내가 여기서 부동산을 해서가 아니라'는 전제.

나름대로 객관성을 띠고자 하는 말이겠지만, 설득력이 떨어졌다. 실제로 한 시간 뒤 상무지구에 갔을 때도 같은 얘길 들었다. 결국 판단과 선택은 자신의 몫인 것이다.

풍암지구와 상무지구는 엇비슷한 시기에 개발됐다. 풍암은 12년, 상무는 14년 전에 각각 분양됐다. 20평형은 상무보다 풍암에 많은 편이다. 대표브랜드가 '우미광장'과 '주은모아'다. 이들 단지는 전세가 귀했다.

전세가와 매매가의 차이가 1000만 원에 불과했다. 우미광장의 경우 매매가 1억 3000만 원인데, 전세가 1억 2000만 원에 나왔다(2011년 8월 15층 매매가가 1억 2500만 원이었다). 전세는 나오는 족족 계약돼 물건도 없었다(국토해양부 신고액은 2010년 초 1억 2000만 원선에 거래됐고, 전월세는 보증금 1000만 원에 월세 60만 원선으로 신고됐다).

"전세는 잘 안 나와. 요새는 월세만 많재. 여기는 임대업자들이 집을 많이 가지고 있어. 한 사람이 전국에 2500채인가 가지고 있다고 신문에 났

자녀."

"네? 2500채요?"

"개인이 아는 사람들이랑 그룹으로 하는데 총 7000여 채 정도라고 들었어. 그러니까 매물이 잘 안 나오는 거지."

임대업자들의 월세집은 상태가 별로라고 했다. 20평형대 풍암동 아파트들은 경매로 자주 나오는 편이다. 대부분 시세로 낙찰되지만, 수익률은 10% 이상이다.

다음 행선지는 봉선동. 지난해 명지맨션, 라인광장 등 소형 아파트들을 둘러봤었다. 지난해 봤던 라인광장아파트가 보였다. 급하게 택시에서 내려 인근 부동산으로 들어섰다. 담배를 피우던 아저씨가 나를 힐끗 쳐다봤다.

"소형 임대아파트 좀 보러왔는데요."

"명지맨션 있나요? 보증금 1000만 원에 월세 50정도 나온다던대. 물건 있나요?"(지난해 월세시세를 떠올리며 물었다)

그는 두눈을 동그랗게 뜨며 내게 되물었다.

"아따, 명지 물건 나왔다고? 누가 그러던교? 지금 나와 있는 게 하나밖에 없을 텐데."

"아 네……."

나는 말끝을 흐렸다.

"허허, 말도 안 되는 것인대. 보증금 1000에 50이면 대박나게. 여기 와서 함 보소."

그는 화면 한 가득 나온 월세 매물들을 보여줬다. 보증금 500만 원에 월세 45~50만 원에 나온 물건들은 "절대 나가지 않는다"고 했다. 그는 재차 '누가 그런 허위 정보를 줬는지'를 따져 물었다. 나는 갑자기 꿀먹은 벙어리가 됐다. 대화가 끊겼고, 정적이 흘렀다. 하지만 그와의 대화를 통해서 '지난해 이곳에 투자하지 않은 게 정말 다행'이라고 안도했다.

"여기 학군이 좋다면서요? 명지맨션은 괜찮은가요? 주로 누가 살아요?"

"흠……, 여기 학군이 좋다고는 못하겠는데, 명지맨션은 입지가 제일 떨어지고, 딱 보면 모르겠소. 못사는 사람들이 여기서 월세 살지."

지난해 20년 이상 된 오래된 아파트이지만 학군이 좋아서 임대가 잘 된다는 설명과는 전혀 달랐다. 봉선동은 마치 서울의 신림동과 같은 느낌이었다. 전형적인 서민 동네. 더 이상 설명을 들을 필요도 없다고 느꼈다. 나는 조용히 부동산을 빠져나왔다.

'수요와 공급의 법칙'의 진정한 의미

다시 찾은 '상무지구'다. 지난해엔 오피스텔 위주로 봤다. 상무역에서 5분 거리인 라인대주아파트는 미처 둘러보지 못했었다. 지금 다시 와보니 그때 라인대주아파트를 잡았어야 했다.

당시는 시세와 비슷한 감정가가 1억 4000만이었지만 지금은 1층 급매가 같은 가격이다. 상무지구는 20평형대가 귀해서 라인대주와 라인동산에만 있었다.

"20평형대 아파트 매물 있나요?"

| 광주 상무지구 라인대주아파트

"지금 나와 있는 것은 없는데요. 1층 급매가 하나 있긴 있는데, 1층은 싫죠?"

"아뇨. 1층도 괜찮아요."

마침 볼 수 있는 집이 있었다. 25평이지만 3베이 구조였다. 3베이란 한 평면에 방 두 개와 거실이 나란히 들어선 구조를 말한다. 그는 구조가 잘 빠졌다며 자랑을 했다. 광주에선 상무지구가 유일하게 3베이 구조라고 했다.

"20평형대인 라인대주와 라인동산은 앞으로 계속 오를 겁니다. 앞으로 분양 예정인 아파트들도 소형은 없어요."

그의 설명에 고개를 끄덕였다. 작년에 잡았으면 벌써 1000만 원이 올랐을 것이다. 이제야 후회해도 소용없지만, 아까운 건 사실이다.

문득 5년 전 인터뷰가 떠올랐다.

"상무지구는 광주 상권이 아니다. 목포, 나주, 전주 등 변화한 큰 유흥

상권이 없는 인근에서 몰려오는 '전라권' 전체의 상권이다."

　세 시간 남짓의 광주 임장을 마치면서, 무언가 깨달음이 왔다. 흔히들 말한다. 수요와 공급이 중요하다고.

　하지만 직접 겪어보기 전까지는 정확한 의미를 알지 못한다. 그러나 한 번 수요와 공급에 의해 시장가격이 움직이는 매커니즘을 경험하면 그제서야 느끼게 된다. 그 말의 진정한 의미를.

아파트의 구조

아파트 2베이, 3베이, 4베이를 나누는 기준. 한 방향에서 보이는 방이 몇 개인지 따지는 것이다. 베이가 많을수록 채광이 좋아진다.

2베이 : 아파트 밖에서 안방과 거실이 보인다.
3베이 : 방 두 개와 거실이 보인다.
4베이 : 방 세 개와 거실 한 개를 전면에 배치한 구조다.

■ 전라권

임대사업하기
괜찮은 항구도시
목포

- 인구 : 24만 7000여 명
- 산업 : 대불산업단지(영암), 현대삼호조선소
- 교육 : 목포대, 목포해양대, 목포가톨릭대
- 교통 : 목포역(KTX 호남선 종착역)
  2017년 호남고속철도 완공 시
  서울 1시간 40여 분
  서해안고속도로(서울–목포 4시간)
  남해고속도로(목포–부산 3시간)
  무안광주고속도로(목포–광주)
  무안국제공항

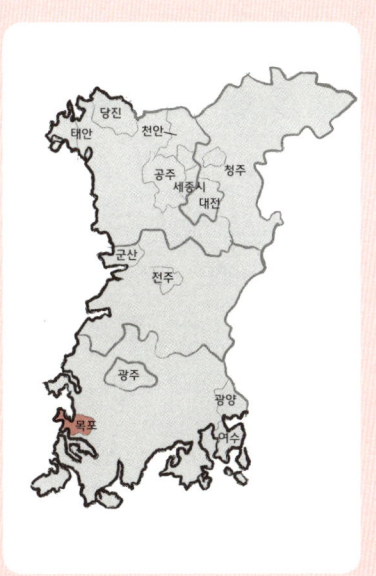

새벽 5시 55분. 창밖에 물안개가 피었다. 책에서만 읽었던 물안개를 처음 봤다. 신선이 나올 듯한 묘한 분위기다. 아침 해가 얼굴을 내밀기 시작했다.

| 목포행 KTX에서 바라본 풍경

멍하니 창밖을 바라봤다. 그동안 잊고 지냈던 일들이, 무의식에서 튀어나와 의식을 건드린다. 과거 아팠던 기억들, 잊고 싶은 일들이, 나도 모르게 떠오른다. 아픔, 슬픔, 행복했던 기억들까지. 일상에 묻혀 잊혀졌던 지난 기억들이 물안개처럼 피어오른다. 대전에서 목포로 가는 KTX 호남선은 나중에 다시 오고 싶을 정도로 깊은 인상을 남겼다.

'목포는 항구다'라는 영화제목처럼 목포하면 떠오르는 것이 항구다. 꽤 오래 전 영화였던 것 같은데 조재현과 차인표의 연기가 일품이었다.

기대 반, 두려움 반으로 목포역에 내렸다. 아이들이 그린 그림들이 전시돼 있었다. 'F1 코리아 그랑프리(2010년 첫 개최)' D-100일을 기념하는 그림이 눈에 띄었다. 생각해보니 지난해부터 시작한 F1 코리아 그랑프리가 인근인 영암에서 열리고 있었다. 올해 두 번째 대회가 개최될 예정이었다. 작년 행사가 엊그제 같은데 벌써 1년이 흐른 것이다.

일요일 오전 8시 40분. 목포역은 한산했다. 차분히 앉아 오늘의 일정을 점검할 커피숍을 찾아헤맸다. 주위를 아무리 둘러봐도, 커피숍이 보이질 않았다. 스마트폰으로 주변 커피숍을 검색했다. 인근에 롯데리아가 검색됐다.

'젊음의 거리'

목포역 앞 상권의 이름인 듯했다. 휴일 오전이라 지나는 행인 하나 없이 고요했지만, 각종 브랜드들이 입점해있는 것으로 보아, 오후가 되면 사람들로 북적일 듯했다. 5분여를 걷자 롯데리아가 나왔다. 하지만 문은 굳게 잠겨 있었다. 너무 이른 시간이라 오픈 전이었다. 다른 커피숍을 찾아 나서려는데, 2층에 붙여 놓은 '유치권 행사 중'이라는 문구가 들어왔다. 주로 경매 들어간 물건에 붙여 놓는 문구인데, 혹시 경매 나온 물건이 아닐까 라고 생각했다. 나중에 PC방에서 검색해보니 실제로 이 빌딩은 경매로 나와 있었다. 다행히 근처에 PC방이 있었다. 게임에 열중하고 있는 학생들이 눈에 띄었다.

'어디 보자. 목포에서 둘러볼 물건이 어디 어디였더라.'

서울 아파트 가격 맞먹는 옥암동 아파트

목포 PC방에서 한 시간여 정도 인터넷으로 조사를 한 결과, 네 군데를 둘러보기로 했다. 일단 바다 조망이 있는 산정동 '대송에이스빌'을 시작으로, 상동으로 가는 길목에 있는 용해동 '청산푸른' 아파트, 그전부터 관심을 끌었던 2000만 원대 상동 '21오피스텔'과 인근 아파트, 그리고 마지막으로 옥암동 '한라 비발디' 아파트를 돌아보기로 했다. 목포에서 최근 뜨는 지역은 옥암동이었다. 지도를 보면 목포 터미널에서 남동 방향이다.

경매물건의 감정가격만 봐도 옥암동이 웬만한 서울 아파트값과 맞먹는다는 사실을 알 수 있다. 아무리 38평이라고 해도 지방 아파트 가격이 3억 원을 넘기는 쉽지 않은데 한라 비발디는 감정가가 무려 3억 8000만 원이나 됐다.

목포역 앞 버스정류장에서 버스를 기다렸다. 그런데 요새 웬만한 지방에는 다 있는 버스 대기시간 알림판이 없었다. 김해, 청주, 거제 등 대부분 지방 도시에 있는 알림판이 없는 게 의아했다.

목포도 바다 조망 프리미엄이 있는 듯했다. 한 공인중개사의 블로그를 보니 산정동 신안비치 1차 32평은 보증금 1000만 원에 60만 원으로 월세가 꽤 비싼 편이었다. 첫 번째 물건지인 대송에이스빌은 신안비치아파트 바로 옆에 있었다.

목포의 바다 조망은 어떨까. 상상의 나래를 폈다. 머릿속엔 이미 해운대 조망을 생각했다. 해운대 '아이파크'와 '두산 위브더제니스' 정도는 되지 않을까 혼자 생각했었다. 하지만 상상은 보기 좋게 빗나갔다. 예상했던 그런 바다 조망이 아니었다. 물건지인 7층으로 올라갔다. 바다보다 먼저 보인 것이 '목포 그리스도의 교회'였다. 그리 아름답지 않은 교회 건물이 떡 하니 버티고 있었다(목포에는 유난히 교회가 많았다). 교회만 없었어도 괜찮았을 텐데……. 안타까웠다. 아파트단지는 정원이 꾸며져 있어 운동하기엔 좋아보였다.

| 목포의 바다 조망은 그리 예쁘지 않다

단지 앞 '종합사회복지관' 정류장

에서 버스를 기다렸다. 터미널 근처 상동 '21세기 오피스텔'로 가는 길에 용해동 '청산그린' 아파트에 들르기로 했다. 18평의 감정가 7000만 원짜리가 4900만 원으로 떨어져 가격에 메리트가 있었다. 위치도 목포경찰서 인근으로 나쁘지 않아 보였다. 하지만 이 아파트 역시 생각보다 입지가 나빴다. 목포경찰서 정류장에서 내려 십여 분을 걸어 올라가야 했다. 아파트로 가는 길은 완연한 가을이었다. 호박꽃, 버들강아지 등 들꽃들이 예쁘게 피었다. 등산하는 기분으로 청산그린아파트로 올라갔다.

| 목포의 가을을 알리는 들꽃들

아파트는 조용했다. 경매물건은 앞이 트여 전망이 나쁘진 않을 듯했다. 그래도 투자처로 매력적이진 않았다. 목포 택시 아저씨 역시 청산아파트에 대해 교통이 불편하다며 주로 경찰서에 근무하는 공무원들이 많이 산다고 했다. 무엇보다 겨울에 눈이 오면 차로 움직일 수가 없다고 했다. 이는 치명적인 결점이다.

벌써 오전 11시. 나주로 넘어가는 시외버스가 12시 55분에 있었다. 하지만 앞으로 봐야 할 물건이 세 개나 남아 있었다. 게다가 옥암동은 버스로 30여 분을 가야 했다. 마음이 급해졌다. 다시 목포경찰서 정류장으로 돌아와 버스를 탔는데 버스가 이상한 방향으로 갔다. 분명히 진행 방향을 맞게 탔는데 동네를 한 바퀴 뺑 돌았다. 상동 터미널 직전에 있는 물건이였는데 되레 터미널을 돌아왔다. 한국병원을 지나 목포과학대 정류장에서 내

| 목포시 상동에 위치한 '목포과학대'

렸다. 오른편에 '목포과학대학교'가 보였다. 물건지는 이 길과 이어지는 대로변이라고 나왔다. 5분여를 가니 육교가 나왔다. 느낌상 육로 옆 언덕 위에 낡은 아파트 같았다.

예상은 적중했다. 영화맨션. 한눈에도 낡은 아파트였다. 위치는 괜찮은 듯했다. 버스정류장이 5분 거리였고, 인근에 목포과학대학, 목포여자상업고등학교, 목포영화중학교 등이 모여 있었다. 학생 임대 수요를 노릴 만했다. 하지만 대로변이라 밤에는 소음이 상당할 것 같았다. 그래도 오늘 본 물건 중엔 가장 괜찮다는 판단이다. 목포과학대 주변에선 '인스빌'이 가장 괜찮다고 했다.

이제 '21세기 오피스텔'로 가야 했다. 위치상 도보로 10여분이었다. 육교를 건너 맞은편으로 가야 했다. 오면서 오피스텔처럼 보이는 건물들이 있었는데, 근처인 것 같았다. 21세기 오피스텔은 워낙 가격이 저렴해서 계속 눈여겨봤던 물건 중에 하나다. 하지만 목포가 서울에서 너무 멀어서 그렇게 구미에 당기진 않았다. 인터넷 시세조사 결과, 보증금 500만 원에 월세 35만 원 정도 받을 수 있을 듯했다.

생각했던 대로였다. 맞은 편 길을 따라 내려가 우회전을 하자, 21세기 오피스텔이 보였다. 낡은 오피스텔이었다. 안으로 들어가자, 엘리베이터에 경매 관련 메시지가 붙어 있었다. 1차 경매 낙찰 현황과 낙찰가였다. 입주자들이 배당금을 받을 수 있는 시기는 적어도 5개월 이상 걸리는데, 그 기간 동안 관리비를 못 내면 부득이하게 단전을 하겠다고 경고했다.

안으로 들어가봤다. 복도가 어두웠다. 느낌이 좋지 않았다. 이런 오피스텔은 받아도 팔기가 쉽지 않겠다는 생각이 들었다. 시계를 보니 12시가 다 돼 갔다. 시간이 없었다.

지나가는 택시를 잡고 '옥암동 한라 비발디'로 가자고 했다.

"아따. 요새는 일교차가 커요. 감기 안 걸리게 조심하세요."

선글라스로 멋을 낸 그가 먼저 말을 건넸다.

"네. 근데 옥암동이 요즘 목포에서 뜨는 지역인가 봐요?"

"그라제~. 집값이 아주 기분 나쁠 정도로 올라버렸어요. 기분 나쁠 정도로. 원래 집은 주거 목적이어야 하는 것인데……."

창 밖에 F1 코리아 경기를 알리는 광고판이 보였다.

"F1 코리아 경기는 영암에서 하는 거죠?"

"그라제~. 근데 저것도 말이 많아요. 작년에는 정부에서 예산의 7분의 1을 지원해줬는데, 올해는 지방채를 발행해서 하는데, 금액이 2000억★ 가까이나 되요. 그게 다 빚인데, 올해야 어떻게든 넘기겠지만, 시간이 지나다보면 빚이 눈덩이처럼 불어나지 않겠어요. 주민들 사이에선 찬반논란이 뜨거워요. 한마디로 수지타산이 안 맞는다는 거죠."

"F1 경기가 재미가 없나 봐요?"

"아니, 경기는 재미있는데, 관람료가 8만 원이나 하다 보니 서민들이 구경하러 오기에는 부담스럽죠."

★ 전남도의회는 임시회 본회의를 열어 전남도가 요청한 F1 경기장 등 공유재산관리계획 추가수립건과 이를 위한 지방채 발행 등 추가경정예산안, 광양만권경제자유구역 및 지역개발 지원기금 조례안 등을 의결했다.
도의회는 전날 예결위를 통과한 F1경기장 인수를 위한 1980억 원 규모의 지방채 발행안을 표결에 부쳐 재석의원 59명 중 찬성 49명, 반대 10명으로 통과시켰다.

| 옥암동 한라 비발디

"그렇군요."

그가 속도를 낸 탓에 15분 만에 한라 비발디 앞에 섰다. 한라 비발디 맞은 편에 10월 중 전통 한옥 양식을 적용한 '우미 파렌하이트'가 분양을 앞두고 있었다. 언론은 연일 우미 파렌하이트 기사를 보도하며, 목포 지역에서 주목할 만한 분양으로 알리는 중이었다. 하지만 정작 현장에 와 보니 10월 분양인데도, 모델하우스가 없었다. 분양사무실에 전화해 문의를 했더니, 아직 공개가 안 됐다고 했다. 그래도 분양은 성공적이었다.

옥암지구는 이제 막 생기기 시작한 택지개발지구인만큼, 나대지에 고층 아파트들이 우뚝 솟은 모양새였다. 깔끔하고 단정한 모양새가 짧은 목포 여행 기간 중에 좀처럼 보기 힘든 외관이었다.

택시기사는 옥암동에 아파트가 들어선 지가 불과 1년이 채 되지 않았다며 아직도 빈 땅이 많다고 했다. 건설사 부도로 짓다만 흉물스런 단지도 있었다. 그의 추천 단지는 '아너스빌'과 '신동아'였다. 그 주위로 고속도로가 생길 예정이라고 했다.

"아저씨, 잠시만 여기 좀 둘러볼게요."

"그러세요."

서둘러 버스터미널로 가는 길에 그는 목포 부동산 시장에 대한 브리핑을 해주었다.

그가 추천하는 아파트단지는 이마트 주변이다. '풍경채' 아파트는 재작년까지 5000만 원이었는데, 최근 2억 원까지 올랐다고 했다(실제로 국토해양부 실거래가를 확인해본 결과, 2008년 말 1억 원 미만이었던 아파트 가격이 최근 1억 7000만 원까지 거래가 됐다).

그는 용해동 중앙하이츠에 살고 있는데, 그의 아파트 역시 5500만 원에서 최근 1억 원까지 올랐다고 했다.

"근데 목포는 도시가 항상 이렇게 조용한가요? 아님 오늘이 일요일이라서 그런가요?"

"아니에요. 시끄러운 데도 있어요. 신흥동 신한은행 앞이 제일 번화가에요. 거긴 아파트단지가 네 개 밖에 없어요."

시간이 없었다. 목포는 나중에 다시 한 번 와야겠다고 생각했다.

다시 찾은 옥암동 '남악 신도시'

2012년 겨울휴가 전국 투어 3일째. 느릿느릿 완행버스를 타고 목포 종합터미널에 도착한 시각은 저녁 6시 30분. 목포에서 출발한 지 두 시간 반만이다. 벌써 땅거미가 깔리기 시작했다. 꽃샘추위에 몸이 으슬으슬했다.

'3월인데 왜 이렇게 추운 거야.'

나만 추운 게 아닌 듯했다. 사람들도 꽃샘추위가 왔다며 한마디씩 거들었다. 따뜻한 허브티 하나를 손에 들고 옥암동 '남악 신도시'로 향했다. 지난해 제대로 둘러보지 못한 곳이었다. 그때에 비해선 상권이 조금 더 활성화된 느낌이었다. 그때 택시기사가 좋은 아파트라고 추천했던 아펠리움상가 내 문을 연 부동산을 하나 찾았다. 하지만 그 역시도 바쁜 듯했다. 6월에 이사올 예정이라고 했더니 데면데면했다. 다시 부동산을 찾아 나섰다.

마침 퇴근하려던 아주머니를 만났다. 그에게 20평형대를 물었다. 남악신도시에선 20평형대가 귀하다고 했다. 임대아파트로 지어진 근화 베이체와 남악 리젠시빌, 두 곳이었다. 그나마도 추천해줄 만한 매물이 없다고 했다. 솔직히 그는 지금 아파트를 매입하는 건 추천해주고 싶지 않다고 했다. 하반기부터 대규모 물량이 쏟아질 예정인데, 그렇게 되면 가격이 떨어질 수밖에 없다는 것이다.

하지만 시장 상황을 장담할 수 없는 것이, 죄다 30평형이 공급되기 때문에 20평형 가격은 크게 떨어지지 않을 수도 있다고도 했다. 참으로 애매한 전망이었다. 그는 하당동을 추천했다. 터미널 인근을 물었지만, 투자가치는 떨어진다고 했다.

부동산을 나와 오슬오슬 떨며 간신히 택시를 타고 터미널 근처 20평형대인 '근화 블루빌', '네오빌'로 갔다. 하지만 부동산중개소의 불은 죄다 꺼져 있었다. 택시 아저씨께 문을 연 부동산을 찾아서 가자고 주문했다. 그와 함께 10여 분을 헤맸지만, 문을 연 부동산은 없었다. 저녁 8시. 서울에선 충분히 열린 곳이 있을 법한 시간이었다. 택시 아저씨는 목포에선 저녁 6시면 부동산이 문을 닫는다고 했다. 그는 대신 하당동에 자신이 아는 부동산이 있는데 그곳에 한번 가보자고 했다.

나는 흔쾌히 좋다고 했다. 하당으로 가는 길. 남악에서 만난 아주머니가 왜 이곳을 추천했는지 알 것 같았다.

상가들이 들어서 활성화된 느낌이었다. 대규모 아파트단지들도 있었다. 터미널 근처가 약간 높은 지형에 구도심의 느낌이라면 하당은 잘 정리된 도로들이 쭉쭉 뻗어 신도시 느낌이 났다. 역시나 택시 아저씨는 남악 신도시가 생기기 전에는 하당동이 신도시였다고 설명했다. 하지만 남악이 생기면서 그 자리를 내준 것이다. 안타깝게도 이곳에서도 문을 연 부동산을 찾지 못했다. 몇 군데의 연락처를 메모한 뒤 아쉬움을 남긴 채 터미널로 돌아왔다. 예상시간보다 한 시간 정도 빠르게 광주로 이동할 수 있게 됐다. 목포에서 광주까지의 거리는 한 시간. 버스를 기다리며 영풍문고에 들러 혜민 스님의 최신 저서를 샀다. 마음이 따뜻해지는 느낌이다.

목포는 항구다? 목포가 항구인 이유

목포를 이해하려면 '항구'를 알아야 한다. 목포항은 1897년 고종 34년에 개항된 유서 깊은 항이다. 목포에는 북항, 신항, 내항 등 5대 항이 있다. 목포 5대 항 가운데 가장 활기가 넘치는 곳은 북항이다.

목포대교 완공에 대한 기대감과 함께 먹거리, 볼거리, 즐길거리가 어우러진 관광단지로 탈바꿈하고 있다. 지난 6월 완공된 해양수산복합센터는 약 6766평 규모다. 활어위판장과 직판장, 카페테리아 등이 들어섰다. 바로 옆에는 해수탕, 숙박시설, 수산물 전문 음식점 등을 갖춘 시푸드타운이 건립된다. 목포지방해양항만청은 지난 3월 목포 북항을 기반시설

위주에서 문화공간 조성사업으로 전환한다고 밝혔다.

북항 매립지에는 축구장 네 배 크기의 해양공원도 조성된다. 앞으로 2년 동안 200억 원을 들여 분수, 야외전시장, 산책로 등을 갖춘 친수공간으로 꾸민다. 2011년부터 약 100억 원을 들여 공사에 착수할 예정이다. 이와 함께 북항 배후부지 조성사업도 지난 6월부터 착공됐다. 투입되는 총 사업비는 320억 원이다.

목포 북항과 신외항을 잇는 목포대교가 내년 4월 개통 예정이다. 2005년 착공돼 6년 만에 위용을 드러낸 목포대교는 총사업비 3137억 원을 들여 죽교동 북항과 고하도(신외항)를 연결하는 해상교량이다. 서해안고속도로(인천~목포)와 국도 2호선(목포~부산)을 잇는 다리다. 익산국토관리청에서 시행하는 도로사업 중 최대 규모. 국도 대체 우회도로(고하~죽교) 사업 전체구간(4.13km) 중 목포대교는 총 3.1킬로미터에 이른다.

내년 4월 개통되면 수도권과 광주 등에서 서해안고속도로를 타고 온 수출입 화물이 북항을 거쳐 곧바로 목포 신항으로 건너간다. 조선산업 클러스터인 대불산업단지와 해남, 진도 방면으로 가는 차량들도 이동시간이 단축될 전망이다.

평균 임대수익률 9%, 신안비치2는 16%로 최고

목포 소형 아파트 임대수익률은 평균 9%선이다. 다시 말해, 대출을 60%까지 받고 금리를 5.5%로 가정할 때 내 돈 3200만 원을 투자해서, 1

년에 303만 원을 가져간다는 의미다.

소형 아파트의 평균 매매가는 8000만~9000만 원선이다. 이는 2010년 말 이후 2000만~3000만 원 정도 오른 가격이다. 월세시세는 보증금 500만 원에 월 50만 원 수준이나, 매매가 상승과 맞물려 상승세를 타고 있다. 금호공인중개 금호공인중개 061-283-8924 관계자는 "임대 목적이라면 24평형에 투자해야 한다"며 "500에 40만~45만 원이었던 월세가 최근 1000에 50으로 올랐다"고 말했다.

임대가 잘 되는 지역을 꼽자면 목포 북항 인근의 산정동과 연산동, 목포터미널 인근 상동 등을 꼽을 수 있다. 임대수익률 랭킹 톱5를 따져보면, 신안비치2(16%) 〉 연산주공2(14%) 〉 라인아파트(12%) 〉 상동주공2(11%) 〉 상동 비파(10%) 순이다.

산정동 '신안비치 1,2,3차' 아파트는 목포에서 임대수익과 시세차익, 두 마리 토끼를 잡을 단지로 꼽힌다. 특히 바다 조망이 있어 인기가 높다. 신안비치 1,2,3차는 지어진 연도로 나뉘는데 맨 나중에 지어진 '신안비치 3차'가 목포 북항과 가까워 입지가 가장 좋은 편이다. 단일 평형으로 전세대(495세대)가 24평형이다.

이 아파트는 10월 초 현재 연초 대비 1000만 원 정도 올랐다. 현재 시세는 9000만 원선이다. 지난해 말까지 8000만 원 이하로 거래됐다. 올 초 8000만 원선을 넘기며 1000만 원 가까이 껑충 뛰었다. 전세가는 이보다 더 뛰었다. 국토해양부 전월세시세에 따르면 지난 7월 전세가(15층)가 7500만 원으로 매매가와 차이가 거의 없다. 월세시세는 보증금 1000만 원에 월 45만~50만 원선이다. 신다도해공인중개 신다도해 공인중개 061-276-4250 관계자는 "바다가 보이는 로열층 월세가 2000에 50까지 나와 있다"며 "임대가 잘 돼 매물이 잘 안 나오는 편"이라고 말했다. 스타공인중개 관계자는 투자 목적이라면 목포 북항 인근 산정동이 낫다며 목포대교 개통, 수협 이전 등 개발 호재가 많다고 말했다.

신안비치 맞은편 '라인아파트'도 월세가 잘 나가는 소형 아파트(22평) 중 하나다. 연초 대비 매매가가 1000만 원 정도 올라 7000만 원을 호가한다. 월세 500만 원에 45만 원 수준에서 1000만 원에 50만 원 수준으로 올랐다. 하지만 세대수가 적은 것은 단점이다.

솔로몬공인중개 솔로몬공인중개 061-247-8948 관계자는 라인아파트보다는 신안비치에 투자하는 게 낫다며 신안비치는 대규모 단지라 가격 상승기에 더 많이 오를 수 있다고 설명했다. 성산공인중개 성산공인중개 061-272-6698 관계자는 내년 4월 목표대교 개통에 대한 주변의 기대 심리가 높다며 대불공단, 삼호조선소의 유동인구가 분산되면서 거주 인구가 늘어날 수 있을 것으로 내다봤다.

연산주공아파트는 산정동 라인아파트와 버스로 두 정거장 거리다. 연산주공 17평형은 6000만~6500만 원선이다. 월세시세는 500만 원에 40만 원이다. 2단지는 복도식이며 7000만 원 중후반이다. 4단지는 17평형과 20평형, 두 평형이 있다. 월세시세는 500만 원에 45만 원이다. 젊은 신혼부부들이 세를 많이 찾는다.

★ 목포에서 임대 잘 되는 소형 아파트 톱5

(수익률 기준 : 대출 60%, 금리 5.5%, 단위 : 만 원)

아파트명(동)	평형	보증금/월세	매매가	수익률	입주시기/세대수
신안비치3차(산정동)	24	1000/45~50	9000	16%	1993년/495
상동주공2(상동)	15	300/35	5000	11%	1992년/810
비파2차(상동)	20	1000/40~45	8000~8500	10%	1992년/500
연산주공2(연산동)	16	1000/30	5500	14%	1995년/538
라인아파트(산정동)	22	1000/40~45	6800~7000	12%	1991년/360

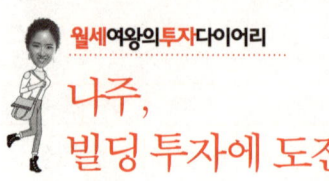

월세여왕의 투자다이어리

나주,
빌딩 투자에 도전하다

　대형사고다. 분명 나주행 버스를 탔는데, 눈을 떠보니 광주였다. 타기 전에 분명 나주로 가는 버스라고 확인했는데……. 목베개를 하고 신나게 졸았던 게 후회된다. 버스에 안내방송도 안 나오다니. 낭패였다. 하는 수 없이 광주에서 나주로 가는 버스를 다시 끊었다. 50분이 걸린다고 했다.

　창밖 왼편으로 '광주전남 혁신도시(일명 나주 혁신도시, 위치는 광주 서북부와 나주 동북부의 중간지점)' 예상부지들이 보인다. 누런 황금빛 들판에 간간이 집들이 보인다. 방금 '산포면 사무소'를 지났다. 생각보다 나주와 광주는 가까웠다. 만약 나주 혁신도시에 투자한다면 어디에 해야 할까. 땅? 아파트? 상가? 도통 답이 안 나온다. 사실 마음속엔 '빌딩'이 있었다.

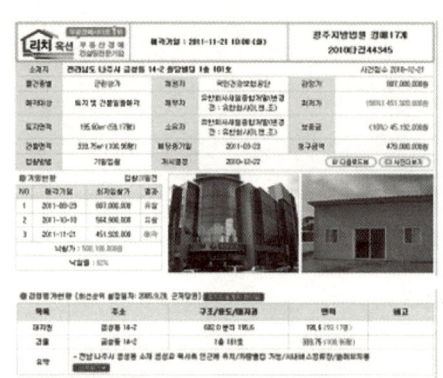

　사실 내 수준에 빌딩은 무리라고 생각했다. 잘 하면 10년 뒤에나 작은 빌딩 하나 할

★ 나주 빌딩 예상 수익률표

		지출	수입
낙찰가		5억 원	
현재시세			
대출	대출금		2억 원(낙찰가의 40%)
	금리	6%	
	월이자	100만 원	
임대료	보증금		3억 3000만 원
	월세수입		400만 원
	월순익		300만 원
기타비용	각종 세금	2300만 원	
	법무비용		
	중개수수료		
	도배 등 수리비		
총계		실제 들어간 내 돈	실제 들어오는 돈(1년)
		-700만 원	3600만 원
연수익률		3600%	

수 있지 않을까 생각했었다.

하지만 나주 원당빌딩을 보는 순간, 해볼 만하다고 느꼈다. 두 가지 이유에서다.

첫째, 우량 임차인인 '광주은행'이 입점해 있었다. 1층 우량 임차인은 가장 좋은 조건이다.

둘째, 내 돈을 하나도 안 들이고 연간 3600만 원의 순익을 거둘 수 있었다. 오히려 보증금과 대출을 끼면 700만 원 가까이가 남았다.

그야말로 '대~~~박'이었다.

수익률을 계산한 내 손을 의심할 정도였다. 몇 차례 다시 해봤지만, 같은 결과였다. 물론 입지가 전남 '나주'라는 약점이 있긴 했지만, 서울 한전 부지가 이전할 예정이다.

직접 가서 물건을 한번 볼 만하겠다고 느꼈다.

| 나주 원당빌딩 위치도

이번 나주행은 이렇게 결정됐다.

버스는 쓰러질듯 허름한 시외버스터미널에 나를 떨어뜨렸다. 지도에서 확인한 원당빌딩은 중앙로 사거리를 지나 왼편에 있었다. 도보 10분 거리였다.

중앙로 입구. 플래카드가 눈에 띄었다.

'롯데마트 입점반대'

인근에 롯데마트를 반대하는 이곳 상인들이 붙여놓은 것 같았다. 대형마트의 입점은 눈여겨볼 만한 뉴스다. 만약 롯데마트가 이곳에 신규점을 오픈하기로 했다면, 신규 수요가 있다고 판단했기 때문일 것이다. 특히 시외버스터미널 지역은 혁신도시와 가까워 장기적 관점에서 투자가치가 있어 보였다(주민들의 반대에도 롯데마트는 2012년 5월 나주시 송월동 인근에 입점했다).

중앙로는 최근에 재정비된 듯 깔끔한 분위기를 연출했다. 오후라 한산

한 듯했지만, 지방 상권치곤 잘 정리된 느
낌을 줬다. 오른편에는 금성관이란 팻말이
보였다.

어렵지 않게 원당빌딩을 찾았다. 경매
사이트에서 본 대로 1층에 광주은행이 입
점해 있었다. 경매 정보 사이트에는 현재
보증금 3억 3000만 원에 월 400만 원씩

| 롯데마트 입점반대 플래카드

을 내고 있다고 돼 있었다. 원래 감정가 8억 원짜리가 2번 유찰돼 4억 원
대까지 떨어져 있었다. 1, 2, 3층이 모두 경매로 나왔지만 내 관심사는 1
층이었다. 좋은 물건이 이토록 쌀 때는 분명히! 이유가 있을 것이다. 일단
겉으로 봤을 때는 멀쩡하다는 사실을 직접
확인했다. 시골에서 이 정도 상권이면 나
쁘지 않은 듯하다. 주변에 다른 금융기관
들도 많다.

나는 이 빌딩은 '땡빚'을 내서라도 들

| 나주 원당빌딩

어가야겠다며 의지를 불태웠다. 낙찰만 되면 엄청난 수익률이다.

원당빌딩을 둘러본 뒤, 나주는 그냥 여행한다는 기분으로 금성관 주변
을 돌아봤다. 금성관은 옛날에 나주 지방관이 머물던 관사였다. 그동안
나주에 대해 몰랐던 사실을 꽤 많이 알게 됐다. 광주민주화항쟁 당시 가
장 많은 희생자가 나온 도시라는 점. 그리고 나주곰탕, 나주배 등 각종 먹
거리와 지역특산물이 많다는 것. 한적한 금성관은 마음까지 여유롭게 만

들었고, 영양만점 나주곰탕은 배를 든든하게 채워주었다.

조금은 느슨한 나주 탐방을 마치고 서울행 고속버스를 기다리는 중이다. 서울까지 네 시간 거리. 도착 예정시간은 10시 20분이다. 온몸이 아니라 삭신이 쑤신다. 버스에서 실컷 자고 운동이나 가야겠다.

1박 2일의 여행이 순식간에 지나갔다. 내일이면 또 출근이다. 그동안 지방에 대해 너무 무심했다. 아마 이 프로젝트가 아니었다면 평생 지방에 대해 무관심하게 살았을지도 모른다. '서울 안 개구리'가 전국으로 눈을 돌리면서 세상을 보는 눈이 달라지는 듯하다. 역시 사람은 많이 보고 많이 느껴야 한다.

서울과 지방. 같은 대한민국에 살고 있지만, 우리는 너무나 다른 환경과 문화권에서 살고 있다. 누가 옳고 누가 낫다고 말할 수 없다. 도시는 도시대로, 시골은 시골대로, 각자의 가치가 있는 것이다. 전국에 나주 같은 도시도 필요하다. 지방을 다니면 다닐수록 독특한 그 지역만의 문화를 발견하게 된다.

서울로 돌아와, 본격적으로 원당빌딩 조사에 착수했다. 광주 경매 대리인에게도 문의했고, 원주의 오 대표, 여정 언니 등등 거의 모든 멘토들에게 '하자 있는 물건'이 아닌지를 조사했다. 싼 물건엔 반드시 이유가 있다. 직접 광주은행 본점에 전화해 나주지점의 이전 계획이 있는지도 조사했다.

결정적 허점은 부자아빠공인 오 대표가 일러줬다. 법적으로 보증금 3억 3000만 원을 내가 먼저 물어주고, 다시 재계약을 해야 한다는 것이다.

'그럼, 그렇지. 뭔가 있을거야.' 그는 이해하기 힘든 법률용어를 사용해 현 상황에 대해 설명했다. 한참동안 그의 설명을 들은 뒤, 입찰을 포기하기로 마음을 고쳐먹었다. 아무리 수익률이 높아도 골치 아픈 일은 싫었기 때문이다. 더욱이 당시에는 이렇게 큰 금액에 대한 자신도 없었다.

몇 달 뒤 경매 컨설턴트로부터 문자메시지를 받았다. 입찰을 포기하고 아예 잊고 지냈는데, "나주시 금성동 메인통 상가, 감정 8억 700 〉 4억 5000, 수익률 40%"라는 문자가 왔다. 자세히 보니 내가 포기한 그 원당빌딩이었다. 등촌동 에이스에이존 낙찰 이후 그와 연락을 끊었지만, 아주 가끔 이런 문자를 보내왔다.

'이제야 경매 '꾼' 들한테 노출이 됐나 보군."

선수들보다 한 발 앞서갔다는 생각에 뿌듯하기도 하고, 힘들어도 한번 해볼까라는 생각이 들기도 하면서 만감이 교차했다.

1 | **손품이 돈이다** : 아파트, 오피스텔뿐 아니라 상가, 빌딩까지도 경매 검색 영역을 넓혀보자. 의외의 알짜 물건을 발견할지도 모른다.

2 | **하자 판단은 전문가에게** : 수익률이 좋은데 싼 물건은 반드시 전문가에 의뢰해 하자 여부를 검토하자. 특히 법률적인 문제는 전문가에게 맡기는 게 좋다.

■ 전라권
돈도 풀리고
사람도 몰리는
여수

- 인구 : 29만 명(전라남도에서 인구가 가장 많다)
- 교통 : 여수엑스포역(전라선 KTX 종착역)
  여수공항
  남해고속도로
  고흥군–여수시 12개 연륙 / 연도교
  여수–남해 한려대교 계획 중

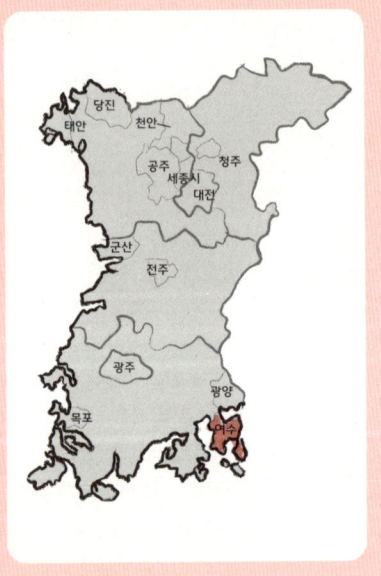

여수 밤바다 이 조명에 담긴 아름다운 얘기가 있어

네게 들려주고파 전활걸어 뭐하고 있냐고

나는 지금 여수 밤바다 여수 밤바다

아아아아아아

너와 함께 걷고 싶다

이 바다를 너와 함께 걷고 싶어

이 거리를 너와 함께 걷고 싶다

이 바다를 너와 함께 걷고 싶어

여수 밤바다

   버스커버스커의 '여수밤바다'를 들으며 여수 '낮바다'를 바라봤다. 잔잔한 풍광에 바빴던 마음이 느슨해졌다. 친구를 떠올리며 여수 바다의 사진을 찍었다. 며칠째 연락도 못한 게 미안했다. 사진과 함께 문자메시지를 보냈다. "여수 바다 너무 예쁘다~~"

   나중에 나이가 들면 여수에 내려와 살고 싶다는 생각을 했다. 지금은 쳇바퀴 돌듯 일상에 치어 살지만, 나중에 은퇴하면 한가로이 이 바다를 걷고 싶다고 염원했다.

   진심이 통해서일까. 세 번의 실패 끝에 여수 아파트 낙찰에 성공했다. 행운의 여신은 내 편에서 미소를 지었다. 나 혼자 단독입찰. 수익률도 연 28%에 달한다. 무엇보다 여수 앞바다가 보이는 재건축 대상 단지다. 이번 만큼은 재건축이 될 때까지 장기보유 해볼까 한다.

여수에 반하다

출발 전 마음이 든든했다. 전날 미리 시장조사를 마친 덕분이다.

밤 11시 20분. 여수로 향하는 심야버스를 탔다. 목베개를 하고 담요를 덮었다. 잘 준비를 마쳤다. 여수로 가는 심야버스는 만원이다. 심야버스가 꽉 차 만원이라니 역시 여수가 '대세'다.

새벽 3시 반. 눈을 뜨니 여수 터미널이다. 이젠 심야버스에서도 숙면을 취하는 경지에 올랐다. 버스 안에 불이 켜지고 사람들은 내릴 준비로 부산하다.

미리 인터넷으로 조사해놓은 여서동 '스포렉스' 찜질방으로 갔다. 잠시 눈을 부칠 생각이었지만, 잠이 오질 않았다. 텅 빈 탕에서 '새벽 사우나'를 하고 오늘의 동선을 점검했다. 아침 일곱 시. 따스한 가을 햇살을 느끼며 찜질방을 나섰다.

이날의 관심사는 신기동 주공아파트. 여수에서 임대 가능한 유일한 아파트라 들었다(나중에 알고 보니 유일한 아파트는 아니었다). 급매가 4200만 원까지 나와 있다고 했다. 그 다음은 둔덕동 '라온유' 아파트와 소호동에 있는 '금호주은' 아파트였다. 라온유는 가격이 좀 세지만 괜찮은 아파트라고 했고 금호주은은 최근 임대 분양이 완료됐는데 저가 아파트로 괜찮다고 했다.

오늘의 동선은 '여서동'과 '교동'의 경매물건을 훑어보고, 여수 엑스포 현장을 돌아본 뒤 본격적인 아파트 탐방에 나서는 것이다. '미평동 귀인아파트 → 미평동 라온유아파트 → 신기동 신기주공아파트 → 소호동 금호주은' 순이다.

토요일 아침 버스정류장에 사람들이 많다. 버스가 고개를 넘어 좌회전을 하자, 바다가 보였다.

'와. 바다다!'

멀리 내려다보이는 바다의 모습이 겨울인데도 따뜻했다 (목포와는 또 다른 아기자기한 느낌이다. 목포는 평지가 많은 반면, 여수는 구릉지가 많은 지형이다).

교동 '중앙시장' 앞에 내렸다. 여수 3대 상권 중 하나다. '좌수영 음식문화 거리'라는 간판이 보였다. 인근에 여수 연안여객터미널이 있었고, 돌산대교도 보였다. 바다와 다리, 아침을 준비하는 사람들. 정감가는 모습이다.

| 여수 바다

● **성 기자의 발품 포인트**

2012년 여수 세계박람회
- 일정 : 2012년 5월 12일~8월 12일
- 1993년 대전 세계박람회 이후 두 번째 공식 박람회
- 주제 : 살아있는 바다, 숨쉬는 연안
- 파급효과 : 전국 생산 유발 효과. 12조 2000억 원
  부가가치 5조 7000억 원
  고용 유발 7만 9000명
- 참가규모(예상) : 800만 명, 100개 국, 10개 국제기구

여수는 공사 중

다음은 엑스포 행사장인 여수항이다. 중앙시장에서 버스로 두 정거장 거리였다.

"아저씨, 여수항 가나요?"

버스기사 아저씨는 고개를 갸우뚱했다.

"가긴 가죠."

일단 버스에 탔다. 오른편에 해상공원이 나왔다. 버스에서 내려 사진이나 찍고 놀다가고 싶은 마음이 굴뚝같았다.

"아가씨, 여기가 여수항이에요."

친절한 버스기사 아저씨는 '오동도' 팻말이 있는 수정동 사거리에 내려줬다.

인근에 여수 엑스포박람회 홍보관이 있었다. 오전 10시에 문을 여는 탓에 들어가보진 못했다.

| 2011년 하반기 당시 여수 엑스포 박람회 공사현장

여수항은 곳곳이 공사 중이라 형체를 구분할 수 없었다. 기대가 컸지만 엑스포 개최까지 아직 8개월 이상 남았다. 아직 터파기 공사가 한창이었다. '이래서 언제 준공하나' 싶었다. 걸어서 올라가자 서서히 건물의 형태를 띤

모습들이 나타났다. 행사장 인근 산중턱에 공사가 한창인 아파트단지가 보였다. 엑스포타운이다. 행사 때 관계자들이 묵을 숙소라고 했다. 행사가 완료되면 일반에게 분양할 예정이라고 했다. 내년 5월 엑스포 때 다시 오고 싶다고 생각했다. 과연 이 현장이 어떻게 변했는지 눈으로 확인하고 싶었다.

신기동 주공2단지 급매 4100만 원, 수익률 18%

엑스포 현장을 뒤로한 채, 본격적인 아파트 투어에 나섰다. 둔덕동 '라온유아파트'를 보러 가는 길에 들른 미평동 '귀인아파트'에

> 동아일보 2011년 8월 25일
> **석유화학의 도시 여수**
> 월급 281만 원으로 최고

들렀다. 하지만 시간이 아까울 정도로 실망스러웠다. 진입로가 불편했고, 버스정류장에서 많이 걸어야 했다. 아니나 다를까, 나중에 만난 공인중개사는 귀인아파트는 인기가 별로 없다고 했다.

라온유아파트는 예상대로 괜찮았다. 멀리서 봐도 좋아보였다. 향과 조망, 다 괜찮았다. 1억 3000만 원짜리가 1회 유찰돼 9000만 원선으로 떨어졌지만, 월세수익보다는 시세차익을 노려야 하는 물건 같았다.

드디어 여수의 앙꼬라 할 수 있는 신기동 '주공아파트'로 향했다. 라온유아파트에서 777번 버스를 타고 동 주민센터에서 환승을 해야 했지만, 네 정거장밖에 안 되는 거리였다.

| 여수 신기주공아파트 1단지

전날 들은 설명을 종합하면 신기주공아파트는 서울에서 가장 많이 찾는 아파트다(이후에 국동 주공, 고소 주공 등 다른 임대 주공아파트들이 더 있다는 사실을 알게 됐다. 나는 국동 주공 낙찰에 성공했다). 휴일이라 문을 연 부동산이 없었다. 눈에 불을 켜고 부동산을 찾았다.

길가에 '열린공인중개' 간판이 보였다. 문은 닫혔지만 전화를 걸었다.

"신기동 주공아파트 매물 있나요? 지금 부동산 앞에 있는데요."

"13평 4200만 원짜리 하나 있는데요. 조금 있다 다시 전화드릴게요."

생각해보니, 전날 통화한 그 부동산 같았다. 수첩을 확인하니, 그 부동산이 맞았다. 급매를 가진 부동산이었다(여수에는 다른 지방과 비교할 때 공인중개사무소가 많지 않다).

낯선 번호로 전화가 걸려왔고, 그는 3분만에 사무실 앞에 나타났다. 신기한듯 나를 쳐다봤다.

"아가씨 운이 좋네요. 사실 그 물건이 어제 나갔었어요. 오늘 12시에 계약하려고 했는데, 마침 계약을 한 아주머니가 남편이랑 싸우는 바람에 포기하게 됐어요. 원래는 신기주공 17평하고 13평 두 채를 하려고 했는데, 남편이 '귀찮게 뭐 그렇게 많이 하느냐'고 한소리 한 모양이에요."

"물건이 귀하다"는 그의 말이 맞는 듯했다. 나온 지 하루만에 계약이 될 물건이라면 거래가 잘 되는 물건임에 분명했다.

"어제 그 아주머니가 열쇠를 가져가버리는 바람에 집을 보려면 다시 받아와야 돼요."

마침 그 아주머니가 산다는 아파트가 소호동 '프레지던트'였다. 전날 통화한 공인중개사는 소호동을 '여수의 분당'이라고 했다. 지도에서 확인한 소호동은 요트경기장이 있고, 바다 조망이 있는 동네였다.

"프레지던트요? 소호동에 있는 것 아닌가요?"

그는 "맞다"고 했다. 불과 10여 분 거리라고 했다.

차에 타자마자 그는 여수에 대한 장황한 설명을 시작했다(전라권의 특징은 택시기사들마저도 애향심이 대단하다는 것이다). 핵심은 엑스포로 인해 21조 원이란 어마어마한 돈이 풀렸다는 것. 이는 한해 여수 예산(8500억 원)의 25배에 달한다고 했다. 그는 앞으로 여수 인구가 지금의 두 배로 늘 것이라고 했다: 현재는 30만 명에 조금 못 미치지만, 2020년까지 50만 명을 목표로 하고 있다고 했다.

"와, 바다가 예쁘네요."

그의 '긴 설명'은 귀에 들어오지 않았다.

오전에 본 돌산대교 앞바다와는 다른 안정감이었다. 바다 위에 유유히 떠도는 요트들이 한적한 어촌을 떠올리게 했다. 다시 한 번 '바다가 멋지다'고 생각했다.

아주머니에게 열쇠를 받아 다시 신기동 주공 2단지로 왔다. 전용 13평 아파트는 생각보다 작았다. 거실이 없는 투룸 구조였다. 상태는 양호했다. 집 주인은 깨끗하게 도배를 해놓았다.

"이 집은 고칠 필요가 없습니다. 화장실에 전구 하나만 갈면 되죠."

★ **신기동 주공 2단지 전용 13평 수익률분석** (급매 매입 기준)

	지출	수입
매매가격	4100만 원	
대출		2000만 원
보증금		200만 원
실질 투자금액	1646만 원	
연간 실제수입		310만 원
연수익률	18.8% ➡ 약 19%	

집안 구석구석을 살펴보고 내려왔다. 신기주공아파트 말고 다른 데는 없느냐고 재차 물었지만, 그는 이만한 데가 없다고 했다(역시 공인중개사의 말은 다 믿으면 안 된다).

"일단 신기주공 같은 경우 세입자들이 이미 월세 아파트라고 알고 있어요. 그런데 다른 아파트들은 아직까지 월세는 부담스러워해요."

소호동 '주은금호' 아파트는 이미 1억 원선이 넘어섰고, 장미아파트는 재건축 대상 예정지라고 했다. 가격 메리트도 있었다. 그는 전날 집주인과의 협상을 통해 이미 가격을 '4100만 원'으로 조정해놓았다고 했다. 보증금 500만 원에 35만 원. 일반적인 기준으로 볼 때 높은 수익률이었다. 대출을 2000만 원까지 받으면 내 돈 1646만 원을 투자해 1년에 310만 원을 남기는 구조다. 연수익률 18%. 하지만 지금까지 투자수익률과 비교하면 조금 낮았다. 관건은 대출. 대출만 잘 나온다면 나쁘지 않을 것 같았다. 그는 서울에서 이미 임대업자가 내려와 수십 채를 가지고 있다고 했다. 솔직히 구미가 당기긴 했다.

집을 보고 나오는데, 그가 생각지도 않은 제안을 했다.

"식사하셨어요? 서울에서 내려왔는데, 맛있는 거라고 먹고 가야죠."

시계를 보니 벌써 12시를 넘겼다. 자기도 밥을 먹어야 하니 식사를 하자고 했다. 잠시 머뭇거렸다. 부동산을 그렇게 많이 다니면서도 '같이 밥 먹자'는 제안은 처음이었다. 부담스런 마음에 거절했지만, 계속된 그의 권유에 식당으로 갔다. 여수산 생선구이 반찬이다.

밥을 먹으면서도 그의 '여수 자랑'은 계속 됐다. "앞으로 여수는 좋아질 겁니다." 연륙도에 대한 얘기도 했는데, 섬 11개가 다리로 연결될 것이라고 했다(그때만 해도 그가 얼마나 중요한 얘기를 해줬는지 몰랐다. 광양에서 부동산 아저씨를 만나고서야 알게 됐다).

"근데 여수가 어떻게 엑스포를 유치하게 된 거예요? 되게 신기해요."

(2007년 11월. 프랑스 총회에서 모로코의 탕헤르, 폴란드의 브르노와프를 꺾고 결정됐다)

내가 여수의 엑스포 유치에 대해 의아해하자, 그는 재치 있게 맞받아쳤다.

"나는 여수가 엑스포를 유치한 게 신기한 게 아니라, 젊은 아가씨가 투자하러 돌아다니는 게 더 신기하네요."

처음부터 나를 호기심어린 눈으로 봤던 그는, 내가 대학생(?!)인 그의 첫째 딸과 동갑인 줄 알았다고 했다. 나이를 솔직하게 말하자, 그제야 고개를 끄덕였다. 담배를 한 대 핀다며 먼저 나간 그는, 계산을 먼저 해버렸다.

"이제 어디로 가세요? 1시 반에 약속이 있는데 시간이 좀 남으니까 데려다줄게요."

그에게 소호동 요트경기장으로 데려다달라고 했다. 여수 바다의 정취를 좀 더 만끽하고 싶었다. 그와 작별인사를 했다. 대출을 알아보고 다시 연락을 주기로 했다.

"오늘 정말 감사했습니다. 그리고 생선구이 정말 맛있게 잘 먹었습니다."

"아니에요. 서울에서 멀리까지 왔는데, 제가 여수 PR맨이 되어야지요."

바다를 보니 마음이 차분해졌다. 가을 햇살이 얼굴을 간지럽혔다. 엄마와 소풍 나온 아이가 아이스크림을 먹고 있다. 멀리 여수 엑스포 공사 현장이 보였다. '나중에 나이 들어서 이런 데 와서 살면 얼마나 좋을까.' 아등바등 일상사에 지친 마음이 위안을 얻을 수 있을 것 같았다.

'여수여. 안녕. 내년에 다시 올게.'

작별인사를 하고, 순천으로 길을 떠났다(그 뒤로 그에게서 연락이 왔지만, 나는 결국 여수 아파트 구매를 포기했다. 당시만 해도 여수에 대한 확신이 없었기 때문이다).

8개월 후 다시 찾은 여수, 신기 주공아파트는 어느새 5000만 원

2012년 3월 겨울휴가 '투자여행'의 주요 목적지는 여수였다. 이번엔 광주에서 출발해 두 시간 만에 여수에 도착했다. 따뜻한 햇볕이 확실히 광주와는 달랐다. 시외버스터미널에 내려 여수 엑스포 현장으로 향했다. 엑스포를 불과 한 달 반 가량 남겨둔 상황이었지만, 아직 공사가 한창이었다.

엑스포 현장 근처에 있는 부동산 엑스포 공인중개 061-661-1100 전남 여수시 공화동 1222-1번지에 들렀다.

거두절미하고 임대업을 할 예정인데, 저렴한 소형 아파트를 추천해달라고 했다. 지난해 사려고 했다가 '안 샀던' 신기동 주공아파트의 시세도 물어봤다. 놀랍게도 신기 주공 가격은 5000만 원을 호가하고 있었다. 그런데도 매물도 없었다. 그때 그 여수 부동산 아저씨 말대로 급매로 4100만 원에 사놓았다면 지금은 못해도 500만 원 이상 벌었을 것 같다. '그때 왜 지르지 못했을까.' 후회스러웠다. 하지만 인연이 아니었다고 편하게 생각하기로 했다.

이곳의 부동산 관계자는 신기주공 대신 '국동 주공 2단지'와 '돌산청솔 아파트'를 추천했다. 국동 주공2단지는 재건축 가능성이 있기 때문에 투자가치가 더 크다고 설명했다. 나는 재건축을 노리는 투자는 아예 하지 않는다고 딱 잘라 말했다. 그래도 그는 인근의 '국동 주공 1단지'가 이미 재건축

| 돌산청솔아파트

| 여수 국동 주공 2단지

| 여수 국동 서희 스타클래스

을 해 2012년 5월 입주를 앞뒀기 때문에 투자가치가 있다고 했다. 무엇보다 바다 조망이라고 했다. 지도에서 국동 주공 2단지의 위치를 확인했다. 신기 주공 2단지가 여수의 북쪽에 위치해 산업단지 쪽에 가깝다면, 국동 주공 2단지는 남쪽 여수 앞 바다를 향하고 있었다. 관심이 가긴 했다(그때는 국동 주공 2단지를 낙찰 받을지는 몰랐다). 그는 돌산의 청솔아파트도 추천했는데, 엑스포 관계자들이 많이 산다고 했다. 현재는 9000명 정도가 내려와 있는데, 엑스포가 끝나도 1000여 명은 머무를 거라고 했다. 특히 엑스포 직전 '이순신대교'가 뚫린다면 가격은 더 뛸 수밖에 없다고 했다. 일단 돌산의 청솔아파트부터 둘러보기로 했다. 아직은 이순신대교가 뚫리지 않아 돌산대교로 가야 했다. 택시 아저씨는 1, 2, 3차가 있는데 어디로 가느냐고 물었다. 나는 가까운 데로 가달라고 했다. 돌산청솔은 그야말로 허허벌판에 아파트단지만 덜렁 있었다. 주변이 너무 황량했다. 단지 앞 '행복부동산'에 들러 매물이 있는지 물었다. 바빠 보이는 여주인은 퉁명스럽게 "없다"고 답했다. 더 물을 것도 없이 나와 택시를 탔다.

국동 주공 2단지로 가자고 했다. 10여 분을 가자, 공사가 한창인 아파트단지가 나왔다. 그가 말한 주공 1단지 재건축인 '서희 스타클래스'였다. 그는 서희건설이 지었다며 자랑을 했지만, 사실은 부도가 한 번 난 상태로 사업 추진이 지지부진하다 간신히 추진된 것이었다. 가까운 부동산을 찾아 헤맸지만 도대체 찾을 수가 없었다. 포기하고 터미널로 돌아가는 길. 길가에 부동산 간판이 보였다. 전화기 꺼내 들고 번호를 눌렀다.

"여보세요. 부동산이죠. 국동 주공 2단지 매물 있나요?"

그는 17평 매물이 있다고 했다. 지금 볼 수 있느냐고 물었더니, 조금 있다 다시 전화를 주겠다고 했다. 결정의 순간이다. 부산행 표를 환불하고 집을 한 번 볼 것인지, 아니면 그냥 부산으로 갈 것인지. 그 순간 다시 그에게서 전화가 왔다. 지금 오라고 했다. 나는 터미널에서 표를 바꾸고 바로 가겠다고 했다. 부산행 버스를 두 시간 늦췄다. 부산 사상역까지는 세 시간. 도착하면 밤 열한 시가 다 된다. 그래도 여기까지 온 이상 집은 보고 가야겠다고 판단했다.

하지만 국동 2단지 17평은 경악할 만한 수준이었다. 도대체 이런 곳에서 사람이 살 수 있는지 의심스러웠다. 특히 17평의 구조는 '어떻게 이런 구조를 뺄 수 있나'라는 생각이 들 정도였다. 집의 한 가운데를 딱 절반으로 갈라 둘로 나누고 일부러 가장 비효율적으로 쓸 수 있도록 궁리해 만들어낸 것 같았다. 지금까지 수많은 집을 봤지만, 이런 구조는 처음이었다. 나는 고개를 가우뚱했다. 부동산 아주머니께 "구조가 너무 별로"라고 했다. 대신 13평이 나오면 '꼭!' 살 테니 연락을 달라고 했다.

남는 시간을 떼우기 위해 '이순신광장'을 찾았다. 바다를 바라보며 자연산 돌김을 뜯고 있는데, 아주머니에게 전화가 왔다. 13평 매물이 있는데 "지금 보러 올 수 있느냐"는 것이다. 나는 당장 가겠다고 했다. 차 시간에 늦지 않게 간신히 내부를 봤다. 13평의 구조가 훨씬 나았다. 집 상태도 양호해서 굳이 수리를 할 필요가 없다. 집주인은 3500만 원을 달라고 했다. 그 이하로는 절대로 팔 수 없다고 못 박았다. "한번 생각해보겠다"는 말을 남긴 뒤, 다시 터미널로 돌아왔다. 국토해양부 실거래가를 조사해보니 국동 2단지는 지난해까지 2000만 원선에 거래됐다. 다음날 3200만 원으로 가격 조정이 가능하냐고 물었지만, 집주인은 안 된다고 했다. 결국 마음을 접기로 했다.

하지만 국동 주공아파트에 다시 관심을 가진 건, 고소동 '고소아파트' 입찰에 떨어지면서였다. 겨울휴가를 마치고 서울로 올라와 여수에 나와 있는 경매물건을 검색해봤다. 마침 이순신공원 인근에 고소아파트가 나와 있었다. 부랴부랴 원주에 있는 경매 대리인에게 부탁해 대리 입찰을 했지만 보기 좋게 떨어졌다. 낙찰가가 터무니없이 높았다. 최저가 3290만 원 짜리가 4000만 원을 훌쩍 넘긴 4259만 원에 낙찰됐다.

차라리 급매가 낫겠다는 생각이 들어 다시 전화를 걸었더니, 아직 물건이 남아 있다는 답변이 돌아왔다. 이번에는 반드시 사야겠다고 결심하고 대출을 알아봤다. 광주은행에서 1950만 원까지 가능하다고 했다. 하지만 이왕이면 2000만 원 이상 대출을 뽑고 싶었다. 예전에 구산동 빌라 대출을 도와줬던 사무장에게 전화해 대출을 문의했다. 하지만 지방 아파트라 일처리가 느렸다. 3일 만에 내일 대출이 가능하다고 전화온 직후, 다시 여수 부동산에 전화를 걸었다. 헌데, 바로 전날 집이 팔렸다고 했다.

"아니, 제가 먼저 말했는데. 그럼 말씀을 주셔야죠."

서희부동산 아주머니는 퉁명스럽게 말했다.

"아니, 연락이 없으셔서요."

다시 한 번 느끼지만, 지방 부동산 투자의 관건은 믿을 만한 '공인중개사'다. 어차피 자주 못 내려가니 그에게 임대와 향후 매매까지 맡겼어야 했는데, 이런 식으로 무책임하다면 나는 그냥 사지 않는 게 낫다고 판단했다(하지만 결국엔 낙찰에 성공했다. p 23 여수 국동 주공 2단지 수익률표 참조).

월세여왕의 투자 다이어리

지방 아파트 투자 매력에 빠지다

신건 단독입찰.

감정가보다 딱 100만 원 더 써냈다. 경쟁률이 낮을 듯한데, 혹시나 몰라서였다. 그래도 단독입찰일 거라고는 예상치 못했다. 억세게 운이 좋은 날이다.

전용 13평짜리 여수 아파트를 낙찰 받던 날 '역시! 지방 아파트'라고 생각했다. 앞으로 인근에 소형 아파트 한두 채를 더 할 예정이다. 원주 아파트 세 채처럼 기타 관리비용을 줄일 수 있어서다.

지금 현재 내게 가장 맞는 수익형 부동산은 지방 소형 아파트다.

첫 번째 장점은 투자비용이 적어 투자수익률이 높다는 것이다. 5000만 원 미만의 아파트는 실질 투자자금이 1000만 원 미만이다. 대신 투자수익률은 최소 20% 이상이다. 소액투자자로서는 이만큼 높은 수익률이 없다.

생각보다 관리가 쉽다는 것도 빼놓을 수 없는 매력이다. 흔히 지방 아파트는 관리가 어렵다고 생각하지만, 그렇지만은 아니다. 아파트는 관리사무실이 따로 있어 빌라보다 신경쓸 일이 적다. 또 전담 관리인에게 맡기면 임대부터 월세 받는 일까지 대행해준다. 특별히 직접 가야 할 일도 없고, 신경쓸 일도 적다. 나 또한 원주에 소형 아파트 세 채가 있지만, 임대와 관련해 직접 내려가본 적이 없다.

'**수익률이 높고 관리가 쉽다**' 는 이 두 가지 사실만으로도, 지방 아파트의 매력은 충분한 것이다.

솔직히 나는 막차를 탄 것이다. 벌써 몇 년 전부터 지방 아파트에만 투자해온 임대업자들이 많다. 이들이 지방의 '월세 아파트' 라는 개념을 정착시켰고 일종의 '시장' 으로 만들어놓았다. 2011년 원주 아파트를 경매로 잡을 때도 이미 먼저 들어가 시세차익을 실현하고 나오는 임대업자들의 물건이었다. 2012년엔 그런 물건도 씨가 말랐다.

그렇다면, 지방 소형 아파트는 어떻게 찾을까.

내가 주로 하는 방법은 경매다. 경매 사이트에서 최저가 5000만 원 미만의 전국 아파트 물건을 검색한다. 그러다보면 괜찮은 물건들이 보인다. 전국에 있는 물건들을 보면서 개인적으로 호재가 있어 시세차익을 거둘 수 있다고 판단되는 곳을 간추린다.

최근 내가 눈여겨봤던 곳은 원주, 여수 등 굵직굵직한 대형 호재들이 있는 곳이다. 특별한 호재는 없더라도 산업단지나 대기업 투자가 활발해 인근에 근로자가 많은 지역도 검토해볼 만하다. 삼성전자 공장이 있는 구미나 대형 조선소들이 있는 거제 등이 해당된다. 그밖에 고향이나 친인척이 거주하는 연고지도 괜찮다. 지방은 어차피 관리해줄 사람이 필요하기 때문이다.

마음에 드는 물건을 찾았다면, 반드시 현장에 가봐야 한다. 가보지도 않고 찍는다는 꾼들이 있긴 하지만, 이는 초보자들이 따라잡기 힘든 경지다. 지방 아파트를 볼 때는 월세시세 조사가 가장 중요하다. 보증금이 300만 원이냐, 500만 원이냐에 따라 수익률 차이가 엄청나다. 흔히 시세 조사를 쉽게 생각하는데, 부동산 투자에 있어 이것만큼 어려운 것도 없다.

과연 이 물건을 받아서 얼마에 세를 놓을 수 있는지를 '현실성 있게' 검토해야 한다.

현장에서 해야 할 또 하나의 작업은 '전담 관리인 찾기'다. 지방 물건은 내가 일일이 다 챙길 수 없다. 이를 맡아서 관리해줄 사람이 필요하다. 사실 이 관리인을 잘 만나는 것만으로도 투자의 절반은 성공이다. 이들의 능력에 따라 공실로 골머리를 앓느냐, 걱정없이 편하게 월세를 받느냐가 결정된다.

지방 아파트의 단점이라면, 초기 투자비용이 적은 대신 직접 발품을 팔아야 한다는 점이다. 하지만 세상에 공짜는 없는 법. 발품을 팔면 파는 만큼 정직하게 '알짜 물건'으로 보상을 받게 돼 있다. 그리고 바로 이런 부분이 부동산 초보자들에게 지방 아파트를 추천하는 이유이기도 하다.

개인적으로 전국 부동산 시장의 흐름을 파악할 때, 제대로 된 부동산 투자를 할 수 있다고 본다. 부동산 시장은 각 지역별로 '같이 또 따로' 움직이기 때문이다. 서울과 수도권에만 한정된 시각은 좁을 수밖에 없다.

■ 전라권

땅 투자에
홀리다

광양

- 인구 : 15만 명
- 산업 : 포스코 광양제철소
  광양항 자유무역지구 지정(2002년 1월)
  남해안 선벨트 핵심거점도시
- 교통 : 여수공항
  광양역 KTX 복선전철화
- 교육 : 광양보건대학, 한려대

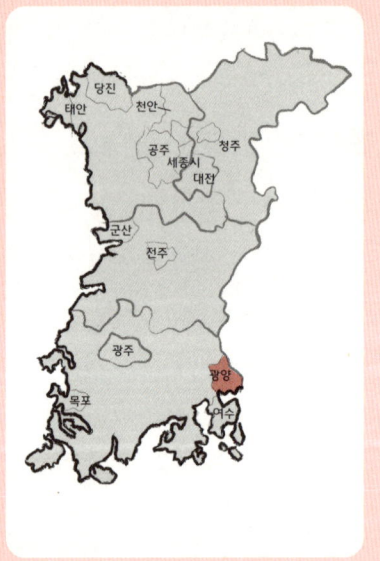

한 달의 첫날을 또 다시 '장돌뱅이' 생활로 시작한다. 금요일 저녁, 어머니에게 오늘도 무박 2일 일정으로 지방에 간다고 하니, 걱정을 하신다.

"아니, 네가 장돌뱅이도 아니고, 어디를 그렇게 싸돌아다니니?"

"내가 만날 이러는 것도 아니고, 이제 곧 끝나요."

평생 이러는 것도 아니고 딱 100일 만이다. 고집이면 고집이랄 수 있고, 의지라면 의지랄 수 있다. 나는 끝이 보이는 목표에 관한 한 타협을 잘 하지 않는 편이다. 눈앞에 결과가 확실하다는 판단이 서면 외부에서 어떤 태클이 들어와도 끝장을 보는 성격이다. 이번 프로젝트도 마찬가지다. 남들 눈엔 지나치게 억지스러워보일 수 있지만, 이 또한 '순간'이라 믿는다. 정해놓은 100일은 끝이 나게 마련이고, 이 고생을 통해 내가 얻게 될 보상이 더 크다고 확신한다. 어쩌면 평생 다시 오지 않을 기회일 수 있다. 《빌딩부자들》을 쓸 때도 그랬다. 결코 쉽지 않은 작업이었지만 책에 대한 확신이 있었기에 밀어 부쳤다. 딸을 걱정하는 어머니를 뒤로한 채 걸음을 재촉했다.

예정시간보다 일찍 순천터미널에 도착했다. 약속시간까지 숨을 좀 돌리려는데 광양 부동산 아저씨에게 전화가 왔다. 이미 터미널 주차장에 와 있다는 것이다.

"아, 네. 저도 방금 도착했어요. 지금 나갈게요."

50대로 보이는 한 남성이 검은색 차에서 나와 손을 흔들었다.

"안녕하세요?"

기분 좋게 차에 탔다. 그 역시 신기한 듯 나를 쳐다봤다. 나이를 물었다. 79년생이라고 답했다.

그의 장녀와 동갑이라고 했다. 처음엔 너무 '어리게(?)' 보이는 아가씨가 전화를 해, 장난치는 것 아닌가 하는 생각도 했다고 했다. 어려 보이는 내 외모가 부동산 투자에 큰! 걸림돌이 된다는 사실을 절감했다.

하지만 그는 얼마 되지 않아 경계를 풀게 됐다.

"여수에선 신기동 주공아파트, 순천에선 조례동 주공아파트 등을 봤어요."

월세를 받을 수 있는 소형 아파트 투자에 관심이 많다고 하자, 그는 고개를 절레절레 흔들었다.

"내 이따 가서 사무실에서 자료를 보여주겠지만 남부에선 아파트같이 돈 안 되는 데 투자하지 마쇼. 남부에선 땅에 투자해야 합니다."

자신감에 찬 목소리였다.

"율촌산업단지라고 있어요. 거기 땅에 투자하면 괜찮아요."

"율촌산업단지 알죠. 근데 거긴 이미 발표가 나서 가격이 오른 것 아닌가요?"

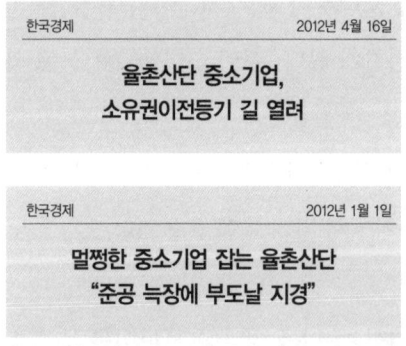

그는 "그렇지 않다"고 힘줘 말했다. 속으로 긴가민가했다. 이미 다 나와 있는 개발에 땅값이 아직 안 올랐다니 의아했다. 율촌산업단지는 여수산단 인근에 여수, 순천, 광양 세 개 도시에 걸쳐 지을 예정으로 개발 계획이 모두 공개된 터였다. 그러나 그의 설명은 달랐다. 아직 도시 계획이 나오지 않았고, 불과 2주 전에 그가 도시 계획안을 입수했다고 했다. 통일교의 문선명 씨가 전 재산을 팔아 여수 화양동 인근 앞바다를 개발하고 있으며 이를 중심으로 섬과 섬이 연결되는데 이런 땅에 투자해야 한다고 강조했다.

광양 터미널 근처인 그의 사무실로 가는 동안 많은 얘기를 들려줬다. 광양으로 가는 30분 내내 '아가씨는 나를 만난 것만으로 돈을 벌어 가는 것'이라고 거듭 강조했다. 이해가 되는 부분도 있고, 그렇지 않은 부분도 있었다. 일단 그의 사무실로 가 자료를 보면 의구심이 해결될 것 같았다.

사무실에 도착해 그가 처음 펼쳐든 자료는 낭도라는 섬의 연륙교 예정지였다. 대우건설에서 내년 초에 착공 예정이라고 했다. 원주민이 가진 낭도 땅은 평당 13만~15만 원 정도 하는데 그를 포함한 가족들도 이미 매입했다고 했다.

"남도는 연륙교 놓고 나면 분명히 뛸 겁니다. 3년 전에 평당 4만 5000 원씩 했는데, 지금은 평당 10만 원입니다."

그가 2주 전에 입수했다는 율촌산단의 사무실 도시계획도는 벽에 내키 만한 높이로 붙어있었다. 현재는 논밭으로 자연녹지인 이 지역이 내년에 도시계획이 발표되면 주거, 상업지역으로 바뀔 것이라고 했다. 자세히 보니 그것은 율촌산단의 도시계획이 아니라 배후도시 조성 계획이었다. 그는 율촌면이 개발되면 인근 산수리, 월산리 등이 2~3년 후

| 여수~고흥 연륙·연도교 건설사업

한국경제	2011년 12월 22일

전남, 섬개발 프로젝트 나선다

전남도는 내년부터 섬주민들이 섬에서 수익원을 만들 수 있도록 섬개발 관광프로젝트에 본격 착수한다.

큰 돈이 될 것이라 했다. 아직 발표는 나지 않았지만 율촌산단 배후도시가 들어설 계획이라고 했다. 여기에도 그는 이미 투자를 했다고 했다. 현재 나와 있는 땅에 형광펜으로 표시를 해놓았다.

"이거는 내가 줄 테니까, 서울에 가서 찬찬히 살펴보고, 연락주세요."

그는 낭도 지도와 화정동 리조트 조감도를 내밀었다.

벽에 붙은 율촌산단 배후단지 조성계획도를 가리키며 "저거는 지금은 주기 힘들고, 다음주에 다시 구해서 서울로 보내주든지 할게요"라고 말했다.

나는 조용히 끄덕였다. 그가 말한 모든 사실에 대해 꼼꼼히 따져보겠다는 의미였다(서울로 올라와 여수시 도시계획을 확인하니, 그의 말은 사실이었다. 하지만 대출을 끼고 이자를 내며 땅에 투자한다는 것은 상당히 부담스러웠다. 수익형 부동산 투자의 핵심은 대출이자를 내 돈으로 내선 안 된다는 것이다).

생각보다 싱겁게 일이 빨리 끝났다. 시계를 보니 저녁 7시가 조금 넘겼다. 그는 사무실 바로 옆 터미널로 나를 데려다줬다. 고맙다는 인사를 하고 차에서 내렸다.

남은 좌석은 밤 10시 10분 것밖에 없었다. 미리 버스표를 예매해둘 것을 잘못했다는 생각을 했다.

'아. 모야. 남은 세 시간 동안 뭐 하지?'

그때 전화벨이 울렸다.

"성 양. 내가 저녁이라도 사먹이고 보낸다는 게 그냥 보냈네."

그는 내 이름을 물은 이후 '성 양'이라고 부른다.

"아 네. 그렇지 않아도 버스표가 10시 것밖에 없었다고 해서 고민하고 있었어요."

초면에 상당히 염치없는 행동이었지만, 세 시간을 혼자 보낼 것을 생각하니 너무 막막했다. 그는 "그럼, 잘 됐다"며 "저녁이나 같이 먹자"고 했다. 평소 잘 가는 장어집으로 안내했다. 토요일 저녁 혼자 있을 그의 아내에게도 나오라고 전화를 했다. 이렇게 해서, 그와 그의 아내 그리고 나. 셋의 즉석 만남이 이뤄졌다.

"싱싱한 놈들로 주이소."

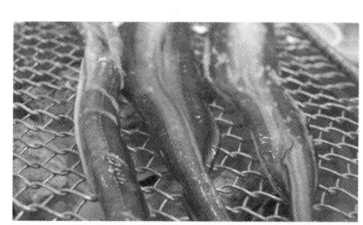
| 광양에서 먹은 장어구이

갓 잡은 장어들이 몸부림을 치며 나타났다. 서울에선 이미 '돌아가신' 장어들이 곱게 양념장을 입고 나타나는데, 여기선 그야말로 '날 것'이 나왔다. 맛 또한 기가 막혔다. 그의 아내가 나타났고, 그는 소주 한 병을 시켰다.

"잎세주가 참 맛있네요."

소주맛에 대해 아는 척을 하자, 이내 분위기가 좋아졌다. 그는 막 구운 장어를 나와 아내의 접시에 덜어 주며 "많이들 먹으라"고 권했다. 아내를 '아가씨'라고 부르며 치켜세우는 그의 모습이 훈훈해 보였다. 노부부가 금슬 좋게 지내는 모습이 부러웠다.

대화의 주제는 언제나 그렇듯 부동산이었다. 그들은 직업을 물었지만 그냥 직장인이라고 말했다(나중에 그와 일이 잘 되면 그때 직업을 밝힐 생각이었다). 그들은 내가 젊은 나이에 부동산 투자를 하게 된 계기에 대해 무척이나 궁금해 했다.

"대단하지, 대단해. 젊은 나이에 어떻게 그렇게 투자를 했대. 보통이 아닌 거야."

그의 아내는 후렴구처럼 이 멘트를 반복했다.

광양 고향인 그는 젊었을 때, 배타는 선원이었다. 전 세계를 배를 타고 다니며 안 가본 곳이 없다고 했다.

"국민소득 3만 달러 시대가 되면 이제 배를 띄워야 해요. 자동차는 '지게'로 전락하게 될 걸요."

그는 '그래서!' 섬에도 투자를 해야 한다고 했다.

"아가씨, 내 말 듣고 투자해놓으면 언젠가는 '터져 자빠지는 날'이 올 겁니더. 그때 되면 '아, 그때 그 영감 얘기 듣길 잘했다'고 생각하는 날이 있을 겁니더."

"사실, 투자는 해도 좋고, 안 해도 됩니다. 그냥 광양에서 좋은 사람 만나고 왔다고 생각하이소."

한 잔 두 잔 소주잔이 오갔고 대화도 무르익었다. 서로 간에 속 깊은 얘기들도 오고 갔다. 그들은 서울 사람들이 "너무 무섭다"고 했다. 세파에 찌든 그들이 불쌍하다고도 했다. 그의 아내는 서울에선 밥 한끼 먹기도 부담스러울 정도라고 거들었다. 최근엔 서울에서 기획부동산업자들이 내려와서 지방 사람들에게 사기를 치고 도망갔다는 얘기를 했다. 그는 솔직히 "서울 사람들이 싫다"고 했다.

그의 '서울 혐오증'을 들으며, 서울에서의 내 삶을 떠올렸다. 하루에 30

분도 마음 놓고 쉬지 못한 채, 쳇바퀴 돌 듯 쫓기듯 살아가는 일상들…….

그리고 다시 그들과의 대화에 빠져들었다.

"이제 걱정 없으시겠어요. 두 딸 다 시집보내시고, 이제 남은 아들만 장가보내면 되네요."

이때 함께 사는 둘째 손자에게서 전화가 왔다.

"할아버지, 아이스크림 먹고 싶어요."

네 살인 아이가 유독 할아버지를 좋아한다고 했다.

마음 한켠이 따듯해져왔다. 돈도 명예도, 모든 부귀영화도 이들 앞에선 부질없는 것 같았다.

'아, 이런 게 행복이구나.'

평소 잊고 지냈던 행복감이다. 각박한 서울살이에 지친 내게 이들 부부와의 만남은 마음의 상처를 치유하는 연고 같은 느낌이었다. 비록 책을 쓰기 위한 프로젝트로 시작한 지방 투어지만, 가끔 이렇게 투자보다 더 큰 보물을 얻기도 한다.

이들 부부와 작별을 하고 헤어지면서 다시 만날 날을 기약했다.

"낭도 섬 보러 다시 꼭 올게요. 연락드리겠습니다."

이번 전라도 여행은 내게 새로운 전기를 마련했다. 이전까지 생각도 못 했던 땅이라는 새로운 투자처에 눈뜨게 됐다. 국민소득 3만 불 시대라! 해상레저 그리고 섬, 다리. 전국이 1일 생활권이라면, 전라남도는 새로운 해양레저로 각광받을 게 분명하다.

서울로 올라오는 네 시간은 그야말로 눈 깜짝 할 사이였다. 새벽 2시, 서울 동부시외버스터미널에 도착했다. 졸린 눈을 비비며 택시를 탔다. 또 다시 서울이다. 다시 일상으로 돌아온 것이다. 광양 아저씨와 소주잔을 기울이며 나눈 대화는 뭐라 할 수 없는 여운을 남겼다. 딱 꼬집어 정의하기 힘들지만, 사람, 재미, 인정, 기쁨, 이 모든 어휘들이 흔쾌히 머릿 속을 부유한다(하지만 쳇바퀴 돌 듯 바쁜 삶에 치어 낭도 여행을 결국 가지 못했다).

중앙일보   2012. 01. 04

4개 섬 다리로 연결, 여수~고흥 20분

화양~적금 18km 2019년 완공
해상도로 관광 활성화 기대

2019년이면 전남 여수와 고흥 사이에 바다를 가로지르며 남해안의 절경을 품은 해안·해상 일주 도로가 난다. 익산지방국토관리청은 여수와 고흥을 잇는 화양~적금 도로 건설의 핵심인 해상 교량 4개 구간에 대한 공사를 본격 시행한다고 3일 밝혔다. 이 사업비로 올해 정부 예산안에 680억 원이 편성됐다.

- 화양~적금 도로는 여수시 화양면과 고흥군 적금도 사이 해상·섬들을 연결하며, 총길이가 18.4km에 이른다. 2019년까지 총 3498억 원을 투입한다. 조발도·둔병도·낭도·적금도 등 4개의 섬을 연륙교(連陸橋)·연도교(連島橋)로 모두 연결한다. 모두 10개의 교량을 놓고, 터널 1개를 뚫는다.
- 공사구간은 크게 4개로 나눠 순차적으로 착공한다. 1공구는 육지 쪽인 여수시 화양면 약 8.8km, 2공구는 화양면 장수리와 화정면 조발도 사이 2.05km, 3공구는 조발도~둔병도~낭도를 연결하는 3.9km, 4공구는 낭도와 적금도를 잇는 3.65km 구간이다. 이중 2공구와 3공구는 지난달 14일 설계 및 시공회사 선정을 마치고, 토지보상 작업을 벌이고 있다. 사업은 한 회

사가 설계부터 시공까지 전 과정을 맡는 턴키(Turn-Key) 방식으로 이뤄진다. 1공구와 4공구는 설계와 토지보상을 거쳐 3월께 시공회사를 선정해 공사에 들어간다.

화양~적금 도로가 완공되면 현재 차량으로 1시간10분 가량 걸리는 여수~고흥 구간을 20분이면 갈 수 있다. 섬 주민과 관광객 등의 교통 불편이 크게 줄어든다. 물류가 좋아지고, 관광객이 늘어 여수·고흥 등의 지역 경제를 활성화할 것으로 기대된다.

- 화양~적금 도로건설 사업은 2003년 기본계획이 수립됐다. 2005년 여수시 화양면과 백야도를 잇는 백야대교(길이 345m 아치교)가 완공돼 사업의 첫 단추를 꿰었다. 돌산도와 화태도를 잇는 연도교와 적금도~고흥군 영남면 연륙교는 현재 공사 중이다.
- 김일평 익산지방국토관리청장은 "화양~적금 도로는 여수와 고흥 지역의 교통 여건을 획기적으로 개선하고 관광 활성화에 기폭제 역할을 할 것이다"고 말했다.

■ 강원권

강원도의
진주
원주

- 인구 : 32만 명
  (2007년 강원도 내 첫 30만 명 돌파)
- 교통 : 영동과 수도권 물류요충지
  영동-중앙고속도로
  원주역
  원주공항
- 교육 : 상지대, 한라대

일요일 점심시간. 짬을 내 인터넷가계부 모네타에서 지난달 지출을 정리했다. 식비가 무려 10만 원 가까이 나왔다. 티끌 모아 태산이라고, 생각 없이 사먹은 군것질들이 모여 10만 원이나 된 것이다. 가계부를 쓰는 것은 확실히 씀씀이를 줄이는 데 도움이 되는 것 같다.

만약 오늘 가계부를 쓰지 않았다면 또 생각 없이 우등고속을 타고 원주에 다녀왔을 것이다. 왕복으로 계산하면 우등과 일반은 6200원이나 차이가 난다.

이따 퇴근 후 저녁 때 원주에 다녀올 예정이다. 내일 있을 원주 태장동 '두진백로' 아파트 입찰 대리인을 만나기 위해서다. 반드시 들어가야겠다고 결심한 원주 물건이 있었는데, 회사 때문에 직접 갈 수가 없었다. 인터넷 검색을 하다가 '태희아빠'라는 닉네임을 쓰는 공인중개사 오종석 씨의 연락처 부자아빠공인 033-762-8831 강원 원주 관설동 1701-10 를 알아냈다(프로젝트가 끝나고 더욱 절실히 느꼈지만 그를 만난 건 행운이다).

그는 부동산 카페를 운영하는 카페지기였다. 10분 정도의 길지 않은 통화였지만, 꽤나 양심적인 사람 같았다. 그는 내일 입찰할 만한 물건 세 개를 추천했다. 입찰 대리 수수료는 건당 50만 원만 받겠다고 했다. 그것도 명도, 임대까지 포함해서다. 건당 150만~200만 원씩 부르는 다른 업자들에게 비해 정말 싼 수수료였다.

퇴근 후 저녁 7시. 강남 고속버스터미널. 당연히 표가 있을 줄 알고 왔는데, 매표소에 줄이 길다.

"아홉 시 반 원주요. 원주."

미처 표를 구하지 못한 사람들을 유혹하는 암표상이다.

"원주 한 장 주세요."

"아홉 시 전까지 매진입니다. 아홉 시 십오 분 일반 버스가 있습니다."

허걱. 일요일 저녁에 원주로 가는 사람들이 이렇게 많다니. 지금까지 지방을 다니면서도 표가 매진된 적은 없었는데……. 급하게 계획을 수정했다. 저녁 9시 15분 차로 내려갔다가, 근처 찜질방에서 자고, 새벽에 곧바로 출근하기로 했다.

이제 프로젝트도 막바지다. 이 물건을 마지막으로 이제 투자를 끝내야겠다고 생각했다. 조금만 힘을 내면 된다. 이번 프로젝트의 방점을 찍기 위해 이번 원주 물건은 반드시 잡아야겠다는 의욕을 불태웠다.

저녁 9시 15분. 원주행 버스. 만석이다. 재밌는 점은 젊은 대학생들이 많다는 점이다. 상지대가 있다던데, 이 친구들이 죄다 상지대 학생들은 아닐 테고, 호기심이 일었다.

그와의 미팅 결과, 내일 네 건의 입찰에 들어가기로 했다. 두진백로 102동에서 1회 유찰된 전용 10평 세 개와 101동 24평 신건이다. 101동 신건은 오종석 씨가 추천한 물건이다. 나와 두 살 차이인 그는 생각보다 젊었다. 내일 입찰 결과가 어떻게 될지는 모르겠지만, 그에게 대리 입찰을 의뢰한 것은 현명한 선택이라고 생각했다.

밤 12시. 그는 원주에서 시설이 제일 좋다는 찜질방까지 나를 데려다줬다.

프로젝트의 하이라이트
– 100원 차이로 원주 아파트 세 채

아침 7시. 원주에서 서울로 가는 고속버스 안이다. 아침인데도 사람들이 많다. 오늘은 그동안 추진해왔던 '월세의 여왕' 100일 프로젝트의 마지막 테이프를 끊을 것 같다. 오늘 경매는 꼭! 잘 돼야 한다고 되뇌었다.

버스가 속도를 내어 달린다. 출근시간에 늦지 않을 것 같다. 모처럼 가을 햇살을 만끽했다. 프로젝트에 미쳐 여름이 가고 가을이 오는지도 몰랐다. 계절은 나만 비껴가는 듯하다.

오전 11시. 그가 입찰액을 문자메시지로 보내왔다. 그는 현장 분위기를 보고, 정확한 입찰가를 산정하겠다고 했었다. 나는 'OK 사인'을 보냈다. 속으로 생각했던 금액보다 약간 높긴 했지만, 그를 믿어보기로 했다.

하지만 정오가 지나서도 입찰 결과가 나오지 않았다. 그에게서 100채 가까이 나온 임대아파트를 일일이 다 개찰하다 보니 늦어지고 있다 연락이 왔다. 오후 2시. 드디어 기다리고 기다렸던 메시지가 왔다. 오늘 들어간 102동 소형 아파트 세 채를 모두 낙찰 받았다는 것이다. 아쉽게도 101동은 떨어졌다. 그래도 이 정도면 선방이다. 지방 소형 아파트에 다섯 명 이상이 몰렸고, 심지어 물건 한 개는 2등과 100원 차이로 낙찰됐다.

원주 아파트에 주목한 이유 – 평창올림픽 수혜지

| 조선일보 | 2012년 4월 16일 |

**동계올림픽·혁신도시 덕에…
원주 개발바람 후끈**

제2영동고속도로, 작년 착공 …
철도 노선도 3개 이상 예정
수도권 투자자들 대거 몰려 아파트 값,
1년새 18% 급등
"한번에 집 10채 계약하기도"

| 부동산면 | 2011년 9월 5일 |

'평창 후광효과'로 집값 최고 50%↑

부동산시장 뜨거운 원주

원주 '두진백로' 아파트를 발견한 건 행운이었다. 프로젝트 막바지에 접어들면서 지방 아파트에 대한 강한 믿음이 생겼다. 최저입찰가 5000만 원 미만으로 '떼로 나온' 물건이 최적이었다. 그래야 목표수익률을 맞출 수 있고, 한 채 이상 잡아 '운영의 묘미'를 살릴 수 있기 때문이다. 그래서 눈에 들어온 게 원주 태장동 '두진백로'였다. 3000만 원대 아파트가 한 번 유찰돼 최저 입찰가가 2000만 원 대였고, 한 아파트에서 수십 채의 물건이 경매로 나와 있었다. '이 물건'이란 느낌이 왔다.

현장 답사 후, 이 물건만큼은 잡아야겠다고 생각했다. 아파트단지 자체는 전형적인 임대아파트였지만, 길 하나를 사이에 두고 각종 편의시설을 누릴 수 있었다. 바로 맞은편에 주공아파트단지가 있었는데 주거 지역으로 상당히 괜찮았다.

대형마트, 병원, 학원 등 각종 편의시설이 잘 갖춰져 있었다. 주공아파트 단지 상권이 활성화돼 살기에 편해 보였다. 두진백로는 이런 장점을 다 누릴 수 있지만 길 건너 있다는 이유만으로 저평가돼 있다고 판단했다. 매매가에서 거의 두 배 차이가 났다. 특히 내부구조도 마음에 들었다. 이름은 아파트지만 구조는 정사각형으로 원룸형 오피스텔 같았다. 전용 10평에 불과했지만 한 명이 널찍하게 쓰기엔 꽤 괜찮았다.

성선화
= 기자
= 삶의 이유

아침 출근길. 모닝커피를 준비하는데, 커피가루가 떨어졌다.

웬만하면 참겠는데, 오늘만큼은 원두커피가 '미치도록' 마시고 싶었다. 마침 회사 1층 커피숍이 생각났다. 한동안 커피값을 아끼느라 발길은 끊었었다. 오늘은 오랜만에 '작은 사치'를 부려보고 싶었다.

항상 웃는 얼굴로 반겨주는 주인 아주머니와 아저씨가 계셨다.

그런데 몇 주 전, 사내 게시판에 1층 커피숍과 관련된 글 하나가 올라왔다. 한 아르바이트 학생이 인터넷에 이 커피숍의 위생 상태에 대해 고발하는 글을 올린 것이다. 이에 한바탕 난리가 났다. 커피숍 주인 부부를 매도하는 글들로 도배됐다. 결국 1층 커피숍이 조만간 폐업을 하기로 했다는 소식이 들려왔다.

"카푸치노, 샷 추가요."

정말 간만에 해보는 커피 주문이다. 낯선 아르바이트생이 계산을 도와준다. 그런데 주인아저씨가 보이지 않았다. 벌써 주인이 바뀌었나 했는데, 뒤쪽 쇼파에서 쓱~하고, 그가 나왔다. 얼굴이 검게 거칠어졌고, 표정 또한 좋지 않았다. 일부러 반갑게 인사를 했다.

"안녕하세요.^^"

"다리 다친 건 다 나았어요?"

그는 올해 초 교통사고가 나 목발을 짚고 다녔던 내 모습을 기억하는 것이다. 꽤 오래 전의 일을 기억하고 안부를 묻다니. 괜히 미안했다.

"네. 그럼요. 다 나았어요."

'악성 루머'로 된통 고생을 경험해본 나로서는, 축 쳐진 아저씨의 어깨가 그렇게 안쓰러울 수가 없었다. 그러곤 속으로 생각했다. 아저씨가 좀 더 당당하게 어깨를 펴고 힘을 내셨으면 좋겠다고. 그까짓 거 별일 아니라고 말이다.

저녁 때 운동을 하면서 '슈퍼맘 다이어리'라는 케이블TV 프로그램을 봤다. 한 남편의 아내로, 육아에 전념하는 A씨가 등장했다. 소위 '시집 잘 간' 그녀를 보면서, 부럽거나 또는 닮고 싶거나 특별히 대단해 보이지 않는 이유는 뭘까. 아마도 서로 간 삶의 이유가 다르기 때문이 아닐까.

그것은 바로 '기자 = 삶의 이유 = 성선화'이기 때문이다.

불현듯 스친 생각은 이 모든 고난 속에서도 내가 회사를 그만둘 수 없는 이유다.

회사를 그만두면 난, 살아야 할 이유를 잃게 된다. 슈퍼맘 다이어리의

A씨처럼, 누군가는 가족만을 위해 살 수 있다. 하지만 나는 아니다. 아무리 사랑하는 남편과 아이들이 생긴다고 한들, 가족 때문에 내 일을 포기하지는 않을 것이다. 가족도 소중하지만, 내 일도 중요하다.

기자라는 일은,

지금 이 순간,

이 세상에서,

내가 있어야만 하는 존재의 이유이기 때문이다.

: 에필로그 :

'빌딩부자'의 꿈을 캐스팅하라

이 프로젝트는 '딱 100일'이면 충분한 것 같다. 다행히 끝날 때쯤 되니 이제 '장돌뱅이' 짓도 그만해야겠다는 생각이 든다. 심야버스와 찜질방. 이젠 지긋지긋하다. 아니 더는 힘들어서 못하겠다.

그동안 개인적으로도 많은 변화가 있었다. 내 인생에서 가장 큰 격변기를 이 프로젝트와 함께 겪어냈다.

처음 기획의도는 일기 형식으로 진솔한 내 이야기를 담는 것이었는데, 불행하게도 내 인생 최악의 시기에, 이 책을 쓰게 된 것이다. 그렇기에 힘들고, 우울한 다이어리들이 주를 이룬다. 이에 대해 독자들에게 미안한 마음 뿐이다.

요즘 TV프로그램들을 보면, 채널마다 오디션 프로들이 한창이다. 이들이 인기를 끄는 이유는 뭘까. 나는 이들이 잠재된 '꿈의 욕구'를 자극하기 때문이라고 생각한다.

"당신의 꿈을 캐스팅하겠습니다."

나는 인간은 무엇으로 사는가에 대한 답은 '꿈'이라고 생각한다. 인간의 몸뚱아리, 즉 육체는 사실 '고깃덩어리'에 불과하다. 동물과 인간을 구분하는 핵심 잣대는 '꿈'이다. 인간은 밥이 아니라 '꿈을 먹고 사는 존재'이다.

인간은 누구나 꿈을 먹고 산다. 하지만 꿈의 종류는 사람마다 다양하다. 소박하게 보면, 당장 오늘 지방에서 있는 친구의 결혼식에 참석했다가, 서울로 올라와 생일파티에 참석해 이들을 축하해주는 것. 소박하고 작지만, 이 또한 내가 오늘을 살아야 할 '작은 꿈'일 수 있다.

지금 이 책을 쓰는 이유는 독자들의 '꿈'을 위해서다.

많은 사람들이 경제적 자유를 꿈꾼다. 직장을 다니면서도 '제2의 월급통장'을 염원한다.

사실 그들의 꿈은 그리 크지 않은지 모른다. 한 달에 얼마라도 '근로외소득'이 있었으면 좋겠다는 것이다. 직접 보여주고 싶었다. 1000만 원으로 그들의 꿈을 이룰 수 있다는 것은 엉뚱한 시도였고, 어찌 보면 '미친 짓' 같기도 했다.

하지만 나는 끝내, 그 꿈을 이뤘다. 프로젝트 기간 내내 '내가 뭐하는 짓인가'라는 생각이 떠나질 않았다. 목표로 정한 월세 150만 원, 일곱 개의 월세통장을 만드는 데 성공했다. 딱 100일이면 충분한 것이다.

내가 해냈다면, 여러분도 할 수 있다.

아니, 나보다 더 쭉 뻗은 고속도로를 달릴 수 있을 지도 모른다. 내 작은 바람은 여러분이 가는 그 길에 작은 나침반이 된다면, 그것으로 족하다.

모쪼록 이 책을 읽는 모든 독자들의 건승을 빈다.

도전! 월세부자를 넘어 빌딩부자로
빌딩부자 실전편

CONTENTS

★ 빌딩부자의 하루
100억 빌딩부자도 '오늘 하루'가 중요하다 _ 499

★ 빌딩부자 되기 100일 로드맵
'자테크'로 시작해 '인테크'로 끝내라 _ 506

★ 빌딩부자 십계명
빌딩부자를 만든 건 팔 할이 배짱 _ 527

★ 경제 기사 똑똑하게 읽기 ❶
투자자의 관점을 체화하라, 그리고 기사 그 이후를 상상하라 _ 546

★ 경제 기사 똑똑하게 읽기 ❷
금융 기사는 부자가 되는 지름길 _ 555

★ 경제 기사 똑똑하게 읽기 ❸
부동산 정책과 세금 기사는 알아야 챙길 수 있다 _ 563

★ 간편 셀프 경매 입문기
경매 컨설턴트 위에서 놀아라 _ 570

★ 성 기자의 투자 멘토 _ 590

★ 빌딩부자의 하루

100억 빌딩부자도 '오늘 하루'가 중요하다

지난 100일간 프로젝트를 진행하면서 가장 힘들었던 점은 '오늘 하루와의 전쟁'이었다. 마치 내일이 없는 사람처럼 오늘 하루를 미친 듯이 살아내는 것. 그것이 내겐 가장 큰 고역이었다. 오늘 하루! 내일은 없다. 지금 이 시각! 오늘만이 있을 뿐이다. 지금 당장, 필요한 것은 오늘의 승리뿐이다.

이겨야 한다. 오늘 하루 나와의 전쟁에서. 빌딩부자 프로젝트 성공의 관건은 오늘 하루의 승리다. 내일도, 모레도 아닌, '오늘'을 살아라. 이것이 지금 빌딩부자 프로젝트를 시작하는 이들에게 가장 하고 싶은 말이다.

다행히 오늘 하루는 누구에게나 공평하다. 100억 빌딩부자에게도, 빌딩부자를 꿈꾸는 우리에게도 똑같다. 이 프로젝트를 시작하려면 멀리보지 마라. 당장 내 눈 앞의 욕망과 본능을 넘어서야 한다.

평생이 아니다. 스스로 정한 기간만큼이다. 100일이면 100일, 200일이면 200일, 자신이 참을 수 있는 기간을 정하자. 그래도 지금까지 살아온 기간에 비하면 몇 십 분의 일도 되지 않는 짧은 기간이다. 이 기간만큼은 철저히 자신을 버리고, 빌딩부자에 도전하는 '또 다른 나'로 살아보자.

매일 아침 '각'을 세워라

시작은 아침이다. 정신이 살아있어야 한다. 깨우지 않아도 저절로 눈이 떠져야 한다. 하루에 대한 목적의식이 뚜렷하면 자다가도 벌떡 일어난다. 정신이 살아있다는 증거다. 늦잠은 '나사 풀림'의 방증이다.

눈 뜨는 순간, 오늘 하루에 집중해라. 불현듯 복잡했던 생각이 정리되고, 새로운 아이디어가 떠오를 것이다.

무의식에서 의식으로 돌아온, 그 찰나를 놓치지 마라. 이 묘한 경계에서 무에서 유가 탄생한다. 그 순간에 집중하고, 일기로 옮겨라.

매일 아침 일기를 써라. 어떤 내용이라도 좋다. 그냥 편하게 써내려가 보라. 오늘의 결심, 목표, 감정, 컨디션. 중요한 것은 지금 상황에 대해 '무언가'를 적고 있다는 사실이다.

출근 전 1시간

황금 같은 자투리시간이다. 운동도 좋고, 공부도 좋다. 이 시간을 내 것으로 만들어야 한다. 각자의 상황에 따라 유연하게 정하자. 골프가 필요한 사람은 골프연습장에, 중국어가 필요한 사람은 중국어 학원에. 미래를 위한 '작은 투자'에 의미가 있다.

출근길

집을 나서기 전, 오늘의 양식을 챙겨라. 빠듯한 생활비로 하루를 살아내려면 도시락은 필수다. 테이크아웃 커피를 대신할 직접 탄 커피도 잊지 말자. 커피값만 줄여도 한 달 30만 원은 거뜬히 번다. 대중교통을 이용하라. 적어도 프로젝트 기간만큼은. 버스, 지하철을 사랑하자. 집을 나서며 바깥 공기를 크게 들이마셔보라. 온몸의 세포 하나하나가 생동하며 살아 있음을 느껴질 것이다.

커피를 든 다른 한 손에 종이신문을 들어보자. 한 페이지라도 신문을 읽어라. 피곤한 날에는 들고만 있어도 좋다. 신문 읽기는 '정신의 운동'이자, '마음의 보약'이다. 독서를 하지 않으면 정신이 산만해지고, 의지가 약해지기 쉽다. 평소 신문을 읽지 않았더라도 프로젝트 기간 동안만은 노력해보자. 신문이 아니라면 그 어떤 종류의 간행물도 괜찮다. 내 정신을 한 곳에 '오롯이' 붙들어맬 수 있는 그런 역할만으로도 족하다.

오전 근무

회사 일에 충실해야 한다. 직장이 최우선이다. 투자는 둘째다. 직장은 자아성취의 장이기도 하지만, 직장인들의 밥줄이자 생계유지의 수단이다. 직장이란 울타리는 수많은 '사회악'으로부터 나를 지켜줄 방패막이다. '무직'으로 험악한 사회에 덩그러니 내팽개쳐지는 상상을 해보라. 정신이 번쩍 들 것이다. 직장은 참으로 고마운 곳이다. 번듯한 직업이 없으면 이른바 '비빌 언덕'이 사라진다. 무직자는 리스크에 노출되기 쉽다. 대출 문턱이 높아지고, 금리가 높아져 이자 부담도 늘어난다. 그러니 내게 다달이 월급을 주는 회사에 감사하며, 최선을 다해 일하자.

점심시간

직장인들에게 약간의 자유가 허용된 시간이다. 이때를 놓치지 말자. 무조건 현장 출동이다. 점심시간 1시간 정도면 직장에서 지하철로 10정거장 이내 거리는 어디든 다녀올 수 있다. 점심은 집에서 싸온 도시락으로 간단하게 때우자. 한가롭게 여유로운 식사를 즐기기엔 한정된 시간이 너무 촉박하다.

무조건 발품을 팔자. 여성들이여, 하이힐을 벗어던지자. 프로젝트 기간만이다. 예쁜 화장과 치장 따윈 무의미하다. 각선미를 뽐내며 멋을 내봤자 프로젝트 기간만큼은 금의야행이다. 이때만큼은 멋내기와 담을 쌓자. 이후의 멋진 모습을 상상하며 몇 달만 버티자.

오후 근무

점심 후 다시 근무 시작. 나른한 오후다. 현장 탐방으로 살짝 지칠 수 있다. 허기질 수 있다. 커피 한 잔 '원샷' 하고 일에 집중하자. 저녁 퇴근 후 시간을 활용하려면 '야근거리'를 남겨선 곤란하다. 주어진 시간에 최대한 집중해 맡은 바 임무를 완수해야 한다.

개인적으로 빌딩부자 프로젝트는 업무상 지장이 없는 선에서 추진하

길 당부한다. 주객이 전도돼선 안 된다.** 다시 한 번 강조하지만, 직장인들에게 '주'는 본업이다. 투자는 부업이다. 본업과 부업을 혼동하면 낭패다. 적어도 한 달에 월세가 1000만 원 이상 나오는 빌딩부자가 되기 전까지는 직장에 충실해야 한다.

누구나 한 번쯤 자의든 타의든 업무상 한가해질 때가 있다. 위기를 기회로 활용하기 바란다. 참고 기다리는 자에게 언젠가 기회는 오기 마련이다.

저녁 퇴근 후

오늘 하루의 하이라이트다. 퇴근 후 금쪽같은 시간을 온전히 내 시간으로 활용해야 한다. 프로젝트 기간 중에는 되도록 약속을 삼가자. 돈도 돈이지만, 정신이 헤이해지는 것을 막을 수 있다. 괜히 약속을 잡고 술 한잔 하다 보면 다음날 스케줄에 지장이 생기고, 컨디션도 나빠진다. 컨디션 관리는 프로젝트 성공의 열쇠다. 컨디션이 나쁘면 의지가 박약해진다. 인간의 마음은 하루에도 수십 번 오락가락한다. 저녁 퇴근시간이 되면 온몸에 진이 빠지면서 '도대체 내가 왜 이러고 있나' 하는 회의가 들 때가 많다.

몸과 마음은 하나다. 내 몸을 아끼자. 정말 힘들 때는 100일 후를 떠올리자. 부자가 된 자신을 상상해보자. 각자 자신만의 목표가 있을 것이다. 3초간 목표를 떠올리면 다시 현장으로 향하게 되는 자신을 발견할 것이다.

칼퇴근은 모든 직장인의 로망이자, 프로젝트를 위한 최상의 조건이다. 하지만 쉽지 않은 게 우리네 현실이다. 업무를 마쳤으면 밍기적거리며 시간 낭비 말고, 잽싸게 짐을 싸자. 대중교통을 통해 이날 정한 목적지로 이

| 열심히 부동산 시세를 조사하고 있다

동해야 한다. 저녁 도시락 시간이다. 지하철이나 버스정류장으로 이동하며 허기를 달래자. 하루 두 끼를 도시락으로 떼우다 보면 저절로 살이 쫙쫙 빠진다. 살찔 틈이 없다. 그렇게 용을 써도 빠지지 않던 살이 프로젝트 기간 중에 나도 모르게 저절로 빠졌다.

현장엔 저녁 10시 전에만 도착하면 된다. 대부분 공인중개사무소는 7시쯤 문을 닫는다. 하지만 가끔 10시까지 여는 곳도 있다. 퇴근이 늦었다고 포기하지 말고 현장으로 가자. 만약 모든 공인중개사무실이 문을 닫았다면 연락처를 메모해 오자. 다음날 전화해서 물어보면 된다. 아무리 늦더라도 하루에 한 군데는 돌아본다는 마음을 가지자.

귀가

늦은 귀가다. 하루가 길다. 몸이 축 쳐진 스펀지 같다. 반신욕을 추천한다. 오늘의 피로를 풀라는 의미다. 잘 먹지도 못하고 많이 걷다보면 피곤할 수밖에 없다. 쇳덩이를 달아놓은 듯 처진 몸을 회복해야 한다. 와인 한잔을 곁들이는 것도 나쁘지 않다. 숙면에 도움이 된다는 연구 결과가 있다.

오늘 하루를 정리하는 일기를 쓰자. 현장에 다녀온 느낌과 오늘 하루 동안 아쉬웠던 점 등을 기록으로 남기자. 기록이 곧 재산이다. 되도록 12시 전에 잠들자. 내일 하루 승리를 위한 준비다.

주말

주말엔 항상 지방 현장을 뛰자. 주중에 물리적 거리상 도저히 갈 수 없는 곳, 지방으로 뛰어야 한다. 집에서 세 시간 이상 떨어진 지방행은 금요일 밤 심야버스를 추천한다. 대개 밤 11시에서 자정 사이에 출발한다. 목베개와 얇은 담요를 챙기자. 눈을 감고 한숨 부치면 어느새 목적지에 도착해있을 것이다.

컴컴한 새벽에 도착한 목적지. 이럴 땐 할 수 없다. 택시를 타자. 미리 알아놓은 찜질방으로 가 잠시 눈을 붙이자. 오전 9시. 이날의 지방 탐방을 시작하자. 이동코스를 최대한 효율적으로 짜서 시간 낭비를 줄이는 게 핵심이다. 1박 2일 일정이라면 인근 3개 도시는 돌아본다는 마음가짐으로 임하자.

빡빡한 일정을 마치고 집으로 돌아오는 길 역시, 심야버스를 활용하자. 월요일 오전 직장으로 바로 출근하는 것도 시간 절약을 위한 좋은 방법이다.

★ 빌딩부자 되기 100일 로드맵

'자테크'로 시작해
'인테크'로 끝내라

지금부터가 본격적인 실전편이다. 이 책을 놓는 순간, 당장 행동에 옮길 수 있는 실전적인 절차들을 담았다. 각 단계별 구체적 팁들이다. 직접 몸으로 부딪히며 빌딩부자에 도전해보자.

앞으로 100일이다. '오늘 하루'가 모여 빌딩부자의 100일이 된다. 재차 강조하지만 빌딩부자의 100일 프로젝트는 오늘 하루의 '적분'이다.

이 프로젝트는 두 가지 목표로 구성됐다. 첫째, 100일간 1000만 원 모으기와 둘째, 수익형 부동산 투자하기. 지금까지 모아놓은 저축이 무일푼이라면 먼저 종잣돈 모으기 프로젝트를 추천한다. 하지만 500만 원 이상 종잣돈이 있다면 이 두 가지 과제를 동시에 추진해보기를 권장한다. 고생도 할 때 바짝 하는 게 낫다.

시작하기에 앞서 노파심에 한 가지만 일러둔다. 이 책에 소개된 방법만

이 정답은 아니다. 이는 전적으로 내 개인의 경험담이다. 지난 100일 내가 경험하고 깨친 노하우다. 독자들도 각자의 방식으로 정답을 찾으려는 노력이 필요하다.

스텝1 일기는 내 애인 _ 고독을 즐겨라

지난 100일간 나는 외로운 '단독자'였다. 누구 하나 나를 찾지 않았고, 나 또한 그들을 찾지 않았다. 유일한 친구이자 애인은 다이어리였다. 힘들고 지친 내게 유일한 벗이 돼주었다. 힘든 일상에 대한 짜증과 투정을 군말 없이 들어주는 '착한 애인'이었다. 만약 다이어리가 없었다면 이 프로젝트를 완수할 수 있었을까. 솔직히 나는 자신이 없다.

기록은 힘이 세다. 다이어리는 지금 이 순간, 내가 느끼는 나를 기록하는 힘이 있다. 외롭고, 고달프고, 서글픈 지금, 나를 오롯이 알아주는 것이 바로 내 일기장이다. 일기장 속의 나는, 외로워도 슬퍼도 울지 않는 '캔디'였다.

프로젝트 결심 후 가장 먼저 준비한 것이 일기장이었다. 문구점으로 달려가 표지가 예쁜 다이어리를 골랐다. 설레는 마음으로 첫 장에 꾹꾹 눌러 썼다.

"지금부터 성선화의 100일 프로젝트가 시작된다."

아직도 가슴 뛰던 그 순간을 잊을 수가 없다. 과연 성공할 수 있을까. 기대 반, 두려움 반으로 첫 페이지를 한참 동안 쳐다봤었다.

프로젝트 기간 내내 손에서 다이어리를 놓지 않았다. 100일이 끝날 때쯤엔 다 헤지고 너덜너덜해질 정도였다.

프로젝트를 시작하려면 '빌딩부자 다이어리'부터 마련하라. 이곳에 자신의 느낌, 생각, 투자 결정, 부동산 정보, 식단, 체중, 소비, 지출 등 모든 내용을 총망라해보라. 그 힘든 고통의 시간 속에서도 나를 지켜주는 든든한 버팀목이 될 수 있다. 먼 훗날 스스로 대견할 정도로 값비싼 보물 1호가 될 것이다.

스텝2 자테크 _ know yourself!

모든 재테크의 시작은 '자(自)테크'다. 스스로 자(自). 자신에게 맞는 재테크를 해야 한다는 의미다. 솔직히 빌딩부자 100일 프로젝트는 엄청난 '하드코어'다. 한 달 월급이 200만 원선인 일반 직장인들이 따라 하기 쉽지 않다. 적어도 한 달 월급이 300만 원 이상이어야 하며, 부양가족이 없는 싱글이어야 가능하다.

내 경우는 한 달 세후 월급(월급 외 수입 포함)을 다 합치면 366만 원(2011년 기준, 2012년 소폭 상승함)으로, 30대 남녀 직장인들의 평균월급을 웃돌았다. 국민건강보험공단에 따르면, 30대 남성의 평균 연봉은 3761만 원으로 한 달 평균 313만 원이고, 여성은 이보다 훨씬 적은 226만 원이다. 20대 남녀는 이보다 적은 각각 208만 원과 188만 원이다. 안타깝게도 '2030 직장인들' 중에서 한 달에 333만 원씩 모을 수 있는 사람은 그리 많지 않다는 의미다.

하지만 실망하기엔 이르다. 무엇이든 맞춤형이다. 자신의 한 달간 최대 저축액을 계산하자. 월세 등 고정비용을 빼고, 그야말로 '죽지 않을' 만큼 절약했을 때, 모을 수 있는 액수를 정하자. 각자 월급 수준에 맞춰서다.

개인 성향도 고려사항이다. 잠시 눈을 감고 생각해보자. 스스로 생각하기에 자신이 좀 독한 편인가? 의지가 강한 편인가? 만약 평소에 '독종' 소리를 듣는다면 무리해서 계획을 짤 수 도 있다. 월급의 80~90%까지 저축하는 것이다. 내 경우엔 프로젝트 기간 중에 90%를 저축했다. 아직 신혼인 친구 중에 부부가 둘이 합쳐 한 달에 900만 원씩 저축하는 커플을 봤다. 이들 역시도 월급의 90%를 저축했다.

하지만 지금까지 살아온 인생을 돌이켜볼 때, 그동안 세웠던 빡센 계획들은 대부분 작심삼일로 끝나왔다면, 이번에도 그럴 가능성이 높다. 기간을 늘리고 목표를 낮추자.

빌딩부자 100일 프로젝트! 출발은 자신에게 맞는 자테크다.

스텝3 돈 먹는 하마를 잡아라 _ 지출 분석

이제부터 본격적인 준비단계다. 돌발 질문이다.

"이달 들어 지금까지 얼마나 썼나?"

1초의 망설임도 없이 "000원입니다"이라고 답할 수 있다면, 이미 당신은 빌딩부자의 자질을 갖췄다. 하지만 이는 사실 쉽지 않다. 자신의 지출을 정확히 파악한다는 것은 영수증을 꼼꼼히 챙겨가며 매일 또는 일주일 단위로 꼼꼼히 가계부를 써야만 가능하다.

'자테크'의 출발은 통렬한 자기반성이다. 스스로 한 달에 '얼마를' 주로 '어디에' 쓰는지 알아야 한다. 내 얇은 월급통장을 갉아먹는 '돈 먹는 하마' 들을 솎아내야 한다.

지금 당장 지갑을 열고 '신용카드' 와 '체크카드' 를 꺼내보라. 카드명

세서와 은행의 지출, 수입 거래 내용도 체크하자. 신용카드는 자주 쓰는 것과 그렇지 않은 것, 없애야 할 것 등을 구분해보자(신용카드와 체크카드 활용법에 대해선 나중에 자세하게 언급할 예정이다).

이제는 지출 분석이다. 각 항목별로 지출액을 구분해서 파악해야 한다. 주된 지출 항목이 눈에 띌 것이다. 그날따라 지름신이 강림해 나도 모르게 질렀던 항목들이 눈에 보일 것이다. 이제와 후회해봐야 소용없지만, 이들을 제대로 파악하는 것은 향후 충동구매를 막을 수 있다.

지출 분석에서 필수적인 체크포인트는 '할부금'이다. 프로젝트를 시작할 때 가장 난감한 부분이 할부금이었다. 프로젝트의 발목을 잡는 '원죄'와도 같은 것이었다. 이 달의 전체 카드값에서 할부금이 절반 이상이라면 안타깝게도 좌절할 만하다. 남들보다 긴 기간 동안 고난의 길을 걸어야 한다. 더불어 성공 가능성이 낮아질 수 있다. 할부금 해결을 위해선 액수와 기간을 따져봐야 한다. 적게는 3개월, 많게는 12개월로 끊어 놓은 이 할부금을 '어떻게' 할 것인지 결단을 내려야 한다. 여윳돈이 있다면 한꺼번에 다 갚아버리고 시작하겠지만, 그렇지 않은 경우가 대부분이다. 할부금의 액수만큼 저축 가능 액수가 줄어든다.

스텝4 경제 단식 _ 예민해지기

한 달에 900만 원을 저축하는 친구는 이렇게 말했다. 이제는 아끼는 시대가 아니라 '안 쓰는 시대'라고. 지금부터 말하려는 방법은 상당히 극단적이고 지독한 방법이다. 결코 일반적이지 않다. 그 어느 재테크서적에서도 찾아볼 수 없는 그런 얘기들이다. 핵심은 "무조건 안 써야 한다"는 것이다. 물론 일반적인 재테크서적들도 지출 관리 즉, 절약의 중요성을 강조한다. 하지만 지금처럼 인간의 한계에 도전하는 자극적인 방법은 아니다. 그만큼 힘들고 실패의 가능성이 높기 때문이다.

그러나 이 책은 극단적 기아체험을 제안한다. 이른바 '경제 단식' 이다. 목적은 예민해지는 데 있다. 돈을 쓰는 데 민감해지기 위해서다. 평소 아무 생각 없이 커피를 마시고, 밥을 사 먹고, 옷을 사는 등등 무의식적인 지출에 대해 100원짜리 하나까지 '의식' 하기 위해서다.

경제 단식은 나만의 다이어트 방법에서 착안됐다. 무조건 굶기. 그것만큼 무식한 다이어트도 없다. 하지만 아이러니하게도 내 경우 가장 성공한 다이어트 방법은 '단식' 이었다. 살을 빼려면 처음에는 무조건 절대적 식사량을 줄여야 했다. 평소 먹던 대로 다 먹고 운동해서는 '절대로!!!' 체중 감량에 성공할 수 없었다. 일단 단식으로 식사량을 극단적으로 줄인 뒤 본격적으로 운동과 식이조절을 통해 원하는 몸무게를 만들었다.

경제 다이어트도 마찬가지다. 처음엔 한계 상황까지 소비를 줄이는 '경제 단식'으로 시작해야 한다. 단식을 하게 되면 우리 몸은 극도로 예민해진다. 갑자기 에너지 공급원이 중단되면서 비상체제에 돌입하는 것이다. 평소 초콜릿 한 조각은 간에 기별도 안 가는 미미한 양이었지만, 단식 중 꿀 한 잔은 밥 한 공기와 맞먹을 정도다.

경제 단식도 마찬가지다. 100원짜리 하나까지 아껴야 한다. 100원을 아끼기 위해 눈 앞의 편안함을 포기할 수 있어야 한다. 평소 길바닥에 떨어져도 잘 줍지 않던 동전 한 닢. 그 한 닢을 아끼기 위해 30분을 걸어서 집까지 갈 수 있어야 한다.

 경제 단식 노하우

일주일에 한 번 모네타 가계부 쓰기

연예계의 대표적 땅부자로 알려진 팽현숙 씨를 인터뷰한 적이 있다. 주된 내용은 부동산 투자였다. 하지만 아직도 기억에 남는 멘트는 '몸매 관리 비결'이다. 40대 후반인 그는 지금도 20대의 몸무게를 유지하고 있다.

그의 비결은 의외로 간단했다. 아침마다 체중을 잰다는 것. 매일 아침 몸무게 변화를 체크하면서 일정 몸무게를 벗어나면 당장 관리 모드에 돌입한다는 것이다.

사람이 그렇다. 신경을 꺼버리면 마음은 편하다. 몸무게가 늘었는지 줄었는지 재지 않으면 스트레스 받을 일도 없다. 일부 다이어트 전문가들 중에는 매일 몸무게를 재는 것을 반대한다. 스트레스로 인한 부작용 때문이다.

하지만 내 생각은 다르다. 다이어트에 성공하려면 0.1kg 단위까지 체크해야 한다. 매일 아침 몸무게를 확인하며 전날의 변화를 체크해야 한다. 전날 과식으로 몇 kg이 불었는지, 반대로 한 끼 굶었더니 얼마나 빠졌는지. 일일이 확인하며 체중 감량법을 연구해야 한다.

경제 다이어트에서 매일 아침 체중을 재는 것이 바로 '가계부 쓰기'다. 지출과 수입에 대해 규칙적으로 확인해야 한다. 사실 바쁜 직장인들에게 매일 가계부를 쓰는 것은 쉽지 않다. 그래서 추천하는 방법은 영수증 챙기기다. 꼬박꼬박 챙겨놨다가 주말에 몰아서 정리하는 것이다.

내 경우 매주 일요일 오전에 가계부를 썼다. 일주일간 모아놓은 영수증을 정리하다 보면 자연스레 후회가 밀려왔다.

'아, 그때 내가 왜 그랬을까', '다음 주에는 안 그래야지.'

이처럼 가계부의 핵심은 '자아비판'이다. 좀 더 모질지 못한 스스로를 마음껏 비판해주자.

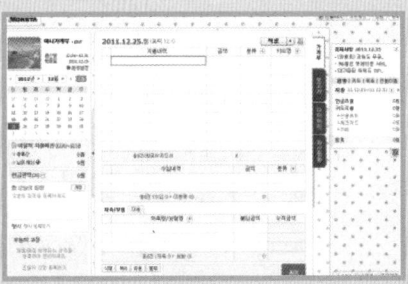

모네타 가계부 http://mini.moneta.co.kr 쉽고 편하게 돼 있어 많은 이들이 즐겨 찾는다.

포인트로 살기, 처절한 몸부림

포인트로 살기? 직접 해보지 않았으면 말을 하지 말아야 한다. 프로젝트 기간 중 먹는 데는 일체 돈을 쓰지 않기로 했다. 이에 물 한 통도 사먹지 못한 채 버텨야 했다. 이때 아이디어가 떠올랐다. 바로 패밀리마트 OK캐쉬백 카드.

이 포인트를 쓰기 위해 있었던 웃지 못할 해프닝이다.

그날 마침 목이 너무 말랐다. 회사 앞 패밀리마트에서 물 한 병을 짚은 뒤 계산대에서 패밀리마트 카드를 내밀었다. 하지만 비밀번호 오류라는 메시지가 떴다. 결제하던 직원은 인터넷에서 가입신청을 해야 한다고 일러줬다. 이에 부랴부랴 회사로 다시 올라와 인터넷 가입을 했다. 번거롭고 귀찮았지만, 다시 회사 앞 마트로 내려갔다. 그런데 또 다시 비밀번호 오류가 떴다. 뜨악~!

아까 그 직원은 "이상하다"며 고개를 갸우뚱하며 "OK캐쉬백 상담센터에 전화를 해보라"고 권유했다. 뭔가 오기가 발동했다. 포인트 쓰기가 이렇게 어렵다니. 전화를 했더니 다섯 명이 상담을 기다리고 있다는 친절한 안내멘트가 나왔다. 그래도 포기해선 안 된다. 참고 기다린 끝에 상담원과 연결이 됐다. 그에게 상황을 설명하고 문제를 해결했다.

'아. 이젠 포인트로 물 한 병을 마실 수 있겠구나.'

다시 편의점에 들어가 물을 꺼내 들었다. 아니 이게 웬일인가. 본인 확인을 위해 신분증이 필요하다고 했다. 결국 또 다시 회사로 올라와 발급일자를 확인해주고 나서야 ARS로 오프라인 비밀번호를 등록할 수 있었다. 세 번을 오르락내리락한 끝에 700원짜리 물 한 병을 손에 쥔 것이다.

돈 없이 산다는 것은, 이처럼 고달프고 피곤하고 '거지같은' 일인 것이다. 그래도 뿌듯한 것은 1만 원 어치는 패밀리마트에서 포인트로 결제할 수 있다는 것. 배가 고플 때 물 한 병, 과자 하나 정도는 먹을 수 있게 됐다. 이후 그동안 쌓아놓은 포인트는 죄다 긁어서 쓰기 시작했다. 롯데마트, GS 편의점 등등. 없는 살림에 포인트는 꽤 큰 힘이 되었다. 안타까운 점은 주로 삼성카드를 많이 썼는데, 이와 연계된 편의점이 없어 도움이 안 됐다. 이후부터는 주로 롯데카드로 결제를 하게 됐다.

동정표를 얻어라 - 명분 확보로 공감대 얻기

미안하지만 프로젝트 기간 중에는 지인들에게 신세를 지는 '빈대' 같은 생활을 할 수밖에 없다. 다들 어려운데 빈대를 붙는다는 게 참 죄송하지만, 나중에 배로 갚아준다는 생각으로 눈을 질끈 감아야 한다.

빈대를 붙는 것도 명분이 있고, 염치가 있어야 한다. 무조건 '나 돈 없다. 배 째라. 못 산다'는 식으로 나오면 완전 밉상이다.

빌딩부자 프로젝트는 혼자 몰래 해선 성공의 확률이 낮다. 적극적으로 가족 등 주변 사람들에게 알려야 한다. 그래야 내 '짠돌이 짓'의 명분이 확보된다. 프로젝트를 시작하면서 주변에 널리 알렸다. 심지어 처음 만나는 사람들한테도 얘기했다.

"저는 지금 한 달에 33만 원으로 살고 있습니다."

이유를 모르는 사람들은 뜨악한 반응을 보였다. 친구들과 함께 나갔던 자리에서 이런 얘기를 했다가, 그야말로 기분만 상하고 '거지' 취급을 당한 적도 있었다. 하지만 나는 한 달에 33만 원으로 사는 '숭고한' 프로젝트를 이해하지 못하는 사람들과는 교류하고 싶지 않다며 마음을 다 잡았었다.

프로젝트 성공을 위해선 주변인들의 도움이 절대적이다. 혼자 몰래몰래 하는 그런 일이 아니다. 주변의 양해를 구하고, 도움을 요청해야 목표치에 도달할 수 있다. 한 달에 275만 원씩 3년간 모으며 1억 원을 만드는 데 성공한 지인도 처음에 가족들에게 "3년간 1억원을 저축할 테니, 그 기간 동안은 자신에게 돈 달라는 얘기를 하지 말아달라"고 선언했다고 회상했다.

스텝5 투자의 애정남 _ 목표수익률

최근 '애정남(애매한 것을 정해주는 남자)'이라는 개그콘서트 한 코너가 선풍적인 인기를 끌었다. 남녀의 데이트비용, 남자친구의 기준 등등 실생활에서 애매한 부분을 재치 있고 명쾌하게 정의해주며 공감을 샀다.

그런데 투자에도 '애정남'이 필요하다. 할까 말까. 애매한 순간들이 있다. 이때 필요한 것이 '투자수익률'이다. 투자수익률 1%가 이 물건을 '지르느냐 마느냐'를 결정할 수 있다.

대부분 초짜들은 이 수익률의 개념이 명확하지 않다. 아예 없거나 그냥 대충 생각하고 만다. 하지만 빌딩부자 프로젝트에 앞서 먼저 수익률을 염두에 두고 움직여야 한다. 구체적인 투자수익률이 없는 투자자는 나침반 없이 항해에 나서는 것과도 같다.

유난히 숫자에 약한 사람들이 있다. 나 또한 그랬다. 학교 다닐 때부터 언어 과목의 서너 배는 많은 시간을 수학에 투자해야 엇비슷한 성적을 낼 수 있었다. 그래도 사람은 하다 보면 늘게 돼 있다. 부동산 투자에 있어 '숫자 감각'은 중요하다. 숫자에 강한 사람이 투자에도 강하다.

내 투자수익률의 마지노선은 13%다. 첫 투자인 구산동 빌라의 투자수익률을 기준으로 잡았다. 적어도 연수익률 12%는 넘어야 투자할 마음이 생긴다. 실제로 첫 투자 이후 수익률은 꾸준히 높아졌다.

(수익률의 결정 요소는 두 가지다. 총투자비용과 순익. 순수하게 내 돈을 얼마를 들여서 얼마를 버느냐는 얘기다. 예를 들어 1년에 내 돈 1000만 원을 들여 100만 원을 번다면 수익률은 10%다. 1억 원을 투자했다면 연 1000만 원은 벌어야 수익률 10%를 달성할 수 있다. 총투자비용은 단순히 부동산 매매가를 의미하지 않는다. 순수하게 내가 투자한 돈을 뜻한다. 매매가 1억 원이라도 대출을 80%까지 받는다면, 내 돈은 2000만 원만 있으면 된다. 대출을 많이 받을수록 수익률이 높아지는 것은 이 때문이다. 매매가에 대출금을 빼고난 뒤 취등록세 등 각종 세금과 기타비용을 합친 것이 총투자비용이 된다. 순익은 받은 월세에서 이자를 빼고 남은 돈의 총액이다)

투자수익률을 정할 때도 '자테크 정신'이 필요하다. 아래 테스트를 통해 투자수익률의 범위를 정해보기 바란다. 참고로 테스트 결과, 나는 목표수익률 13% 이상의 공격적 투자 성향이 나왔다.

"나는 어떤 사람?"

▶ 앞으로 5년에서 10년간 내 월급은 계속 늘어날 것이다.　　　YES　NO

▶ 어릴 때부터 용돈을 받으면 거의 다 썼으며 비상금은 따로
　모아두지 않았다.　　　YES　NO

▶ 백화점에 갔는데 가을맞이 파격 세일을 하고 있다.
　기쁜 마음에 무조건 몇 개 산다. 단, 교환이나 환불은 불가.　　　YES　NO

▶ 주식이 조금 올랐다가 한 달 새 -30%까지 하락했다. 많이
　떨어졌으니 이제 추가로 더 산다.　　　YES　NO

▶ 유능한 친구가 사업을 제안했다. 친구를 믿고 투자해서 동업한다.　　　YES　NO

▶ 많이 떨어진 주식은 언젠가는 다시 회복하리라 생각한다.　　　YES　NO

▶ 해외로 화려한 휴가를 예약했는데 오늘 회사에서 잘렸다.
　휴가는 이미 예약해 돈도 지급된 것이므로 다녀온다.　　　YES　NO

▶ 투자를 하다보면 원금 손실은 날 수 있다고 생각한다.　　　YES　NO

▶ 채권 투자나 주식 투자에 관한 지식이 있으며 경험도 있다.　　　YES　NO

1. 보수형 : YES 0~3개. 극히 보수적이며, 리스크가 있는 투자는 기피하는 보수형으로 목표수익률은 7~9%로 설정한다.
2. 안정형 : YES 4~6개. 리스크가 있는 상품에 신중하게 투자하는 안정형으로 목표수익률은 10~12%로 설정한다.
3. 공격형 : YES 7~9개. 적극적으로 리스크가 있는 상품에 투자하는 공격형으로 목표수익률은 13~15%로 설정한다.

스텝6 돈 버는 습관 _ 경제신문 읽기

신문. 꼭 읽어야 할까. 개인적으로 신문을 보는 관점이 세 번 바뀌었다. 기자가 되기 위해서 이른바 '언론고시'를 준비할 때다. 시험 준비를 위해 아침마다 신문을 열심히 정독했다. 보수와 진보, 이념적 균형을 맞추기 위해 성향이 다른 신문들을 비교해가며 꼼꼼히 읽었다. 이때 내게 신문이란 관념의 산물이었다. 우리 사회 한 단면을 보여주는, 하지만 언론사의 시사에 맞는 프리즘을 통한, 사회를 보는 렌즈였다.

기자 초년병 시절. 이제 신문 기사는 선배들에게 깨지지 않기 위한 생존의 수단이었다. 타사에 '물 먹는 기사(경쟁 신문사 기자가 단독 또는 특종 기사를 쓰는 것)'가 없는지 살펴보기 위해서 눈에 불을 켜고 봤다. 내 출입처 타사 기사들을 주로 봤다. 그러다 보니, 전체적인 흐름을 보기보다는 내 출입처에 매몰되기도 했다.

하지만 직접 투자를 시작하면서 신문을 보는 관점이 또 한 번 바뀌었다. 투자자의 관점에서 보면, 특종이냐 단독이냐는 중요하지 않다. 이들에게 중요한 것은 '돈이 되느냐, 안 되느냐'이다.

솔직히 부동산 투자를 하는 데 있어 부동산 기사는 큰 도움이 되지 않는다. 부동산 면에 게재되는 뉴스는 이미 현장에서 일어난 일에 대한, 과거의 뉴스이기 때문이다. 이를 보고 투자 결정을 하면 이미 늦는다. 뉴스를 보고 알았다면 이미 늦은 것이다. 그럼에도 부동산 뉴스를 소홀히 해서 안 되는 이유는 미처 내가 관심을 가지지 못한 지역에 관한 소식을 듣고 이를 통해 부동산 시장 전반의 흐름을 감지할 수 있어서다.

부동산 투자를 위해 신문을 제대로 읽으려면 정치면, 산업면 등 다른 분야의 뉴스를 봐야 한다. 이를 통해 부동산 시장에 미칠 영향을 파악할 수 있어야 한다. 이것이 바로 시장의 흐름을 읽고 예측하는 능력이다. 투자자들은 신문을 통해 시장 변화의 촉을 세워야 한다(이 부분에 대해서는 나중에 자세히 설명하고자 한다).

스텝7 내가 알아야 남도 시킨다 _ 경매 공부하기

독자들이 가장 많이 하는 질문 중에 하나가 "경매 컨설턴트 좀 소개해달라"는 것이다. 아마도 전편인《빌딩부자들》에서 경매를 대행해주는 컨설턴트 얘기를 소개했기 때문일 것이다.

하지만 정작 나는 경매 초보들에게 절대 컨설턴트를 직접 소개해주지 않는다. 대신 믿을 만한 경매 동호회 카페(북극성)를 소개한다. 일단 분위기를 익히면서 스스로 경매 공부를 좀 하라는 의미다.

이는 경험에서 우러난 진심어린 조언이다. 나 또한 처음 만난 컨설턴트와 찜찜하게 관계를 청산할 줄은 꿈에도 상상하지 못했다. 문제의 발단은 고가 낙찰 때문이었다. 내 입장에선 그가 지나치게 높은 가격을 제시했고, 그의 입장은 그랬기 때문에 낙찰을 받을 수 있었다는 것이다. 이같은 간극은 경매 컨설턴트의 태생적 속성상 어쩔 수 없다. 컨설턴트들은 어떻게든 낙찰을 받아야 성공 보수를 받을 수 있다. 고가든 저가든 낙찰을 시키는 것이 그들의 목표다. 그래서 초보 투자자들이 자신만의 수익률을 정하고 움직여야 한다는 것이다. 그래야 경매 컨설턴트에게 휘둘리지 않을 수 있다.

그는 나를 만날 때마다 "저는 성선화 씨가 높은 가격에 낙찰 받는 것을 원치 않습니다"라고 강조했었다.

모든 일에서 그렇듯 자기가 알아야 남에게 시킬 수 있다. 경매도 스스로 알아야 컨설턴트와의 기싸움에서 이길 수 있다. 경매 컨설턴트 비용은 통상 낙찰가의 1% 정도. 적은 돈이 아니다. 그를 활용할 수 있는 수준까지 최대한 이용해야 한다. 초보자들이 혼자 할 수 있는 독학 경매 공부 관련 내용은 뒷부분에서 자세히 다룰 예정이다.

경매 컨설턴트 활용법

▶ **컨설팅 비용을 가장 먼저 확인하라** : 시세는 낙찰가의 1%다. 초보 투자자들에게 200~300만 원의 고가의 컨설팅비용을 요구하는 사례가 빈번하다. 이런 경매 컨설팅업체들을 경계해야 한다.

▶ **반드시 직접 현장 답사를 하라** : 컨설턴트에게만 의존해 직접 현장에 가보지 않는 우를 범해선 안 된다. 아무리 바빠도 스스로 현장에 가봐야 한다.

▶ **입찰가 결정도 직접 하라** : 컨설턴트가 제시해줄 수 있는 건 입찰가의 범위다. 최소 얼마는 써야 될 것 같고, 꼭 낙찰을 받겠다면 최대 얼마까지 쓰라는 조언이다. 최종 결정은 자신의 투자수익률에 따라 스스로 결정해야 한다.

▶ **컨설턴트에게 세입자와의 대면을 요청하라** : 입찰 때부터 명도를 고려해야 한다. 낙찰 이후 명도를 하려면 소유주든, 세입자든 현재 그 집에 살고 있는 사람과 만나야 한다. 어차피 만날 사람 먼저 만나게 해달라고 요청하는 게 좋다.

▶ **임장보고서를 받아라** : 임장보고서의 핵심은 정확한 시세와 월세다. 이는 국토해양부 실거래가를 통해 확인할 수 있다. 하지만 현장에서 주민들을 직접 만나서 조사하는 것이 가장 정확하다.

▶ 입찰보증금을 맡길 때는 반드시 수표를 복사하고 번호를 적어놓는다.

스텝8 프로젝트의 꽃 _ 현장 답사

현장 답사는 빌딩부자 프로젝트의 '하이라이트'다. 최대한 자투리시간을 활용해 발품을 팔아야 한다. 이 책의 타깃 대상은 평범

한국경제	2011년 9월 21일
네이버 지도에 '도시계획정보' 다 있네	
서울시, 네이버와 협약	

한 직장인이다. 회사에 얽매인 직장인들이 뺄 수 있는 시간은 점심시간, 퇴근 후 시간 그리고 주말 등이다. 주말은 그렇다치고, 점심시간과 퇴근 후 시간도 잘만 쓰면 충분히 활용할 수 있다. 점심시간엔 회사 근처 부동산을 돌고, 퇴근 후엔 직장에서 집으로 가는 길에 있는 부동산을 둘러볼 수 있다.

직장인들에게 주어진 짧은 시간을 잘 활용하려면 '전략'이 중요하다. 일단 출발 전에 해당 지역의 정보를 인터넷으로 미리 조사해야 한다. 요즘엔 네이버, 다음에서 충분히 정확한 시세 조사가 가능하다. 미리 매물, 시세 등을 알아보고 메모해두면 훨씬 편리하다. 또 해당 지역의 공인중개 사무실 번호를 적어 놓고, 가는 길에 전화를 하면 된다. 지금 이동 중인데 매물로 나온 게 있는지 문의한다. 도착하자마자 매물을 볼 수 있도록 해달라고 말해놓으면 시간 낭비 없이 물건을 볼 수 있다. 이렇게 '쥐어짜듯' 시간을 활용하면 점심시간 한 시간 동안에도 얼마든지 원하는 지역의 시장조사가 가능하다.

주말엔 서울 외곽이나 지방을 돌아보는 게 좋다. 개인적으로 하루 동안 부천과 분당, 서울의 양 극단의 돌아다닌 적도 있다. 좀더 빡세게 시장조사를 하고 싶다면, 금요일 밤 심야버스를 타고 내려갔다가 찜질방에서 잠

시 눈을 붙인 뒤, 주말 내내 시장조사를 하고 심야버스로 올라오는 방법도 있다. 하지만 심야버스와 찜질방은 꽤나 고단할 수 있다.

간간이 모델하우스 탐방도 추천한다. 분양은 받지 말라면서 모델하우스는 다니라니. 참 아이러니다. 하지만 모델하우스는 잘만 활용하면 충분히 장점이 있다. 일단 모델하우스에 가면 그 지역에 관한 개발 호재를 한 방에 정리할 수 있다. 물론 이 개발 호재들을 자신들에게 유리하게 해석해 전달한다는 단점이 있지만, 여기서 제공하는 정보들이 사실이 아닌 것은 아니다. 사실에 기초하지만, 향후 영향에 대한 해석을 자신들의 입맛에 맞게 한 것뿐이다. 따라서 잘만 걸러 들으면 짧은 시간 안에 지역 정보를 알 수 있다.

효율적인 현장 답사 단계

▶ **1단계 : 목적지를 정한다**

내 경우엔 서울의 핵심 거점부터 시작해 수도권 외곽을 돌고 마지막에 전국을 훑는 동선을 그렸다. 그날의 목적지는 주로 신문을 보고 결정했다. 아침 신문에 난 대기업들의 투자동향, 개발 호재 기사 등을 살피고 당일의 일정을 정했다.

효율적인 답사 방법은 권역별로 움직이는 것이다. 강동, 강서, 강북, 강남 등 지역 카테고리를 정해놓고 일정 기간 동안은 해당 지역을 마스터한다는 느낌을 가지는 게 좋다. 그래야 시세, 개발호재 등 지역에 관한 정보를 효과적으로 정리할 수 있다. 중구난방으로 여러 지역을 돌아다닐 수도 있겠지만, 수많은 정보가 헷갈릴 수 있다.

▶ **2단계 : 인터넷으로 사전조사를 한다**

예전에 부동산 투자를 하셨던 분들은 참 고생하셨을 것 같다. 요샌 세상이 좋아졌다. 인터넷으로 80%에 가까운 정보를 획득할 수 있다. 예전엔 일일이 직접 대면이나 전화로 알 수 있었던 정보들이 인터넷에 다 공개돼 있다. 이를 적극 활용해야 몸이 덜 고생한다.

목적지가 정해지면 국토해양부 실거래가, 네이버, 다음 등 포털사이트의 부동산 코너로 들어가자. 해당 지역의 부동산 종류에 따라 자세한 정보들이 나와 있다. 일단 답사하려는 지역의 원하는 물건의 시세와 종류를 파악해야 한다. A오피스텔의 매매가와 월세시세 등을 확인하는 것이다. 이를 통해 가장 인기가 있는 물건이 어떤 것인지, 지하철역에 가까운 곳은 어디인지 등을 알 수 있다. 그리고 공인중개사사무실 연락처도 안내돼 있다. 마음에 드는 곳의 연락처를 메모해놓자.

▶ **3단계 : 인근의 경매물건을 검색한다**

부동산을 돌땐 항상 급매와 경매를 같이 봐야 한다. 급매의 장점은 가격 협상이 가능하고, 명도 등 귀찮은 절차가 없다는 것이다. 반면 경매는 대출을 80%까지 받을 수 있고, 잘만 고르면 시세보다 싸게 살 수 있다는 게 좋은 점이다. 부동산 매입에선 이 두 가지 가능성을 동시에 열어놓아야 한다.

출발 전에 해당 지역의 경매물건을 검색하자. 가볼 만한 물건 몇 개를 선별해놓자.

▶ **4단계 : 이동 경로를 구체적으로 짠다**

대중교통을 이용한다는 것은 참으로 힘든 일이다. 자가용 운전만큼 원하는 대로 효율적으로 움직일 수 없다. 대중교통을 이용하다 보면, 돌아서 가기도 하고 갈아타야 하기도 한다. 이런 번거로움은 피하는 가장 좋은 방법은 사전에 철저히 동선을 연구하는 것이다. 요새는 인터넷에 길찾기 정보와 지도 서비스가 잘돼 있다. 로드뷰를 통해 직접 가지 않고도 현장 사진을 확인할 수 있는 시대다. 길찾기 기능은 최단경로 서비스를 제공하고 있다. 네이버 길찾기는 이용하는 예상시간까지도 거의 정확하게 알 수 있다. 출발 전에 교통편을 반드시 확인하고 착오가 없도록 하자.

▶ **5단계 : 답사 내용은 그날 정리한다**

노트 필기는 중요하다. 늘 수첩을 들고 다니면서 꼼꼼히 메모했다. 공인중개사사무실에 들어가 카메라와 수첩을 꺼내들고 마치 공부하듯이 적기 시작하면, 일단 사람들은 겁부터 먹는다. 대부분의 사람들이 그렇게 하지 않기 때문이다. 하지만 이처럼 자세히 메모를 해두지 않으면 금세 잊어버리기 쉽다. 워낙 많은 물건들을 보러다니기 때문에 적어놓지 않으면 헷갈리기 십상이다. 수첩을 꺼내들고 메모할 상황이 아니라면, 스마트폰을 활용하자. 평형, 시세, 전월세 등을 키워드 중심으로 적어두자.

또 그날 현장 답사 다녀온 곳의 핵심 정보들은 그날 정리를 하는 게 가장 좋다. '다음에 정리해야지'라며 미루는 순간, 힘들게 얻은 정보는 기억의 강을 건너가버리게 된다. 경험상 오늘 피곤하니까 다음에 정리해야지라고 해서 제대로 해본 기억이 없다. 죽이 되든 밥이 되든 그날 현장 자료는 그날 정리해야 한다.

현장 답사 시 반드시 확인할 사항

▶ **전용률** : 입주자가 실제 쓸 수 있는 면적이 전용률이다. 공급면적이 아무리 넓어도 전용률이 낮으면 평형이 좁아진다. 실제 공급면적이 100평이고 전용률이 40%라면 40평밖에 쓸 수 없는 것이다. 따라서 오피스텔 평형을 확인할 때는 전용률을 반드시 확인해야 한다. 또 전용률이 중요한 이유는 관리비 때문이다. 관리는 공급면적을 기준으로 부과하기 때문에 전용률이 낮으면 억울하게 관리비를 많이 낼 수 있다.

▶ **대지면적** : 부동산은 토지면적과 건물면적을 구분된다. 흔히 몇 평이라고 말하는 것은 건물면적이다. 하지만 토지면적도 체크를 해놓을 필요가 있다. 토지면적은 땅의 규모를 뜻하는데, 특히 재건축 대상 아파트일 경우에 대지면적이 중요하다. 아무리 큰 평수라도 대지면적이 적으면 재건축 이후에 받는 아파트 평수가 적어진다.

▶ **평당 가격** : 빌라에 투자할 때는 대지지분에 대한 평당 가격으로 따질 것. 흔히 평형이란 말을 쓰는데 여기에 현혹되어선 곤란하다. 반드시 대지면적과 건물면적으로 확인하고, 대지면적 당 가격이 얼마인지를 파악해야 한다.

▶ **관리비** : 입주자 입장에선 관리비가 상당히 민감한 문제이다. 관리비는 월세와 더불어 매달 꼬박꼬박 내야 하는 고정비용이기 때문이다. 오피스텔 중에는 구조적으로 관리비가 많이 나오게 된 것들이 있다. 예를 들면 바닥난방이 안 되는 업무용 오피스텔을 주거용으로 쓸 경우 겨울에 관리비가 수십 만 원까지도 나올 수 있다. 관리비가 많이 나오면 세입자 손바뀜이 잦을 수밖에 없다. 매입할 때부터 겨울 관리비를 반드시 체크할 필요가 있다.

스텝9 '인테크'로 마무리 _ 전국에 '촉수'를 심는 법

우리는 엄연한 직장인들이다. '죽을' 고생은 100일이면 충분하다. 프로젝트 이후에도 계속 전국을 돌아다닐 수는 없다. 본업에 충실하기 위해선 내가 굳이 신경 쓰지 않아도 내게 고급 정보를 물어다주는 '제비' 같은 존재들을 전국에 심어놓아야 한다. 그래야 이들이 급매 등 좋은 물건이 나왔을 때 다른 사람들보다 먼저 알려주기 때문이다.

그러려면 '내 사람'을 잘 만나야 한다. 부동산 투자에선 특히 그렇다. 광주에서 만난 경매 컨설턴트와 어이없는 실랑이를 소개한다. 그를 만난 건 광주였다. 전국에 입찰 대리인을 심어놓아야겠다고 결심한 이후, 광주지법 앞 사무실에서 만난 그에게 전라권 물건을 맡기기로 했다.

그는 처음 본 내게 갖은 설레발을 떨었다. "어떻게 알고 우리 사무실에 찾아왔어요. 정말 제대로 찾아왔네. 밑에 있는 모 컨설팅 사람들은 진짜 사기꾼들이거든요. 근데 젊은 사람이 대단하네……."

계약금 10만 원만 걸면 평생 고객으로 모시겠다며 빨리 계약서를 쓰자고 했다. 원래 자기도 서울에서 공인중개사를 하다가 광주로 내려온 지 3개월밖에 되지 않았다며 친한 척을 했다. 하지만 그는 '대형사고'를 쳤다. 그에게 나주에 있는 한 빌딩 물건분석을 의뢰했다. 신건일 때부터 주목했던 물건이었다. 나중에 2번 유찰돼 본격적인 입찰을 준비할 때였다. 그에게 문서로 된 임장보고서를 달라고 요청했다. 그랬더니 대뜸 물건분석 비용 50만 원을 달라고 했다. 처음 계약할 때만 해도 그런 얘기는 전혀 없었다. 그에게 "왜 갑자기 돈을 달라고 하느냐"고 물었다. 돌아온 대답이 어이가 없었다. 혹시라도 임장보고서만 받고 내가 그를 배제한 채, 단독 입

찰할 우려가 있기 때문이라고 했다.

결국 신뢰의 문제였다. 이 업계엔 워낙 '뒤통수를 치는' 사람들이 많기에 그런 얘기를 한 것이다. 그와의 입씨름은 30분 가까이 계속 됐다. 나중에 다시 전화를 주겠다고 한 뒤, 끊었다. 하지만 다시는 그에게 전화하지 않았다.

정말 이 업계 사람들에게 미안하고, 또 미안한 얘기지만 우리나라 부동산 업계의 수준이 '딱 이 정도' 다. 서로가 서로를 믿지 못하고, 서로가 서로를 등치는 그야말로 무법천지인 것이다.

물론 다 그런 것은 아니다. 나를 대신해 원주 아파트 3채를 입찰하고 관리해준 '좋은' 대리인도 있다. 그는 입찰 대리부터 시작해 명도, 세입자 구하기까지 모든 과정을 깔끔하게 처리해줬다. 지금 생각해보면 그를 만난 건 행운이었다. 인터넷으로 원주 태장동 두진백로 경매 대리인을 찾다가 우연찮게 연락이 닿았었다. 일요일이었지만 난 그날밤 원주로 달려갔고, 그는 다음날 입찰에 대신 응찰해줬다. 세 건의 물건 중에서 하나는 단돈 100원 차이로 낙찰을 받는 행운도 누렸다.

가능하다면 전국에 믿을 만한 공인중개사를 심어놓을 것을 추천한다. 이들은 나를 대신해 투자물건을 관리해주고 정기적으로 정보를 주는 사람들이다. 이는 전적으로 개인의 능력이다. 빌딩부자들도 지역 부동산들을 절대 무시하지 않았다. 해당 지역의 부동산 정보를 이들만큼 잘 아는 사람들은 없기 때문이다.

결국 투자의 마무리는 내 사람을 얻는 것, '인테크' 다. 내 사람이 많으면 많을수록 빌딩부자가 되는 길은 빨라질 것이다.

★ 빌딩부자 십계명

빌딩부자를 만든 건
팔 할이 배짱

앞서 말한 9단계를 거쳐야 비로소 프로젝트 성공에 가까워 질 수 있다. 지난 100일간 결과물은 내 명의로 된 부동산 일곱 채다. 처음 본 사람에게 이렇게 말하면, 입을 쩍 벌린 채 놀라움을 감추지 않는다.

"오. 와우. 대박!"

이런 반응은 부동산 고수도 예외가 아니다. 업계에서 난다 긴다 하는 사람들도 '부동산 일곱 채'라는 말에는 눈이 휘둥그레진다. 그것도 100일이란 짧은 기간 동안이라면, 더더욱.

물론 보기에 따라선 무리하게 생각될 수 있다. 하지만 내 목적은 뚜렷했다. 단기간에 압축적인 투자 경험을 통해 독자들에게 다양한 얘기를 하고 싶었다. 솔직히 투자수익률만 고려했다면, 이토록 여러 군데의 다양한 부동산에 투자하지 않았을 것 같다. 월세가 많이 나오는 제대로 된 물건 하나에 투자하는 게 수익률은 나았을지 모르겠다.

그보다는 독자들 입장에서 다양성이 중요하다고 생각했다. 지난 100일 동안 투자금액은 최소 500만 원부터 최대 1000만 원까지 다양했다. 종류도 빌라, 오피스텔, 상가, 아파트, 분양권 등 웬만한 종류를 다 섭렵했다. 각각의 개별 투자금액은 세금 등 모든 비용을 포함해 5000만 원 미만이었다.

그동안의 투자가 엄청나게 '놀랄 만한 투자'라고는 생각하지 않는다. 평범한 직장인들도 누구나 마음만 먹으면 할 수 있는 일이라고 생각한다. 시작이 힘들 뿐이다. 지금부터 지난 100일간의 경험을 엑기스만 모아 모아서 10가지 팁으로 정리해봤다.

1. 일단 질러라

《빌딩부자들》 출간 후 강연회를 다닐 때다. 한번은 책의 첫 번째 주인공 박 사장님과 함께 강연회를 한 적이 있었다. 대중 앞에서 자신의 투자 이야기를 해본 적이 전무했던 그는 "일단 내일 당장 가서 부동산을 하나 지르라"고 말했다.

"내일이라도 당장 근처 부동산에 가서 일단 계약부터 하십시오. 현재 가진 돈이 없다면 신용대출이라도 쓰세요. 투자를 할 때는 자신이 끌어 쓸 수 있는 돈은 다 써야 합니다."

갑자기 좌중이 웅성거리기 시작했다. 빌딩부자로부터 듣는 세련된 강연회를 기대하고 왔던 이들에게, 그의 조언은 황당하기 그지 없었을 것이다. 일단 지르고 보라니. 그것도 자신이 만들 수 있는 신용을 최대한 끌어서. 요즘처럼 불경기에 리스크를 생각 않고 벼랑 끝에 서라는 말은 도저히 쉽게 납득이 안 되는 얘기였을 것이다. 이에 강연회가 끝나고 일부 독자들의 '작은 항의'가 있었다고 한다. 하지만 나는, 그 어떤 고수의 재테크 특강보다도 "일단 지르고 보라"는 박 사장님의 말이, 초보자들에게 실제로 도움이 되는 보약 같은 충고라고 생각한다. 나 또한 지금 부동산 재테크를 시작하려는 이들에게 "과감한 베팅"을 주문하고 싶다.

전국의 모텔을 샅샅이 훑은 모텔계의 고수 김 사장님도 《빌딩부자들》 인터뷰에서 "돈이 모이기를 기다리지 말고, 지금 있는 돈으로 투자할 수 있는 데를 찾아라"고 주문했다.

이들의 공통된 의견은 "기다리면 늦는다. 지금 있는 돈으로 투자를 하라"는 것이다. 이들의 주장에 200% 공감한다.

100일간 일곱 건의 부동산에 투자했지만, 첫 투자가 가장 어려웠다. 처음엔 계약금 200만 원을 날린 후에야 비로소 매매계약서에 사인을 할 수 있었다. 처음 투자하는 사람들에게 거액의 부동산 투자는 살 떨리는 일임에 분명하다. 밤잠을 설칠 정도로 신경쓰이는 일이다.

하지만 이같은 '마의 경계선'을 넘어야 한다. 무엇이든 처음이 어렵다. 첫 투자의 두려움을 넘는 순간, 새로운 눈이 떠진다. 첫 번째 투자를 통해 일단 실전에 부딪치다 보면 그 다음부터는 탄력이 붙기 시작한다. 무엇보다 투자에 대한 두려움이 없어진다. 처음엔 몇 백만 원짜리 계좌이체에 손이 떨리지만, 몇 번 하다 보면 억대 이상의 송금도 아무렇지 않을 정도로 강심장이 된다.

"지금 당장 시작하라."

아직도 망설이는 독자가 있다면, 지금 가장 해주고 싶은 충고다.

2. 단계별로 성장하라

일곱 건의 투자 중 가장 후회되는 것은 오피스텔 분양권이다. 가끔씩 분양권 투자가 생각날 때면, 후회가 막심하다. 물론 밑지는 투자는 아니다. 그러나 앞으로는 다시는 분양권 투자는 하지 않겠다고 결심했다. 당시에는 초창기에 많은 돈이 들어가지 않은 데다, 1년 뒤 준공 후 임대가 되면 월세를 받을 수 있으니 괜찮다고 생각했다. 하지만 이제와 다시 생각하면, 그 돈(1500만 원)이면 지방 아파트 몇 채를 더 사서 월세를 받는 게 차라리 나았다.

잠시 분양권에 대해 부연설명을 하자면, 분양권 투자가 '하수 중의 하수'라고 얘기하는 이유는, 요즘처럼 시세차익이 크지 않은 시장에서, 미래가치가 이미 반영된 분양권을 산다는 것은, 그만큼 먹을 것이 없다는 것을 의미하기 때문이다. 아파트와 오피스텔 분양가는 대개 주변 지역의 시세보다 높게 책정된다. 준공 시점의 물가상승률과 신축 부동산에 대한 프리미엄이 반영됐기 때문이다. 분양 아파트, 오피스텔의 입주 시점이 되면 주변 부동산들의 가격이 덩달아 들썩이기도 한다. 자고 나면 집값이 오르던 시절에는 지역에 따라 프리미엄이 몇 억씩 붙기도 했지만, 최근

시장에선 기대하기 어렵다. 오히려 지나친 기대 심리로 인해 마이너스 프리미엄이 붙기도 한다. 대표적 사례가 인천 송도와 서울 상암동이다. 2010년 부동산 경기가 반짝했을 때 분양한 아파트, 오피스텔에 최대 1억 원씩 프리미엄이 붙었지만 현재는 팔고 싶어도 못 파는 신세가 됐다. 상암동 이안 오피스텔 역시 분양 당시 프리미엄이 3억 원까지 붙기도 했지만, 지금은 분양가로도 팔기 어려운 상황이다. 진정한 고수는 이미 미래 가치가 가격에 반영돼 비싼 물건이 아닌, 하자 있는 값싼 물건을 찾아 리모델링하고 비싸게 되판다.

그렇다면 나는 '왜?' 오피스텔 분양권에 투자했을까. 길게 설명할 필요 없이 한마디로 '성장통'이라고 표현하고 싶다. 첫술에 배부를 수 없고, 처음부터 잘할 수는 없다. 번데기가 성충이 되듯, 누구나 허물을 벗으며 단계별로 성장한다. 하룻강아지가 눈 깜짝할 사이에 범이 될 수 없는 이치다.

분양권은 부동산 투자에 있어 가장 '하수'에 속한다. 초짜들이 가장 접근하기 좋은 투자가 분양권*이다. 시내 도처에 널려 있는 모델하우스에 가면 친절한 안내원들이 '먹기 좋은 밥(정보)'을 떠먹여준다. 흩어진 정보를 자신들에게 가장 유리한 형태로 가공해 고객들에게 제공한다. 그러곤 이 물건을 사기만 하면 떼돈을 벌 것처럼 떠벌린다. 사실 웬만해서 여기에 혹하지 않을 수 없다. 이들의 말만 들으면 미래 장밋빛 청사진이 너무나 그럴듯하기 때문이다. 특히 초보자라면(돈이 없다면 모를까), 손에 투자금

★ 분양권이란 아직 준공이 되지 않은 부동산의 소유권을 미리 사놓는 것이다. 빌라, 아파트, 오피스텔, 상가 등 종류에 상관없이 아직 지어지지 않은 부동산에 투자하는 것이다. 분양권 투자의 매력은 초기 투자비용이 분양가의 10%밖에 들지 않는다는 점이다. 내가 투자한 램킨푸르지오시티를 예로 들자면, 분양가는 1억 5400만 원이지만 초기 투자비용은 1540만 원이다. 입주 시점인 2013년까지 여섯 차례의 중도금을 무이자로 대출받을 수 있다. 잔금은 입주 2개월 전에 내면 된다.

을 쥔 사람이라면 넘어가기 십상이다.

만약 모델하우스에 가서 컨설턴트의 설명을 제대로 들은 후에 분양권 매입 충동을 안 느낀다면 고수의 반열에 오른 사람이다. 그들이 자신들의 입맛에 맞게 조리한 정보를 충분히 걸러 들을 수 있는 '비판 능력'이 있다는 의미다.

나 또한 '초짜'였기에 분양권에 투자했던 것 같다.

하지만 한번 해보면 그때서야 또 다른 것들이 보이게 된다. 부동산은 작은 월세부터 시작해 단계별로 성장하는 게 맞다고 본다. 혼자 생각하기에 낮은 단계를 거치지 않고 시행착오 없이 고수가 될 것 같지만, 사실상 쉽지 않다. 각 단계에서 깨치고 배우는 점이 있기 때문이다.

지금까지 한 투자의 급수를 매긴다면 '분양권 〉 빌라, 아파트, 오피스텔 등 주거용 부동산 〉 상가 등 상업용 부동산 〉 빌딩' 순이다. 상가 등 상업용 부동산은 주거용 부동산에 비해 입지 및 물건분석이 훨씬 난해하다.

3. 전국구로 놀아라

그렇다면 첫 투자처를 어디로 할까? 막막하기 그지없다. 처음 프로젝트 시작 때는 멋도 모르고 서울의 핵심 지역부터 시작했다. 광화문, 신촌, 강남, 용산 등등 오피스텔 시세가 2억 원이 훌쩍 넘는 지역들을 돌며 물건을 봤다.

하지만 얼마 지나지 않아 이런 노른자위 땅들은 '아직 내 것이 될 수 없다' 는 현실을 직시했다. 매매가는 3억 원 가까이 했지만, 월세시세는 보증금 1000만 원에 월 100만 원 정도였다. 세금 뺀 실질수익률은 5% 미만이다. 저축은행 금리가 6%인데, 굳이 사서 고생할 이유가 없는 것이다.

이런 냉정한 현실을 안 이후로는 실질투자금액 5000만 원 미만의, 내 수준에 맞는 투자처를 찾기 시작했다. 이런 지역은 서울 외곽이나 경기권, 지방 등의 빌라촌이었다. 서울 안에서 저렴한 빌라촌을 꼽자면 연신내를 비롯한 은평구, 정릉 등 성북구 지역이 될 것이다. 이들 지역 중 그나마 잘 아는 동네를 찾아야 했다.

첫 투자처로 연신내 인근을 선택한 것은 '그래도 좀' 아는 동네였기 때문이다. 집 주변과 강남 이외에 우연찮게도 많이 가봤던 지역이 연신내 인근이었다. 예전에 만났던 친구 덕이다. 전편《빌딩부자들》에서도 강조했지만, 첫 투자는 무조건 아는 지역에서 시작해야 한다. 개인적으로 성북구 지역에서 대학을 다녔거나 친구가 있어 자주 가봤다면, 아마도 첫 투자처가 바뀌었을지도 모르겠다.

이후 어느 순간부터는 서울 물건을 잘 보지 않게 됐다. 부천, 평택 등 경기권을 돌더니 급기야 광주, 부산, 여수, 원주 등 전국구로 돌게 됐다. 단계별로 성장하라는 말을 그래서 하는 것이다. 처음에 내 집 앞에서 시작해 결국엔 전국구가 돼야 한다.

흔히들 쉽게 말한다. 부동산 투자를 하려면 발품을 많이 팔아야 한다고. 하지만 이는 지나치게 애매모호한 표현이다. <u>정확히 말하면, 전국을 돌며 발품을 팔아야 한다.</u> 전국 주요 도시의 핵심 지역의 동 이름과 아파트 시세 정도는 꿰고 있어야 부동산 투자 좀 한다며 업계에 명함을 내밀

수준이 되는 것이다.

4. 지렛대 효과를 적극 활용하라

대출에 관한 한 밤을 새서라도 할 말이 많다. 과장을 좀 보태자면, 수익형 부동산 투자의 '꽃'은 바로 대출이다. 빌딩부자들 역시 이를 '레버리지 효과'라고 표현하며 거듭 강조했었다.

솔직히 전편《빌딩부자들》집필 당시만 해도 그들이 강조하는 레버리지의 중요성이 잘 와닿지 않았다.

직접 실전에 뛰어든 순간, 레버리지의 중요성이 '내 일'로 다가왔다. 지금 이 글을 읽는 독자들도 직접 해보지 않으면 책에서 아무리 강조한들 이해할 수 없을 것이다. 사람은 대개 직접 당해봐야 '아, 이거구나'라며 무릎을 치게 마련이다.

현금을 쌓아 놓은 부자가 아닌 이상, 대출이 필수라는 사실을 명확히 인식해야 한다. 일반인들은 대출을 상당히 꺼려하고 또 두려워한다. 나 또한 이번 프로젝트 전까지 자력으로 대출을 단 한 번도 받아본 적이 없었다. 하지만 적은 돈으로 투자수익률을 높이려면 어쩔 수 없다. '진짜 부자'가 아닌 이상 부동산을 '제 돈' 주고 사는 사람은 거의 없다.

문제는 대출의 한도다. 일반적으로 대출은 매입가의 60% 정도다. 정부는 소득과 연계해 대출 규모를 규제하고 있다. 하지만 이 부분은 전적으로 개인이 결정할 문제라는 판단이다. 개인적인 생각을 솔직히 말하자면, 이자를 갚고 10만 원 이상 남는 한도까지 대출을 받을 수 있다고 본다. 이자를 내고도 남는다면 최대한 받는 것이 수익률을 높이는 좋은 방법이다. 경매는 낙찰가의 80%까지 가능하다.

일반 매매는 매입가의 60%도 다 받기 힘든 것이 현실이다. 금융권이 대출을 일으키는 원리는 이렇다. 일단 해당 부동산의 가격을 감정한다. 국토해양부에 시세가 나와 있는 아파트라면 쉽게 가격대를 알 수 있지만, 그렇지 않은 빌라, 오피스텔이라면 자체적인 실사를 거쳐 가격을 결정한다. 금융권이 측정하는 감정가는 대부분 실거래보다 낮다. 이를 기준으로 대출한도를 결정하다 보니 실거래 가격을 기준으로 하는 것보다 낮아질 수밖에 없다. 또 소액임대차보호법에 따라 방의 숫자에 따라 2500만 원 정도를 공제한다. 이는 이 방에 세 들어 사는 사람이 생길 경우를 대비해 미리 보증금 정도를 빼놓은 것이다. 이렇게 되면 대출 가능액은 더 적어지게 된다. 경매가 아닌 일반 대출을 받으려면 매매가의 40~50% 정도만 가능하다. 그만큼 투자수익률도 낮아진다. 그런 의미에서 경매의 매력은 대출에 있다(하지만 2012년 들어 가계 부채가 늘면서 경매의 대출 조건도 까다로워졌다).

5. 매도 타이밍을 잡아라

'월세거지'

하우스푸어. 집거지에서 따온 말이다. 고가의 집은 있지만 정작 쓸 수 있는 현금이 없는 고액자산가들을 빗댄 말이다. 특히 고가의 아파트를 빚을 내 산 경우라면 대출이자에 허덕이느라 집 없는 사람보다도 못한 생활고에 허덕일 수 있다.

월세거지란 매달 월세는 받지만 정작 목돈은 손에 쥐지 못하고 근근히 살아가는 이들을 뜻한다. 몇 억짜리 부동산이라도 한 달 월세는 100만 원을 넘기 힘든 게 현실이다. 수백억 빌딩이나 가져야 1000만 원대 이상의 임대료를 기대할 수 있다.

빌딩부자를 꿈꾸는 이들의 경계대상 1호가 바로 '월세거지'다. 이를 피하기 위해서는 매도 타이밍을 잘 잡아야 한다. 부동산은 한번 물리기 시작하면 끝도 없이 추락한다.

매도 타이밍은 이미 부동산을 매입할 때부터 머릿속에 들어있어야 한다. 특히 거치식 대출의 원금상환 만기가 돌아오는 3년 전에 처분하는 게 좋다. 양도소득세 혜택을 볼 수 있는 시점부터 거치식 대출 만기가 돌아오는 시점, 그 사이에 원하는 가격에 매도할 수 있어야 '진짜 선수'다.

가장 좋은 매도 타이밍은 부동산이 바닥을 치고 올라가기 시작하는 상승기와 개발 호재가 터지기 직전이다. 발바닥에 사서 머리에서 판다는 것은 지나친 욕심이다. 매입가격에서 시세차익을 볼 수 있다면 언제든 팔 준비를 해야 한다.

부동산은 오래 쥐고 있다고 돈이 되는 게 아니다. **2~3년 단위로 갈아타면서 새로운 투자, 지역으로 옮겨다녀야 한다.** 매달 나오는 월세만 모아서는 큰 부자가 될 수 없다. 월세에 더해서 시세차익까지도 챙겨야 '월세거지'를 면할 수 있다.

6. 모든 사기는 흔적을 남긴다

모든 범죄가 흔적을 남기듯, 모든 사기도 흔적을 남긴다. 지난 100일간의 고군분투는 부동산업계 사기꾼(?)과의 전쟁이었다고 해도 과언이 아니다. 안타깝게도 국내 부동산업계는 아직까지 한탕을 노리는 사기꾼들의 '좋은 놀이터'가 되고 있다. 지난 2년간 부동산 전문기자로 있으면서도, 이 업계에 이렇게 사기꾼들이 많은 줄 몰랐다. 직접 투자자로 시장 바닥에 뛰어들어보니, 이 업계는 그야말로 불법과 편법이 난무한 진흙탕이었다.

부동산업계 사람들은 사기꾼이라는 표현에 강한 거부감을 느낄지 모르겠다. 하지만 부동산업계에서 한끗만 잘못 넘으면 사기꾼 소리를 듣기 십상이다. 자신의 이익을 위해서, 자기가 살기 위해서 어쩔 수 없이 언젠간 터질 수밖에 없는 '시한폭탄'을 남에게 던지고 나와야 하는 경우가 많기 때문이다. 대표적 사례가 '예상수익률'이다. 심지어 부도난 아파트를 파는 경우도 있다.

7. 무지는 곧 죽음이다

그야말로 '어이없는' 변명 중에 하나가 "죄송한데, 정말 몰랐어요"이다. 사고를 쳐놓고 모르쇠로 일관하는 것은 정치인뿐만 아니라 주변에서도 흔히 볼 수 있다. 무식한 게 자랑도 아니고, 몰랐다고 발뺌하면 그만이라고 생각한다. 하지만 그의 무지로 인해 엎질러진 뒷수습은 누구의 몫이란 말인가.

부동산 투자에서 '무지는 곧 죽음' 이다. 나중에 몰랐다고 해봐야 내 돈은 이미 사기꾼들의 손에 넘어간 뒤다. 이때 가서 사기꾼들에게 "몰랐다"며 "내 돈 돌려 달라"고 생떼를 써봐야, 소 귀에 경 읽기다. 기자 명함을 들이밀며 "사기 분양 기사 한번 나가고 싶냐"고 협박해야 간신히 돌려받을까 말까다.

그러니 '피 같은' 내 돈은 내가 지켜야 한다. 이를 위해선 공부밖에 방법이 없다.

여기 무지가 불러온 실패 사례를 소개한다. 한눈에 보기에도 선한 인상의 그를 만난 건 빌딩부자들 강연회 준비를 하면서였다. 독자들에게 트위터로 강연회에서 듣고 싶은 내용이 뭐냐고 물었는데, 재밌게도 실패 사례를 가장 듣고 싶다는 답변이 많았다.

수소문 끝에 찾은 그는 세 번의 실패 끝에 간신히 성공한 전문직 종사자였다. 첫 번째 실패는 기획부동산 때문이었다. 그가 의과대학 학생 시절, 우연히 알게 된 한 기획부동산 업자가 잊을 만하면 전화를 했다. 모질게 전화를 끊지 못했던 그는 업자의 얘기를 들어줬다.

"지금은 제가 학생이라 돈이 없어 못하지만, 제가 나중에 개업해서 돈 벌면 그때 투자하겠습니다."

그렇게 4~5년을 꾸준히 전화를 받다 보니, 그도 정이 들었다고 했다. 개업 후 1년간 목돈을 열심히 모은 어느 날, 이 업자에게서 또 다시 전화가 왔다.

"제가 1년간 종잣돈을 좀 모았는데요. 투자를 좀 해볼까 합니다."

이 기획부동산업자는 그에게 지방의 땅을 보여주며, 개발 호재를 줄줄줄 읊었다. 아직까지 사기꾼이 득실대는 이 업계를 잘 몰랐던 그는, 업자를 믿고 투자를 했고, 1년 동안 모은 종잣돈을 모두 날렸다. 이후로 4년 동안 꾸준히 연락했던 그 업자는 연락이 되질 않았다. 그가 산 땅은 맹지였고, 지번도 없는 그런 쓰레기 같은 땅이었다. 무지의 결과는 혹독했다.

다시는 실패하지 않겠다고 이를 악물던 그는 집 근처에 있는 레스토랑을 눈여겨봤다. 맛도 괜찮고 장사가 꽤 잘됐기 때문이다. 그런데 마침 이 레스토랑이 매물로 나온 것이다. 그는 기회라고 생각하고 잽싸게 매입했다. 하지만 얼마 후 구청에서 청구서가 하나 날아왔다. 불법 건축물인 레스토랑을 철거하라는 요청이었다. 알고 봤더니 이 레스토랑은 원래 1층밖에 지을 수 없는 곳이었는데, 불법으로 2층까지 지었던 것이다. 울며 겨자 먹기로 레스토랑 문을 닫을 수밖에 없었다. 나중에 와서 '불법 건축물인 줄 몰랐다'고 말해봤자, 그의 하소연을 들어줄 사람은 아무도 없다.

이번에는 절대 실패하지 않겠다고 굳게 결심한 그는 상가 쪽으로 눈을 돌렸다. 마침 대학로 목 좋은 자리에 던킨도너츠가 나왔다는 정보를 입수했다. 월매출이 4000만 원이 넘는다고 했다. 이번에도 더 생각할 것도 없이 1억 원에 가까운 권리금을 주고 가게를 인수했다. 하지만 이번에도 행운은 그의 편이 아니었다. 월매출액이 4000만 원인 것 맞았다. 그러나 정작 남는 게 별로 없었다. 많이 벌면 버는 만큼 본사에서 가져가는 수익도 늘어났다. 회계장부를 아무리 살펴봐도 도대체 이해할 수 없도록 교묘하게 짜놓았기에 손을 쓸 수가 없었다.

"대형 프랜차이즈는 그야말로 빛 좋은 개살구입니다. 주인이 인건비 없이 죽기 살기로 덤비지 않는 한 인건비 빼고 나면 남는 거 하나도 없습니다."

이번에도 그는 문을 닫을 수밖에 없었다. 하지만 이마저도 쉽지 않았다. 프랜차이즈 본사 원칙상 문을 닫으려면 폐업신고를 해야 했다. 그러면 다음 매입자에게 권리금을 받을 수가 없었다. 이대로 죽을 순 없다고 생각한 그는 언론에 공개하겠다는 협박 끝에 간신히 빠져나올 수 있었다. 겉만 번지르르했던 프랜차이즈 업계를 몰랐던 탓에 빚어진 비극이다. 이처럼 부동산 투자에서 무식은 곧 죽음을 뜻한다.

물론 그도 성공을 하기는 했다. 별 생각 없이 사두었던 화곡동 오피스텔이 두 배로 올랐고, 야산에 황금 소나무를 심어 팔아 짭짤한 수익을 올리고 있다. 하지만 좀더 잘 알아봤더라면, 훨씬 더 좋을 결과를 거둘 수 있었을 것이다.

8. 하자 물건에 집착하라

"나주시 금성동 메인통—상가, 감정 : 8억 700 > 4억 5000, 수익률 40%"
한동안 연락이 끊겼던 컨설턴트에게서 문자메시지가 왔다. 자세히 보니, 이미 내가 몇 달 전부터 눈여겨봤다가 검토 끝에 입찰을 포기한 물건이었다. 수익률이 괜찮은 물건이니 생각 있으면 들어가보라는 얘기였다. 입찰일을 5일 남겨둔 상황. '이제 와서?' 피씩 웃음이 났다.

'이 물건도 이제 끝났구나.'

경매 컨설턴트들이 알고 문자를 돌릴 때면, 이미 그 물건은 알 만한 사람들에게 다 알려졌다고 봐도 무방하다. 다시 말해, 입찰 경쟁률이 높아질 것이며 낙찰가도 치솟을 가능성이 높았다. 아니나 다를까. 2회 유찰됐던 이 물건은 5000만 원이나 높게 이전 최저가를 넘겨 매각됐다.

한편으론 묘한 쾌감을 느꼈다. 아, 나도 이제 이 업계 고수가 된 건가? 프로젝트가 막바지에 접어들면서 소위 업계 '빠꼼이' 들로부터 귀신같이 돈 되는 물건을 짚어낸다는 얘기를 들었다.

"아니, 여기 연고가 있으세요? 이 물건은 어떻게 찾으셨어요? 이 물건 괜찮아요."

내 자랑이 아니라, 경매 사이트만 보고 찍어서 물건분석을 의뢰했는데, 물건이 이상하다는 얘기는 듣지 못했다. 물론 특수물건이 아닌, 일반물건 중에서 말이다.

나주 원당빌딩도 마찬가지다. 이미 고수들이 찍기 전부터 이 물건을 찍고 눈여겨봤었다. 경매 컨설턴트와 일반 투자자들보다 한발 먼저 앞서 갈 수 있는 나름의 안목이 생긴 것이다.

생각해보면 장족의 발전이다. 제대로 된 물건 하나 찾지 못해 컨설턴트의 도움을 빌어야 했던 내가, 이젠 업계의 고수들과 어깨를 겨누며 컨설턴트들의 머리 위에서 놀 수 있게 된 것이다.

비결이 뭘까. 과연 딱 떨어지는 묘책이 있을까. 안타깝게도 그렇지 않다. 진흙 속에서 숨은 진주를 찾는 방법은 결국 그 누구도 아닌, 자기 자신 안에 있다. 정답을 기대하는 독자들에겐 상당히 실망스러운 얘기일 수 있지만, 실제로 그렇다.

9. 제7감각을 길러라 – 투자의 결정

공부를 잘하는 비결은 사고력을 기르는 것이다. 즉, 생각하는 힘을 길러야 공부를 잘할 수 있다. 그렇다면 투자를 잘하려면 어떻게 해야 할까. **투자를 판단하는 힘, 이른바 '투자력'을 길러야 한다.** 하지만 이는 단지 부동산 공부를 많이 한다고 해서 길러지는 게 절대 아니다. 만약 그렇다면 부동산대학원에 다니는 사람들은 죄다 부동산 부자가 됐을 것이다. 현실은 그렇게 호락호락하지 않다.

빌딩부자들 인터뷰를 하면서 이 '투자력' 부분에 대해 집중 추궁했었다.
"왜 이 물건에 투자하셨나요?"
"왜 이 물건이 좋다고 생각하셨나요?"
그때마다 개운치 않은 대답이 돌아오곤 했었다. 그들 자신도 딱히 꼬집어 왜라고 말할 수 없는 부분이 있는 것 같았다.

지금 생각해보면 그건 마치 연인에게 "내가 왜 좋아?"라고 묻는 것과 비슷하다고나 할까. 투자를 결정함에 있어 똑 떨어지는 이유를 설명하기 힘든 경우가 종종 발생한다.

지금 당신 옆에 있는 연인에게 "내가 왜 좋아?"라는 질문을 듣는다고 치자. 무어라 답할 것인가. 한참을 고민하다 상대가 듣고 싶어 하는 대답을 찾거나, "에이 그런게 어딨어 그냥 좋은 거지"라며 두루뭉술하게 넘어갈 것이다.

하지만 투자에 관해선 '내가 투자한 이유'에 대해 남들에게 설명할 수 있어야 한다. 그것도 설득력 있게. 물론 이 투자력이라는 게 논리적인 머리보다는 어느 정도 감이나 직관이 작용하는 부분이 있다고 본다.

2012년 초 6개월만에 투자 현장을 다시 찾은 후, 이 투자력에 대해 다시 한 번 확신하게 됐다. 오르는 지역은 오르고, 안 오르는 지역은 결코 오르지 않는다. 2011년 프로젝트를 추진하면서 그 많은 지역에 다 투자할 수는 없었다. 투자를 할까말까 망설였던 지역과 투자여력과 여건상 할 수 없었던 지역이 더 많았다. 그렇지만 스스로 확신이 없었다는 표현이 보다 더 정확할 것이다. 하지만 6개월 후에 이들 지역을 다시 찾았을 때는 투자의 감을 좀더 확실하게 잡을 수 있었다. 이전부터 느끼고 생각해왔던 것이지만, 더더욱 확신하게 된 것이다.

부동산 시장도 결국은 수요와 공급에 의해 움직인다. 지금처럼 거품이 빠진 합리적 시장에선 특히 그렇다. 따라서 투자력이란 수요와 공급을 정확히, 제대로 예측할 수 있는 능력이다. 부동산을 감으로 의존하던 시대는 갔다. 남들보다 더 열심히 듣고 공부하며 실력을 길러야 한다.

10. 고독한 외톨이가 돼라 – 친구를 경계하라

그날밤. 박 사장은 깜짝 놀라는 기색이 역력했다. 자정이 가까운 시각 술잔을 기울이며 그간의 투자 얘기를 털어놓았을 때다.

"아니, 어떻게 나한테 상의 한마디 없이 그렇게 투자를 했어? 하긴, 원래 투자는 혼자 해야 하는 거야. 주변 얘기 듣다 보면 절대 투자 못해."

그는 묻지도 않고 혼자 덜컥 투자를 해버린 데 대한 염려와 격려, 모순된 반응을 보였다. 심지어 "물릴 수 없어?"라는 농담을 했다.

사공이 많으면 배가 산으로 간다. 투자도, 연애도 마찬가지다. 친구에게 하는 연애 상담은 늘 역효과를 불러일으킨다. 이유는 단순하다. 나는 지금 상대에게 콩깍지가 낀 상태이고, 친구들은 상대를 '아주' 객관적으로 본다. 세상에 완벽한 사람은 없다. 그들이 해줄 수 있는 최선의 충고는 '헤어지라'는 것밖에 없다. 사실 사람 사이 관계라는 게 객관적으로만 접근할 수 없는 부분이 많다. 심지어 연인 관계는 더 하다. 결혼까지 골인하는 친구들을 보면 결혼식 전날까지 남자친구를 공개하지 않는 애들이다.

투자도 마찬가지다. 혼자 해야 한다. 주변 사람들, 특히 비전문가들한테 상의해봤자, 남는 게 별로 없다. 전문가의 조언도 참고만 할 뿐이다.

구산동 빌라의 경우 박 사장도, 강 대표도 회의적인 반응을 보였다. 하지만 이런 거 저런 거 다 따지면 투자를 못한다. 분명한 자신만의 계획이 있으면 된다. 나는 이 빌라를 3년 뒤 매각할 예정이다. 전세난이 가중되고 있다고 봤고, 시세보다 싸게 샀으니 차익도 기대할 수 있다. 게다가 수익률이 높아 분명 살 사람은 있을 거라 생각한다. 투자를 정하는 순간만큼은 '외로운 단독자'가 돼야 한다. 스스로 판단하고 결정해야 한다. 대신 그 책임 역시도 자기 스스로 질 수 있어야 한다. 이 과정에서 배우는 게 엄청나다. 내가 어떤 판단의 근거를 가지고 결정했는지, 또 무슨 결정을 어떻게 잘못 했는지 하나씩 배우며 스스로 성장해나가는 수밖에 없다. 간접 경험은 어디까지나 간접 경험일 뿐이다. 직접 경험을 통해 성장해나가는 것이다.

　이 과정은 외로울 수밖에 없다. 외로워도 슬퍼도 울지 않는 '씩씩한' 캔디가 돼보자.

★ 경제 기사 똑똑하게 읽기 ❶
투자자의 관점을 체화하라
그리고,
기사 그 이후를 상상하라

　　　　　　기자의 관점과 투자자의 관점으로 매일 아침 두 개의 렌즈로 신문을 읽는다. 투자자의 관점은 '돈 되는' 신문 읽기다. 서점에 각종 경제신문 읽기 책들이 넘쳐난다. 하지만 여기에 제시하는 방법은 부동산 투자의 관점이다. 다양한 신문 읽기 노하우가 있겠지만, 우리의 주된 관심사는 부동산 투자 정보다.

　　개인적으로 주식보다 부동산 투자와 궁합이 더 잘 맞다. 단순한 성격과 잘 맞아 떨어지기 때문이다. 부동산 투자는 주식처럼 분초 단위를 다투지 않는다. 부동산 투자의 미학은 '단순함'에 있다. 또 얼핏 보면 복잡해보이지만, 부동산 투자는 핵심포인트만 잡으면 복잡한 실타래가 술술 풀리게 돼 있다. 신문을 읽을 때도 마찬가지다. 투자의 맥을 짚으면 '게임 끝'이다. 다음은 콕콕 짚어낸 신문 읽기의 '앙꼬'들이다.

길 따라 돈 따라

길이 돈이다. 부동산 투자에선 특히 그렇다. 길이 뚫리는 곳에 '돈맥'도 같이 뚫린다. 부동산 가격을 좌지우지하는 핵심 변수가 바로 '길'이다.

따라서 신문 스크랩 1순위는 교통 호재다. KTX, 지하철, 도로 등 새 길이 뚫린다는 기사는 무조건 별표 '땡땡', 스크랩 '팍팍'이다. 사실 교통 호재만큼 오픈된 정보도 없다. 국토해양부 홈페이지에만 가도 상세하게 나와 있다. 더 바람직한 것은 전국의 웬만한 교통 호재들이 이미 머릿속에 지도 한 장으로 들어와있는 것이다. 진정한 고수는 남들보다 먼저 들어가 절묘한 타이밍에 빠져나온다. 5~6년 전에 매입해 '길이 터지기' 몇 달 전에 팔고 나오는 게 최상이다.

1. KTX

KTX는 전국 1일생활권의 주역이다. 덕분에 서울에서 아침을, 부산에서 점심을, 다시 서울에서 저녁을 먹을 수 있게 됐다. 하지만 우리 정부의 꿈은 이보다 원대하다. 앞으로 10년 뒤 전국을 반나절 생활권으로 만들겠다는 포부를 밝

조선일보　　　　　　2010년 9월 2일
2020년 목표 운행시간
서울~부산 1시간 43분
서울~광주 1시간 11분
부산~광주 1시간 40분

조선일보　　　　　　2010년 9월 2일
KTX로 전국 연결 '90분 시대' 만든다
고속철도망 구축전략,
국가교통체계 도로에서 철도 중심으로

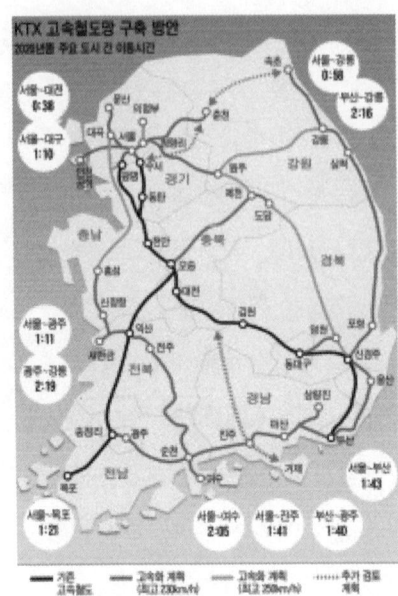

| KTX 고속철도망 구축 방안

했다. 전국을 1시간 30분 만에 주파해야 가능한 얘기다. 정부 계획에 따르면 2020년까지 서울~부산, 서울~광주가 1시간 40분대로 단축된다.

또 10년 뒤엔 전국이 'ㅁ'자 형태로 연결된다. 경상도와 전라도, 경상도와 강원도가 KTX로 이어질 예정이다. 지금은 부산에서 광주로 가려면 고속버스를 타고 세 시간 이상 가야 한다. 10년 후엔 KTX로 연결돼 두 시간 이내로 단축될 예정이다. 물론 사업성, 예산 문제로 계획에 차질이 빚어질 가능성도 있지만, 일단 큰 그림을 머릿속에 넣어두자.

이르면 2014년에는 서울에서 KTX를 탈 수 있는 곳이 하나 더 생긴다. 2012년 상반기 민영화 논란으로 시끄러운 '수서발 KTX'다. 기존 KTX 출발역은 서울역과 용산역, 두 곳이었다. 하지만 2014년에는 수서역에서도 KTX를 탈 수 있게 될 전망이다. 이 노선은 수서역에서 출발해 동탄역을 지나 평택역으로 연결된다. 평택역에서 기존의 KTX 노선과 만나는 것이다. 이렇게 되면, 강남권 주민들이 KTX를 이용하기가 편리해질 것으로 예상된다. 이에 강남 지역에선 저평가돼 왔던 수서역 일대 오피스텔 가격이 껑충 뛰었다. 2011년 상반기 1억 원대 초반이었던 전용 10평 오피스텔이 1년 만에 2억 원을 넘어섰다.

하지만 최근 수서발 KTX가 논란이 되는 이유는 정부가 이 노선의 운영을 코레일이 아닌, 민간 컨소시엄에 맡기겠다고 선언했기 때문이다. 정부는 민간이 운영하면 KTX 운임이 현재의 80% 선으로 내려갈 것이라고 주장하고 있다. 하지만 반대파들은 국가의 기간 산업인 KTX를 민간에 맡길 경우, 되레 가격이 올라 시민들의 부담이 가중될 수 있다고 맞서고 있다. KTX 개통은 부동산 투자의 확실한 근거가 된다. 향후 5년내 KTX 개통으로 가장 큰 수혜를 보는 지역으로 원주가 꼽힌다.

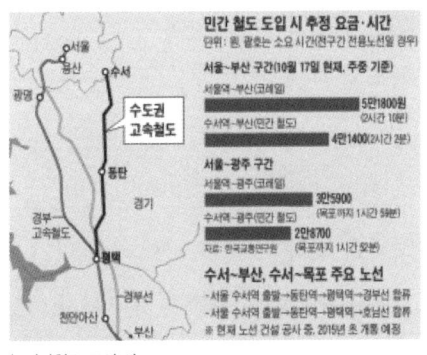
| 민간철도 도입 시

내가 원주에 투자한 이유도 평창올림픽 개최로 원주가 최대 교통 수혜지가 될 것으로 내다봤기 때문이다.

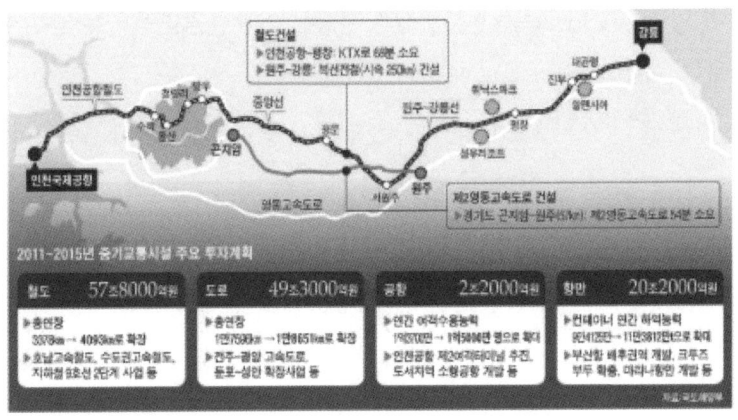
| 영동지역 교통망 계획

2. 지하철

무조건 역세권이다. 그것도 걸어서 5분이다. 더 멀어도 10분 안쪽이어야 한다. 그 이상은 곤란하다. 금상첨화는 '강남'을 지나는 '더블, 트리플 역세권'이다. 그래야 월세가 안 나가 골치를 썩는 일이 적다. 일단 역에서 가까우면 도배나 장판을 해주지 않아도 세가 나간다.

투자는 역세권 예정 지역을 노려야 한다. 기존 역세권은 이미 호재가 시세에 반영돼 있다. 임대수익밖에 기대할 수 없다. 예정지로 가야 시세 차익까지 재미를 볼 수 있다.

2012년 상반기 현재 수도권에서 남은 핵심적인 지하철 예정노선은 ▲9호선 연장선 ▲7호선 연장선 등이다. 개통이 임박한 9호선과 7호선 연장선은 강남을 경유해 기대감이 한껏 고조되고 있다. 이미 가격이 오를 대로 올랐다는 얘기다.

강남 교통 호재로 관심을 끌었던 '신분당선'과 '분당선 연장선'은 2011년 말 개통됐다. 종종 신분당선과 분당선 연장선을 혼동하는 경우가 있는데, 이 둘은 명백히 다른 노선이다.

'신분당선'은 오는 2020년까지 수원과 용산을 잇는 총 4단계 사업이다. 1단계 개통은 2011년 10월이었다. 분당 '정자역'에서 '강남역'까지다.

신분당선은 새로운 시스템 도입으로도 관심을 모았다. 기존의 지하철과 달리 무인 시스템으로 운행된다. 이에 열차의 앞뒤로 뚫린 창을 통해 밖을 볼 수 있다.

신분당선 개통은 성남 정자동 주민들의 출퇴근 시간을 획기적으로 줄이는 효과를 가져왔다. 서울 강북 장안동과 비교할 때 직선거리는 두 배 정도 길지만, 통근시간은 절반으로 줄었다[1].

매일경제　　　　　　2012년 1월 15일
신분당선 달리니
강남역 3~6번 출구 新상권 뜬다

하지만 뭐니뭐니해도 신분당선 개통의 가장 큰 수혜지는 '양재역'과 '강남역' 남단이다. 이 두 지하철 역의 남단은 북단에 비해 유동인구가 적어 저평가돼 왔다. 양재역의 경우 8번 출구 주변 유동인구를 보면, 개통 이전 1일 4만 5974명에서 개통 이후 5만 7746명으로 25.6% 늘어난 것으로 파악됐다[2]. 강남역 남단도 신분당선 개통 이후 6번 출구 앞 유동인구가 1일 13만 8587명에서 16만 5768명으로 19.6% 가량 증가한 것으로 나타났다.

'분당선 연장선'은 2007년 개통된 분당선 (오리~한티)의 '1차 연장선'으로 남북으로 두 개 노선이다. 2011년 12월에 기흥~방죽역 노선이 먼저 개통됐다. 선릉~왕십리 구간은 2012년 12월 개통 예정이다.

2차 연장선인 오리~수원은 2013년 말까지 완공 예정이다. 그러나 분당선 연장선은

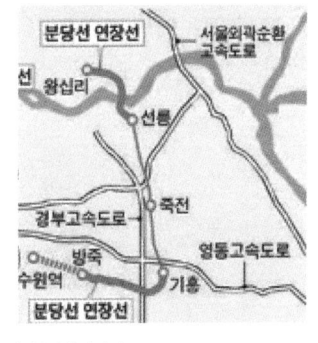

| 분당선 연장선

신분당선에 가려 빛을 발하지 못하는 측면이 있다. 2000년 사업을 시작한 분당선 연장선 공사는 원래 완공시점이 2008년이었다. 하지만 노선

1) 매일경제 2012년 4월 5일 4면
2) 머니투데이 2012년 1월 12일자 '신분당선 개통이후 상권 어떻게 변했나' 발췌

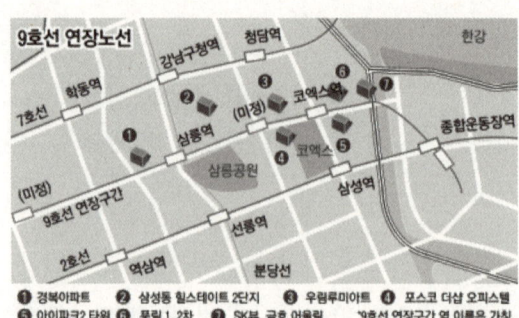
| 9호선 연장선

결정 지연과 신규역사 설치, 보상 문제를 비롯해 정부예산 부족까지 얽혀 완공시점이 계속 늦어졌다.

개인적으로 가장 주목하는 라인은 9호선 연장선이다. 2009년 개통된 9호선은 김포공항에서 신논현역까지 이어진다. 급행으로 강남까지 20분 만에 가능해지면서, 강남 반포 부동산 많이 올랐다. 2013년 완공예정인 9호선 연장선은 신논현역에서 잠실 종합운동장까지 연결되는 신황금라인이다. 강남 교보문고 앞에서 차병원, 삼성 코엑스 앞을 지나 종합운동장까지 이어진다. 특히 차병원 사거리와 삼성동 코엑스 인근은 9호선 개통과 맞물려 대대적인 개발에 들어갈 예정이다. 이들 지역은 그동안 강남 지역에선 저평가된 곳으로 향후 발전 가능성이 크다.

매일경제	2012년 4월 4일
삼성동 한전본사 터 개발 '한걸음 더'	

동아일보	2011년 11월 4일
'3조 금싸라기 땅' 한전이 개발? 강남 술렁	

3. 7호선 연장선

2012년말 개통 예정인 7호선 연장선은 부천, 인천 지역 호재로 관심을 모으고 있다. 7호선 연장선은 온수~부평구청을 잇는 구간으로 내년 10월까지 개통될 예정이다.

> **동아일보** 2011년
> **부천지역 관통, 출퇴근 교통난 '숨통'**
> 서울지하철 7호선 연장선 내년 말 개통

부천 중동신도시를 비롯해 인천 부평구 등이 수혜지역이며, 7호선을 통해 강남까지 한 번에 진입할 수 있다.

4. 경전철

수인선(오이도~송도)

수원~인천을 잇는 전철로 총 3단계로 개발된다. 이중 1단계인 오이도~송도구간이 2012년 6월 말 개통된다. 오이도~한양대 구간은 기존 안산선을 활용하게 된다. 오이도~송도 구간은 논현지구, 송도국제도시 등 대규모 신규 택지개발 지역을 지난다.

1단계 구간 중 유일한 환승역인 승기역의 경우 인천 지하철 1호선 원인재역과 환승되는데, 이 일대에는 1990년대 초중반의 아파트들이 위치해 있다.

의정부 경전철(발곡~탑석) : 2012년 7월 개통 예정

의정부 경전철은 발곡~탑석을 잇게 되는데 현재 시험운전을 통한 마무리 작업이 한창이다. 2012년 7월 1일 개통된다. 경원선 전철 회룡역에서 환승이 가능하다. 기존에 지하철이 없던 신곡동, 민락동, 장암동 등에 수혜가 예상된다.

경의선(DMC~공덕) : 2011년 12월 개통

경의선은 문산~용산을 잇는 전철로 현재 문산에서 서울역까지 개통이 돼 있는 상태다. 2011년 12월에는 DMC(디지털미디어시티)~공덕역 구간이, 2014년에는 공덕~용산 구간이 개통될 예정이다.

개통 예정 구간은 모두 서울지역이기 때문에 다른 광역전철 개통에 비해 영향력은 크지 않을 것으로 보이지만 DMC역과 공덕역 인근 역세권 아파트들은 그 가치가 한층 높아질 전망이다.

5. GTX(수도권 광역급행철도)

수도권 광역급행철도(GTX)가 이르면 2013년 착공될 전망이다.

GTX는 지하 40~50m에 건설된 터널 속을 최고시속 200km, 평균시속 100km로 달리는 광역급행철도를 말하며, 현재 예비타당성 조사가 진행되는 GTX 노선은 일산~수서(동탄), 송도~청량리, 의정부~금정 구간 등 세 개다.

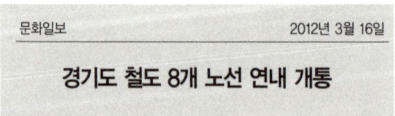

GTX 첫삽을 뜨는 시점은 이르면 2013년 하반기가 될 것으로 전망된다.

★ 경제 기사 똑똑하게 읽기 ❷
금융 기사는 부자가 되는 지름길

신문의 금융면을 유심히 보자. 금융 상품별 특징을 파악해놓고, 특판 상품이 나오면 메모해놨다가 직접 발품을 팔아보자.

1. 체크카드, 신용카드

> **매일경제**   2012년 3월 8일
>
> **체크카드로 지출 체크
> '돈 새는 곳' 막아줍니다**
>
> 재무설계 전문가들은 체크카드 이용을 권장한다. 현금을 갖고 다니지 않아도 되는 장점이 있으면서 가진 돈 이내에서만 소비를 할 수 있기 때문이다.

짠돌이, 짠순이 치고 체크카드를 쓰지 않는 이가 없다. 체크카드는 알뜰족들의 절약 비결 1호다. 체크카드의 가장 큰 장점은 계획적인 소비가 가능하다는 것이다. 나 또한 지출을 줄이는 획기적인 비법은 '다섯 개의 체크카드'다.

★ 성 기자의 5개 체크카드

	월 이용계획	이용카드
커피값 등 식비	40만 원	씨티은행 에이플러스
택시비, 대중교통 등 교통비	20만 원	KB국민 노리체크
의류비, 생활용품비	15만 원	해피포인트 롯데 체크카드
책, 영화, 마사지 등 문화생활비	10만 원	농협 통체크카드
약값, 경조사 등 기타	5만 원	우리V체크카드
합계	90만 원	

동아일보　2011년 12월 23일
체크카드 소득공제율 대폭 확대
금융위, 30% 이상으로 늘릴 듯

생활비를 혜택이 많은 체크카드 종류별로 나눠 놓고 쓰는 것이다. 카드별로 할인 혜택의 차이가 있으므로 찬찬히 살펴보고 골라 쓰면 된다. 개인적으로 시티은행 '에이플러스' 체크카드를 추천한다. 모든 음식점에 대해 10% 할인 혜택이 제공되는 등 할인 혜택이 많다.

그밖에 체크카드의 혜택은 소득공제다. 정부는 기존 20%였던 소득공제 비율을 30%까지 늘릴 계획이다.

신용카드는 웬만하면 안 쓰는 게 좋다. 그래도 꼭 써야될 땐 아무 생각 없이 쓰지 말고, 혜택을 꼼꼼히 따져보자. 특히 여행, 자동차 구입, 병원비 등 목돈이 들어갈 땐 해당 항목의 혜택이 있는 카드로 결제하면 좋다.

10개 카드사가 추천하는 최강 신용카드		자료:
카드사	상품	혜택
기업	IBK스타일플러스	고객 4명까지 결제 실적 합쳐 연간 최대 30만 원 현금으로 돌려줘
롯데	벡스 플래티넘	결제금액 관계없이 모든 가맹점에서 1%포인트 적립
삼성	삼성카드 2	대중교통·휴대전화 요금 10% 할인, 커피전문점 최대 5%포인트 적립
신한	생활의 지혜	사용처에 따라 5%포인트 적립, 쌓인 포인트에 이자 지급
씨티	신세계 베티 리워드	쇼핑 외 총 5개 분야에서 결제금액의 5~20%포인트 적립
외환	플래티넘 넘버엔	연회비 1만 원으로 호텔 발레파킹 등 플래티넘 혜택 누려
하나SK	터치1	T월버십과 중복 할인, 쌓은 포인트 OK캐시백 가맹점에서 사용
현대	M3	현대·기아차 50만 원까지 싸게 사고 200만 원까지 포인트로 갚아
KB국민	와이즈	많이 쓴 분야 찾아 포인트 10배 적립, ATM기도 포인트 인출
SC제일	타임	직장인 생활 패턴에 따른 시간대별 맞춤형 할인 서비스 제공

2. CMA(종합자산관리계좌), 예금통장

CMA 통장은 굳이 설명이 필요 없을 정도로 유명하다. 그래도 아직까지 CMA 통장이 없는 사람이 있을 수 있다. 부끄럽지만 나처럼 말이다. 나도 2012년

> 중앙일보 2011년 11월 29일
> **'철새 투자자'들 CMA·MMF에 눈돌려볼만**
> CMA, 하루만 맡겨도 이자 받아. 종금사 CMA는 예금자보호 돼. MMF는 초단기로 돈 굴리기 좋아. 예금자보호 받을 수 없는 게 흠.

에야 CMA 통장을 만들었다. 아직까지 CMA 통장이 없는 독자가 있다면 내일 당장 증권사로 가 개설하기 바란다.

최근 금융계 이슈는 수수료다. 특히 ATM 기기 이체 등 금융거래 관련 수수료에 상당히 민감하다. 은행통장 재테크의 정석은 월급통장을 적극 활용하는 것이다.

★ 수수료 절감하는 예금상품

은행	상품	내용
국민	직장인우대종합통장	매달 50만 원 이상 금액이체 시 당행 ATM 인터넷, 모바일 홈뱅킹 수수료 면제
	KB연금부대통장	연금수령 실적이 있는 경우 전자금융 타행이체 당행 ATM(타행이체 제외) 수수료 면제
신한	직장인통장	금액이체 시 당행 ATM 인출 타행이체 수수료 월 10회 면제, 타행 ATM 인출 수수료 월 5회 면제
	신한 520통장	신한카드 결제 실적 있는 경우 당행 ATM 인출 전자금융 수수료 면제
우리	우리급여통장	매달 50만 원 이상 급여이체 시 당행 ATM 인출 전자금융 이체 수수료 면제, 신용카드 결제계좌 유지 시 당행 ATM 이체 수수료 면제
	매직통장	매직카드 혹은 매직적금 실적 보유시 각종 수수료 월 10회 면제
기업	하나 빅뱅슈퍼월급통장	급여이체 시 전자금융 수수료 10회 면제, 신용카드 월 10만 원 이상 결제 시 월 15회 면제
	IBK급여통장	급여이체 시 당행 ATM 전자금융 수수료 면제, 신용카드 월 30만 원 이용 시 타행 ATM 통장 수수료 면제
한국시티	참좋은 수수료제로통장	급여이체 등 일정조건 충족되면 당타행 ATM 수수료 면제 및 우대금리 적용

3. 노후 대비 연금 상품

조선일보　　　　　　　2011년 4월 16일

**원금도 못 건지지만
연금저축 40% 5년내 해약**

생활고에 지친 서민들 가산세까지 물어가며 중도해약 잇따라

2012년 상반기 보험사들의 높은 수수료가 도마 위에 올랐다. 이에 권혁세 금융감독위원장은 변액연금부터 소비자들의 수수료, 수익률 등 각종 정보를 제공하는 '금융 컨슈머리포트'를 발표하겠다고 밝혔다.

이처럼 연금보험 상품들이 최근 언론의 뭇매를 맞은 것은 연금 상품은

주로 10년 이상의 장기 투자가 많은데, 대부분의 사람들이 이 기간을 채우지 못하고 해약하기 때문이다. 이에 투자수익률도 떨어지고 원금도 못 건진 채 피해를 보는 사례가 속출하는 것이다.

금융감독원의 조사에 따르면 보험가입자 10명 중 2명이 1년 내에 해약하는 것으로 나타났다. 물론 보험설계사들은 그나마 노후를 위해 목돈을 마련할 수 있는 길은 연금, 보험 등 장기 상품이라고 반박한다. 하지만 장기 금융상품 가입은 신중할 필요가 있다. 만기를 못 채운 보험은 해약하면 무조건 손해다. 연금 상품도 초기에 사업비를 많이 떼기 때문에 가입한 지 7년이 넘어야 비로소 수익이 나는 구조다.

2012년 4월 보험금 책정의 기준이 되는 생명표가 바뀌었다. 늘어난 평균수명을 반영한 것이다. 이에 가입자들이 내야 할 보험료도 인상됐다. 나는 생명표가 바뀌기 하루 전인 3월 29일 바뀐 생명표의 영향을 받은 유니버셜보험에 가입했다. 평가 2위를 기록한 PCA드림라이프다. 업계 1위인 카디프생명(www.cardif.co.kr)은 실속형으로 인기를 끌고 있다.

보험에 가입할 때는 증권사나 은행을 이용하는 게 좋다. 그래야 다양한 상품 비교가 가능하고, 수수료가 저렴하기 때문이다.

평균수명이 늘면서 금융권의 화두는 '노후'에 맞춰질 수밖에 없다. 이에 월지급식 펀드와 110세 이상 가입 가능 보험 등 트렌디한 상품들이 선보이고 있다.

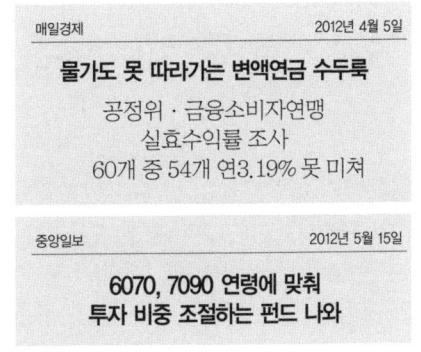

4. 펀드

　전문가들은 목돈 마련의 첫 번째 수단으로 적립식펀드를 꼽는다. 장기로 투자할 경우 원금 손실 리스크가 상쇄되고 수익률이 높아진다. 특히 다른 상품에 비해 비교적 환매가 쉬워 환금성도 높다. 국내 펀드의 경우 3~4일 정도가 소요된다.
　하지만 일반인들이 제대로 펀드를 선택하기란 쉽지 않다. 꾸준히 관심을 가지고 직접 투자를 해보는 수밖에 없다.
　내가 주로 선택한 펀드는 주가와 연계해 수익을 내는 '인덱스펀드' 다. 인덱스펀드는 수익를 내는 구조가 매우 단순하다. 주가가 오르면 이에 연동돼 수익률이 높아진다. 2011년 8월 주가가 1900선일 때 인덱스펀드에 들어갔다. 적어도 마이너스 수익률은 내지 않고 있다. 하지만 전문가들은 장기 투자가 정답이라고 입을 모은다.

5. 주식형 상장지수 펀드(ETF)

매일경제　　　　　　　2012년 5월 1일
주식형랩 지고 ETF·고수익채권·ELS 뜬다
코스피 최고점(2228.96) 찍은 후 1년
확 바뀐 재테크 지도

　2012년 주식시장의 여의주는 뭐니뭐니해도 주식형 상장지수 펀드(ETF)다. 증권면에서 ETF 관련 기사가 눈에 띄게 늘었다.
　ETF의 장점은 낮은 수수료로 개인이 펀드를 운용하는 효과를 낼 수 있다는 것이다. 펀드는 전문가에게 운용을 맡기고 정작 본인은 속 편하게 있는 것이다. 하지만 ETF는 본인 스스로 끊임없이 주가의 움직임에 대해 관심을 가져야 한다. 그나마 다행인 것은 의외로 단순하다는 점이다. 주가가 오를 거라 예측하면 오르는 쪽에, 내릴 거라 전망하면 떨어지는 쪽에 베팅하면 된다.

주식투자는 종목에 대한 개별 리스크와 주가에 대한 시장 리스크가 있는데, ETF는 종목 리스크를 상쇄하고 시장 리스크에만 노출시키게 된다. 예를 들어, 삼성전자가 계속 오를 거라 예상하면 삼성전자 ETF에 투자하면 된다. 전문가들은 일단 1만 원어치라도 사서 직접 해보는 게 좋다고 조언한다.

6. 채권

최근 개인 투자자들의 접근이 쉬워진 또 다른 상품은 채권이다. 채권의 상품도 다양해졌고, 투자 가능 금액도 적어졌다. 거액의 갑부들은 주식보다는 안정성이 큰 채권 투자를 선호하는 편이다.

> 중앙일보 2011년 12월 29일
> **개인들 채권투자 열풍**
> 올해 6조 사상 최대,
> 노후 대비 안전자산으로 인기

7. 금

가끔 생기는 부수입은 CMA나 MMF에 넣어놨다가 '금바' 를 사두를 것을 추천한다. 전문가들은 특별한 날 선물은 무조건 금으로 하라고 조언한다. 개인적으로 지난해 금시세에 연동하는 정기예금에 들었지만, 큰 재미는 보지 못했다.

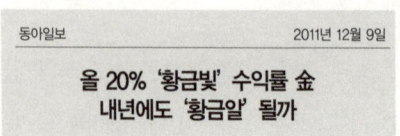

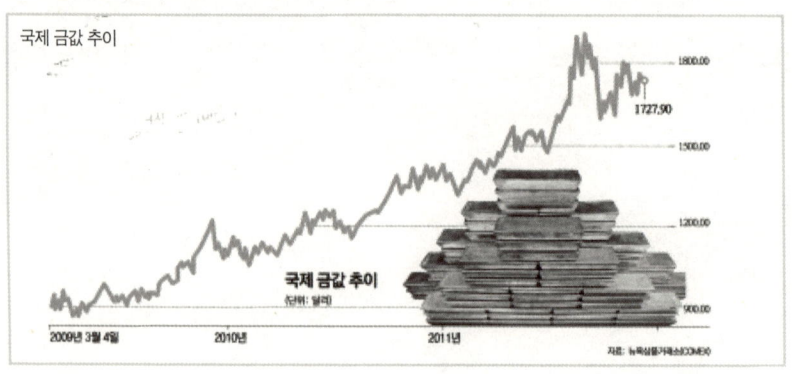

★ 경제 기사 똑똑하게 읽기 ❸

부동산 정책과 세금 기사는 알아야 챙길 수 있다

뉴타운, 보금자리주택, 투기과열지구, 양도소득세, 총부채상환비율(DTI) 등등.

부동산 정책 기사에 자주 등장하는 용어들이다. 읽기도 전에 머리가 지끈지끈하다. 생소한 용어 탓이다. 인내심을 가지고 차분하게 독해를 시도하지만, 머릿속에 쏙쏙 들어오진 않는다. 정책 기사는 원래 그렇다. 낯선 용어와 추상적인 내용들이 많아서다.

하지만 정책 기사는 부동산 투자에 '결정적인' 영향을 미친다. 이를 알고 활용하면 득이 되지만, 모르고 덤비면 100% 당한다.

정책의 흐름 위에서 놀아라

국토해양부 2012년 주요 중점 추진과제

항목	내용
주택공급 목표	- 연 45만가구(올해보다 20% 증가), 보금자리주택 15만가구
청약제도 개선	- 민영주택 재당첨제한 배제 기간 1년 연장(2013년 3월말까지) - 비수도권의 청약가능지역 확대(현재 시군→도 단위)
재건축·재개발 제도 개선	- 재건축 초과이익부담금 2년간 부과중지 - 기존 다주택 보유 조합원이 본인 주택 외 소형주택 1채 추가 분양 가능 - 뉴타운 기반시설비 지원 확대
토지거래허가구역 해제	- 내년 1월 중 지가상승 우려 없는 지역 중심으로 추가 해제
주택구입자금 지원	- 생애최초주택구입자금 금리 4.7%→4.2% 인하, 근로자·서민주택구입자금 지원대상 확대(부부합산 연소득 2000만→3000만원 이하)

〈자료: 국토해양부〉

'정부를 거스르지 않는다.' 강남 '복부인' 아줌마들의 철칙이다. 지피지기면 백전백승이다. 정부의 의중을 읽어야 한다. 2012년 국토해양부의 중점 추진과제를 살펴보면 '규제 완화'에 초점이 맞춰져 있다는 사실을 알 수 있다. 2010년 이후 2년 이상 침체된 부동산 시장 활성화를 위해서다. 2012년 상반기 '5·10 주택거래 정상화 대책'을 통해 강남 3구에 묶여 있던 거의 모든 규제가 해제됐다. 2011년 12월 '강남 투기과열지구'가 해제된 지 6개월 만이다.

'투기과열지구'와 '투기지역'을 한마디로 정리하면, 투기과열지구는 '금융'을, 투기지역은 '거래'를 규제하는 것이다. 부동산 규제의 마지막 보루였던 '강남'에서 이 두 규제를 풀었다는 것은 부동산 시장 침체가 심각하다는 것을 의미한다. 그런데도 시장의 반응은 시큰둥하다. 강남 재건축 아파트 가격이 되레 떨어졌다는 기사가 나온다.

이같은 부동산 불황기엔 수익형 부동산이 정답이다. 정부는 임대주택

사업자들을 위한 혜택을 늘리고 있다. 특히 2011년 8·18 대책 이후 '주거용' 오피스텔도 임대주택으로 인정한 시행령이 2012년 4월말부터 시행되면서 오피스텔의 인기가 더욱 높아질 전망이다.

특히 이번 규제 완화로 강남 오피스텔들이 수혜를 볼 것으로 예상된다. 시행령 발표 후 최초로 분양받는 강남 3구(강남·서초·송파)의 오피스텔도 취득세 감면 혜택이 적용된다.

국토해양부는 5·10대책 후속 조치로 주택정책심의위원회 의결을 거쳐 강남 3구의 주택거래신고지역 지정을 해제한다고 밝혔다.

구체적으로 전용 60㎡ 이하는 취득세가 면제되며, 전용면적 60~85㎡ 이하는 장기임대주택을 20가구 이상 취득한 경우 25%가 경감된다.

지금까지 강남 3구는 주택거래신고지역에 묶여 있어 그동안 임대주택법 시행령 개정안의 취득세 면제 혜택을 받을 수

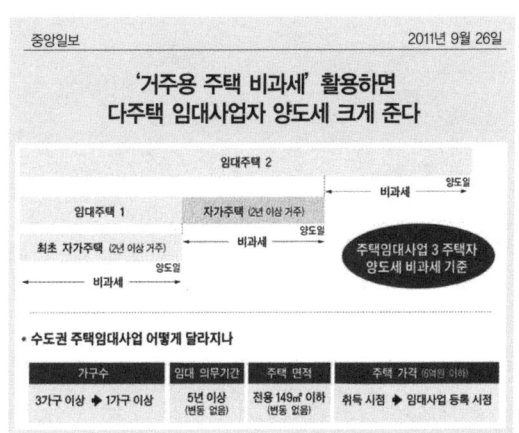

없었다. 당시 개정안 내용에 따르면 전용면적 85㎡ 이하 주거용 오피스텔도 매입임대주택 등록이 가능하다.

이에 따라 취득세 면제와 재산세 감면, 양도소득세 중과 배제 등 각종 세제 혜택 등이 적용됐지만 주택거래신고지역인 강남 3구는 취득세 혜택이 배제됐다.

뉴타운 등 재개발 재건축 정책

서울시 뉴타운 추진일지
- 2002년 9월
  서울시 '지역균형발전 추진계획' 발표
- 2002년 10월
  은평·길음·왕십리 등 시범뉴타운 3곳 발표
- 2003년 11월
  한남·아현·노량진 등 12곳 2차 뉴타운 지정
- 2005년 4월
  길음뉴타운 입주 개시
- 2005년 12월~2007년 4월
  용산 한남 등 3차 뉴타운 지정
- 2008년 6월
  은평뉴타운 입주 개시
- 2010년 4월
  주거지종합관리계획 발표
- 2011년 6월
  휴먼타운 조성 종합계획 발표
- 2011년 12월
  박원순 시장, 주민 중심형으로 전환 방침 표명

매일경제   2012년 3월 6일
영등포 뉴타운 해제 수순 밟나
사업 더디고 주민반대 심한 곳 통·폐합
…26개구역 13개로

화곡동에 가면 '동네 한가득' 빼곡하게 들어찬 신축 빌라촌을 만나게 된다. 좁은 도로에 그야말로 우후죽순 난립해있다. 그야말로 뉴타운 '보험용'이었다. 뉴타운 화곡동이 4차 뉴타운으로 지정될 것이란 소문이 돌면서, 투기꾼들이 들어와 너도나도 빌라를 지었다. 뉴타운으로 지정되면 구옥이든 신축이든 관계없이 밀어버리고 아파트를 짓기 때문이다. 하지만 4차 뉴타운 지정이 물 건너 가면서 가격이 폭락했다.

2011년 박원순 서울시장 당선으로 서울시의 주택정책은 또 한번 급반전됐다. 서울시의 뉴타운 재건축 재개발 정책을 원점에서 재검토한다고 밝혔기 때문이다.

2012년 5월 서울시는 지지부진한 재개발, 재건축 대상지 18곳을 해제하겠다고 발표했다.

철석같이 재개발, 재건축이 될 것으로 믿었던 투자자들에는 날벼락 같은 뉴스다.

| 영등포 뉴타운 위치도

취득세

부동산 정책이 투자자에게 일차적으로 영향을 미치는 것은 세금이다. 부동산을 매입하면 피해갈 수 없는 게 취득세다.

매매가의 4%로 부과되고, 그밖에 부가적으로 농어촌특별세와 지방교육세가 부과된다. 단, 전용면적 85㎡(25평) 이하의 국민주택에 대해서는 농특세가 부과되지 않는다.

구분	취득세	농어촌특별세	지방교육세	총계
과세기준	매매가의 4%	2%의 10%	2%의 20%	
서울	4%	0.2%	0.4%	4.6%

취득세 등 세금은 투자수익률을 계산할 때도 포함되는 기본적인 비용이다. 이에 내가 사려는 부동산의 세율을 알아둬야 한다. 2011년까지만 해도 아파트, 빌라 등 주택에 대해선 취득세 등 세금이 완화됐다[1]. 정부가 한시적으로 다음과 같이 기존 세율을 50% 감면했다.

구분	내용
기존 주택의 취득	85㎡ 이하 주택 : 취득가액의 2.2%
	85㎡ 초과 주택 : 취득가액의 2.7%

> 매일경제   2011년 12월 27일
> **취득세 감면 종료 앞두고 절세 백태**
> 내가 판 집에서 몇달간 전세로 산다고?

하지만 2012년 주택 관련 농특세가 정상화됐다. 세율이 오른 만큼 투자수익률은 떨어진다.

내가 투자한 구산동 빌라를 예로 들어보자.

2011년 1억 3500만 원짜리 빌라를 사면서 148만 5000원의 취득세 등 세금을 냈다. 하지만 같은 빌라를 2012년에 샀다면? 4배인 594만 원을 세금으로 해야 한다. 이렇게 되면, 445만 원의 추가 비용이 더 들어가면서 11.96%였던 연수익률은 10.2%로 1.76%포인트 낮아지게 된다. 따라서 부동산 세금 정책의 변화에 민감해질 수밖에 없다.

---

1) 2010년 8월 20일 정부는 침체된 부동산 경기를 회복시키기 위해 취득세, 등록세 감면 시한을 1년 연장했다. 원칙인 4.6%에서 2.2~2.7%로 낮췄다.

양도소득세

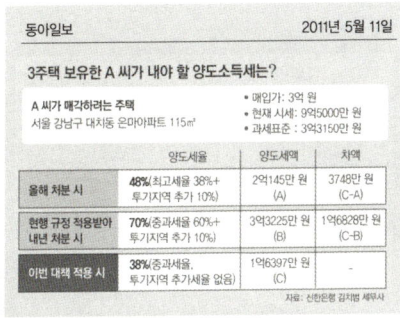

부동산을 처분하면 양도세가 부과되는 것이 원칙이다. 주택을 보유할 때는 '1세대'의 개념에 주의해야 한다. 양도세는 1세대에 해당하는 사람들이 보유하고 있는 주택 수를 기준으로 과세 여부를 판단한다. 이때 1세대는 혼인을 전제로 하고 있다. 1세대가 1주택을 보유하고 있다면 비과세를, 두 채 이상 가지고 있다면 과세하는 것을 원칙으로 한다.

2012년 5월 10일. 이명박 정부는 강남 투기지구 해제를 핵심으로 하는 '5·10 주택거래 정상화 대책'을 발표했다. 이로써 강남 아파트에 대한 양도세가 대폭 완화됐다.

★ 간편 셀프 경매 입문기
경매 컨설턴트 위에서 놀아라

처음엔 누구나 막막하다. 어디서부터 어떻게 시작해야 할지 모른다. 나 또한 그랬다. 처음 경매 사이트에 접속했을 때 '도대체 뭘 봐야 할지' 몰라 답답했었다. 어려운 법조문도 아니고 '왜 이렇게 어렵나' 하고 의기소침했었다. 하지만 처음부터 기죽지 말자. 숨을 크게 들이쉬고 편하게 접근하자.

지금부터는 말하는 경매 팁들은 철저히 초보자를 위한 것이다. 한발 먼저 가본 초보자가 '생초보자'에게 들려주는 실전 노하우들이다. 명심할 것은 이 팁들의 활용법이다. 직장인들에게 경매 전문가가 되라고 주문하고 싶지 않다. 시간적, 체력적 한계 탓에 그럴 수도 없을 뿐만 아니라 그럴 필요도 없다. 투자는 철저히 전문가와 함께 가야 한다. 실전 경매는 만만치 않다. 자칫 잘못하다간 큰 자산을 날릴 수도 있다. 따라서 신중해야 하며, 스스로 기초적인 지식은 갖춰야 한다.

지금부터 얘기하는 팁들은 이를 위해 익혀야 할 기본지식들이다. 전문가에 자문하려 해도 스스로 알아야 한다. 무언가를 배울 때는 선생님이 떠먹여 주기를 무작정 기다릴 것이 아니라, 스스로 모르는 부분을 질문해야 한다. 그래야 능률도 오른다.

도대체 경매가 뭐야?

경매. 한자로 풀면 '다툴 경(競)'에 '살 매(賣)'다. 글자 그대로 해석하면 '경쟁을 통해 앞다퉈 산다' 정도다. 사전적 의미로는 '물건을 사려는 사람이 여럿일 때 값을 가장 높게 부르는 사람에게 파는 일'이다. 하지만 주변에서 쉽게 접할 수 있는 일은 아니기에 언뜻 구체적인 그림이 그려지지 않을 수 있다.

한마디로 경매는 빚진 사람들의 자산을 '빚쟁이'들이 정당한 법적 절차를 거쳐 강제로 처분하는 것이다. 그래야 적더라도 자신들의 몫을 챙길 수 있어서다. 채무자(빚을 갚아야 할 의무가 있는 사람)의 자산에는 부동산 이외에도 자동차, 광업권, 어업권, 묘지 등 다양하다. 하지만 일반적으로 경매라면 아파트, 상가 등 부동산을 뜻한다.

경매의 종류는 '빚쟁이'의 종류에 따라 두 가지로 나뉜다. 빚쟁이가 정부 등 공공기관이면 공매(公賣)다. 공매는 세금을 못 내서 정부가 그의 자산을 팔아 세금으로 메우는 것이다. 그 이외에 빚쟁이가 개인, 은행 등 정부 이외의 주체면 일반적인 경매가 된다. 경매와 공매는 시스템 자체가 다르다. 공매는 인터넷[3]으로 진행된다. 그러나 초보자 입장에선 함정이 많아 접근이 쉽지 않다. 업계에서는 경매를 3년쯤 해야 공매를 할 수 있다고들 얘기한다.

정리하면, 경매는 빚을 못 갚은 사람들의 자산이 법원에서 강제로 팔리는 것이다.

경매물건은 어디에?

자, 그렇다면 경매 나온 물건은 도대체 어디에서 볼 수 있을까? 어떤 물건이 나와 있는지 알아야 입찰을 하든지 말든지 결정을 할 것 아닌가. 경매물건을 찾는 작업은 경매에서 가장 기초적이면서도, 핵심적인 일이다. 결국 이 물건정보가 돈이다.

다행히도 예전과 달리 최근엔 누구나 쉽게 인터넷 사이트에 접속해 물건들을 볼 수 있다. 물론 공짜는 아니다. 제대로 된 정보를 얻기 위해선 꽤 비싼 대가를 치러야 한다. 경매 사이트에서 1년 동안 전국의 경매물건을 보려면 100만 원 가까이를 지불해야 한다. 하지만 무료 사이트도 있다. 대법원 경매정보 사이트나 리치옥션 등이다. 하지만 유료 사이트에 비해 정보량이 적고 보기가 힘들다는 단점이 있다.

실제로 둘 다 써보니, 공짜보다는 '확실히' 유료 사이트가 나았다. 정

---
[3] 온비드 http://www.onbid.co.kr

보도 많고 읽기 쉽게 정리가 잘 돼 있다. 내 경우 유료 사이트를 보고 싶었는데, 프로젝트 기간 중이라 돈이 없었다. 결국 지인의 도움을 받았다. 경매 동호회 카페 대표님을 통해 4개월 동안 볼 수 있는 아이디를 구했다. 경매 동호회 카페 등에 가입하면 회원들끼리 공동으로 사용하는 아이디를 구할 수 있다. 한 푼이라도 아끼려면 이를 적극 활용하기 바란다.

경매 정보 사이트

▶ 대법원 법원경매정보 http://www.courtauction.go.kr/
▶ 리치옥션 http://www.richauction.com/
▶ 굿옥션 http://www.goodauction.co.kr/
▶ 지지옥션 http://www.ggi.co.kr/

경매물건 검색

지금부터 본격적으로 물건 탐색에 나설 차례다. 이에 앞서 이것만은 명심하자. 경매 사이트는 '눈'으로 쓱~ 한번 훑어보는 게 아니다. 경매물건은 시험 공부하듯이 정성을 들여 '열심히' 읽어야 한다. 높은 학점을 위해 '효율성'과 '성실성'이 필요하듯 경매 사이트 공부도 마찬가지다. 머리를 써서 효율적으로 읽되, 꼼꼼하고 우직하게 봐야 한다.

경매 사이트에는 수많은 경매 정보가 널려 있다. '무식하게' 일일이 이 정보를 다 보고 있을 수는 없다. 그러다 날 샌다. 선택이 필요하다. 이를

| 대법원 경매 사이트

위해 검색 조건 설정이 있는 것이다. 검색 조건도 지역별, 가격별, 물건별 등 다양하다. 이 기능을 잘 활용하는 것이 효율적인 '경매 공부'의 지름길이다.

지금부터 대법원 경매 사이트 첫 페이지를 열어보자. 각종 정보들이 현란하게 나타날 것이다. 그래도 겁먹을 필요 없다. 우리에게 필요한 것은 '간편 물건 검색' 버튼 하나다.

가장 기본이 되는 검색은 지역별 검색이다. 초보자들은 자기 집 앞부터 검색해보면 된다. 예를 들어, 서울 강남에 산다고 치자. 첫 페이지 빠른 물건 검색에서 지역을 검색 조건으로 넣어보자. 큰 카테고리부터 시작하면 된다.

'서울특별시 〉 강남구'

이렇게 검색 조건을 넣고 검색 버튼을 클릭해보자. 총 34건이 검색됐다(이는 시점에 따라 그때그때 다르다). 이 검색 결과들이 서울 강남구에 있는 경매물건 정보들이다(지역을 좀 더 세분화해 강남구에서도 동별로 검색해볼 수 있다).

이들 물건 중에는 아파트, 상가, 빌라, 오피스텔 등 모든 종류의 부동산이 포함돼 있다.

검색을 좀 더 편하게 하기 위해서 검색 조건을 한 번 더 설정하는 게 좋다. 일단 초보자들은 이해하기 쉬운 오피스텔부터 검색해보자.

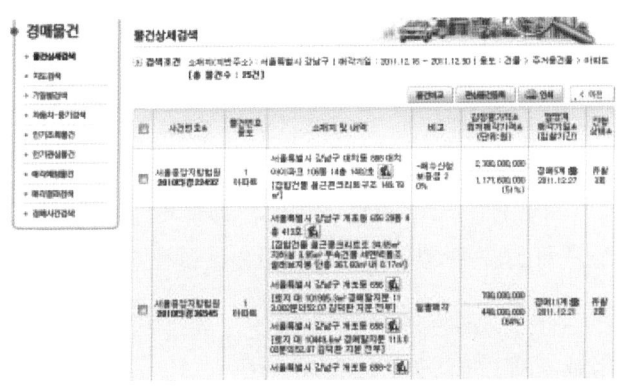

오른쪽 상단에 있는 '결과 내 검색' 버튼을 누른다. 중간쯤에 용도 카테고리가 있다. 이 역시도 큰 카테고리 순서대로 입력하면 된다. 건물과 토지 중에선 '건물'을 선택한다. 건물에도 다양한 종류가 있다. 오피스텔은 주거용이기 때문에 주거용을 선택하면 된다. 즉, '건물 〉 주거용 건물 〉 오피스텔' 순으로 입력한다. 총 두 건이 나온다. 지금 현재 강남구에 경매로 나온 물건 중에서 오피스텔만 검색된 것이다. 강남 오피스텔 물건이 워낙 귀하기 때문에 두 건밖에 검색되지 않은 것이다.

하지만 대부분의 경우 이때부터가 그야말로 '노가다'다. 수십 건의 검색 결과가 뜨면 일일이 클릭해서 샅샅이 살펴봐야 한다. 효율적으로 살피려면, 소재지와 감정가격 등도 검색 조건으로 설정해 한 번 더 솎아내는 것이 좋다.

자기 입맛에 맞게 다양한 검색 조건을 넣어보며 스스로 '흙 속의 진주'를 찾아보자. 수천 건의 물건 중에서 돈 되는 정보를 찾는 게 능력이다.

물건분석하기

지금부턴 형광펜과 프린터를 준비하자. 이젠 '눈팅'만으로 해결이 안 되는 시점에 이르렀다. 인쇄 버튼을 누르고 물건정보를 '프린트 아웃' 하자. 밑줄을 쫙쫙 그을 수 있는 형광펜을 한손에 들자.

첫 번째, 체크포인트는 소재지다. 어디에 있는 부동산인지가 가장 중요하다. 일단 소재지에 밑줄을 긋는다. 예를 들면 '강남구 논현동 241 강남 파라곤'이다.

여기서 빼먹어서는 안 되는 한 가지는 위치 확인이다. 사이트에서 지도를 클릭하면 물건지의 위치도가 나온다. 네이버나 다음에서도 물건지 주소를 치고 위치를 확인하자. 주변에 무슨 지하철역이 있는지, 랜드마크가 될 만한 큰 건물은 뭔지, 개통 예정인 지하철은 없는지 등등을 살펴본다.

| 강남 파라곤 위치도

무조건 지하철역에 가까울수록 좋은 물건이다. 예시로 든 강남 파라곤의 경우 7호선 강남구청역 인근으로 위치는 상당히 좋은 편이라 할 수 있다.

둘째, 최저가다. 감정가에서 '몇 번'이나 유찰돼 '얼마'가 최저가인지를 봐야 한다. 물건은 경매 나오기 전에 감정평가사들에 의해 몸값이 결정된다. 이것이 최초 감정가다(이는 감정 시점과 주체에 따라 시세와 차이를 보일 수 있다. 일단 경매 사이트에선 감정가와 시세의 차이를 확인할 길이 없다. 현장 조사를 통해서만 제대로 알 수 있다).

하지만 유찰 횟수를 거듭할수록 최저가가 떨어진다. 유찰은 물건이 나왔는데 사려는 사람이 아무도 없어 다음 번에 다시 나오는 것이다. 한 번 유찰될 때마다 최초 감정가의 70~80%로 떨어진다. 만약 최초 감정가가 100만 원이었다면 1회 유찰될 때 70~80만 원이 되는 것이다. 1회 유찰 때 떨어지는 정도는 각 지방에 따라 다르다. 서울의 경우 1회 유찰될 때마다 20%씩 떨어진다. 대부분 지방의 경우 1회 유찰 시 30%가 떨어진다. 최저가 옆에 표시된 괄호안의 %가 이 뜻이다. 사례로 나온 동양파라곤 오피스텔의 경우 한 번도 유찰이 되지 않은 '신건(새로운 물건)'이다. 이에 최저가와 감정가가 동일하다. 최저가에 밑줄을 그어 놓자.

셋째, 건물면적이다. 이 부동산이 '몇 평짜리'인지 확인하는 것이다. 경매 정보 사이트에는 공급면적이 아닌 전용면적이 표시돼 있다. 전용 면적은 남들과 공유하지 않고 소유주가 홀로 쓸 수 있는 면적, 그러니까 실제 사용 면적이라고 볼 수 있다.

토지면적도 따로 표시되는데 이는 부동산이 차지하는 땅의 크기를 의미한다. 아파트, 오피스텔 등 대부분 집합건물은 좁은 땅에 높은 건물을 지어 올리기 때문에 건물면적에 비해 토지면적이 적다(반면 단독주택의 경우 건물면적에 비해 대지면적이 넓다. 아파트나 오피스텔 등은 건물면적을 기준으로 평당 가격을 계산하지만, 단독주택 등은 대지면적을 기준으로 평당 가격을 계산한다).

넷째, 임차인의 대항력 여부다. 사실 초보자들이 가장 주의해야 할 부분이다. 대항력이란 말 자체도 어렵다. 대항력이란, 지금 경매물건에 세 들어 사는 사람이 낙찰자에게 자신의 '몫(보증금)'을 요구할 수 있는 권리이다. 이는 낙찰자가 임차인에게 보증금을 '물어줘야 하느냐 마느냐'를 결정짓는 중요한 변수이다. 만약 임차인이 대항력이 있다면 낙찰자는 그가 법원에서 배당을 받지 못하는 나머지 금액을 물어줘야 한다. 하지만 대항력이 없다면 임차인이 배당을 다 받지 못하더라도 낙찰자와는 무관하다.

반대로 대항력을 가진 세입자는 보증금을 떼이지 않고, 대항력이 없는 세입자는 보증금을 떼여도 법적 테두리(소액임차인보호법) 이외에는 구제받을 방법이 없다.

이를 위해선 먼저 '배당'을 이해해야 한다. 이때 '배(配)'는 나눈다는 뜻이다. '당(當)'은 해당 당사자를 의미한다. 풀이하면, '해당 당사자들에게 몫을 나누어준다'가 되겠다.

그렇다면, 경매에서 배당이란 무슨 의미일까. 앞서 경매는 빚쟁이들이 부동산을 팔아 '자신들의 몫을 챙기는 행위'라고 설명했다. 배당은 처분된 자산을 현금화시켜 빚쟁이들에게 나눠주는 작업이이다. 일명 '빚잔치'라고도 불린다. 빚쟁이가 한 명이면 배당은 상당히 단순하다. 하지만 대부분의 경우 빚쟁이들이 여러 명이다. 이에 빚쟁이들 사이에서도 누가 더 많이 챙길 것인가를 놓고 다투게 된다. 이는 법적으로 우선하는 권리를 가진 순서대로 결정된다.

우리의 관심사인 임차인도 이 '배당 경쟁'에 끼어들 수 있다. 빚잔치에 참여해 자신의 몫을 주장하는 것이다. 초보자들은 '임차인의 배당 신청' 여부를 반드시 확인해야 한다. 만약 배당 신청을 했다면 그의 몫이 조금이라도 떨어질 수 있다. 이 경우 세입자가 이사를 거부하며 생떼를 쓰는 일이 적다. 하지만 배당 신청을 했는데도 돈을 못 받거나 배당 신청조차 하지 않은 경우 기존 세입자를 내보내는 일이 만만치 않을 수 있다. 경매에선 기존 세입자, 즉 임차인을 내보내는 일을 '명도'라고 한다. 고수들도 명도가 가장 어렵다고 입을 모은다. 웬만하면 배당 신청을 한 물건에 입찰하는 게 편하다.

초보자들이 전문가들에게 자문해야 할 포인트는 '세입자의 대항력' 여부와 '배당금' 규모이다. 이 부분에 대해서는 절대 혼자 판단하지 말고 주변 전문가들의 도움을 받도록 하자.

임차인	용도/점유	전입일자	확정일자	배당요구일자	보증금/월세	대항력	비고
(주)아덴스페이스 (대표:김재현)	미상	2011.5.16.	미상		미상	X	미상

임차내역 [배당요구종기 : 2011-08-01]

권리분석하기

그렇게 신기할 수가 없었다. 오피스텔을 낙찰 받고 소유권등기를 받았을 때다. 고구마줄기처럼 복잡하게 얽히고 설켰던 권리관계가 깨끗하게 말소돼 있었다.

사실 초보들은 '권리분석'이란 말뜻조차 이해하기 힘들다. 앞서 살펴본 물건분석과 권리분석은 경매 공부의 양대 산맥이다. 이 둘은 무슨 차이일까. 앞에서 봤듯이 물건분석은 말 그대로 물건 자체에 대해서 살펴보는 것이다. 이에 반해 권리분석은 물건에 '걸려 있는' 권리들을 따지는 작업이다.

그렇다면 누가, 왜, 부동산에 권리를 걸고 주장하는 것일까. 기본으로 돌아가보자. 처음 시작은 부동산을 구입할 때부터다. 대부분의 사람들이 대출을 받아 부동산을 매입한다. 물론 억대가 넘어가는 부동산을 모두 자기 돈으로 살 수도 있지만 수익률 측면에선 대출을 받는 게 낫다. 부동산의 첫 번째 권리관계는 이때부터 발생한다. 구매자가 은행으로부터 대출을 받게 되면, 은행은 해당 부동산에 대해 '근저당'이란 권리를 행사하게 된다. 근저당이란 어려운 어휘 따위는 중요하지 않다. 기억할 것은 만약 구매자가 대출이나 이자를 갚지 않을 경우, 은행이 부동산을 처분해 대출금을 챙길 수 있는 권리인 것이다. 은행 입장에선 상식적이고 정당한 권리 주장이다. 일반적인 물건의 권리 관계는 은행이 걸어놓은 근저당으로부터 시작된다(물론 예외적인 경우도 많다).

사례로 든 강남 파라곤 오피스텔을 살펴보면, 2007년 4월에 하나은행으로부터 대출을 받아 매입한 사실을 알 수 있다. 보통 근저당은 대출금의 120%까지 설정한다.

초보자들이 권리를 분석할 때는 이 근저당권자가 누구인지를 반드시 확인해야 한다. 대부분 대출을 일으킨 은행권이지만, 개인이나 법인 등 다른 주체일 수도 잇다.

그밖에도 압류, 가압류, 전세권 등 다양한 권리들이 있다. 하지만 이런 모든 권리들을 본인이 이해할 필요는 없다. 우리는 전문가가 아니다. 솔직히 바쁜 직장인들이 이 모든 권리 관계를 다 분석할 수 있는 전문가가 될 수도 없다(만약 좀 더 자세히 알고 싶다면 시중에 나와 있는 경매 책들을 참고하면

순위	접수일자	등기목적	권리자	권리금액	소멸/인수	비고
1		소유권	이유연		소멸	
2	2007년4월6일	근저당권	(주)하나은행	300,000,000원	소멸기준	
3	2010년11월5일	전세권	박재석	280,000,000원	소멸	
4	2011년5월13일	임의경매	(주)하나은행		소멸	
5	2011년11월8일	압류	서울특별시강남구		소멸	

된다). 이럴 때일수록 '아웃소싱의 묘미'를 살려야 한다. 자세한 전문적인 권리 관계에 대해서 과감히 경매를 '업(業)'으로 하시는 분들의 도움을 받는 게 낫다.

현장 답사하기

한큐에 끝내려고 하지 마라. 당신은 초보자다. 초보 직장인들에게 추천하고 싶은 현장 답사 방법은 '시간차 공격'이다. 단박에 모든 궁금증을 다 해결하려고 욕심내지 말고, 틈나는 대로 몇 번씩 가보라는 얘기다. 부동산은 요일과 시간에 따라 달라보일 수 있다.

처음 현장 답사 때는 그냥 가벼운 마음으로 간다. 저녁 퇴근 시간이 늦다면, 밤늦게라도 물건지 주변을 훑어보는 것만으로도 족하다. 일단은 분위기만 파악하고 감을 잡는 것이다. '아, 이렇게 생긴 동네구나' 하는 느낌만으로도 충분하다. 교통이 불편한지, 주변에 뭐가 많은지, 길이 넓은지 좁은지 등등만 봐도 충분하다.

꼭 필요한 것은 '대중교통'을 이용한 답사다. 반드시 한 번은 지하철,

버스 등 대중교통을 이용할 것을 추천한다. 본인이 직접 대중교통을 이용해서 가봐야 교통이 얼마나 편리한지 알 수 있다. 대부분 서민들이 대중교통을 이용한다. 지하철역과 버스정류장이 얼마나 가까운지는 입지 결정에 가장 중요한 변수다. 지하철에서 10분 이상 걷거나 버스정류장이 멀다면 경쟁력이 떨어진다.

현장에서 반드시 조사해야 할 몇 가지가 있다. ▲시세 ▲지역특색 ▲경쟁자수 ▲임차인 확인 등이다. 이를 위해선 좀 여유를 갖고 가야 한다. 직장인들의 경우 주말을 이용하면 좋다. 공인중개사무실이 문을 여는 시간에 한 시간 이상의 여유시간을 확보해 현장을 방문해야 한다. 그리고 현장에선 3~5군데 정도 공인중개사무실에 방문하는 게 좋다.

현장답사 동선은 이렇게 짜자. 현장 답사 시 카메라는 필수다.

❶ 대중교통에서 내리자마자 물건지로 곧바로 향한다. 교통편을 확인하기 위해서다. 지하철 혹은 버스정류장에서 도보로 얼마나 걸리는지를 체크해보자.

❷ 물건지에 도착했으면, 일단 먼저 우편함을 살핀다. 우편함에 우편물이 있는지를 확인하고, 우편물이 있다면 이름을 확인하자. 경매 정보지에 나온 세입자와 동일한 이름인지 봐야 한다. 또 다른 이름으로 온 우편물이 있다면 제3의 세입자가 있을 수 있다.

❸ 물건지 문 앞으로 간다. 전기계량기를 살핀다. 다른 집들에 비해 사용한 양이 많은지 등을 살피자. 현재 사람이 살고 있는지를 알아보기 위함이다.

❹ 용기가 있다면 과감히 초인종을 눌러보자. 솔직히 경매물건을 보러

왔다고 말할 수도 있지만, 이는 정말 얼굴이 두꺼워야 한다. 쑥스럽고 힘들다면 과감히 발길을 돌려도 좋다. 이 또한 전문가에게 맡기는 게 상책이다. 세입자도 만나보지 않고 경매 컨설팅을 해주는 사람과는 지금 당장 결별하라. 그는 책임감이 없는 사람이다.

❺ 이제부터 인근 부동산을 돈다. 상황에 맞는 처신이 중요하다. 분위기를 봐서 솔직하게 경매물건을 보러왔다고 풀어놓을 수도 있고, 물건을 보러온 것처럼 가장해 물어볼 수도 있다. 이는 많이 다니면서 감을 익혀야 한다.

❻ 부동산을 돌면서 반드시 확인해야 할 체크포인트는 시세와 월세 수준이다. 감정가가 시세에 비해 높게 측정됐는지, 반대로 낮게 측정됐는지 등을 파악해야 한다. 그리고 만약에 낙찰 받아 세를 놓는다면 얼마 정도로 놓을 수 있을지 가늠해야 한다. 향후 개발 호재에 대해서도 파악해야 한다.

이렇게 꼼꼼히 현장을 탐문했으면 마음 속에 대충 감이 올 것이다. '아, 여기를 반드시 낙찰 받아야겠다' 혹은 '여긴 별로이니 입찰가를 지나치게 높여 써서는 안 되겠다' 등등. 자신만의 촉을 발달시키려는 노력이 필요하다.

마지막 방문은 입찰일 바로 전날이다. 이날 방문의 목적은 경쟁자 파악을 위해서다. 나 이외에 얼마나 많은 사람들이 이 물건에 눈독을 들이는지를 알아야 입찰가를 산정할 수 있다. 방법은 해당 주민센터로 가서 전입세대 열람을 하면서 '얼마나 많은' 사람들이 전입세대 열람을 했는지 알아보는 것이다. 정말로 관심이 많은 경매물건의 경우 주민센터에 가서

'경매' 얘기만 꺼내도 알아서 서류를 떼어준다. 정확한 경쟁률을 알기 위해선 전날 오후나 당일 오전에 가는 게 가장 좋다.

이렇듯 반드시 낙찰을 받아야겠다는 생각이 있다면 적어도 세 번쯤 현장 답사를 해야 한다. 그리고 본인뿐만 아니라 컨설턴트 등 전문가에게도 현장 답사를 부탁하자.

현장 답사 준비물

1. 카메라
2. 나침반
3. 지도
4. 목베개(지방 답사용)
5. 얇은 담요(지방 답사용)

입찰하기 – 입찰가 산정

입찰은 내가 직접 할 수도 있고, 대리인이 할 수도 있다. 내가 직접 입찰을 하려면 해당 법원에 늦어도 오전 11시까지 가야 한다. 회사에 얽매인 직장인들에게 쉽지 않은 일이다. 추천하는 방법은 믿을 만한 사람을 대신 보내는 것이다. 내 경우에는 어머니께 부탁드렸다. 경매 컨설턴트에게 대리 입찰을 부탁해도 된다. 지방 경매 건은 어머니 대신 경매 대리인에게 부탁했다. 다만 입찰보증금을 믿고 맡긴다는 점이 석연치 않을 수 있다.

경매의 꽃은 '입찰가 산정'이다. 과연 얼마를 써야 다른 경쟁자들을 물리치고 낙찰 받을 수 있을까. 초보자들이 경매 컨설턴트들에게 가장 많이 물어보는 질문 중 하나가 "얼마를 써야 하나요?"이다.

사실 이것처럼 바보 같은 질문도 없다. 가격에 상관없이 낙찰이 목적이라면 무조건 높게 써내면 된다. 경매의 묘미는 '가장 적은 차이'로 좋은 물건을 낙찰 받는 것이다. 내 경우 원주 아파트 세 채를 낙찰 받을 때 심지어 100원 차이로 경쟁자를 물리치고 낙찰을 받은 적도 있다. 정말 흔치 않은 일이었다. 대리 입찰이었기에 현장 분위기를 정확히 알 수는 없었지만, 그 짜릿함은 잊을 수가 없다.

입찰가를 결정하기에 앞서 해야 할 일이 있다. 바로 '목표수익률 정하기'이다. 경매에 들어가기 앞서 이 물건을 얼마에 낙찰 받아서 얼마를 벌고 언제 나올지에 대한 구체적인 로드맵이 그려져 있어야 한다. 이런 계획 없이 단지 좋아보인다고 고가로 낙찰 받아버리면 투자할 가치가 없다. 절대로 이 선은 넘겨선 안 된다는 투자의 마지노선이 필요하다. 이를 결정해주는 것이 수익률이다.

이론상 입찰가를 산정하는 가장 객관적인 기준은 과거 낙찰 사례다. 예전에 나왔던 물건들을 분석 해보면 대충 몇 % 선에서 낙찰이 됐는지를 알 수 있다. 시점에 따라 편차가 있을 수 있지만, 주변 부동산의 과거 낙찰가율은 중요한 판단의 근거가 된다.

하지만 입찰가 산정은 당일날 아침에 하는 게 좋다. 그날 현장 분위기를 무시할 수 없기 때문이다. 법원 분위기를 보면 대충 이 물건에 많이 몰릴 것인지 아닌지를 알 수 있다. 자칫 뜨거운 현장 분위기에 휩쓸려 예상 입찰가격보다 터무니 없이 높게 쓰는 우를 범할 수도 있다. 이런 쏠림 현상을 철저히 경계해야 한다.

입찰가는 컨설턴트 등 전문가와 상의해서 결정하는 게 좋다. 한 명에게 뿐만 아니라 여러 명에게 거듭 확인하는 게 낫다. 그러다보면 대충 '이 선'은 넘겨야 입찰 가능성이 있겠다는 느낌이 온다. 수익률과 이 선을 적절히 조율해서 최종 입찰가를 산정하면 된다.

경매를 많이 하다 보면 이 가격을 쓰면 확실히 먹을 수 있겠지만, 굳이 그렇게까지 하지 않겠다고 생각하는 시점이 온다. 초보자들은 한 번 떨어질 때마다 일희일비하며 감정 기복이 심하다. 그러나 고수들은 작은 한 건에 연연하지 않는다. 그들은 좋은 물건은 언제든지 계속, 또 나온다는 사실을 알고 있기 때문이다.

나도 처음에 6~7번 입찰 실패 끝에 처음으로 낙찰에 성공했었다. 이전까지는 나는 경매로 물건을 받을 수 없을 거란 절망적인 생각을 하기도 했다. 하지만 첫 낙찰 이후 조바심을 버리고 길게 보게 됐다. 이후에도 4건의 경매에 성공했다.

첫 고비를 넘기까지 의연한 자세로 때를 기다려보자. 언젠간 기회가 오게 돼 있다.

경매 입찰 팁

입찰보증금 미리 찾아놓기 : 입찰보증금 전날 수표 한 장을 미리 찾아놓는 게 가장 좋다. 당일 날 아침 은행에서 찾으려면 급해질 수밖에 없다. 특히 법원 앞에 주거래 은행이 없는 경우도 있을 수 있다. 특히 입찰보증금은 금액대가 크기 때문에 지방 은행에선 인출에 시간이 걸릴 수 있으니 주의해야 한다.

▶ **대출 받기**

낙찰의 기쁨도 잠시. 낙찰 받는 순간부터 대출과의 전쟁이 시작된다. 법원에서 낙찰자의 이름이 호명되고 낙찰 서류를 받고 나오면 대출 브로커들이 그를 빙 둘러싼다. 너도나도 명함을 건넨다. 그리곤 연락처를 물어본다. 이때 길거리 호객행위하는 사람처럼 대하며 이들을 피해가면 큰코 다친다. 이 브로커의 무리들과 친해지는 것이 대출의 지름길이다. 금융권에 아는 사람이 있어도 이들이 보유한 대출 상품을 따라올 수 없다. 대출 브로커들은 그때 상황에 맞게 개발된 '특판 상품'을 손에 쥐고 있다. 최대한 받을 수 있는 명함은 다 챙겨오는 것이 좋다.

당장 이날부터 대출 조건을 알려오는 문자들이 쇄도할 것이다. 스팸문자로 올 수도 있으니 스팸메시지함까지 샅샅이 뒤져 보자. 대출 문자들을 일일이 잘 따져보고 가장 조건이 좋은 곳에 전화를 건다. 구체적인 대출금과 금리를 물어본다. 한 군데에만 의존해선 안 된다. 낭패를 볼 수 있다. 두세 군데 연락해 조율해야 한다.

경락잔금대출 시 체크포인트는,

1. 가장 먼저 '3년 거치식' 인가를 확인하자. 이는 3년 동안은 원금을 갚지 않고 이자만 내도 된다는 의미다. 우리의 관심사인 수익형 부동산은 소유에 목적이 있지 않다. 따라서 원금을 갚지 않고 3년마다 갈아타는 계획을 세워야 한다.
2. 고정 또는 변동금리 여부를 보자. 금리가 일정 기간 동안 변하지 않으면 고정금리이고, 기준금리에 따라 변하면 변동금리다. 대부분의 대출자들은 변동금리보다 고정금리를 선호한다. 고정금리가 예측 가능하고, 불확실성이 적기 때문이다. 따라서 변동보다는 고정이 금리가 더 높은 경우가 많다.
그렇다고 해도 변동보다는 고정금리를 받는 게 낫다. 만약 향후 금리가 오를 조짐을 보인다면 더더욱 그렇다.
3. 중도상환수수료를 따져봐야 한다. 중도상환수수료란 대출금을 특정 기간 전에 미리 갚을 경우 위약금 비슷하게 돈을 물어내야 하는 것을 뜻한다. 단기 매매로 물건을 팔 생각이 있다면

중도상환수수료가 없는 대출을 받아야 한다. 반면 3년 정도 장기로 보유할 계획이라면 중도상환수수료가 있어도 큰 문제는 없다. 하지만 앞 일은 한치 앞도 확신할 수 없기 때문에 웬만하면 중도상환수수료가 없는 대출이 낫다.
4. 근저당설정비를 누가 내는지도 체크해야 한다. 얼마전 법원에서 근저당설정비를 은행들이 내야 한다고 판결했다. 하지만 실제 상황에선 현실성이 떨어진다. 금융권이 근저당설정비를 채무자가 내는 조건으로 좋은 금융 상품들을 내놓기 때문이다. 이렇게 되면 고객들은 울며 겨자먹기식으로 근저당설정비를 떠안을 수밖에 없다.

▶ 임차인 들이기

수익형 부동산 투자의 하이라이트다. 포인트는 계획대로 월세를 받는 것이다.

'얼마를' 월세로 받겠다는 계획은 이미 입찰 전부터 세우고 있어야 한다. 현장 조사를 하면서 월세시세를 조사하고, 낙찰 후 예상 월세를 기준으로 수익률을 산정하기 때문이다. 따라서 계획대로 월세를 받지 못할 경우, 예상 수익률에 차질을 빚게 된다. 아무리 원하는 가격에 입찰을 받았더라도 임차인을 제대로 넣지 못하면 말짱 도루묵이 된다.

하지만 생각했던 대로 임차인을 넣기란 쉬운 일이 아니다. 세를 놓다보면 다양한 변수들이 생긴다. 원래는 월세로 놓을 예정이었지만 본의 아니게 반전세로 놓게 될 수도 있다. 또 원래는 보증금을 2000만 원을 받을 생각이었지만, 세입자의 요구에 따라 1000만 원이 되기도 하고 4000만 원이 될 수도 있다.

중요한 것은 그렇다고 하더라도 미리 생각해놓은 수익률에서 크게 벗어나선 곤란하다는 것이다. 만약 2000만 원에 월세 110만 원을 받을 계획이었다면, 1000만 원에 120만 원, 4000만 원에 90만 원 정도로 조정이 가능하다.

세를 놓다보면 분명 깎아달라는 사람들이 생기기 마련이다. 이 부분은 선택의 문제다. 공실이 두려워 세를 조금 낮추더라도 세입자를 빨리 들이는 것을 선호할 수도 있고, 조금 더 놀리더라도 원하는 수준의 세입자를 찾을 때까지 기다릴 수도 있다. 이는 개인의 주머니 사정에 따라 달라질 것이다. 내 경우엔 목표수익률을 맞추기 위해서 월세를 깎아주진 않았다. 세를 낮추려는 세입자에겐 과감히 그냥 다른 집을 알아보라고 권유했었다.

세입자를 들일 때 반드시 확인해야 할 사항은 '이 사람이 월세 잘 내겠느냐'는 것이다. 사실 상당히 리스크가 크다. 어떻게 처음 보고 월세를 잘 낼 사람인지, 아닌지를 구분할 수 있겠는가. 하지만 그것도 몇 번 하다 보니 요령이 생긴다.

월세를 잘 내는 세입자를 들이려면, 다음의 조건을 갖춘 사람을 들이면 된다.

1. 직장이 반듯해야 한다. 사업을 하거나 직업이 불분명한 사람들은 세를 미룰 가능성이 농후하다. 심지어 한 중소기업 대표가 직원의 숙소로 구해준 집의 월세조차 안 내서 애를 먹었었다. 일단 월급이 제때 안 나오는 사람은 배제하고 보는 게 좋다.
2. 월세를 내는 사람과 사는 사람이 같아야 한다. 등촌동 오피스텔의 경우 중소기업 사장이 직원에게 세를 얻어준 것이었다. 사장 자신이 직접 사는 것이 아니니 답답할 게 없었다. 그는 첫 달부터 월세를 미루었다.
3. 관상을 봐야 한다. 미안한 얘기지만, 왠지 느낌이 안 좋은 사람들이 있다. 성깔이 있어 보인다거나, 불성실해 보인다거나, 인상이 왠지 험악해보인다거나 등등. 사람들이 흔히 말하는 제대로 된 인생을 살지 않을 것 같은 사람들이 있다. 이런 사람들이 세를 얻으러 오면 '용기 있게' 돌려보내는 게 좋다. 사람 한 번 잘못 들이면 내보내는 데 더 힘이 든다.

 **성 기자의 투자 멘토**

결국은 사람이다. 가족과 같은 인맥이 있었기에 가능했다. 재테크 서적인 《빌딩부자들》의 결론은 생뚱맞게도 사람으로 끝을 맺었다. 실전 투자에 뛰어들어 보니, 그들의 말에 100%, 200% 공감했다. '도전! 월세의 여왕 프로젝트'를 성공으로 이끈 주역들을 소개한다.

● **이기종 D커피 이사 : 강남 상가 임차의 주역**

 앓던 이를 빼준 '치과의사' 같은 고마운 존재다. 진돗개 같은 뛰어난 감각으로 애물단지 강남 상가의 임차인을 물어왔다. 처음엔 힘들겠다고 고개를 절래절래 흔들었다. 그래도 "한번 해보자"며 "기적을 만들어보자"며 파이팅했다.

그의 장점은 긍정적 사고다. 정해놓은 마감 시간이 다가오면서 입술이 타들어가고 피가 말랐지만, 그는 항상 "잘 될 거예요"라며 대화를 마쳤다.

말이 생각을 만들고, 생각이 결과를 낳는다. 우리는 결국 해냈고, 한 배를 탄 동지가 됐다. 앞으로도 그럴 것이다.

● **오종석 부자아빠 공인 : 원주 아파트 낙찰의 주역**

그를 만난 건 행운이다. 일면식도 없던 사람을 인터넷을 통해 만났다. 이런 게 인연이라 생각했다. 그는 원주 지방 아파트 세 채 낙찰의 주인공이다. 나 대

신 입찰했고, 100원 차이로 성공했다. 뛰어난 수완으로 원주 아파트 세 채의 월세를 신속하게 맞췄고, 지금도 연체 없이 관리해주고 있다.

원주뿐만 아니다. 돈 되는 지방 물건은 그에게 부탁한다. 다른 지방에선 그처럼 믿을 만한 관리인을 만날 수 없었기에 그의 존재가 더욱 귀하다.

● 오은석 북극성주 : 경매 멘토

2009년 건설부동산부 출입 때《친절한 경매》저자로 처음 만났다. 첫 만남에서부터 이 업계에서 몇 안 되는 믿을 만한 '경매꾼'임을 직감했다. 경매 명강의로 카페 '북극성' 신도들의 절대적 지지를 받고 있다.

프로젝트 초반, 맨땅에 헤딩하며 생고생할 때 투자의 방향을 잡아줬다. 투자수익률, 시세차익, 한 마리 토끼만 잡아라, 지방 시장을 잡아라! 등 그의 조언은 투자의 잣대가 됐다.

● 여정 언니 : 강남 상가 낙찰의 조언자

언니가 있었기에 겁 없이 강남 상가에 도전할 수 있었다. 특수경매전문가답게 하자 물건에 대한 거부감을 없애줬다. "한번 해봐!" 그녀의 한마디가 큰 힘이 됐다. 스물일곱, 월세부터 시작해 산전수전 공중전까지 치른 여걸이다.

사기꾼들이 판치는 부동산 업계에서 13년간 살아남은 비결은 의리다. 아무리 돈이 돼도 선을 넘지 않았다. 터프함과 순수함을 동시에 지닌 그녀는 2년전 결혼해 '골드 미스' 딱지를 뗐다.

● 조현출 상록 세무법인 세무사 : 세무 멘토

건국대대학원 동기다. 유일한 '절친'이기도 하다. 솔직히 처음 입학 땐 그와 친해질지 몰랐다. 약간 수줍은 성격이 나와 맞지 않다고 느꼈다. 하지만 내가 기쁠 때나 힘들 때나 늘 응원해주는 속 깊은 지지자다.

솔직히 세금에 관한 한 나는 잘 모른다. 그래도 그가 있어 든든하다.

● 조대훈 한국창업컨설팅 팀장 : 상가 멘토

이기종 이사의 카운터파트너였다. '어린 왕자' 김 대표를 우리 강남 상가로 데리고 오겠다는 아이디어는 그에게서 나왔다. 14명이나 되는 소유주들과 협상을 하는 과정에서 그의 실력을 인정하게 됐다. 어떤 상황에서도 이성을 잃지 않고 차분히 대응하는 점이 최대 장점이다. 현재 예비창업주를 위한 맞춤 창업상담과 상권분석 및 입지 개발 그리고 업종별 수익성 분석 등을 통한 전문창업컨설팅을 하고 있다.

● 유현열 중앙대 사진학과 광고파트 : 사진 멘토

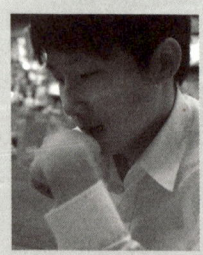

프로젝트의 숨은 주인공이다. 서울 지역의 자료 사진은 그의 손에서 탄생했다. 나 또한 수많은 현장 사진을 찍었지만, 전문가의 손길은 확실히 달랐다.

서울편과 지방편의 사진의 질이 다른 것은 이런 이유에서다. 그와 함께 이틀을 돌며 사진 작업을 다시 했다. 덕분에 왜곡 없는 건물 사진들이 실릴 수 있었다.